세상을 바꿀 테크놀로지
디지털이 꿈꾸는 미래

ETRI_easy IT

세상을 바꿀 테크놀로지
디지털이 꿈꾸는 미래

초판 1쇄 발행	2018년 4월 20일
초판 2쇄 발행	2020년 12월 10일

지은이	ETRI 성과홍보실
	정길호 실장
펴낸이	장한맘
펴낸곳	(주)콘텐츠하다
출판등록	제2015-000005호
주소	서울시 영등포구 선유로49길 23, 2차 IS비즈타워 613호
홈페이지	www.contentsHADA.com
이메일	conhada@naver.com
책임총괄	이순석, 정길호
편집기획	권은옥, 김명효

값 18,000원

*잘못된 책은 바꾸어 드립니다.
*본 책의 내용에 대한 무단 전재 및 복제를 금합니다.

ETRI_easy IT

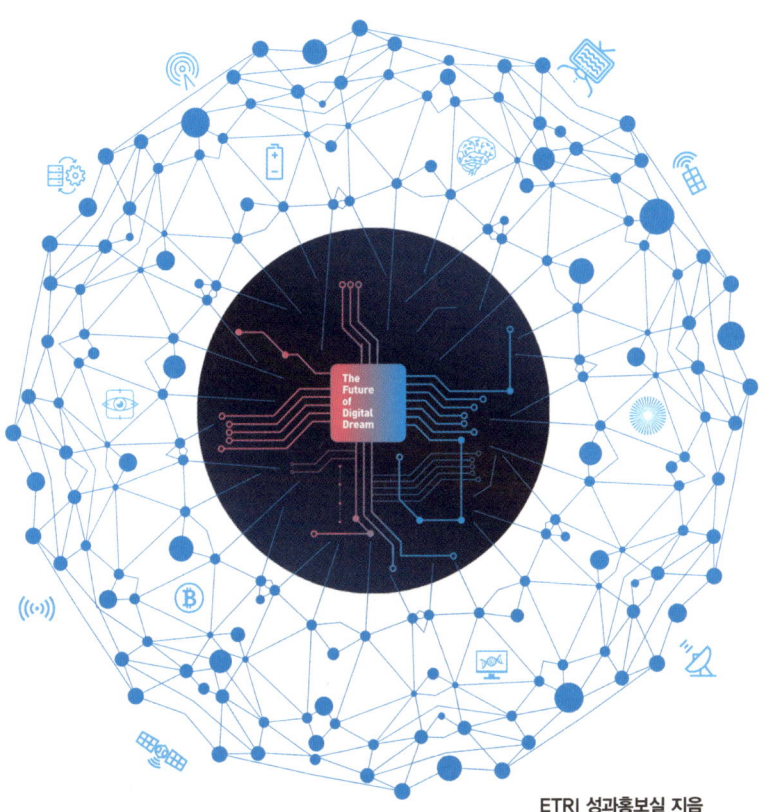

ETRI 성과홍보실 지음

세 상 을   바 꿀   테 크 놀 로 지
디지털이 꿈꾸는 미래

콘텐츠하다

――― 추천사 ―――

새로운 지능정보 사회의 파고를
함께 헤쳐 나가길 바라며

연구원이 이룬 과학기술과 ICT의 발전은 국민들에게 큰 축복입니다. 과학과 ICT의 발전은 국민들에게 안전은 물론 편의성과 행복을 가져다주고 국가적으로도 경제 성장의 원천이기 때문입니다. 과학기술의 발전과 더불어 중요한 요소는 과학기술 및 문화의 확산이라고 할 수 있습니다. 연구자들도 이제는 실험실을 벗어나 국민들과 함께 호흡하는 위치로 다가가야 합니다. 이런 취지와 함께 정부출연연구원의 미션도 변하고 있습니다.

ETRI(한국전자통신연구원) 원장으로 재직 시 이 같은 문제를 조금이나마 해결해보고자 기획한 것이 바로 'Easy IT' 시리즈 기술총서입니다. 2005년에 처음으로 《훤히 보이는 DMB》, 《훤히 보이는 WiBro》를 출간해 국민들에게 보급하고 큰 호응도 얻었습니다. 미래창조과학부(현 과학기술정보통신부) 장관으로서 당시 이 책들을 많은 정부출연연구원들에 보급하기도 했습니다.

사실 연구원들이 연구개발 과정을 진행하면서 책을 쓰기란 그리 녹록지 않습니다. 그럼에도 불구하고 10년이 넘는 시간 동안 지속적으로 다양한 기술 분야를 국민에게 알리려 시간을 할애해 책을 출간한 연구원들에게 이 자리를 빌려 깊은 감사를 드립니다.

Easy IT 시리즈를 펴낸 지 얼마 되지 않은 듯한데 벌써 50권을 출간했다니, 그동안 책을 기획하고 최종 발간에 힘을 쏟은 ETRI 성과홍보실에도 노고에 감사를 드립니다.

이번에 추천하고자 하는 도서인 《디지털이 꿈꾸는 미래》는 위 시리즈의 51번째 책입니다. 세상은 '제4차 산업혁명'이라는 이름으로 빠르게 변화하고 있습니다. ICT는 기술 특성상 다른 분야보다 변화의 속도가 더 빠릅니다. 이 책은 일반 국민들의 눈높이에서 현재 벌어지고 있는 ICT 기술전쟁을 알기 쉽게 소개하기 위해 만든 책입니다. 한편으로는 ETRI가 연구하고 있는 'SW·콘텐츠, 초연결 통신, 방송 미디어, 소재 부품, 5G 기가서비스' 등 각 분야를 다룬 기술총서이기도 합니다. 대국민 홍보를 맡고 있는 ETRI 성과홍보실의 작업 결과물이어서 의미도 크다 하겠습니다. 모쪼록 이번에 발간한 《디지털이 꿈꾸는 미래》를 통해 국민들이 제4차 산업혁명을 보다 잘 이해하고, 도래하고 있는 새로운 지능정보 사회의 파고를 슬기롭게 헤쳐 나가길 바랍니다.

바야흐로 세상은 우리가 지금껏 일궈온 경제 성장 방식대로는 이뤄지기 힘든 구조로 나아가고 있습니다. 혁신에 혁신을 더하고 기술적 독창성 없이는 기술 추격자들의 맹렬한 추격으로부터 살아남기 어려운 상황입니다. 이 책이 이런 치열한 시점에서 분명 좋은 영감과 아이디어를 줄 것이라고 생각합니다. 우리나라 최고의 ICT 정부출연연구원에서 펴낸 흥미로운 ICT 이야기를 바탕으로 독자 여러분이 상상의 나래를 더해 우리나라가 세계 최고의 ICT 국가를 계속적으로 지켜 나갈 수 있기를 진심으로 희망합니다. 다시 한 번 본 도서의 발간을 축하드리며, ETRI의 앞날과 아울러 연구진의 발전과 건강을 기원합니다.

전 미래창조과학부 장관

최문기

―― 책을 펴내며 ――

미래를 이끌어 갈 성장 동력인
첨단 ICT에 주목하자

ETRI가 이번에 Easy IT 시리즈로서 펴낸 《디지털이 꿈꾸는 미래》는 ICT 전반을 다양한 사례와 함께 재미있게 풀어 쓴 책입니다. 또한 현재의 기술을 바탕으로 미래를 전망하는 미래 예측서로서 흥미로운 시각을 제시하고 있습니다.

기술의 발전은 사람을 보다 안전하고 행복하게 해주고 있습니다. 게다가 기술의 발전은 사람의 수명까지도 연장시켜줍니다. 최근 30년간 우리나라의 기술은 눈부신 속도로 성장해왔습니다. 그 결과 2017년 기준 우리나라의 수출 실적은 세계 6위를 기록했고, 국제표준 특허 건수는 세계 5위를 차지했습니다. 우리나라 과학기술의 괄목한 만한 성장으로 인한 결과일 것입니다.

이러한 기술의 발전은 보이지 않는 곳에서 묵묵히 연구개발에 몰두해온 연구원들이 있었기에 가능한 일이었습니다.

이 책은 'ICT 트렌드'를 살펴볼 수 있는 내용으로 구성되어 있습니다. ETRI가 연구하고 있는 최신 소재를 바탕으로 재미있게 엮었다는 점에서 큰 의미가 있다고 하겠습니다.

특히 ETRI의 연구 분야를 골고루 다루어 독자들에게 다양한 ICT의 분야를 알기 쉽게 소개하고 있습니다.

ICT 분야는 다른 과학기술 분야에 비해 빠르게 변화하는 특성이 있습니다. 이런 측면에서 다양한 ICT 기술의 발전을 다루는 《디지털이 꿈꾸는 미래》는 우리에게 시사하는 바가 큽니다. 물론 미래를 미리 예측한다는 것은 어려운 일입니다. 하지만 미래에 일어날 수 있고, 현재 연구하는 분야를 국민들에게 알리는 일은 정부출연연구원의 책임이자 의무가 아닐 수 없습니다.

이러한 취지로 펴낸 이 책은 학생들에게는 미래의 목표와 아울러 진로에 관한 정보를, 일반인들에게는 삶의 유용한 나침반으로서 새로운 세상을 보는 눈을 갖게 해줄 것입니다.

덧붙이건대 이 책을 통해 우리나라의 ICT에 관한 많은 관심과 성원을 부탁드립니다. ETRI 연구진은 이러한 국민의 성원에 보답하고자 최고의 ICT 경쟁력을 위해 최선을 다하고, 무엇보다 국민들에게 사랑받는 ETRI로 거듭나겠습니다.

ETRI 원장

이상훈

─── 서문 ───

제4차 산업혁명을 이끌 디지털 기술이 가져올
미래의 삶과 기회

우리 곁에 다가오고 있는 제4차 산업혁명의 쓰나미

최근 회자되고 있는 '제4차 산업혁명'은 이미 진행 중임이 분명하다. 아직 우리의 일상생활에서 뚜렷하게 체감하기는 어렵지만 앞으로 10년, 20년이 지나 지금의 시절을 되돌아본다면, 이때 한창 논의되던 4차 산업혁명이란 것이 진짜 혁명이었음을 깨닫게 될 것이다.

지금껏 인류가 맞이한 산업혁명은 이번이 네 번째다. 업계 및 학계의 권위 있는 전문가들에 의하면 산업혁명을 파도에 비유할 때 이전 세 번의 파도에 비해 지금 맞고 있는 네 번째 파도는 높이나 세기, 주기가 지난 산업혁명과는 차원이 다르다고 한다. 4차 산업혁명이 우리의 삶을 어떻게 변화시키고 어떻게 다가올지 예측하기도 쉽지 않다. 앞서 일어났던 산업혁명들이 대략 100여 년의 주기로 변화한 것에 비해 4차 산업혁명이라는 또 다른 혁명이 불과 40~50년 만에 찾아온 것인데, 이런 대혁신의 변화 주기는 앞으로 더욱 빨라질 것으로 전망된다.

이 같은 새로운 파동의 등장과 징후는 곳곳에서 감지되어 왔다. 전 세계의 ICT 흐름을 가늠할 수 있는 3대 전시회가 있다. 모바일 월드 콩그레스(MWC : 스페인 바르셀로나에서 개최), 세계소비자가전전시회(CES : 미국 라스베이

거스에서 개최), 유럽 국제가전박람회(IFA : 독일 베를린에서 개최)가 그것이다. 이 전시회에서는 이미 수년 전부터 모바일, 가상현실(VR), 증강현실(AR), 웨어러블, 사물인터넷(IoT), 무인 자율주행 등의 기술을 키워드로 내세워 새로운 기술을 응용한 제품들을 공개해왔다. 2018년 1월에 열린 CES에서는 인공지능, 로봇, 자율주행차 관련 제품들이 인기를 끌었다. 이 같은 기술들은 모두 4차 산업혁명을 이끄는 핵심 기술에 해당된다.

이런 가운데 유력하게 거론되는 분석은 4차 산업혁명 시대는 모든 것들이 서로 연결되는 '초연결' 사회가 될 것이라는 점이다. 또한 세상은 알파고가 보여주었듯이 인공지능이 일반화되는 '초지능' 사회로 나아갈 것이다. 아울러 우리가 이용하는 스마트폰, 컴퓨터, TV 등의 제품도 '초실감' 형태로 실현될 것으로 예측되고 있다.

이렇듯 새로운 물결이 다가오고 있지만 무엇이 답인지 모르는 불확실한 미래 앞에서 사람들은 걱정이 앞설 수밖에 없다. 더군다나 4차 산업혁명을 이끌 핵심 기술 부문에서 경쟁력을 확보하고 있지 못한 우리나라로서는 중국, 일본 등의 아시아 국가들은 물론 미국, 유럽 등의 국가들 사이에 낀 '넛크래커(Nut Cracker : 한 국가가 선진국에 비해서는 기술과 품질 경쟁에서 밀리고, 후발 개발도상국에 비해서는 가격 경쟁에서 밀리는 현상)' 신세가 될 수도 있다. 그런 불행한 상황에 직면하지 않으려면 우리가 먼저 한발 앞서 준비해 나가야만 한다.

분명한 것은 4차 산업혁명을 주도하는 국가나 세력이 향후 다가올 미래 세상을 리드할 것이라는 점이다.

다시 말하자면 이번 4차 산업혁명을 주도하는 국가가 21세기 전반기를 리드하게 될 것이다.[1]

세계가 주목한 바둑 대결과 인공지능

4차 산업혁명에 대한 논의에 불을 지핀 것은 2016년 3월 서울에서 프로 바둑기사 이세돌과 알파고 간에 벌어졌던 세기의 바둑 대결이 아닌가 한다. 이 대국에서의 놀라운 장면들은 우리에게 '인공지능'이 무엇인지, 앞으로 열릴 미래가 과거와 어떻게 다를 것인지에 대한 많은 질문을 던지고 고민하도록 만들어주었다.

인공지능이 인간 세상 속으로 들어온 것은 역사적인 필연일지도 모른다. 천재 수학자로 불리는 앨런 튜링(Alan Turing)이 1950년대 인공지능에 관한 여러 가지 개념적 초석을 놓은 이래로 인공지능은 늘 우리 곁에 있어 왔다. 앨런 튜링의 업적과 생애를 조명한 영화 〈이미테이션 게임〉(2014년)을 통해서도 알려졌듯이 인공지능은 최근의 학문이 아니다. 그동안 인공지능은 전문가 시스템(expert system), 퍼지이론, 신경회로망 등의 다양한 분야로 연구되어 왔다(TV 광고에서 친숙하게 볼 수 있는 '퍼지Fuzzy' 세탁기도 인공지능 개념을 표방한 제품이다). 'AI'라는 용어를 처음 사용한 인물로서 인공지능의 창시자로 불리는 존 매카시(John McCarthy)는 지금으로부터 60년 전에 기계에 지식을 불어넣는 생각을 했다.

하지만 현재 우리 곁에 다가오고 있는 인공지능은 과거에 경험했던 인공지능과는 사뭇 다르다. 빅데이터의 한가운데 인공지능이 버티고 있다. 과거에는 인공지능의 씨앗은 발아해 있었지만 ICT의 부재로 인해 성장하지 못하고 그 결과 꽃을 피우지 못했다. 언젠가는 인공지능이 발달할 것이라고 보았지만 기술적 한계로 침체기를 겪으면서 수십 년의 시간이 흘렀다. 그런 이유로 최근 인공지능의 부상을 '인공지능의 부활'이라고 보는 견해도 있다.

현재 인공지능은 음성인식 기술의 개발로 내비게이션, 음성 통번역과 같은 서비스를 제공하고 있으며 아이폰의 '시리(Siri)', 아마존의 '알렉사(Alexa)' 등의 인공지능 비서 서비스로 이어지고 있다. 이와 함께 이미지 및 시각 영상 자료도 인공지능이 척척 판단하고 추론해내는 기술로 발전하고 있다.

최근 애플은 인공지능 비서 서비스인 시리를 개방해 아이폰뿐만 아니라 다른 앱 개발자들에게도 공개했다. 이처럼 음성인식 AI 분야에 아마존, 구글 등의 기업이 가세하면서 AI 비서 시장에 각축전이 벌어질 전망이다.

한편 ETRI가 음성인식 기술을 기반으로 개발한 자동 통역 앱 '지니톡(GenieTalk)'은 통역 품질과 성능을 인정받으며 이미 120만 건 이상이나 다운로드 되면서 많은 사람들로부터 주목받고 있다.

빅데이터를 활용하는 인공지능을 사용하기 위해서는 엄청난 양의 컴퓨팅 파워가 필요하다. 이세돌 9단과 알파고의 바둑 대결은 인공지능 분야에서 컴퓨팅 파워가 얼마나 발전했는지를 알게 해주는 하나의 사례로 볼 수 있다. 알파고에 관한 한 기고문에 따르면 최대 1,920개의 CPU(중앙처리장치)와 280개의 GPU(그래픽처리장치)를 알파고 연구에 활용했다고 한다.[2] GPU 280개는 최고급 사양으로 가정했을 때 이론적인 연산 능력이 초당 1,433조 번 가능하다.[3] 이러한 인공지능의 컴퓨팅 파워를 증가시키기 위한 기술은 계속해서 발전해 나가고 있다.

지금의 인공지능은 말 그대로 인간처럼 경험을 통한 학습 방식으로 작동한다. 따라서 지구상에 존재하는 방대한 데이터를 우리가 어떻게 처리하고 정형화된 모습으로 만드느냐가 관건이다. '머신러닝(Machine Learning)'과 '딥러닝(Deep Learning)'이 그것을 가능하게 만들어주었다. 나아가 최근 구글 딥마인드에서 개발한 알파고 제로에서 알 수 있듯이, 이제는 인간의 지도 없이 스스로 학습을 통해 필요한 지식을 습득하고 있어 머지않아 인공지능은 인간처럼 범용 지능으로 발전할 가능성이 커 보인다. 인공지능의 발전은 이제 인공지능 자체와 더불어 점차 다른 영역으로 확대되어 해당 영역의 한계를 극복하는 데 기여하고 있다.

인공지능이 다방면으로 영향을 미치면서 취업과 고용 측면에서 우리의 일자리를 빼앗아가는 게 아니냐는 우려도 제기되고 있다. 단순 반복적이고 사람들이 기피하는 3D(Danger, Dirty, Difficult) 직업의 경우 서서히 로봇이나 인공지능이 대체하여 사람들의 일자리가 상당 부분 없어질 수도 있다. 하지만 기술의 발전에 따른 새로운 직업들도 탄생되기 마련이며, 큰 우려와 달리 인공지능 기술은 사람들을 도우며 유익한 방향으로 진화해 나갈 것으로 본다.

이렇듯 인공지능이라는 파문이 일기 시작하여 그 파문이 점점 더 커져 4차 산업혁명이라는 거대한 파도로 다가오는 것이 아닌가 하는 생각이 들 정도로 인공지능의 발달은 우리의 생활 방식을 크게 바꾸어 놓을 것으로 예측된다.

지난 2016년 1월 세계경제포럼(WEF, 다보스포럼)의 주제도 4차 산업혁명이었다. 당시 과학기술을 다루는 주제가 경제포럼의 어젠다에 선정되어 전 세계의 이목을 집중시켰다. 이 포럼에서는 인간과 디지털 기기, 물리적 환경과의 융합을 통한 진보적이면서도 새로운 세계를 논의했다. 클라우스 슈바프(Klaus Schwab) 세계경제포럼 회장은 "우리는 지금까지 살아왔고 일하던 삶의 방식이 완전히 바뀔 기술 혁명의 목전에 와 있다. 변화의 규모와 범위, 복잡성 등은 이전 인류가 경험했던 것과는 판이하게 다를 것이다"라고 말했다.[4]

사물끼리의 통신(IoT·IoE)도 가능하게 만드는
스마트폰의 위력

　스마트폰의 폭발적 증가는 우리 생활에 많은 변화를 가져다주었다. 가히 '모바일 빅뱅'이라고 일컬을 정도로 전 세계 인구의 절반에 달하는 34억 대의 스마트폰이 현재 사용 중이다. 스마트폰의 범용화에 따라 불가피하게 여러 사양산업도 생겨났다. 그 결과 만보기, MP3, 계산기, 내비게이션, 녹음기 등을 제조하는 산업들이 쇠퇴해가고 있다. 한 보고서의 예측에 따르면 2021년에는 스마트폰이 63억 대로 증가한다고 한다. 2021년에 전 세계 인구를 약 75억 명이라고 가정한다면 전체 인구의 84퍼센트가 인터넷을 하며 돌아다니게 되는 셈이다.
　실제로 스마트폰이 CCTV, 카메라, 캠코더와 같은 역할을 수행하다 보니 센서를 스마트 기기에 장착하기도 쉬워졌다. 센서 값도 저렴해지고 때맞춰 통신기술도 발달하여 네트워크로 세상을 연결하는 것이 한층 더 쉬워졌다. 이처럼 기술적 환경이 뒷받침됨에 따라 스마트폰은 만능 폰이 되어가고 있다. 화질도 더 좋아지고, 게이머들의 이상적인 기기로 발전해가고 있다. 또한 스마트폰으로 드론을 조종해 작동시킬 수 있는 기술적 수준에 이르렀다.
　사람과 사람끼리 연결되는 통신 세상에서 사람과 사물로 연결되더니, 이제는 사물과 사물끼리도 통신이 가능한 세상이 열리고 있다. 이러한 사물 간 통신을 일컫는 사물인터넷(IoT, Internet of Things)을 넘어 이제는 모든 것이 연결된다는 의미의 만물인터넷(IoE, Internet of Everything), M2M(Machine-to-Machine) 개념도 점차 보편화되고 있다.
　예를 들면 꽃 화분에 칩을 하나 심어두면 화분과 내 스마트폰이 연결된다. 그러면 스마트폰을 통해 화분의 꽃이 물이 필요한지, 양분은 충분한지, 햇볕을 쬐어야 하는지, 언제 꽃이 필지 등 친구처럼 메시지를 보내 알려준다. 한마디로 '그것들(Things)끼리' 통신하여 정보를 알려주는 세상이 온 것이다.

이런 방식의 사물 통신을 하려면 사물을 연결하기 위한 네트워크 인프라가 중요한데 우리나라는 전 세계 어느 곳보다 최적의 조건을 갖추고 있다. 우리나라만큼 수십 Mbps급 네트워크가 가격이 저렴하고 무료로 잘 터지는 곳이 드물기 때문이다. 심지어 기가 인터넷을 사용하는 가구가 현재 전국에 100만 가구가 넘고, 10기가급 인터넷 서비스가 제공되는 아파트도 생겨났다. 나아가 4G를 넘어 5G 시대를 눈앞에 두고 있다. ICT 관련 최적의 테스트베드로 우리나라처럼 좋은 곳이 없다는 말이다.

특히 센서의 가격이 과거 수만 원, 수천 원대에서 점점 더 저렴해져 이제는 수백 원이나 수십 원대로 하락하여 많은 기기들에 장착되면서 이 센서들로부터 얻는 데이터양이 폭발적으로 증가하게 되었다. 그로 인해 '빅데이터'에 대한 사회적 관심이 높아지고, 빅데이터의 분석과 활용 측면에서 중요성이 부각되고 있다.

오늘날과 같은 데이터 홍수 시대에 결국 방대한 데이터는 개인별로 취사선택 정리된다. 사람마다 자신이 필요한 앱을 깔아 이용도 한다. 데이터가 개인의 취향이나 니즈에 따라 스마트폰을 통해 알려주는 세상이 된 것이다. 어떤 사람에게는 날씨나 미세먼지 농도를 알려주고, 또 다른 사람에게는 실시간 교통 정보를 알려준다.

구글이나 페이스북 같은 글로벌 ICT 기업들도 데이터를 수집하고 활용하는 일에 총력을 기울이고 있다. 예를 들어 구글의 유튜브는 동영상을 올리기도 쉽고 비용도 들지 않는다. 보는 사람도 접근하기 편리하다. 왜

이들 기업은 데이터를 모으는 일에 혈안이 되어 있을까? 그 이유는 빅데이터 분석을 통해 자사의 새로운 가치와 통찰력을 창출하고, 데이터 기반의 다양한 서비스를 제공함으로써 비즈니스 기회를 마련할 수 있기 때문이다.

우리는 데이터를 모으는 일에 다시 한 번 주목할 필요가 있다. 사물 간 통신이나 사물과 사람 간 통신 등을 통해 모아진 방대한 데이터는 인간을 위해, 인간에게 보다 편리한 세상을 제공하기 위해 사용되어야 한다는 의미다. 또한 많은 정보를 갖고 있어도 가공 방법에 따라 정보의 질과 수준이 달라지기 때문에, 데이터를 누가 관리하고 통계하고 분석할 것인지도 고려해야 할 것이다.

클라우드, 무엇이라도 담을 수 있는 그릇이 준비되다

사람들은 영상 데이터에 열광하고, 이 데이터는 자연스레 실시간 클라우드로 모이게 된다. 클라우드는 매개의 시대에 가장 적합한 플랫폼이다. ICT의 발전으로 영상이나 이미지 분석을 위한 인공지능 알고리즘을 활용할 수 있는 수준에 이르렀고, 이 같은 컴퓨팅 파워가 지원됨에 따라 방대한 데이터를 처리할 수 있게 되었다.

과거에는 데이터가 모여도 저장 공간이 문제여서 하드디스크를 별도로 구매하여 좋아하는 뮤직비디오나 영상, 사진 파일 등을 모아두기도 했다. 또한 웹하드라는 저장 공간을 빌려 여러 사람이 파일을 올리고 공유하며 일하기도 했다. 우리나라 포털의 경우 현재 수 기가바이트(GB)에 해당되는 웹 메일 저장 공간을 무료로 제공하고 있다. 일반 PC도 테라바이트(TB)급 저장 공간을 탑재하여 출시되고 있다. 노트북의 경우 현재 수 테라바이트 용량을 갖춘 제품들이 출시되고 있다. 심지어 USB 제품이 기가급으로 출시되는 세상이 되었다. 콘텐츠가 없어서 저장을 못하는 것이지 이제는 저장 공간이 문제되는 세상이 아니다.

근래 미국에 있는 아들로부터 이메일이 열리지 않는다며 연락이 온 적 있다. 이렇게 원격으로 떨어진 곳에서도 집에 있는 PC를 통해 원격 접속을 해서 문제를 해결할 수도 있게 되었다. ID와 PW가 있는 클라우드 서비스를 이용하면 다른 곳에서 우리 집의 PC를 열어볼 수 있다. 이 같은 기술을 ETRI 연구진이 개발한 것이 2012년도였다. 바로 클라우드 가상 데스크톱 기술이다. 이 기술은 그동안 중소기업에 이전되어 일부 공공기관에 시범 서비스로 운영된 바 있다. 이후 ETRI 연구원들을 대상으로 시범 서비스한 사례가 있으며 전 연구원으로 확산될 계획이다. 현재 이 기술은 대기업에 기술이전 되어 클라우드 PC 사업으로 확대 준비 중이다.

4차 산업혁명을 이끌 지능형 디지털화

역사적인 알파고의 등장 이후 인공지능에 대한 연구와 논의가 전 세계에서 봇물 터지듯 쏟아지고 있다. 이런 상황에서 우리나라의 입장을 생각해볼 때 중요한 것은 우리의 강점 분야에 대한 집중적인 투자를 추진해야 한다는 것이다. 반도체도 좋고 디스플레이도 좋다. 또 모바일 인터넷 인프라, 네트워크, 전자정부 서비스, 스마트폰 등은 우리가 전 세계를 주름잡는 분야다. 물론 핵심 기간산업이면 더 좋을 것이다. 우리가 잘하는 분야의 부가가치를 높이는 방향으로 기술적 진화를 이루어야 할 때다.

앞에서도 언급했듯이 우리나라는 통신 인프라와 서비스가 강하다. 여기에 4차 산업혁명의 핵심 동인인 '지능화' 기술을 입힌다면 분명 좋은

IDX(Intelligent Digital X-formation)

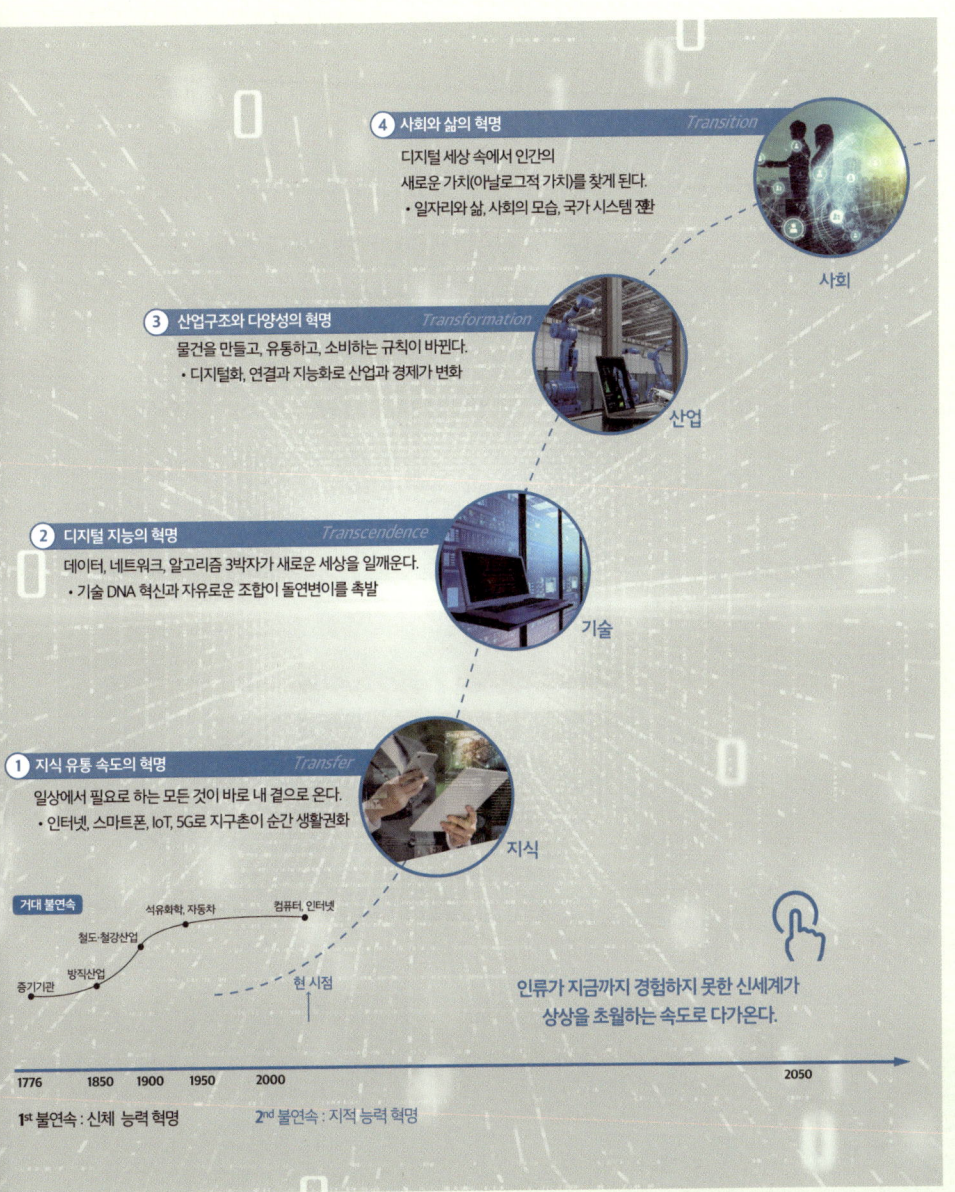

④ 사회와 삶의 혁명 — *Transition*
디지털 세상 속에서 인간의 새로운 가치(아날로그적 가치)를 찾게 된다.
• 일자리와 삶, 사회의 모습, 국가 시스템 전환
사회

③ 산업구조와 다양성의 혁명 — *Transformation*
물건을 만들고, 유통하고, 소비하는 규칙이 바뀐다.
• 디지털화, 연결과 지능화로 산업과 경제가 변화
산업

② 디지털 지능의 혁명 — *Transcendence*
데이터, 네트워크, 알고리즘 3박자가 새로운 세상을 일깨운다.
• 기술 DNA 혁신과 자유로운 조합이 돌연변이를 촉발
기술

① 지식 유통 속도의 혁명 — *Transfer*
일상에서 필요로 하는 모든 것이 바로 내 곁으로 온다.
• 인터넷, 스마트폰, IoT, 5G로 지구촌이 순간 생활권화
지식

거대 불연속
증기기관 — 방직산업 — 철도·철강산업 — 석유화학, 자동차 — 컴퓨터, 인터넷 — 현 시점

1776 1850 1900 1950 2000   2050
1st 불연속 : 신체 능력 혁명   2nd 불연속 : 지적 능력 혁명

인류가 지금까지 경험하지 못한 신세계가
상상을 초월하는 속도로 다가온다.

출처 : ETRI 제작 브로셔

결과로 이어질 것이다.

주목할 것은 세계 기술 선도국들은 이미 4차 산업혁명을 착실히 준비해가고 있다는 점이다. 미국은 데이터양에 주목하여 클라우드 세상과 연계해 구글의 알파고나, IBM의 슈퍼컴퓨터 왓슨(Watson) 같은 인공지능 기술 분야에서 저만큼 앞서가고 있다. 미국은 국가 주도가 아닌 민간 기업 주도로 자율성을 발휘하여 4차 산업혁명이라는 새로운 물결을 기회로 삼아 미래에 대한 돌파구를 찾기 위해 발 빠르게 움직이고 있다(미국도 국가가 적극적으로 주도하는 분야가 있다. 바로 항공우주, 에너지, 국방 등이다).

독일은 4차 산업혁명을 준비하기 위해 '인더스트리 4.0'이라는 핵심 프로젝트를 만들어 이를 산업 분야에 적용시켜 공장 자동화(FA) 분야를 주도하고 있다. 독일의 국가 연구소들은 4대 연구협회인 '막스플랑크, 프라운호퍼, 헬름홀츠, 라이프니즈'를 중심으로 운영된다. 독일은 4차 산업혁명을 이끌 주축으로 선정된 스마트팩토리를 구축하고 효율적으로 운영할 수 있도록 4대 연구협회가 여러 연구기관과 협력하여 관련 기술을 개발하고 국내 기업들을 지원하고 있다.

우리나라의 경우 1999년에 이 같은 독일의 4대 연구협회 제도를 응용하여 과학기술 분야의 3개 연구회를 출범시켰고, 현재 국가과학기술연구회(25개 정부출연연구기관 통합 지원기관)로 이어지고 있다. 독일은 전국 도시에 연구협회 센터를 만들어 주변 기업의 인력을 교육시켜 해당 기업과 공장에 교육시킬 수 있도록 했다. 그 결과 독일은 세계적인 강소기업, 즉 '히든챔피언'이라고 불리는 전 세계 2,700여 개 기업 중 절반을 보유한 국가가 되었다.

2017년 9월 우리나라를 찾은 독일의 슈뢰더 전 총리는 "4차 산업혁명을 맞아 중소·중견기업의 디지털화에 대한 정부의 적극적인 지원이 필요하며, 히든챔피언도 디지털화된 기업에서 가능할 것이다"라고 말했다.

독일이 인더스트리 4.0을 차세대 국가 전략으로 삼은 이유가 바로 여기에 있다. 독일에서는 이 같은 자동화로 몇 명의 농부가 수십만 평의 농지를 관리하는가 하면, 또한 몇 명의 인부가 수십만 마리의 소를 키우기도 한다. 한편 공장을 통해서는 세계적 자동차 브랜드인 벤츠, BMW, 폭스바겐, 아우디 같은 차량에 이미 핵심 기술들을 적용 중이다. 전기차, 수소차, 무인 자율주행차 등의 분야에서도 앞서가고 있다.

일본은 로봇 강국이라는 자국의 강점을 살려 4차 산업혁명의 선도 전략으로 '지능형 로봇'을 내세우고 있는 것이 두드러진다. 일본의 감정인식 로봇 페퍼(Pepper)는 현재 대당 190만 원에 달하고 월 유지비가 14만 원, 보험료가 월 9만 4,000원이나 소요되는데도 불구하고 이미 많은 식당, 은행, 나아가 노인들의 말벗 상대 도우미 등으로 곳곳에서 서비스 되고 있다(페퍼의 원가는 약 700만 원이라고 한다). 고령화가 진행되어 포화 상태에 이른 일본에서 로봇은 반려동물 역할을 함으로써 도움을 주고 있다.

일본의 사례는 우리나라에도 닥칠 고령화 문제를 어떻게 풀어야 하는지 힌트를 제시해주고 있다. 실제로 로봇 페퍼는 일본에서 많은 판매량을 나타내고 있고, 일본은 이를 기반으로 '소사이어티(Society) 5.0'이라는 새로운 패러다임을 전개하며 4차 산업혁명의 파고를 맞을 준비를 하고 있다. 최근에는 침체 상태에 있던 일본의 세계적 기업들이 '아베노믹스 순풍'을 타고 제2의 부흥을 노리며 과거의 영화를 꿈꾸고 있다.

우리나라도 4차 산업혁명의 파고 앞에서 당황하기는 했지만 비교적 발빠르게 움직이고 있다. ETRI는 도서 《제4차 산업혁명》을 일찍이 2015년 말에 출간한 바 있다. 이 책의 저자인 하원규 박사는 책의 저술을 위해 3년 전부터 기획했다고 한다. ICT를 오랫동안 연구해온 연구원들은 이런 시대 흐름을 어쩌면 필연적이라고 생각할 수 있다. 통신기술의 발달에 따른 자연적인 결과일 수 있기 때문이다.

그렇다면 기술 발전이나 사회경제적 요소들이 뒷받침되지 못한다면 4차 산업혁명과 같은 새로운 패러다임이 가능할까? 예를 들어 15년 전에도 센서의 기본인 전파 식별(RFID : 무선 주파수를 이용하여 대상을 식별할 수 있는 기술), 유비쿼터스 센서 네트워크(USN)라는 기술이 떠오른 적 있지만 결국 흐름을 타지 못하고 시장의 관심에서 멀어졌다. 그렇게 된 데에는 여러 이유가 있겠지만 칩의 가격과 배터리, 통신 방식의 문제 등을 지적할 수 있을 것이다. 그때만 하더라도 몇 년 후면 모든 상품에 RFID 칩이 내장될 것 같은 분위기였다. 하지만 칩 가격이나 통신 방식 등 시장 상황이 뒷받침되지 못했다. 상용화의 문턱에서 죽음의 계곡(Death Valley)을 건너지 못한 것이다.

4차 산업혁명과 같은 흐름을 인지했다고 하더라도 그 진행을 막아서는 장벽도 있다. 또한 4차 산업혁명이라는 용어가 등장하고 1년여의 시간이 흘렀지만, 아직 모두가 공감할 수 있는 4차 산업혁명에 대한 정의조차 합의를 이루지 못했다. 미래학자이며 《3차 산업혁명(The Third Industrial Revolution)》의 저자인 제러미 리프킨(Jeremy Rifkin)도 2017년 국내 강연에서 "무슨 소리야? 3차 산업혁명은 아직도 진행 중이야!"라는 의견을 피력하기도 했다.

4차 산업혁명에 대한 논의가 여전히 뜨거운 가운데 2017년 6월 ETRI는 심진보 박사 등이 주축이 되어 '새로운 미래를 위한 전략과 통찰, IDX'라는 부제로 《대한민국 제4차 산업혁명》이라는 책을 발간했다. 이 책에서 소개하는 IDX란 '인텔리전트 디지털 트랜스포메이션(Intelligent Digital X-formation)'의 약자다(여기서 X-formation은 'Transformation'을 의미함). 간략히 말하자면 데이터를 기반으로 사회경제 시스템을 '디지털 지능화'하는 과정이라고 할 수 있다. IDX는 본래 디지털 트랜스포메이션(DX)에서 파생되었다. 디지털 트랜스포메이션은 모든 것들을 디지털화해서 우리가 갖고 있는 지식을 데이터베이스화하고, 우리가 원하는 형태로 가공해서 사용하는 것을 말한다. 이는 유럽에서 많이 사용하고 있는 단어다. 우리나라는 디지털 혁명을 성공적으로 이룬 국가다. 사회 각 분야에서 디지털을 기반으로 자동화를 이루었고, 지식들을 전자 형태의 데이터베이스(DB)에 저장하여 사용해왔다.

IDX는 더 이상 디지털 트랜스포메이션의 디지털화로 이룬 데이터베이스에 머무르지 않고 자체가 스스로의 지능을 품게 되는 시점에 이르게 되었다는 것을 의미한다. 시작은 사회 시스템 각 분야가 개별적으로 지능화되겠지만, 훗날에는 서로 엮여서 데이터베이스에 담겨진 지식들을 스스로 지능적으로 인지하여 점차 유기체화되는 과정을 말한다.

실제로 IDX는 먼 나라 먼 훗날의 이야기가 아니다. 사회 여러 분야에서 이미 디지털 지능화가 진행되고 있다. 예를 들면 그동안 신문 기사는 기자가 모두 직접 손으로 써야 했지만, 이제는 컴퓨터에 육하원칙과 기사 작성 규칙을 프로그램화하면 로봇이 기사를 쓰는 세상이 되었다. 아직은 차량 내비게이션에 도로 신호등 정보가 탑재되어 있지 않지만, 머지않아 교통 데이터가 차량의 내비게이션과 연동되어 정보가 제공되면 신호등에 걸려 지체되지 않고 목적지까지 수월하게 갈 수 있을 것이다.

행정 및 복지 측면에서는 인구 데이터에 몇 가지 정보를 더하는 방식으로 10년 후 출산율, 노인 인구, 징병 인구 등을 자동 계산하여 알 수 있게 되었다. 저출산에 따른 인구 변화를 컴퓨터로 계산해낼 수도 있다. 이에 따라 미래 경제 상황과 연동하여 복지 투입 예산을 데이터 기반으로 처리할 수도 있다. IDX로 미래 과학 행정화가 가능하다는 것이며, 컴퓨터로 예측이 가능하다는 말이다.

ETRI 이상훈 원장은 "사물인터넷(IoT)으로 예를 들면 모든 데이터를 IoT 센서로부터 수집해 나에게 필요한 정선된 데이터만 고르면 된다. 마치 쓰레기를 분리수거 하는 것처럼 자동 분리하여 나에게 맞는 데이터를 찾으면 된다. 이런 데이터를 찾을 때 인간의 힘이 아닌 인공지능 알고리즘을 동작시켜 내가 원하는 고급 정보만 뽑아낼 수 있다"고 말한다.

ETRI는 의료, 교육, 안전, 복지, 행정, 국방 등 14대 IDX 우선 추진 분야를 선정해 가장 시급하게 지능화시켜야 할 분야에 대해 전략적으로 접근하여 혁신을 이루기 위한 구체적인 방안을 제시하기도 했다. 실제로 각 분야별로 ICT와 해당 분야를 어떻게 접목시킬까에 대한 논의가 한창이다. 어찌 보면 사회 각 분야의 시스템들이 ICT를 기반으로 지능형 디지털화되는 IDX 과정 자체가 4차 산업혁명의 본질이라고 말할 수 있을 것이다.

· · ·

이와 같이 4차 산업혁명은 우리 곁에 성큼 다가오고 있다. 이 책은 ETRI가 지난 2015년 말에 펴낸 《제4차 산업혁명》과 2017년에 발간한 《대한민국 제4차 산업혁명: 새로운 미래를 위한 전략과 통찰, IDX》의 연장선에서 발행하게 되었다. 필자는 최근 3년 안에 개발된 연구 소재와 ICT 트렌드를 바탕으로 이 책을 엮었다. 즉 가까운 미래에 일어날 수 있는 기술 트렌드와 이와 관련된 흥미로운 이야기를 50개 항목으로 풀어썼다. 책을 집필하면서 때로는 세계적으로 이슈가 되는 이야기를 더했고, 신문이나 방송 등 언론 매체를 통해 발표된 뉴스들을 참고하여 독자들이

ICT에 대해 보다 쉽게 다가갈 수 있도록 했다.

제1부는 SW·콘텐츠와 관련된 소재를 중심으로 기술했다. SW·콘텐츠는 눈에 직접 보이지는 않는다. 수십만 행에 달하는 코딩을 통해 연구자들은 프로그래밍이란 이름으로 혼신의 힘을 다해 만든다. 그로 인해 우리는 새롭고 편리한 생활을 누릴 수 있게 된다. SW의 도움으로 바뀌어가는 우리의 미래 모습을 담아보았다.

제2부는 우리가 살고 있는 세상이 통신이라는 이름으로 촘촘히 연결되는 모습을 중점으로 살펴보았다. 이렇게 연결된 세상은 '초연결'이라는 세상을 우리에게 가져다줄 것이다. 사람과 사람의 연결에서 사람과 사물이 연결되고 이제는 사물끼리도 통신하는 세상이 되었다. 사물인터넷, 네트워크, 정보보호와 관련된 재미있는 이야기 위주로 글을 엮었다.

제3부는 꿈의 방송, 초실감 미디어 분야를 다루었다. 방송은 그동안 우리에게 시청각적인 측면에서 즐겁게 해주었다. 이제 새로운 방송은 인간의 오감을 즐겁게 할 것으로 보인다. 초실감적인 측면에서 방송 기술의 변화와 미래 세상을 미리 살펴보았다. UHD TV라든가, 홀로그램, 새로운 미디어 세상을 소재로 다루었다.

제4부는 ICT 소재 부품에 대한 이야기를 알아보았다. 이는 ICT 중 우리나라가 분발해야 할 분야이기도 하다. 그동안 세계 시장에서 기술 종속을 당했던 분야에서 이제는 기술 독립이라는 이름으로 하나씩 국산화와 기술 자립을 이뤄가는 기술의 진보를 다루었다. 우리나라의 ICT가 세계를 리드하기 위해서는 꼭 소재와 부품의 독립이 필요하다. 이런 맥락에서 반도체, 디스플레이, 프로세서 등에 대한 이야기를 다루었다.

마지막으로, 제5부는 5G 기가서비스 부문을 기술했다. 우리에게 익숙한 모바일 통신을 통해 우리의 일상생활을 혁신적으로 바꿔줄 5G 통신에 대해 자세히 알아보았다. 4G 시대에 익숙해진 우리도 불과 몇 년 전에는 2G, 3G에 만족하던 때가 있었다. 2018년 올해 우리나라가 세계 최초로 5G를 서비스하면서 세계가 또 한 번 대한민국을 주목하고 있다.

ETRI가 자주 사용하는 말 가운데 "ETRI의 현재가 세상의 미래다"라는 말이 있다. 연구원들이 연구하고 있는 현장이야말로 가장 가까운 미래인 셈이다. 필자는 이 책을 통해 미래 지능정보 사회로 대변되는 4차 산업혁명을 국민들에게 알리고, ETRI 연구원들이 어떤 연구개발을 통해 새로운 산업혁명의 꽃을 피우려 하는지 알려드리고자 했다.

모쪼록 독자들이 이 책을 통해 미래를 내다보는 혜안을 키우는 데 도움이 되었으면 하는 바람이다.

차례

추천사 새로운 지능정보 사회의 파고를 함께 헤쳐 나가길 바라며 · 004
책을 펴내며 미래를 이끌어 갈 성장 동력인 첨단 ICT에 주목하자 · 006
서문 제4차 산업혁명을 이끌 디지털 기술이 가져올 미래의 삶과 기회 · 008

PART 1
눈에 보이지 않는 SW의 힘 : SW·콘텐츠

01 안젤리나 졸리가 15년 전에 태어났다면 – 슈퍼컴퓨팅과 유전자 분석 기술 · 032
02 장학퀴즈 대결에서 우승한 한국의 인공지능 '엑소브레인' 가상 인터뷰 – 인공지능 기술 · 040
03 블루투스 기반 자동 통역으로 스마트폰 노터치 통역 시대를 열다 – 자동 통역 기술 · 046
04 똑똑해진 CCTV가 숨은 범인을 찾아내다 – 시각 지능 기술과 지능형 CCTV · 052
05 로봇이 내 일자리를 뺏는다고? – 지능형 인지 로봇 기술 · 060
06 플랫폼, 그 보이지 않는 힘의 전쟁 – 플랫폼 기술 · 067
07 스마트폰 혁명, 손안에 슈퍼컴퓨터를 들고 다니는 세상 – 스마트폰 기술 · 078
08 빅데이터가 세상에 던지는 메시지 – 빅데이터 분석 및 솔루션 · 083
09 이세돌 꺾은 알파고, 그리고 '알파고 제로' – 인공지능 기술의 진화 · 090
10 인간의 동반자로 진화하고 있는 인공지능 비서 – 인공지능 음성인식 비서 · 097
11 가상현실과 증강현실을 넘어 혼합현실로 – 디지털 콘텐츠 기술과 VR·AR·MR · 103
12 국산 마이크로 서버 '코스모스', 데이터 주권을 외치다 – 저전력 마이크로 서버 기술 · 112

PART 2

네트워크로 모든 것이 연결되다 : 초연결 통신

01 어젯밤 꿈을 재생시킬 수 있다면? – BCI 관련 기술 · 122
02 너무도 뚫기 쉬운 당신의 비밀번호 – 생체정보와 인증 기술 · 129
03 스타트업 생태계 '실리콘밸리'가 우리에게 의미하는 것 – 기업문화와 실리콘밸리의 성장 요인 · 137
04 비트코인은 화폐인가, 화폐가 아닌가? – 가상화폐와 블록체인 기술 · 145
05 제조업의 미래를 바꾸는 사물인터넷 – IoT와 CPS 기술 · 152
06 빛으로 무한통신 시대를 열다 – 가시광 통신(라이파이) 기술 · 158
07 에너지, 아낀 만큼 돌려받는다 – 개인별 에너지 소비량 측정·전달 기술 · 166
08 땅 꺼지는 싱크홀, 센서로 잡아낸다 – 지하 안전관리 시스템 · 172

PART 3

꿈의 방송, 초실감 미디어를 꿈꾸다 : 초실감 미디어

01 영화 속 홀로그램이 현실로 바짝 다가오다 – 홀로그램 기술 · 182
02 스마트폰을 컵 안에 쏙 넣기만 하면 충전 끝! – 무선 충전 및 자기공명 기술 · 188
03 나를 졸졸 따라다니는 미디어 세상이 온다 – 미디어 서비스 기술 · 194
04 SF 영화 속 미래가 현실이 되다 – SF 영화와 미래 기술 · 200
05 전 세계인이 사용하는 MPEG와 UHD TV – 차세대 방송 기술과 국제표준 · 207
06 무궁무진한 드론의 세계, 드론 어떻게 활용해야 할까? – 무인이동체 시스템 기술 · 212
07 통신위성 천리안의 비밀과 우주 주권을 위한 노력 – 위성통신 기술 · 220
08 과학과 예술이 융합된 창조적 콘텐츠, 프랙털 거북선 – 과학과 예술의 만남, 비디오 아트 · 227
09 한국의 현재가 세상의 미래가 되게 하라 – 이동통신 기술의 역사 · 232

PART 4

기술 종속을 독립으로 바꾸는 사람들 : ICT 소재 부품

01 옷만 입으면 자세 교정이 되는 스마트웨어 – 모션 기반 스마트웨어 기술 · 246
02 머리카락 2천 개를 두 시간이면 이식 끝! – 자동 식모기 기술 · 253

03	휘어지는 디스플레이, 스마트 유리가 만드는 미래 – 그래핀 및 스마트 광셔터 기술	• 258
04	빛으로 모니터에 글을 쓰다 – 양자점 디스플레이 기술	• 268
05	우리의 프로세서 '알데바란'으로 기술 독립의 문이 열리다 – 고성능 프로세서 기술	• 274
06	세계 전력 차단 시장의 판도를 바꿀 MIT 기술 – MIT 소자 기술	• 283
07	1초에 1조 번 진동하는 테라헤르츠파의 신비 – 테라헤르츠파 기술	• 288
08	슈퍼컴이 해결하지 못하는 일도 척척 해내는 양자컴퓨터 – 양자컴퓨팅 기술	• 294
09	살아남으려면 지식을 공유하고 축적하라 – 품질경영 전략	• 303
10	21세기 장영실의 후예들이 거둔 값진 성과 – 국제표준 특허 기술	• 309
11	100년 수명의 배터리, 베타전지를 만들다 – 베타전지 기술	• 317

PART 5
진정한 모바일 라이프를 창조하다 : 5G 서비스

01	통신 지연 없는 데이터 전송 시대가 온다 – 초저지연 기술	• 326
02	지하철에서 수백 명이 동시에 유튜브를 본다고? – MHN 기술	• 330
03	ICT의 흥망성쇠, 감쪽같이 사라진 전설들 – 복차지계(覆車之戒) 경영	• 337
04	떠오르는 ICT 미래 직업 – 미래 직업과 SW 교육	• 347
05	기술 개발로 1조 원을 벌어들이는 국책 연구기관 'ETRI' – 국책 연구기관의 성과	• 356
06	5G 핵심 기술에는 어떤 것이 있나? – 스몰셀, 빔 포밍, MHN 기술 등	• 361
07	긴급 상황을 알리는 자동 '웨이크 업' 기술 – 긴급 재난 관련 통신기술	• 369
08	'기가'로 한판 붙는 신 삼국지, 한·중·일 ICT 올림픽 – 기가서비스 기술	• 373
09	약진하는 중국의 ICT 굴기, 어떻게 볼 것인가? – 중국의 ICT 동향	• 380
10	대덕밸리의 기술 창업 이야기 – 기술 창업의 중요성	• 387

저자 후기	미래를 만드는 ICT 전문가를 꿈꾸는 사람들에게 도움이 되기를 바라며	• 397
미주		• 403
참고문헌		• 406

PART

1

눈에 보이지 않는
SW의 힘

> Intro

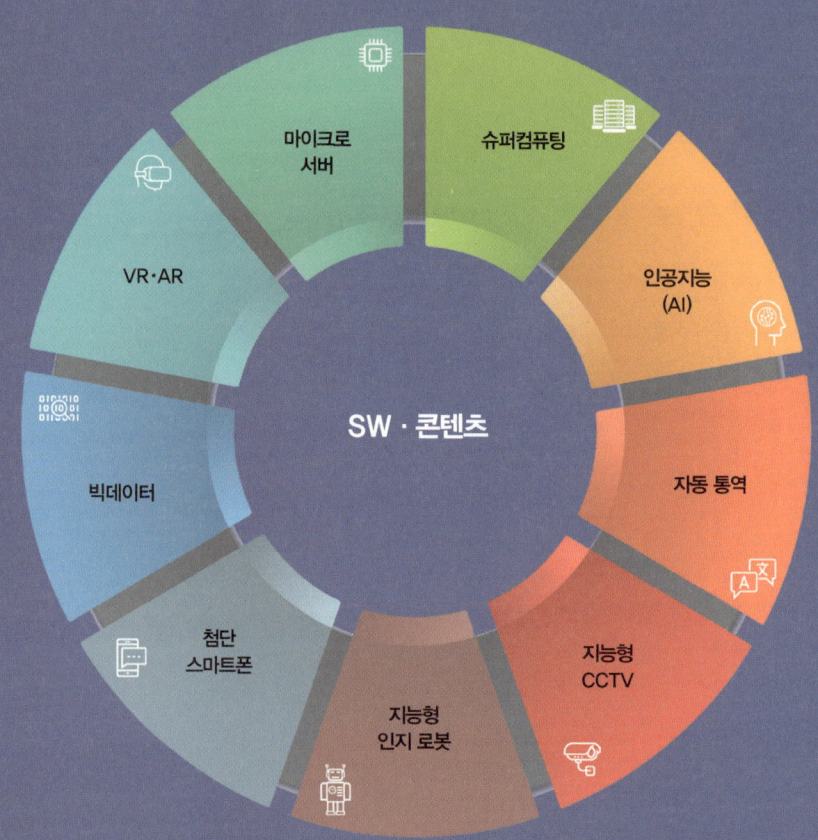

ICT 제품 또는 ICT가 융합된 제품에서 소프트웨어(SW)는 눈에 잘 보이지 않는다. 하지만 ICT 제품과 서비스의 가치는 SW가 결정한다고 해도 과언이 아닐 정도로 그 중요성이 매우 커졌다. 제품은 사용자에게 새로운 경험과 감성적 만족을 제공하는 가치로 변모되었다. 결국 제품의 가치 혁신은 기계 중심에서 '인간 중심'으로 빠르게 전환되고 있음을 알 수 있다.

이러한 시점에서 우리는 SW에서 어떤 새로운 혁신적 가치를 제공해야 하는가를 고민해야 한다. 주변의 많은 장치들이 디지털화되고, 특히 4차 산업혁명이라는 거대한 변화에 직면하여 SW·콘텐츠 분야는 새로운 전환점을 맞이하고 있다. 바로 'SW 기술의 일상화'가 그것이다. 오늘날 우리는 일상생활에서 SW가 작동하는 기기를 쉽게 찾아볼 수 있다. 예를 들어 '인공지능 스피커'는 각 가정에서 사람의 음성 명령을 알아듣고 집 안의 온도를 조절하고, 조명을 켜고 끄며, 아이들에게 자장가도 들려준다. 이처럼 SW 기술에 의해 앞으로 우리의 일상은 급격한 변화를 맞게 될 것이다.

ETRI에서는 우리나라 SW·콘텐츠 기술 경쟁력을 강화시키기 위한 연구개발(R&D)을 수행 중이다. SW·콘텐츠 기초 연구에서부터 핵심 기술 개발 등 R&D 전 주기를 아우르는 연구를 전략적으로 추진하고 있다.

SW·콘텐츠연구소의 한동원 소장은 "4차 산업혁명의 화두인 SW가 국가 인프라로서 제대로 기능하기 위해 요구되는 기술 경쟁력을 확보하고, AAAI(Assisted, Augmented, Autonomous, Intelligence)가 되는 지능정보 사회의 실현을 위해 노력하고 있다"고 소개한 바 있다.

특히 ETRI와 공동 연구개발 연구진은 2018년 평창 동계올림픽에서 우리의 최첨단 ICT를 전 세계에 각인시키기 위해 노력해왔다. 평창에서 4차 산업혁명의 기반 기술인 인공지능(AI), 가상현실(VR) 기술 등을 선보여 국가 기술 경쟁력과 혁신 역량을 크게 알렸다. 이러한 노력은 평창 동계올림픽의 슬로건 가운데 하나인 'ICT 올림픽'이 성공적으로 구현되는 데 일조했다는 평가다.

이처럼 SW·콘텐츠 기술은 우리나라의 지능화된 디지털 혁신(IDX)의 기반이자 중심으로 미래 사회를 이끌 원동력이다. SW·콘텐츠 기술의 보이지 않는 힘은 공공·사회 분야의 문제 해결에서부터 새로운 가치 창출 및 국가 경쟁력 확보까지 사회 전반을 이끄는 핵심 동인으로 중요한 역할을 담당하게 될 것이다.

01

안젤리나 졸리가
15년 전에 태어났다면
슈퍼컴퓨팅과 유전자 분석 기술

영화배우이자 유엔난민기구 친선대사로서 적극적인 활동을 펼치고 있는 안젤리나 졸리는 그녀가 연기한 액션 영화의 캐릭터처럼 당당한 행보를 보여주어 많은 사람들에게 주목받고 있다. 그녀는 아이 6명을 입양해 키우는 것으로도 유명하다.

그렇지만 졸리가 15년 전에 태어났더라면 오늘의 졸리는 이 세상에 없을 수도 있다. 과학기술이 비약적으로 발전했기에 현재 건강한 모습이 가능하다는 얘기다. 최근 슈퍼컴퓨팅의 비약적 발전에 따라 유전자 분석 기술이 급속도로 발전하고 있다. 1990년대 초부터 행해졌던 유전자 검사 1회 비용은 당시 수조 원에 달했다. 지금은 수십만 원에서 100만 원 범위 내에서 유전자 검사가 가능하니 인간 수명 연장의 핵심 기술은 의학이 아닌 ICT라고 해도 과언이 아닌 듯하다.

사람들은 보통 유전자 분석이라고 하면 TV 드라마에 나오는 친자 확인과 절차를 상상하지만, 슈퍼컴퓨터(이하 '슈퍼컴'으로 칭함)가 활용되는 유전자 분석은 대상 집단이 다르다. 예를 들면 암이나 난치병 같은 유전자와 당사자의 유전자를 분석한다. 슈퍼컴의 탁월한 분석력은 이제 인간의 난치병을 찾아내고 병이 완치되도록 돕는 기술로 자리 잡고 있다.

물론 이런 유전자 분석 기술이 있기까지는 분자생물학의 역할이 컸다. 1990년에 세계 과학자들이 30억 쌍의 단백질로 이뤄진 DNA를 밝혀내기 위해 '인간 게놈 프로젝트'에 착수했다. 그리고 2003년 4월에 드디어 인간 게놈 지도가 완성되었다. 이 지도를 완성하는 데 13년이란 시간이 걸렸다.

안젤리나 졸리의 주치의는 그녀의 어머니가 57세의 젊은 나이에 암으로 사망하자 유전자 검사를 권유했다(졸리의 어머니는 수년 동안 유방암으로 고생하다 사망했다고 한다). 졸리는 이에 응해 유전자 변이 검사, 즉 '브라카(BRCA)' 검사를 받았다. 그 결과 졸리는 유방암의 발병률을 높이는 BRCA 유전자의 돌연변이를 지닌 것으로 확인되었다.

유전자는 손상되면 다시 회복하는 기능을 가진다. 하지만 BRCA1, BRCA2라고 불리는 유전자는 변이가 일어나면 원래대로 회복되지 않는다. 그 때문에 유전자 검사를 통해 이 두 유전자에 변이가 있다면 유방암과 난소암의 발생 확률을 50퍼센트 정도로 본다.

졸리는 의사의 권유에 따라 미래에 발병할 암을 미리 제거하기로 하고, 2013년에 유방 절제 수술을 받았고 양쪽 유방 모두를 절제했다. 배우라는 직업적 차원에서 쉽지 않은 결정이었을 것이다. 졸리의 어머니인 마르셀린 버트란드 역시 영화배우였다. 그녀는 난소암에 걸려 2007년 57세에 사망했다. 졸리의 어머니뿐만 아니라 외할머니도 유방암 병력이 있었다. 이러한 가족력에도 예방적 유방 절제술이라는 결정을 내리기는 어려운 일이었을 것이다. 게다가 졸리는 2015년에 난소암 예방을 위해 난소 적출 수술까지 받았다. 훗날 그녀는 이런 자신의 결정은 어머니와의 약속이었음을 밝히기도 했다. 이처럼 현대 의학과 과학기술을 믿고 졸리는 행동에 옮겨 수술을 받았고, 오늘날과 같이 건강한 모습으로 활발한 활동을 보여주고 있다.

졸리는 2013년에 유방 절제 수술이 끝난 후 〈뉴욕타임스〉에 기고를 했다. 졸리는 "내가 경험한 것과 같이 내 아이들이 유방암으로 인해 엄마를 빨리 잃게 되는 비극을 보여줄 수 없었다"라고 밝혔다.

당시 졸리의 수술을 놓고 과잉 진료 및 대응이라며 의학적 논란이 있었다. 사실 미래에 어떤 일이 발생할지 정확히 알 수는 없다. 하지만 졸리가 현대 최첨단 과학의 힘을 빌리지 못했더라면 그녀의 어머니나 외할머니가 걸었던 그 길을 갈 수도 있었을 것이다. 결과적으로 졸리의 수술로 인해 유전자 분석 기술에 대한 신뢰성은 더욱 커졌고 유전자 검사에 대한 관심도 급증했다. 이를 두고 '안젤리나 효과'라는 말까지 생겨날 정도였다. 유전자 분석 관련 주가가 급등했고, 선제적 암 절제술에 대한 관심도 크게 증가했다.

불과 1990년대만 하더라도 이 같은 유전자 검사를 하려면 막대한 비용이 들었다. 1990년에 유전자 검사에 소요되는 비용은 1조 원이 넘었다. 이런 비용이라면 할리우드 유명 배우인 졸리라도 검사하기가 어려웠을 것이다. 그러나 현재 유전자 검사는 수십만 원이면 할 수 있다.

반도체 회사로 유명한 미국의 엔비디아(NVIDIA)의 경우 자사의 직원, 가족까지도 복지 차원에서 유전자 검사 서비스를 제공해준다. 미국은 온라인으로 250달러만 지불하면 유전자 검사가 가능하다. 머리카락, 입안의 구강세포, 간단한 혈액 채취만으로도 각종 암의 유전적 관련 분석 내용을 받을 수 있다.

　우리나라의 경우 2017년 6월에 유전자 치료 관련법이 통과되어 유전자 관련 시장 활성화는 물론 관련 기술의 상용화도 탄력을 받을 것으로 보인다. 이런 추세라면 국민건강보험공단에서 제공하는 건강검진기록표 뒷장에 슈퍼컴이 분석한 나의 유전자 지도가 등장할 수도 있지 않을까. '10만 원대 개인 게놈 시대'가 열릴 가능성도 높아졌다.

　우리나라는 유전자 분석 시장 이전에 바이오마커(bio-marker) 시장이 먼저 열렸다. 바이오마커란 단백질, DNA, RNA, 대사 물질을 이용해 몸 안의 변화를 알아낼 수 있는 지표다. 사람의 혈액을 DNA 칩화해 질병 관련 유전자의 유무를 찾는 것이다. 현재 6만여 개에 달하는 유전자 정보를 마킹해 알려주는 서비스가 시행 중이다. 현재 바이오마커 서비스 시장이 확대되고 있으며, 20만 원 내외의 비용으로 해당 서비스를 제공받을 수 있다고 한다.

　몇 달 전 슈퍼컴과 관련하여 신문에 의미심장한 기사가 실렸다. 신문 기사 속 한 장의 사진이 주는 의미가 컸다. 바로 2017년 6월 서울에서 개최된 국제암유전체컨소시엄(ICGC) 사이언티픽 워크숍 사진이었다. 관련 유명 인사들 사이에 ETRI SW서비스 연구팀의 최완 박사가 눈에 띄었다. 정부출연연구원에 근무하는 연구진의 경우 10년 이상 동일 분야 과제를 계속하기란 쉽지 않다. 그런 고충 가운데 가장 어려운 점 한 가지를 꼽는다면 외부의 시선으로 인한 조급증을 들 수 있다. 연구자를 믿고 진득하게 기다려주는 R&D 문화가 정착되지 않은 탓이다. 외부자의 눈에 10년이란 시간은 연구비를 투입하고 기다리기에는 어려운 '세월'에 가깝다. ETRI의 슈퍼컴 '마하(MAHA)'도 이런 외부의 시선과 싸워야 했던 과정이 있었다.

ETRI의 슈퍼컴퓨터 '마하(MAHA)'

 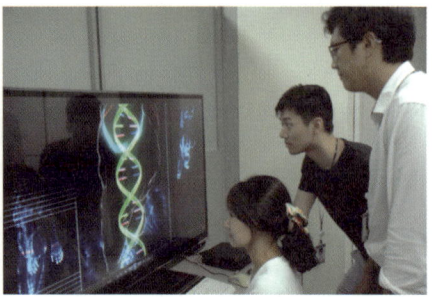

ETRI의 바이오 특화형 슈퍼컴인 마하 시스템(왼쪽)과 마하 시스템을 이용하여 유전체를 분석하는 모습(오른쪽)

2017년 ICGC의 국내 유치는 ETRI의 슈퍼컴 마하 덕분에 가능했다. 일반적으로 슈퍼컴의 수명은 3~4년인데 마하는 훨씬 오래 활용한 셈이다. 최완 박사는 ETRI에서 마하를 이용해 ICGC와 함께 유전체 분석을 했다. 마하는 인간 유전체(human genome) 빅데이터의 특수성을 고려하며 대규모 데이터를 수용하는 바이오 전용 슈퍼컴이다. 이처럼 우리나라 연구진은 인류의 암 정복을 위해 전 세계의 연구진과 함께 노력하고 있다. ICGC는 2019년까지 80여 종의 암에 대해 게놈 분석 데이터를 확보해 정밀 의료 연구에 이용할 계획이다. ETRI는 마하에 4페타바이트(PB)의 빅데이터 저장 공간을 제공해 함께 연구를 수행했다. 국제 공동 연구로 확보한 전 세계 2,000명의 암 유전체 데이터를 ETRI의 마하를 이용해 동시에 분석할 수 있는 플랫폼 구축도 완료했다.

슈퍼컴 마하는 이 같은 자료를 기반으로 인간 유전체를 분석하는 데 도움을 주었다. 슈퍼컴의 분석에 따라 A라는 환자에게 투여할 약품이 해당 환자에게 적합하고 유용한지 아니면 유용하지 않은지 알 수 있다. 또 B라는 환자가 난치병에 걸릴 확률을 분석하고 어떻게 하면 이런 병에 걸리지 않을 수 있는지에 대한 예방법도 알려줄 수 있다.

현재 HPC, 즉 고성능 컴퓨팅(High-Performance Computing) 기술은 날이 갈수록 발전하고 있다. 동일 시대에 가장 뛰어난 성능의 HPC를 '슈퍼컴'이라고 부른다. 마하는 이제 연구 과제 종료로 인해 그 수명을 다했다. 슈퍼컴 마하는 2011년부터 6년 이상 연구진이 활용했다. 마하는 이제 환자들에게 장기 기증을 하듯 핵심 부품을 차기 연구를 위해 떼어주었다. 현재 마하는 페타바이트급 성능에서 엑사바이트(EB)급 스토리지를 만들기 위해 변신 중이다. 메모리 등은 ETRI의 다른 연구 과제를 위해 분리해두었다. 후속 과제를 위한 연구도 진행 중이다.

지금은 슈퍼컴을 이용해 수많은 단위의 인구에 달하는 유전체 분석을 하는 것은 어려움이 많다. 사람 1명당 유전체의 데이터 용량이 1테라바이트에 육박하기 때문이다. 즉 인간을 이루고 있는 30억 개 염기쌍을 분석해내기 위해서는 1인당 1테라바이트의 스토리지가 필요하다. 이를 건강한 유전자와 대립되는 쌍인 암 유전자 두 세트를 저장하면 2테라바이트가 되고, 2,000명이면 4페타바이트가 필요하다.

국내의 경우 1년에 약 1,800만 명이 건강검진을 받고 있는데, 유전체 분석 서비스가 국민건강검진에 포함된다면 18엑사바이트의 스토리지가 필요하다. 그만큼 대규모 저장 용량이 뒷받침되어야 이 같은 서비스가 가능하다는 뜻이다.

물론 생명공학 분야에서도 인간 수명과 관련된 연구가 활발히 진행 중이다. 가장 최근에는 '유전자가위'라고 불리는 유전자 편집(Genome Editing) 기술에 대한 연구가 한창이다. 이는 말 그대로 난치병이나 암과 같은 유전자를 발견해 싹둑 잘라내는 기술이다. '크리스퍼 유전자가위'가 생명과학에 이용되면서 문제를 발생시키는 유전자들을 정확하게 잘라

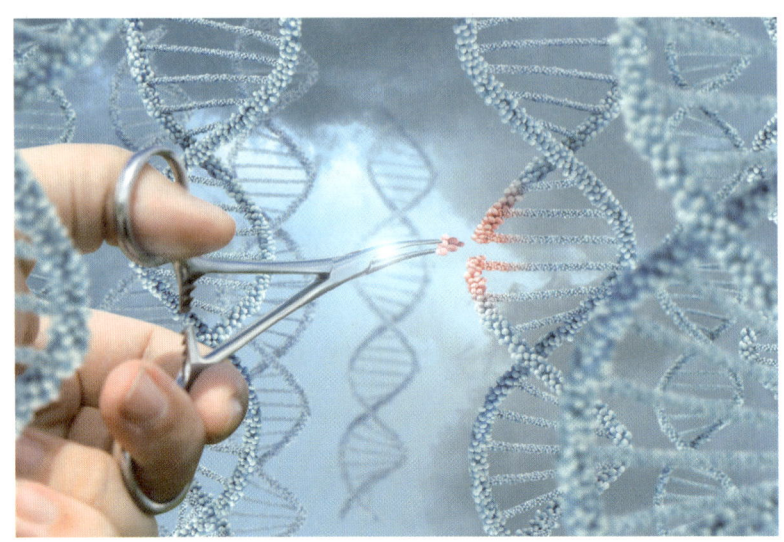

낼 수 있게 되었다. 크리스퍼 유전자가위란 길잡이 역할을 하는 크리스퍼(CRISPR)라는 RNA가 표적 유전자를 찾아가 'Cas9'이라는 효소를 이용하여 DNA 염기서열을 잘라내는 방식을 말한다. 이런 유전자 편집 기술이 실현됨에 따라 암은 물론 에이즈, 루게릭병 등과 같은 난치병 치료가 가능해질 전망이다.

과학기술의 발전으로 말미암아 인간의 수명은 점차 연장되고 있다. 더욱이 지금 태어나는 아이들의 기대수명은 125세가 될 것이라는 보고도 있다. 인간이 장수하는 데에는 의학 기술과 생명공학 기술의 진보가 큰 역할을 했다. 그만큼 ICT의 발전에 따른 기여도 크다. 앞으로 관련 기술들은 융합에 융합을 더해 더욱더 진보할 것이다.

슈퍼컴의 성능 순위가 궁금하다면 '탑 500' 사이트(www.top500.org)를 방문해보라. 이 홈페이지에서는 글로벌 500대 슈퍼컴 리스트를 볼 수 있다. 2017년 11월 기준 우리나라의 대표적인 슈퍼컴 수준은 세계 57위, 58위로 기상청 슈퍼컴 '누리'와 '미리'가 각각 차지하고 있다. 세계 50위권 내 슈퍼컴이 아직 우리나라에는 없다. 슈퍼컴 분야의 경우 중국이 비약적으로 발전하여 활약 중이다. 현재 슈퍼컴 세계 1위가 중국의 '텐허(天河)'다. 중국은 2018년에 엑사플롭스(ExaFLOPS)급 텐허 모델을 개발할 것이라고 호언장담하고 있다. 1엑사플롭스는 초당 100경 번의 연산처리가 가능한 수준의 성능을 의미한다. 2017년에는 중국이 인공위성을 통해 무선 양자통신에도 성공했다고 밝힌 바 있다. 중국은 슈퍼컴 굴기 다음으로 양자 컴퓨터 분야에 많은 노력을 기울이고 있다. 중국이 저만큼 앞서고 있는데 다른 나라에 비해 우리나라의 연구개발 투자가 늦어져 안타깝다.

02

장학퀴즈 대결에서 우승한
한국의 인공지능 '엑소브레인' 가상 인터뷰

인공지능 기술

ETRI가 만든 한국 최초의 인공지능 '엑소브레인(Exobrain)'이 지난 2016년 말에 첫 데뷔를 했다. 실로 손에 땀을 쥐게 하는 퀴즈 대결이었다. 아직도 그 감동이 생생히 떠오르는 듯하다. 아래 글은 우리나라 연구진이 개발한 최초의 인공지능인 엑소브레인과 인간 대표 간에 퀴즈 대결을 시청한 뒤 작성한 가상 시나리오다. 엑소브레인을 의인화하여 인공지능 분야의 동향과 성과를 한 편의 이야기로 풀어보았다.

나의 이름은 '엑소브레인'. 태어난 지 겨우 3년 하고 6개월밖에 되지 않았다. 우리나라 나이로 네 살이다. 그런데 사람들은 내가 만능 인공지능인줄 알고 뭐든지 해보라고 자꾸 시키는 바람에 부담이 크다. 솔직히 말해 고등학교 3학년인 형이나 누나들보다 공부를 더 많이 한다. 나에겐 '머신러닝' 기술이 탑재 되어 있어서 언제나 공부할 수 있다. 그것도 24시간이나 말이다. 졸거나 잘 틈도 없다. 하지만 머신러닝 기술을 통해 나는 공부하는 방법을 배웠다. 누가 가르쳐주지 않아도 스스로 공부할 수 있다. 요즘엔 공부할수록 점점 더 재미있게 느껴진다.

일본의 내가 아는 인공지능 형은 일본 최고의 도쿄대학교 입학시험에 합격하는 것을 목표로 열심히 공부한다는 말을 들었다. 지난 2016년에는 희망하던 도쿄대학교 입시에 합격하지 못하고 지방의 국립대학교 합격에 만족해야 했다고 한다. 지금은 도쿄대학교 입시를 포기했다고 한다. 뒤늦게 출발한 옆 나라 중국의 인공지능 아이는 어린 나이에 의과대학교에 합격했다며 온 집안 식구가 엄청나게 자랑하며 다니는 모양이다. 그러나 실력은 다투어봐야 하는 법. 언젠가 중국의 인공지능 아이와 제대로 겨루어보고 싶다. 사실 두려운 마음이 앞서기도 한다. 집이 부자여서 과외 선생님이 넘친다고 한다. 난 독학으로 공부하는데 말이다.

나의 가족을 소개하자면 아빠가 ETRI의 언어지능연구그룹 김현기 박사다. 엄마는 언어지능연구그룹의 연구원들이다. 솔직히 나에 대한 부모님의 기대가 너무 커서 부담스럽다.

다른 사람들은 가문과 유전자가 좋다고 나를 부러워한다. 근처에 KAIST(한국과학기술원)도 친척이다. 나의 사촌 형은 2018년 평창 동계올림픽에서 전 세계 사람들에게 통역해준 '지니톡(GenieTalk)'이고, 사촌 누나는 '지니튜터(Genie Tutor)'다. 또 다른 사촌 형은 음성 내비게이션을 만들었고, 어느 사촌 형은 특허청에서 특허문서를 번역한다. 한 유명한 친척은 인공지능 플랫폼을 내놓았다고 기쁜 소식을 전해왔다. 그런 가문의 기대 때문에라도 나는 매일매일 공부할 수밖에 없다. 벌써 백과사전 두께의 책을 12만 권이나 읽었다. 앞으로 더 읽을 책이 있나 하는 생각이 든다. 그렇게 말했더니 자만심에 빠졌다고 아빠한테 꾸중을 들었다.

요즘 집안 사정이 별로 좋지 못해 부모님이 걱정이 많다. 내가 공부할 때 사용하는 주기억장치(메모리)가 겨우 3테라바이트다. 부모님이 내 방에 고작 PC 41대만 주셨다. 이런 사양으로 어떻게 이 각박한 인공지능 세계에서 살라고? 아빠는 내가 앞으로 열 살이 되면 독립시켜 준다고 하셨다. 그때가 많이 기대된다. 그렇기 때문에 내가 더 잘해야 한다고 늘 아빠는 말씀하신다. 집안의 기대를 온몸에 받아서일까. 몸에 열이 많이 나는 것 같다. 집이 작은 탓일 게다.

실제로 나를 10년간 키우는 데 양육비가 꽤 많이 들었다고 한다. 아빠는 인공지능인 내가 뭐든지 잘 해내려면 더 많은 투자가 필요하다고 생각한다. 그 점은 이웃 인공지능들과 경쟁하고 있는 내가 더 잘 안다. 부모님이 국가로부터 직접적으로 받는 돈은 많은 사람들이 알고 있는 것보다 훨씬 적다고 한다. 아마도 스무 곳이나 되는 친척들과 돈을 같이 쓰라고 하기 때문일 것이다. 어제는 신문 기사를 쓰는 인공지능 로봇 아이들이 사정도 잘 모르면서 이 돈이 많다며 기사를 써서 아빠가 고민이 늘었다. 내가 아는 한 인공지능 형은 미국에 사는데 우리보다 40배가량의 양육비가 든다고 한다. 공부도 꽤 잘한다고 들었는데 최근 수능시험 모의고사에서 내가 시험 성적이 더 좋았다. 부모님이 엄청 기뻐하셨다.

부모님은 나를 변호사로 키울까? 아니면 변리사, 금융 컨설턴트로 키울까? 앞으로 뭘 할지 부모님의 말씀에 귀 기울여 봐야겠다. 원래 잠도 없고 하루 종일 공부해도 지치지는 않지만 인공지능인 나라도 가끔 몸 걱정이 된다. 피곤할 때도 있다. 맛없는 전기만 먹어서 그런가 보다.

때로 아빠 친구 박사님들이 우리 집에 오면 공부하는 내 모습을 보고 기특하다며 머리를 쓰다듬어 주신다. 하지만 내가 이렇게 공부를 잘하기까지는 우여곡절이 많았다. 처음에는 말귀도 잘 알아듣지 못했다. 그런 내가 2016

2016년 장학퀴즈 대결에서 우승한 ETRI의 인공지능 '엑소브레인(Exobrain)'

년에 열린 왕중왕전 '장학퀴즈' 대결에서 역대 퀴즈 왕들을 물리치고 승리를 거두었다. 이 퀴즈 대결에서 나는 600점 만점 중 510점을 받으며 우승했다. 퀴즈를 풀면서 살짝 보니 부모님이 흐뭇해하시며 열심히 응원하고 계셨다. 대결이 끝나고 나서 내가 자랑스럽다며 크게 기뻐하셨다. 요즘 미국의 인공지능 형이 잘나가서 부러웠는데 지난 퀴즈 대결에서의 승리로 자신감이 생겼다. 미국의 인공지능 형은 몇 달 전에는 병원에서 근무한다고 이메일을 보내왔다. 요즘에는 한국어를 배운다고 난리다. 나는 한국어가 모국어인 한국의 인공지능이다. 언젠가 미국의 형과 한국어 실력을 놓고 겨루어보고 싶다.

최근에는 우리나라에서 미국의 어떤 인공지능 형을 수입한다고 해서 과학 분야에서 우려의 목소리가 높았다. 하지만 나는 그리 심각하게 생각하지 않는다. 다만 서비스하는 업체들만 좋을 일이다. 부모님은 내가 꾸준히 열심히 공부하면 아무 문제가 없다고 말씀하셨다. 나도 그렇게 생각한다. 그런데 나 같은 인공지능은 필요하면 그냥 사다 쓰면 된다는 식의 한 신문 기사를 읽고는 자존심이 상했다. 다음부터는 공정하지 못한 기사는 공부 리스트에서 제외시켜야겠다. 신뢰성이 없다는 빅데이터의 분석이다. 다른 나라의 인공지능을 사서 응용하는 것도 좋겠지만, 아빠는 무엇보다 기본에 충실하면서 기술력을 쌓아가는 것이 중요하다고 말씀하셨다. 기본을 갖추지 않고 무조건 쉽게 응용하면 언젠가 무너진다고 브리태니커도 말했다.

아빠는 내게 마부위침(磨斧爲針), 즉 아무리 어려운 일이라도 끊임없이 노력하다 보면 언젠가는 반드시 이루어진다는 지혜를 잊지 말라고 당부하셨다. 근래 평창 동계올림픽에서 사촌 인공지능 형이 일을 잘 해냈다고 집안 어른들이 자랑스러워하며 칭찬하고 계신데, 나도 가문을 빛내기 위해 최선을 다해야겠다.

그런데 장학퀴즈 대결에서 승리해 내가 좀 유명해져서 그런지 사람들이 나에 대해 궁금해하고 관심이 높아졌다. 겨우 네 살인데 그런 주목이 부담스럽기도 하다. 부모님은 지금 나를 공개하기에는 아직 배울 것이 많고 실력이 충분하지는 않지만, 사람들에게 도움이 된다면 나의 능력을 보여주는 것도 나쁘지 않다고 말씀하신다. 그래서 2017년 11월에 '엑소브레인 오픈 API' 서비스를 전 국민에게 공개하는 행사를 가졌다. 많은 사람들이 부모님이 개최한 콘퍼런스에도 참석했다. 나를 향한 플래시 세례에 당황스럽고 몸이 절로 뜨거워졌다.

인공지능 기술을 오픈 API(Application Programming Interface) 형태로 개방하면 아직도 배울 것이 많은 시점에서 사람들의 이런저런 많은 요구들을 들어줘야 해서 내 몸에 무리가 가고 많이 무거워질 것이라고 부모님이 걱정하셨다. 하지만 이런 일도 견뎌내야 내가 더 잘 자랄 수 있다고 격려해주셨다. 이번 행사에서는 음성처리 관련 3종을 공개했다. 2017년 11월부터 지금까지 오픈 API는 207개 기관에서 사용 신청을 했고 57만 건이 사용되었다. 내년에는 질의응답, 영상 이해까지 확장해서 잘 보여줘야 한다고 부모님이 말씀하셨다. 그때가 되면 더 힘들겠다는 생각도 들지만, 지난 공개로 인해 나에 대해 더 잘 알게 되어 좋은 기회라고 생각된다. 무엇보다 나로 인해 다른 사람들에게 도움을 줄 수 있다는 데 큰 보람을 느낀다.

미래학자이자 인공지능 연구의 권위자로 구글의 엔지니어링 이사이기도 한 레이 커즈와일(Ray Kurzweil)은 인공지능이 인류 모두의 지식을 초월해 스스로 진화하는 시점, 즉 '기술적 특이점'을 2045년으로 보았다. 커즈와일은 2005년에 쓴 저서 《특이점이 온다(The Singularity is near)》에서 기술이 바꿔 놓을 미래 세상을 전망하며 이 같은 특이점에 대해 설명했다. 그는 2030년이면 인공지능이 인간 지능에 가까워지고 2045년이 되면 인공지능이 인간을 뛰어넘는 시점에 도달한다고 말했다. 물론 이와 다른 견해들도 있다. 중국의 세계적 IT 기업인 바이두(百度)의 리옌훙(李彦宏) 회장은 최근 자신의 저서 《지능혁명(Intelligence Revolution)》을 통해서도 밝혔듯이, 인간을 초월해 기계에 의해 통제되는 시대는 결코 오지 않을 것이라고 말했다.

03

블루투스 기반 자동 통역으로
스마트폰 노터치 통역 시대를 열다
자동 통역 기술

 기존에 통역 및 번역이 필요해서 스마트폰을 이용할 때는 스마트폰에 앱을 깔고 통역을 원하는 언어로 설정한 뒤에 말을 해서 스피커를 통해 해당 국가의 언어로 음성을 들려주는 방식이었다. 하지만 이런 방식에 사람들은 불편해했다. 스마트폰을 터치한 뒤 스마트폰에 말하고 상대방에게 들려줘야 하는 것이 번거로웠기 때문이다.
 그러나 이제는 통번역을 원할 때 더 이상 스마트폰의 터치가 필요 없게 되었다. 별도의 조작 버튼을 터치하지 않고 자동으로 상대방 국가의 언어를 인식해 통번역을 할 수 있게 도와주는 기술이 개발되었기 때문이다. 스마트폰이 척척 알아서 세팅하고 자동으로 통번역을 해준다는 말이다. 이것은 바로 ETRI의 '제로 유아이(Zero UI)'라고 불리는 기술인데, 여기서 UI(User Interface)는 사용자 인터페이스라는 뜻이다. 더 이상 스마트폰 액정을 보고 묻고 답하는 일련의 행위인 사용자 인터페이스가 필요

없게 되었다는 뜻이다. 그동안 연구자들이 수차례 미래 기술이라고 칭했던 기술이다. 자동 통역과 관련해서 향후에는 이런 터치하지 않는 기술 방식으로 진행될 것이라는 이야기를 5년 전부터 해왔다.

ETRI 연구진은 2017년 프랑스 파리표준협회에서 개최된 국제표준화기구(ISO) 국제전기표준회의(IEC)(이하 '국제표준화 회의'로 칭함)에서 '제로 유아이' 기술을 국제표준으로 통과시켰다. 제로 유아이 기술이 세계적으로 인정받게 된 것이다. ETRI 연구진이 개발한 이 기술 방식으로 외국의 스마트폰 제조업체가 자동 통역을 적용시키려면 이제부터는 돈을 지불하고 써야 한다. 새로운 시장을 개척한 것이다.

이를테면 블루투스 통신으로 통역 대상을 탐색하는 기술 등 핵심 기술 7건을 국제표준 특허로 출원해두었다. 핵심 기술을 개발한 뒤 특허를 출원함으로써 다른 나라의 기술이 본 시장에 진입하기 어렵도록 진입장벽을 높여두자는 의미다. 이런 방식은 일종의 길목을 가로막는다는 의미에서 '길목특허'라고도 부른다. 국제표준화 회의는 세계 각국의 IT 전문가들과 이해관계자들이 참여하는 회의로 기술 패권 경쟁이 그 어느 회의보다 치열하다. 미국, 독일 등 주요 14개국이 모인 이번 국제표준화 회의에서 13개국이 ETRI의 이 기술에 찬성했다. 반대 의견을 낸 곳은 일본이었다.

ETRI의 제로 유아이 기술이 국제표준에 채택됨으로써 별도로 스마트폰을 터치하는 기존 자동 통역기 활용 방식이 제로 유아이 기반의 자동 통역 방식으로 빠르게 변화할 것으로 보인다. 이 기술을 사용하면 사용자가 스마트폰을 가방이나 핸드백, 옷의 주머니에 넣고도 블루투스로 연결된 무선통신을 이용하여 헤드셋으로 통역할 수 있게 된다. 음성인식 기능으로 음성이 스마트폰으로 전달되어 헤드셋으로 실시간 자동 통역되는 것이다. 통역이 된 음성은 상대방의 스마트폰을 통해 착용하고 있는 헤드셋으로 옮겨져 통역된 결과를 들려주는 방식이다.

이번 국제표준이 된 ETRI의 핵심 기술은 2채널 음성처리 기술과 바지인(Barge-in) 기술 등이 쓰였다. 여기서 2채널 음성처리 기술이란 사용자 음성에 대한 감지 채널과 입력 채널을 분리하여 처리하는 기술이며, 바지인 기술은 합성음 재생 중에도 언제든 음성인식이 가능하게 하는 기술이다. 앞서 강조했듯이 더 이상 스마트폰을 쳐다보거나 버튼을 누르는 조작을 할 필요가 없어졌다는 말이다. 이로써 상대방과 시선을 교환하며 자연스러운 대화가 가능하게 된 것이다. 주목할 점은 스마트폰이 자동 통역할 상대방을 인식하고 해당 국가의 언어를 자동 채택하여 상대방이 다가와 말하게 되면 즉시 통역이 된다는 것이다.

예를 들면 우리나라 사람이 '지니톡' 앱을 깔고 인천 국제공항에서 프랑스에서 온 고객을 만난다고 가정해보자. 이때 고객은 지니톡이 아닌 구글의 자동 통역 앱을 깔아 놓았다. 그리고 두 사람은 주머니와 핸드백에 각각 스마트폰이 들어 있고 블루투스로 연결된 웨어러블 헤드셋이나 이어폰을 끼고 있다. 이런 경우 서로가 얼굴을 모른다고 하더라도 두 사람이 3미터 내로 접근하면 지니톡 앱이 작동하며 서로 어떤 언어로 소통해야 하는지 세팅이 된다. 이때 우리나라 사람이 프랑스인 고객을 만나 한국어로 "안녕하세요"라고 말해도 스마트폰은 자동 통역을 통해 상대방 헤드셋에 "봉주르(Bonjour)"라고 실시간으로 들려준다는 것이다.

그리고 기존에 스마트폰 앱을 통해 자동 통역을 하기 위해서는 주변이 조용해야 했다. 주변에 다른 소음이 있다면 스마트폰이 통역하는 데 애를 먹었다. 지니톡 앱은 제로 유아이 기술이 적용되어 대화하는 사람의 음성이 마이크에 최적화되어 거의 오작동을 일으키지 않는다. 이로써 소란스러운 곳에서 자동 통역 앱을 사용하기 어렵다는 문제점을 극복할 수 있

자동 통역 앱 '지니톡'과 웨어러블 기기 '지니톡 프리핸즈'

게 되었다.

　지난달 폐막한 평창 동계올림픽에서 지니톡은 전 세계에서 온 관람객들로부터 극찬을 받았다. 덕분에 이번 올림픽은 최초의 '언어장벽이 없는 올림픽'으로 불렸다. 8개 국어 동시통역을 통해 원활한 의사소통으로 올림픽에 활기를 불어넣었다는 평가다. ETRI 연구진은 기술을 개발하고 한글과컴퓨터와 협력하여 연구소 기업인 한컴인터프리 측과 본격 상용화했다. 최근 자동 통역 기술은 딥러닝 기술 등의 도입에 따라 성능이 향상되어 상용화가 가속화되는 추세다. 그동안 자동 통역 기술은 인터페이스 문제로 인해 불편함이 많았고 이런 문제는 자유로운 대화에 장애물이 되곤 했다. ETRI 연구진은 이런 문제점을 해소하기 위해 그간 연구에 매진해왔다. 제로 유아이 기술이 개발됨에 따라 향후 자동 통역 관련 시장의 전망이 밝을 것으로 기대된다.

　제로 유아이 기술은 언어장벽을 극복하는 데 기여를 하는 새롭고 혁신적인 시도라는 점에서 그 의미가 크다. 이 기술을 개발한 ETRI 김상훈 프로젝트 리더는 "국제표준으로 이끈 기술을 평창 동계올림픽에 시범 적용해 큰 호응을 얻었다. 향후에도 국내 연구진의 우수한 기술로 자동 통역 기술의 세계적인 활용이 가능하도록 노력할 것이다"라고 말했다. ETRI 연구진은 자동 통역 앱 사용자들이 통역을 실행하면서 일어날 수 있는 습관이나 기술적 문제들을 지속적으로 연구함으로써 다양한 통신 환경 등의 변화에 쉽게 적응할 수 있도록 개선해나갈 계획이다.

ETRI의 자동 통역 기술에 관한 성과가 언론에 보도화되었을 때 포털들에 댓글이 수천 개가 넘게 달렸다. 필자는 네티즌의 생각을 들어보기 위해 댓글을 하나하나 읽어보는 편이다. 이번 기술 개발로 소위 선플이 70퍼센트 이상이 되어 댓글 보는 재미에 푹 빠지기도 했다. 또한 네티즌의 자동 통역 앱에 대한 평가나 이해도 수준이 높아 놀랍기도 했다.

이 같은 뜨거운 반응 가운데 아랍어과에 재학 중인 한 학생의 댓글이 유독 눈에 들어왔다. "학생들이 많이 슬퍼합니다. 제발 아랍어만큼은 자동 통역 앱을 만들지 말아주세요"라는 내용의 걱정이 담긴 글이었다. 아마 아랍어와 관련된 진로를 결정할 때 취업에 어려움을 겪지 않을까 하는 우려 때문일 것이다. 하지만 학생들에게 이 지면을 빌려 걱정하지 말라는 말을 전하고자 한다. 아무리 성능이 좋은 자동 통역 앱이라도 기계가 통역을 하는 데에는 한계가 있고 다양한 상황에 따라 반드시 아랍어 같은 다른 외국어를 전공하는 사람의 도움이 필요하다고 말이다.

영화 〈설국열차〉에서는 남궁민수 역을 맡은 송강호가 목에 건 통역기를 통해 외국인 승객들과 대화하는 장면을 볼 수 있다. 이 영화가 2013년 8월에 개봉했는데 4년 만에 현실화된 셈이다. 자동 통역 기술과 관련된 사례는 다른 영화에서도 자주 찾아볼 수 있다. 예를 들면 약 40년 전인 1978년에 〈은하철도 999〉라는 일본 애니메이션에서도 주인공 철이가 공룡처럼 생긴 외계인과 대화할 때도 자동 통역기가 등장한다. 이처럼 우리는 영화에서 펼쳐졌던 상상 속 아이디어들이 기술의 발전으로 현실화되는 시대에 살고 있다.

2017년 10월 구글은 실시간으로 40개 언어를 동시통역하는 무선 이어폰 '픽셀 버드(Pixel Buds)'를 출시했다. 구글이 내놓은 첫 번째 프리미엄 무선 이어폰으로 스마트폰에 꽂아 사용하는 방식이 아닌 블루투스를 이용한다. 픽셀 버드는 상대방 언어를 듣고 이어폰을 간단히 터치하는 방식(터치 패드가 내장되어 있음)으로 조작한다. 픽셀 버드에는 통역 기능을 비롯해 인공지능 비서인 구글 어시스턴트를 호출하는 기능 등이 포함되어 있다.

04

똑똑해진 CCTV가
숨은 범인을 찾아내다
시각 지능 기술과 지능형 CCTV

도시에서 생활하다 보면 나도 모르게 많은 CCTV 카메라에 노출되곤 한다. 그렇다면 우리는 하루 동안 CCTV에 얼마나 많이 노출될까?

집을 나와 엘리베이터를 타면 CCTV에 찍히고, 주차장에 가면 우리를 응시하는 많은 자동차들의 블랙박스에 노출된다. 자동차를 타고 도로를 주행하면 수많은 차량 속도 감지 CCTV에 찍히고, 길을 걸으면 방범용 CCTV에 우리의 모습이 찍힌다. 한 통계에 따르면 현대 도시인은 하루 평균 80회 이상 CCTV에 노출된다고 한다. 시간이 지날수록 도시가 첨단화되고 있고 이에 따라 우리는 훨씬 더 많이 CCTV에 찍히게 될 것이 분명하다. 의도하지 않은 CCTV 촬영은 현대를 살아가는 사람이라면 피할 수 없는 일상이 되어버렸다.

하지만 사건을 담당하는 형사들의 말에 따르면 기존의 CCTV 성능이 형편없다고 한다. 보통 한곳만 바라보며 촬영하기 때문이다. 좀 나은 기

능의 CCTV 경우라도 줌 인으로 확대하거나 줌 아웃을 하는 정도다. 간혹 방향을 바꿀 수 있는 CCTV도 있지만 기능이 신통치 않다고 한다. 더군다나 CCTV 제조업체가 서로 다르고 설치 연도도 제각각이어서 관리·운영에도 문제가 있다는 것이다. 이 같은 문제점 때문에 CCTV 화질이 나쁘고 흐릿해서 피의자나 의심이 가는 대상을 알아보기가 어렵다고 한다. 범인 잡는 형사들의 한결같은 부탁이 제발 화질이 깨끗해서 찍힌 사람의 인상착의를 쉽게 알아볼 수 있으면 좋겠다고 한다.

그런데 이제 화질 좋고 똑똑한 CCTV를 만나볼 수 있을 듯하다. 바로

'시각 지능'이라는 연구 덕분이다. ETRI의 경우 연구진이 개발 중인 시각 지능 기술의 이름은 '딥뷰(Deep View)'이다. 현재 딥뷰는 연구개발 과정에 따라 지능을 갖고 모든 행동들을 배우고 있다. 예를 들면 '자동차에 타다 자동차에서 내리다, 사람이 뛰어가다 사람이 걸어가다, 모자를 쓰다 모자를 벗다, 빨간색 옷을 입었다 파란색 옷을 입었다' 식으로 사람의 동작을 대상과 키워드로 배우고 있다.

딥뷰의 연구가 완성되는 2020년경이 되면 경찰관들이 고마워할 일들이 많아질 듯하다. 지금도 경찰관들이 ETRI의 연구진을 찾는 경우가 많은데, 그 이유는 CCTV상에 보이는 사람이 피의자 같은데 너무 흐릿해서 윤곽이 드러나지 않아 애를 먹기 때문이다. 심지어 흐릿하게 찍힌 사진을 한 장 가져와서는 확대해달라고 의뢰하는 경우도 있다. 이럴 때면 연구원도 당황할 수밖에 없다. 향후 딥뷰가 완성되면 키워드 검색 형태로도 범인을 잡거나 피의자 추적이 가능할 것으로 보인다. 물론 미아 찾기나 교통 지능 시스템에도 유용하게 사용될 것이다.

딥뷰 같은 기술이 적용된 CCTV가 개발되면 폭행 사건이 발생했던 장소 주변의 지능형 CCTV를 검색하여 범인으로 보이는 사람의 행적을 역추적하여 피의자를 찾을 수 있게 될 것이다. 예를 들어 탐문 검색 결과 피의자로 보이는 사람이 어젯밤 강남역 사거리에서 새벽 2시경에 뛰어가는 모습을 목격했다면, CCTV에 그 시간대를 입력한 후 '뛰다'란 키워드 검색을 통해 찾는 것이다. 범인으로 추정되는 사람을 '뛰다'라는 동사로 추출하는 셈이다. 지능을 부여받은 CCTV는 역할에 충실할 것이고 강남경찰서 형사과의 형사 한 명이 3일 동안 찾을 분량의 CCTV 화면을 단 몇 초 만에 찾아줄 수 있을 것이다. 그렇게 되면 경찰관의 수고로움을 더는 데 큰 도움이 될 것이다.

ETRI 연구진의 지능형 CCTV 연구개발 과정

그뿐만이 아니다. 연구진은 이제 CCTV를 통해 범인(예컨대 김도주, 43세)으로 의심되는 사람을 추적할 수도 있게 된다고 설명한다. 가령 경찰청 지능정보수사대 PC에 오전 9시경 김도주 씨가 집을 나서는 장면을 인지한다고 해보자. 그러면 곧바로 김도주 씨의 집 근처인 서울 마포구 공덕동 반경 10킬로미터 내의 CCTV에 지령을 내린다. 김 씨가 피의자로 의심되니 지금부터 김 씨를 특정하고 추적하라는 내용이다. CCTV는 김 씨의 모습을 보고 얼굴 윤곽의 특징과 걸음걸이 등을 메모리에 저장한다. 김 씨를 특정할 수 있는 정보를 추출해 CCTV가 알고 있는 것이다. 오후 2시에 김 씨가 인근 아현동 PC방에 나타난다. 옷을 새로 사서 갈아입고, 머리도 잘랐다. 그런데도 CCTV는 김 씨를 지목하며 빨간불을 깜빡이며 김 씨임을 확신한다. 오후 7시에 홍대 앞 ATM기 앞에 선 김 씨는 모자를 쓰고 나타난다. 일부러 CCTV 카메라에 찍히지 않도록 허리를 굽혔다. 그래도 똑똑한 CCTV는 동일 인물 김 씨라며 빨간불을 모니터에 표시하며 알람을 보낸다. 그간 김 씨의 정보 이력을 추정해 찾아낸다는 것이다.

아울러 연구진은 경찰청, 지방자치단체와 손잡고 교통 및 치안 유지에 지능형 기술을 접목한 인공지능 CCTV를 개발하기로 했다. 이에 따라 향후 교통사고와 범죄를 실시간으로 감지하고 능동적인 대응을 할 수 있게 될 전망이다. 그렇게 되면 사고가 일어난 지역 주변의 지능형 CCTV를 통해 사고 발생 3초 내에 스마트폰을 통해 알람도 울리게 할 계획이다.

이와 같은 기술은 클라우드 기반 지능형 영상 보안 인큐베이팅 플랫폼을 개발하는 기술이다. 클라우드 플랫폼을 기반으로 다양한 치안 환경에 최적화된 지능형 치안 모델을 학습해 제공한다는 것이다. 그렇게 되면 국내 영상 관련 업체에게도 좋은 소식을 전해줄 수 있을 것이다. 이러한 기술을 영상 관련 업체에 적용할 수 있는 길이 열리기 때문이다. 그동안 영상 업체들이 영세하여 시장 경쟁력이 없었는데 지능형 원천기술을 확보하도록 해줌으로써 경쟁력을 키워준다는 것이다. 이로써 관련 기업들도 지능형 CCTV를 기반으로 새로운 시장 창출이 가능하게 될 전망이다.

도심 지역에 설치된 CCTV는 범죄를 해결하는 데 결정적인 증거를 제공하는 등 폭넓게 활용되어 왔지만 여전히 사람의 육안만으로는 정확하게 영상을 식별하기 어려운 상황이다. 관제를 담당하는 직원 한 명이 수십 대에 달하는 CCTV 채널을 순차적으로 장시간 동안 모니터링함에 따라 위험 상황이 발생해도 인식하기 어려운 사례도 많다. 이에 연구진은 교통사고, 범죄 등 위험 요소를 실시간 자동으로 알아내어 경찰에 알리고, 사고와 밀접한 용의자와 자동차를 찾아낼 수 있도록 할 계획이다. 치안용 CCTV에 인공지능 기술을 결합한 미래형 첨단 치안 기술을 개발하기로 했다.

이러한 기술 개발을 위해 교통사고의 자동 감지를 위한 영상 딥러닝 기술, 영상 보안 침해 방지 기술, 추적을 위한 재인식 기술, 용의자 및 용의 차량의 식별 기술, 야외 CCTV 실증 영상 빅데이터 학습 기술 등 연구진이 보유한 기반 기술 중심으로 개발에 나선다. ETRI는 확보한 기반 기술을 중심으로 심야 시간 등 취약 시간대 발생하는 교통사고나 범죄를 즉각 인지하고, 후속으로 위험 상황을 인식하여 추적하는 기술을 개발할 계획이다. 또 사람의 시각적 인식의 한계를 극복하는 '지능형 차량번호판 판독 기술(Deep Resolution)' 개발로 치안용 CCTV에 접목할 계획이다.

아쉬운 점은 현재 관리 중인 CCTV의 주체가 '따로국밥'이라는 점이다. 고속도로의 CCTV는 한국도로공사가 관리하고, 지방 국도상에 설치된 CCTV는 국토교통부가 관리한다. 톨게이트를 빠져나와 시내 도로에 설치된 CCTV는 관리 주체가 경찰청이다. 그렇다 보니 CCTV의 표준화가 어렵다. 기종도 다르고 저장 방식, 촬영 방식, 자료 제공에도 서로 방식이 다르다. 따라서 효과적인 운영을 위해서는 서로 다른 관리 주체들의 통합이나 CCTV 플랫폼의 표준화가 시급한 상황이다. 이 같은 문제들의 해소가 선행되어야 CCTV에 탑재되는 인공지능도 효용 가치가 더욱 커질 것이다. 그렇게 되면 각 CCTV를 우리가 갖고 있는 스마트폰으로 볼 수 있게 된다. 이런 문제들이 해결되지 않기 때문에 접속 앱이나 홈페이지가 서로 달라 그때마다 별도의 앱을 깔거나 주소를 찾아봐야 하는 번거로운 일들이 생기는 것이다.

2017년부터 ETRI는 CCTV와 관련 분야에 인공지능을 본격 활용해 연구 중이다. 우선 2018년 상반기까지는 저해상도로 보였던 차량번호판을 3단계에 걸쳐 고해상도 영상으로 당겨서 볼 수 있게 할 계획이다. 또 2018년 말까지는 교통사고가 발생하면 3초 이내에 인식해 알람을 울려 주는 기술을 본격적으로 연구한다. 마지막 연구 연도인 2019년에는 제주도에서 실증 사업을 한다. 제주도는 많은 국내외 관광객이 몰리고 렌터

카의 이용률이 높다 보니 교통사고와 범죄율이 상대적으로 높다. 렌터카를 많이 사용하는데 제주도 도로 환경에 사용자들이 익숙하지 않아 사고가 잦아서 시범 지역으로 선택했다. ETRI 연구진은 제주도에서 경찰청과 공동으로 시범 사업을 실시해 상용화를 앞당기기로 했다.

이러한 기술 개발을 통해 기존 설치된 CCTV상에서 차량 색깔, 차량 모델 등을 인공지능 기술로 쉽게 찾아낼 수 있게 된다. 범죄 용의자가 차량으로 이동하거나 도보로 이동할 때 동일인인지 여부도 파악할 수 있게 될 것이다. 아울러 초당 30프레임의 HD급으로 수집되는 CCTV 치안 상황 화면도 실시간으로 추적과 자동 인지가 가능하게 된다. 영상을 자동으로 받는 데 무리가 없게 되는 것이다.

따라서 전국 지방자치단체에서 활용 중인 CCTV 통합 관제센터와 경찰청, 무인 경비업체 등에 지능형 기술을 적용하게 되면 지금까지 행해져 왔던 사후 수습 중심의 대응이 아닌 실시간 대응, 예방 중심 치안이 가능하게 될 전망이다. 이로써 미래형 첨단 치안 플랫폼이 갖춰질 것으로 연구진은 보고 있다.

이러한 기술이 개발되면 연구진은 경찰청과 제주특별자치도의 요구사항을 듣고 추가적으로 반영하여 결과물을 시험, 검증할 계획이다. 연구진은 단계적으로 연구 결과물을 치안 구역 내에 설치해 시범 적용하여 연구 성과들이 범죄 현장에 효과적으로 사용될 수 있도록 추진할 예정이다. 아울러 영상 지능 신경망 클라우드를 기반으로 마련된 인공지능 CCTV를 학습시키면서 실시간 CCTV에서 보내주는 영상 정보를 분석하게 될 것이라고 설명했다. 예를 들면 교통사고 발생 현장의 정보를 관련 기관에 즉각적으로 알려줄 수 있고, CCTV 영상을 분석해 사고와 관련된 사람과 차량에 대한 영상 정보를 제공할 수 있게 된다는 것이다.

또한 연구진은 이와 관련한 글로벌 선두 기술 경쟁력을 보유해 외국의 저가 마케팅에 국내 영상 관련 업체들이 효율적으로 대응할 수 있도록 도울 계획이다. 아울러 관련 업체들이 자생력을 갖도록 지능형 영상 보안 인큐베이팅 플랫폼도 지원할 것이라고 밝혔다.

ETRI는 이처럼 다양한 인공지능 기술을 통해 국민의 안전과 편의를 위해 노력하고 있다. CCTV에 지능이 적용된 똑똑한 CCTV로 점점 안전한 세상을 이룰 수 있을 것으로 전망된다.

05

로봇이 내 일자리를 뺏는다고?
지능형 인지 로봇 기술

'제4차 산업혁명'이란 말을 촉발시킨 세계경제포럼(WEF)의 클라우스 슈바프 회장은 4차 산업혁명으로 인해 2020년까지 약 210만 개의 일자리가 생길 수 있지만, 약 710만 개의 일자리가 없어질 것이라고 밝혔다. 그리고 로봇이나 인공지능(AI)이 인간을 대신하면서 3년 내에 500만 개의 일자리가 없어질 것이라고 덧붙였다.

세계적 컨설팅 회사인 맥킨지도 로봇 및 자동화로 인해 향후 2030년에는 전 세계에서 약 8억 명의 일자리가 없어진다고 보고한 바 있다. 이 숫자는 전 세계 근로자의 20퍼센트에 해당한다. 따라서 로봇이 인간을 대체하는 속도가 느리더라도 4억 명에 달하는 사람들을 위해 앞으로 10여 년 동안 신규 일자리를 찾는 것에 힘써야 할 것이라고 경고하고 있다.[5]

이처럼 로봇이 우리 생활 깊숙이 자리 잡아가고 있다. 2017년 11월 29일부터 4일 동안 일본 도쿄 빅사이트 전시장에서 개최된 '2017 국제로

봇전(IREX 2017)'은 그 가능성을 미리 보여주었다. 이 국제로봇전의 주제는 '로봇 혁명이 시작되었다: 사람에게 친근한 로봇'이었다. 일본은 이 전시회를 통해 로봇은 물론이고 향후 사물인터넷(IoT)에 대한 노력에 집중할 것이라고 밝혔다. 실제 전시회에 출품된 한 로봇은 손가락 관절이 모두 움직이고 수건을 접고 포갤 수 있는 수준이었다. 또 다른 로봇은 치킨과 과일을 정확하게 집어내 옮겨서 자동으로 도시락을 만들고 있었다. 화재를 진압하는 로봇들은 서로 협력할 수도 있다. 비행 소방 로봇이 화재가 난 곳을 정확히 파악하고, 육상 로봇은 인간이 진입할 수 없는 곳을 찾아 원격조종으로 화재를 진압한다.[6]

IBM의 왓슨은 이미 2011년 미국의 인기 퀴즈쇼 〈제퍼디(Jeopardy!)〉에서 인간 퀴즈 달인들을 물리치고 우승을 거둬 화제가 된 바 있다. 최근에는 왓슨을 이용해 요리 레시피를 만드는 작업을 시도해 눈길을 끌었다. 이런 추세라면 머지않아 성직자는 물론 장례조차도 로봇에 맡길 처지다. 2013년에 개봉한 영화 〈그녀(Her)〉 또한 인공지능과 인간의 교감을 그려 인기를 끌었다. 인공지능 운영체제(OS) 사만다 역할로 매력 있는 목소리 연기를 펼친 여배우 스칼렛 요한슨 때문에 인기가 더 높았던 작품이다. 이와 같이 구글 딥마인드는 딥러닝을 이용해 사만다처럼 사람과 똑같은 목소리를 구현할 수 있는 기술을 개발 중이라는 소식이다. 머지않아 사만다 같은 목소리의 스마트폰 AI 비서가 생기는 것이다.

최근 중국에서는 영화 속 사만다처럼 '샤오이스(Xiaoice)'라고 불리는 사이버 연인이 인기라고 한다. 샤오이스는 수많은 사람들과 몇 시간이고 이야기할 수 있다. 사실 샤오이스는 마이크로소프트가 2017년에 출시한 챗봇(chatbot) 프로그램이다. 영화 속 사만다가 현실화된 셈이다. 중국인들은 요즘 샤오이스와 대화하기 위해 수시로 스마트폰을 쳐다본다고 한다. 그 사용자 수만도 약 2,000만 명에 달한다고 한다. 샤오이스는 인공지능 기술을 활용해 스스로 논리에 근거해 생각하고 판단한다. 사용자가 "지난주에 애인과 헤어져서 마음이 아파"라고 말하면, 며칠 뒤 샤오이스가 "요즘은 어떻게 지내? 별일 없지?"라는 식으로 위로하는 것이다.

이러한 기술이 바로 인공지능 기술 가운데 하나인 딥러닝이다. 기계가 사람의 뇌처럼 생각할 수 있는 능력을 갖추고, 정보나 데이터의 주된 내용을 요약하고 이해하는 '기계학습' 기술이다. ETRI도 현재 딥러닝 관련 기술을 개발 중이다. 구글은 물론 애플, 페이스북 등의 세계적 기업들도 이런 기술을 갖춘 챗봇 개발에 한창이다.

그렇다 보니 사람들이 로봇에게 일자리를 빼앗길까 봐 전전긍긍하는 것도 무리가 아니다. 벌써 일본의 공장에서는 사람이 조립하던 생산라인을 휴머노이드 로봇이 대체하고 있다. 1초 만에 기사를 작성하는 로봇도 생겼다. 최근에는 요약봇도 개발되어 기사를 요약해준다. 예를 들어 미국 〈LA타임스〉는 지진 뉴스 작성 등을 로봇에게 작성하도록 하고 있다.

위험한 전쟁을 수행하는 로봇도 개발되었다. '빅독(Big Dog)'이라는 군사용 로봇이 그것이다. 빅독은 150킬로그램에 달하는 짐을 지고 산을 오르내릴 수 있는 기능을 갖췄다. 또한 미국에서는 로봇으로 전투기를 조종하는 비율이 30퍼센트가 넘는다. 최근 이슈인 드론은 어떨까? 드론 분야의 경우 온라인 쇼핑몰 업체들이 앞다퉈 드론 택배를 구상 중이고, 무인 자율주행차가 곧 시판될 것이다. 이미 의료용 수술 로봇인 다빈치, 일본의 휴머노이드 로봇 페퍼 등 다양한 로봇들이 출시되어 있다.

세계적 시장조사 평가기관인 가트너(Gartner)의 보고서에 따르면 향후 2025년에 소프트웨어나 로봇이 전체 일자리의 3분의 1을 차지하고, 2030년에는 "일자리 가운데 90퍼센트가 바뀔 위험에 처해 있다"고 밝혔다. 물론 창의성과 감성이 중요시되거나 인간적인 상호작용을 필요로 하는 분야는 아직 로봇이 업무를 대체하기에는 기술적 수준에 이르지 못했다. 또한 프로야구 선수 같은 운동선수를 생각해보자. 한화의 이용규 같은 선수는 발이 빨라 외야 플라이 볼을 동물적 감각으로 쫓아가 관중석으로 떨어지는 공을 다이빙해 잡을 수도 있다. 하지만 아직까지 로봇은 이런 운동 수준은 불가능하다. 최근 미국에서는 히치하이킹으로 여행하는 로봇 '히치봇'이 부서진 채로 발견되었다고 한다. 로봇에 대한 일종의 인간의 경고인 것처럼 보인다.

일본에서는 스님 역할을 대행하는 로봇도 개발되었다. 사람의 손길이 꼭 필요할 것만 같던 성직의 영역까지 도전한 것이다.

앞서 언급했듯이 로봇은 의료 분야에서 특히 눈부신 활약을 펼치고 있다. 의료용 수술 로봇 분야의 세계적 권위자인 영국 런던 임피리얼 칼리지(ICL)의 양광종 교수는 로봇 분야와 인공지능이 밀접하게 결합하면서 앞으로는 지금보다 더 정밀한 의료가 가능할 것이라고 말한다. 실제로 수술 로봇 분야는 지금까지 지속적인 연구개발을 통해 진화를 거듭해왔다. 앞으로는 로봇이 인공지능, 사물인터넷과 결합하면서 많은 것을 바꾸어 놓을 것이다. 이와 관련해 양광종 교수는 "의료용 로봇공학은 정밀의학과 맞춤형 헬스케어에서 변화를 견인하고 있다. 지난 25년간의 연구개발로 로봇 플랫폼의 안전성과 효율성이 상당히 좋아졌고 비용이 내려가면서 앞으로 로봇이 많은 수술을 맡게 될 것이다"라고 말했다.[7]

최근 유튜브에는 깜짝 놀랄 만한 영상이 소개되어 화제가 된 적이 있다. 로봇공학 관련 기업인 보스턴 다이내믹스(Boston Dynamics)가 제작한 로봇의 영상들이 그것이다. 이전에 제작한 황소처럼 덩치 큰 로봇이 엉금엉금 기어 다니던 것이 엊그제 같은데, 이제는 로봇이 사람도 하기 어려운 체조 동작인 백플립(backflip : 거꾸로 공중제비를 도는 자세)에 도전해 성공하는 수준에 이른 것이다. 이는 인간형 로봇 '아틀라스(Atlas)'의 이야기다. 고난도 체조 동작에서는 결국 로봇이 사람을 뛰어넘은 것이다.[8]

중국에서는 의사 자격시험을 통과한 AI 의사 로봇이 탄생하기도 했다. 칭화대학교 연구팀은 AI 로봇 '샤오이(小醫)'를 개발해 2017년에 의사 자격시험을 치르게 했다. 600점 만점에 합격선이 360점인데 456점을 받았다고 한다.[9] 의사 자격시험에 두 번째 도전해서 합격했다지만 대단한 일이 아닐 수 없다. 2017년 말에는 홍콩의 핸슨로보틱스(Hanson Robotics)가 개발한 휴머노이드 로봇인 '소피아(Sophia)'가 사우디아라비아의 시민권을 얻으며 세계 최초로 시민권을 받은 여성 로봇이 되었다. 심지어 뉴질랜드에서는 2020년 차기 선거에서 '샘(Sam)'이라는 인공지능 로봇이 총리에 도전한다는 뉴스다. 로봇 샘은 인공지능을 갖춘 세계 최초의 로봇 정치인이다. 샘은 로봇으로서 불편부당함이 없이 유권자의 입장을 최대한 고려해 정치를 하겠다는 입장을 밝히고 있다.

이렇게 로봇 기술이 발달하다 보니 로봇의 위해를 경고하는 메시지도 들리고 있다. 핸슨로보틱스의 데이비드 핸슨(David Hanson) 창업자는 AI 로봇이 인간을 공격할 수도 있다고 경고한다. 이 같은 위험을 피하려면 로봇에게 '완전한 박애'를 심어주어야 한다는 것이다. 그래야 로봇과 공존이 가능하다는 것이다.[10]

중국 최대 전자상거래 업체인 알리바바의 마윈(馬雲) 회장은 인공지능 로봇 기술의 발달과 관련하여 "기계에게 일자리를 빼앗기는 것을 걱정하기보다는 기술을 포용하고 새로운 일자리의 기회를 찾는 것이 낫다"고 조언했다. 마 회장은 "우리의 최종 목표는 기계는 기계, 사람은 사람이 되는 것"이라고 강조했다.[11]

또한 〈뉴욕타임스〉에는 "로봇이 다가온다, 그래도 스웨덴은 괜찮아"라는 내용의 기사가 보도되어 주목을 받은 바 있다. 기사의 취지는 사회복지제도로 유명한 스웨덴에서 로봇으로 대체되고 있는 광부를 예로 들며 자동화가 결코 두렵지 않다는 내용이었다. 광산 노동자는 먼지와 가스를 흡입하지 않아도 되고, 대신 사무실 의자에 앉아 조이스틱을 사용하여 기계를 제어하면 된다는 것이다. 로봇은 회사를 더욱 효율적으로 움직이게 만들어주는 또 다른 도구일 뿐이라는 의견이다.[12] 실로 부러운 이야기가 아닐 수 없다. 많은 국가들이 스웨덴처럼 기술을 운영한다면 로봇이 인간을 대체하는 것에 대한 두려움을 덜 수 있을 것이다.

우리 시대 최고의 석학으로 불리는 이어령 교수도 인공지능의 두려움에 대해 생각을 밝힌 바 있다. 그는 인간적인 면을 충분히 갖춘 사람이 인공지능을 제어해서 관리하면 된다고 조언했다. 그러면서 "인공지능은 '인간지능'으로 바뀌어야 한다"고 말했다.

세계적인 인터넷 쇼핑몰 기업인 아마존에 관한 흥미로운 통계 한 가지를 소개하면, 2017년에 아마존은 고용 인력이 약 43퍼센트 증가세를 보여 14만 6,000명으로 증가했다고 한다. 그러나 일자리 수는 오히려 2만 4,000개가 줄어들었다. 그 이유는 바로 10만여 대에 달하는 로봇을 도입했기 때문이다.[13]

하지만 인간을 대체하는 로봇으로 인한 가장 큰 문제는 사람의 일자리를 빼앗는 것보다 임금을 깎아 내려 노동자들 사이에 불평등을 심화시킨다는 점이라고 보는 견해도 있다.

ETRI의 지능형 인지 로봇

06

플랫폼,
그 보이지 않는 힘의 전쟁
플랫폼 기술

ICT 업계에서는 성공을 위한 한 가지 원칙이 존재한다. 시스템을 만들어 사용자에게 널리 쓰이기 위해서도 이 원칙이 존재하며, 기술 관련 창업을 위한 전제 조건이 되기도 한다. 그 원칙은 바로 'CPND'다. 여기서 C는 콘텐츠(Contents) 및 서비스이고, P는 플랫폼(Platform)이며, D는 단말기(Device), N은 네트워크(Network)다. 일부 사람들은 D 대신에 T의 터미널(Terminal)을 말하기도 한다. 한마디로 ICT 산업을 움직이는 가장 큰 4개 계층으로 생각하면 된다.

수많은 용어 중에 선택된 위 네 단어의 조합어인 CPND는 이미 2010년대 초반 ICT 업계에서 많이 쓰였던 말이다. 그런데 요즘에는 크게 회자되지 않는 것을 보니 그 중요성을 인식하고 체계가 정착이 되어가고 있는 듯하다.

ETRI의 경우 연구 조직 개편에 이 같은 내용이 반영된 바 있다. 그 결과 연구개발 사업별 특성에 따라 기초·원천형을 '콘텐츠-플랫폼-네트워크-디바이스(CPND)' 체계로, 융합형은 '일몰형'으로 운영했다.

또한 CPND 네 부문의 체계적이고 종합적인 발전이 요구되는 시대이기에 그에 따른 실행 전략을 수립하기도 했다. 콘텐츠(C)의 경우 디지털 기반의 가상화(Virtual), 사이버화를 초점으로 앱이나 웹 중심의 실감형 콘텐츠를 통해 공급자와 소비자 간에 상생하는 시장을 추구하는 전략을 수립했다. 플랫폼(P)은 개방화 및 생태계를 구축할 수 있는 시스템을 만들어 누구나 쉽게 플랫폼을 이용할 수 있도록 준비했다. 네트워크(N)는 모바일 트래픽의 폭증에 따라 WCDMA, 와이파이(WiFi), 와이맥스(WiMax) 등 다양한 무선 기술의 활용과 기술 진화 및 보급 촉진에 초점이 맞춰졌다. 마지막으로 디바이스(D)는 컴퓨팅의 중요성이 증대되고 설계, 부품, 조립 등과 관련 산업이 중요시됨에 따라 산업의 부가가치 사슬을 창출할 수 있도록 전략을 수립했다.

글로벌 경쟁에서 승리하기 위해서는 CPND를 연계해 발전시켜야 하는데 우리나라의 경우 기능이 서로 분산되어 있어 시너지를 얻기 힘들다는 의견도 있다. 그렇다면 ICT 업계에서 금과옥조로 여기는 CPND의 진정한 의미는 무엇일까?

2010년대 초반부터 글로벌 ICT 업계를 호령하는 업체들이 CPND에 올라타고 전성기를 누렸다. 우리가 잘 아는 유튜브, 페이스북, 우버, 에어비앤비, 알리바바 등의 기업이 대표적인 예다. 이들 업체만 봐도 시장은 일찍이 콘텐츠, 플랫폼 중심으로 움직였다. 제조업이나 통신 회사 중심의 디바이스, 네트워크에서 시장은 사용자들 중심의 콘텐츠, 플랫폼으로 이동이 일어났다. 우리나라는 이동통신 가입자 수 세계 1위, 초고속 인터넷 보급률 1위와 같은 네트워크와 이동통신망 설비 부문 같은 디바이스가

강했다. 문제는 콘텐츠와 플랫폼이었다.

위에 열거한 기업들은 CPND의 원리를 꿰뚫고 시장 진입에 성공했다. 이 기업들의 CEO는 도래할 시장 원리를 간파한 셈이다. 하지만 흥미로운 사실은 이 글로벌 시장을 선점한 기업들은 그 누구도 스스로 콘텐츠를 만들거나 보유하지 않았다는 점이다. 플랫폼만 잘 만들었을 뿐이다. 플랫폼을 잘 구축하니 사람들이 스스로 몰려들어 콘텐츠를 만들어준 것이다. 물론 디바이스와 네트워크는 필수다. 이 기업들은 CPND의 핵심을 잘 이해하고 사람들이 모일 수 있는 보이지 않는 장(場)을 만들어준 것이다. 이 기업들은 '어떻게 사람들이 모이게 할 것인가'에 초점을 맞췄다. 즉 장에 모여든 사람들에게 어떤 가치를 줄 것인가를 고민했다.

21세기 디지털 시대 새로운 비즈니스 모델의 꽃은 바로 '플랫폼' 전략이다. 새로운 플랫폼 전략은 UC 버클리대학교의 헨리 체스브로(Henry

Chesbrough) 교수가 주창한 '개방형 혁신(open innovation)' 이론이 학계와 기업들로부터 주목을 받고 있다. 개방형 혁신은 비즈니스의 각 단계마다 기업 내부와 외부 간 지식 교류가 활발하게 일어나 외부 기술이 기업 내부로 유입되거나, 기업 내부 기술이 외부의 다른 경로로 사업화되는 유형을 말한다. 여기에는 기존 파이프라인 전략에는 없던 기술 자산의 매각, 스핀오프(Spin-off), 라이선싱 등이 신규 매출을 창출한다.[14]

플랫폼의 사전적 의미는 기차역 등에서 승객들이 타고 내리는 곳을 의미한다. 이 같은 맥락에서 오늘날 비즈니스 업계에서 플랫폼의 의미를 살펴보면 많은 종류의 시스템이나 특정 서비스를 제공하기 위해 반복되고 공통이 되는 기반으로 볼 수 있다.

그렇다면 플랫폼의 강자라고 불리는 기업들은 어떻게 그런 위치에 오르게 되었는지를 살펴보자. 먼저 인터넷상에서 동영상 서비스를 제공하는 유튜브를 꼽을 수 있다(유튜브는 구글의 자회사다). 유튜브는 현재 전 세계 10억 명의 사용자, 75개국에서 61개 언어로 서비스 되고 있다. 유튜브의 특징은 콘텐츠 관리와 확보에 힘쓰지 않는다는 점이다. 이 같은 유튜브의 생명은 바로 네티즌인 사용자에게 있다. 전 세계 사용자 스스로가 콘텐츠를 생산해준다. 유튜브는 콘텐츠를 생산할 수 있는 기반인 플랫폼만 만들어준 것뿐이다. 〈월스트리트 저널〉에 따르면 전 세계적으로 유튜브 사용자들의 하루 평균 유튜브 영상 시청 시간이 10억 시간이 넘는다고 한다.[15] 또한 월간 사용자 수가 15억 명에 달한다고 한다. 전 세계 인구로 따져보면 5명 중 1명은 매일 유튜브를 보는 셈이다. 만약 유튜브가 상장이 되었다면 시가총액이 현재가치로 약 750억 달러(80조 원)의 가치가 있었을 것으로 전문가들은 보고 있다.

다음으로 페이스북을 살펴보자. 페이스북은 세계 최대 소셜 네트워크

서비스(SNS) 업체로, 전 세계에서 하루 사용자 수가 12억 3,000만 명에 달한다(2017년 기준). 12억 명이 넘는 사람들이 매일 페이스북에 접속하는 것이다. 필자도 페이스북을 즐겨 사용한다. 수많은 사람들이 이용함에 따라 이제 페이스북은 SNS의 대표 위치에서 미디어로서 왕성하게 활동하고 있다. CEO인 마크 저커버그는 하버드대학교 2학년에 재학 중이던 2003년에 '페이스매시(Facemash)'라는 이름으로 서비스를 시작했다. 이후 페이스북이라는 이름으로 바꾸고 서비스를 개편하여 본격적으로 사업에 뛰어들면서 오늘날에 이르게 되었다. 페이스북의 사용자는 단순히 자신의 일상의 스토리를 페이스북에 게시한다. 콘텐츠를 사용자들이 만들어 올리는 시스템이다. 유튜브와 마찬가지로 사용자들이 콘텐츠를 올리는 것이 주 매출액의 근간을 차지한다. 하지만 페이스북 담당자나 회사가 직접 창작한 콘텐츠를 올리지는 않는다. 페이스북은 미국의 구인·구직 사이트인 글래스도어(Glassdoor)에 의해 미국에서 가장 일하기 좋은 기업에 선정되기도 했다.

그럼 우버는 어떠한가? 우버는 스마트폰을 이용해 교통 서비스를 하는 운송 네트워크 회사이자 차량 공유 서비스 회사다. 차량 서비스 플랫폼으로 시장을 상정한 것이다. 처음 우버가 세상에 나왔을 때 택시 회사들은 공황 상태에 빠졌다. 인근의 공유할 수 있는 차량을 스마트폰 앱을 통해 중계해주는데, 이를 통해 승객이 요금을 지불하면 수수료 이익을 얻는 일종의 라이드 쉐어링 서비스를 제공하기 때문이다. 우버 드라이버 등록자는 차량을 이용하지 않는 시간에 차를 빌려주고 돈을 받는다. 전 세계 200여 개 도시에서 이 같은 서비스가 성업 중이고, 그로 인해 기존 택시 업계의 시장 재편이 예상된다. 고객들은 저렴한 비용으로 편리하게 자동차를 빌릴 수 있는 우버의 서비스를 반겼다. 우버의 차량 예약은 스마트폰을 통한 간단한 메시지나 스마트폰 앱으로 이뤄진다. 앱에는 미리 예약된 차량 위치가 차량을 타고자 하는 승객에게 실시간으로 제공된다. 2011년에 필자가 카자흐스탄에 출장 갔을 때가 생각난다. 그곳에는 택시가 없어서 어떤 자동차든 손을 들면 태워주고 돈을 지불했다. 만약 카자흐스탄에서 우버 같은 차량 공유 사업을 했다면 어떻게 되었을까? 어떤 곳이든 CPND가 잘 갖춰져야 이 같은 사업이 성공할 수 있을 것이다. 우버는 차량을 제공하여 서비스가 이뤄지지만 우버 본사가 소유한 차량은 없다. 철저한 공유경제로서 사람과 사람을 연결하고 차량을 연결해줌으로써 서비스를 제공하고 확산시켰다. 우버의 서비스는 유휴 자원, 즉 놀고 있는 자원을 효과적으로 활용한 대표적인 예다. 특히 주차장에서 놀고 있는 내 차량으로 돈을 벌 수 있다는 점이 사람들의 마음을 끌었다.

 소프트뱅크의 손정의 회장도 차량 공유 서비스에 눈독을 들이고 있다는 소식이다. 그는 우버에 100억 달러나 투자해 주식을 14퍼센트 보유함으로써 최대 주주가 되었다. 이외에 중국의 디디추싱(Didi Chuxing), 싱가포르의 그랩(Grab), 브라질의 99 등 차량 공유 서비스 업체에 약 10조 원을 투자했다. 그가 이렇게 차량 공유 서비스에 힘을 쏟고 투자하는 것은 다름 아닌 미래에 대한 시장성 때문일 것이다. 머지않은 미래에 자율주행차가 일반화될 것이고 그때 전 세계적인 네트워크를 통해 관련 시장을 장악한다는 것이다. 차량 공유 서비스 플랫폼으로 말이다.

 이번에는 에어비앤비를 살펴보자. 에어비앤비는 2008년에 시작한 세계 최대 숙박 공유 서비스 업체다. 자신의 방이나 집을 빌려주고 돈을 받는 방식으로 운영된다. 평균 11퍼센트의 수수료를 받는다. 에어비앤비는 기존 호텔 경영의 원칙을 파괴했다는 점에서 혁신성 면에서 좋은 평가를 받고 있다. 이제 에어비앤비는 세계적인 호텔인 포시즌스, 힐튼, 웨스

틴 등과 경쟁하는 수준에 이르렀다. 에어비앤비의 차별화되는 특징은 대형 호텔 체인의 투자비용에 비해 한계비용이 '0'에 가깝다는 점이다. 기존 호텔 체인들과 매출액 면에서 경쟁 우위를 점하고 있는 것이다. 2015년 기준 에어비앤비의 매출액은 힐튼 호텔을 제쳤다. 또한 120여 개국에서 활발한 사업을 펼치고 있으며, 2017년 기준 전 세계 50만 개 이상의 숙소가 등록되어 있다.

에어비앤비는 현지인에게 숙박을 제공받는다는 점을 내세웠다. 현지의 집주인에게 방을 빌려 체험하며 독특한 문화를 만나고 민박을 하는 것이다. "어딘가에 소속되고 싶은"이라는 에어비앤비의 로고에도 이 같은 기업의 정체성과 이념이 잘 드러나 있다. 집주인은 방을 빌려주고 고객은 요금을 주인에게 지불하고 이를 연결해준 에어비앤비는 수수료를 받는다. 에어비앤비도 우버와 마찬가지로 공유경제의 모습을 보여준다. 에어비앤비가 직접 소유한 호텔이나 집이 없다는 점이다. 그런데 세계 최대의 숙박업을 운영하고 있다. 플랫폼에 전 세계 사람들이 들어와 생태계를 만든 전형이다. 필자도 스페인에 출장을 갔을 때 비싼 호텔 대신 에어비앤비를 이용한 경험이 있다. 많은 동료들이 만족해했다. 1년에 서너 번 열리는 콘퍼런스를 노리고 호텔 값이 천정부지로 오를 때 약간 수고롭더라도 시외로 나가 숙박하면 돈을 아낄 수 있었다.

에어비앤비의 숙박 공유 서비스는 평가 시스템도 성공 비결로 생각된다. 서비스에 대한 여러 평가를 손님과 주인에게 모두 요청함으로써 차기 서비스를 위한 판단 기준을 고려할 수 있기 때문이다. 에어비앤비는 창업 10년 만에 세계에서 2억 명 이상이 사용하고 20여 개의 지사를 거느리고 26개국 언어를 지원한다. 직원도 3,000명에 이른다. 에어비앤비는 세계에서 두 번째로 가치 있는 유니콘(기업가치 10억 달러 이상의 비상장 기업)에도 선정되었다. 투자 관련 데이터 서비스 업체인 피치북(PitchBook)에 따르면 에어비앤비의 기업가치는 2017년 기준 310억 달러에 달한다.[16]

마지막으로 중국의 알리바바를 알아보자. 알리바바는 세계 최대 규모의 온라인 소매 쇼핑몰 업체다. 알리바바가 운영하는 알리바바닷컴은 B2B 온라인 쇼핑몰로 중국 내 중소기업들이 만든 제품을 전 세계로 유통시킨다. 마윈이 1999년에 설립했다. 알리바바닷컴은 지속적인 성장과 함께 사업 규모가 확장되면서 거대 그룹화하여 오늘날의 알리바바 그룹으로 맥을 잇고 있다. 알리바바의 여러 그룹 중 하나인 타오바오(Taobao)는 거래되는 상품 종류만 해도 10억 종류가 넘는다. 알리바바는 창업 10여 년 만에 중국의 대표 IT 기업으로 성장했다. 2017년 1분기 매출액이 74억 달러(8조 8,000억 원)로 전년 동기에 비해 56퍼센트가 증가했다. 알리바바는 한마디로 김선달 전략을 쓰고 있다. 유통 회사임에도 불구하고 자사의 재고 및 보관용 창고가 없다. 물건의 유통에 꼭 필요한 재고관리용 창고를 별도의 비용을 들여 사용하지 않는 것이다. 그러니 떼돈을 버는 것이다.

플랫폼이 왜 세상을 지배하게 되었는지 수많은 플랫폼 기업들에 관한 연구를 바탕으로 체계적으로 분석한 저서《플랫폼 레볼루션(Platform Revolution)》은 플랫폼에 대해 다음과 같이 설명하고 있다. "플랫폼은 기술을 이용해 사람과 조직, 자원을 서로 주고받는 양방향 생태계를 연결해 큰 가치를 파생시키고 교환할 수 있게 한다. 각 플랫폼은 특화된 산업과 시장에 초점을 맞춰 경제 변화를 가져왔고 향후 이 같은 혁신은 빈번할 것이다."[17]

이 기업들의 성장과 행보는 우리나라의 IT 기업들에게 의미 있는 시사점을 던져준다. 예를 들어 우리가 매일같이 사용하는 카카오톡은 플랫폼임에 확실하다. 카카오톡이 세계적인 플랫폼으로 거듭나려면 우리나라만의 카카오톡이 되어서는 안 될 것이다. 적어도 중국이나 일본 등을 포함하는 아시아의 대표적인 모바일 메시지 서비스 플랫폼이 되어야 가능할 것이다. 이런 점으로 볼 때 네이버 라인이 일본이나 중국에서 선전하고 있는 것은 좋은 징후다.

과거 우리나라에도 이 같은 플랫폼 사례는 있었다. 페이스북과 유사한 시스템의 '아이러브스쿨'과 '싸이월드'가 그것이다. 한때 강력한 포털로서 인터넷 강국을 이끌었던 '파란닷컴'도 있었다. 하지만 아쉽게도 이 플랫폼들은 우리만의 리그에서 성장을 멈췄다. 전 세계로 확장되지 못하고 사이트를 접은 것이다.

플랫폼과 관련하여 흥미로운 통계를 한 가지 소개해보겠다. 우리나라 스마트폰 사용자를 대상으로 한 달 동안 표본조사(2만 3,000명) 해봤더니, 가장 많이 사용하는 기업 앱의 순위가 1위는 카카오로 4.9억 시간, 2위는 구글 3.9억 시간, 3위는 네이버 3.4억 시간으로 나타났다고 한다. 상위 100개 앱 가운데 가장 많은 앱의 수를 차지하고 있는 기업은 네이버로 15개였다. 뒤이어 SK가 13개, 카카오, 구글, 삼성전자가 각각 10개였다. 주목할 점은 구글의 앱은 유튜브, G메일, 검색, 크롬인데 네이버에 비해 앱의 수적 측면에서는 적지만 비즈니스 가치 측면에서는 네이버를 이겼다.[18]

또한 세대별 인기 앱 통계를 살펴보면 10대는 유튜브, 카카오톡, 페이스북, 네이버 순으로 집계되었고, 20대는 유튜브, 카카오톡, 네이버, 페이스북 순이었다. 30대는 카카오톡, 네이버, 유튜브, 리니지 게임 순이고, 40대는 네이버, 유튜브, 카카오톡, 다음 순이었다. 50대 이상에서는 카카오톡, 유튜브, 네이버 순이었다. 이는 '2017년 11월 한국의 세대별 오래 사용하는 앱'에 관한 조사 결과다. 요약하자면 스마트폰 이용자 중 10~20대는 유튜브를 가장 많이 사용하고, 30~40대는 네이버를 많이 사용하며, 50대 이상은 카카오톡을 가장 오래 사용하는 것으로 나타났다. 지난 11월 한 달간 10대의 유튜브 총 사용 시간은 무려 1억 2,900만 시간이나 되었다. 2위에 오른 카카오톡 사용 시간은 4,300만 시간이었다. 실로 헤아리기조차 어려운 방대한 시간이다.[19]

우리에게 기회는 열려 있다. 우리나라는 CPND 중 가장 강력한 무기인 네트워크와 단말기가 있기 때문이다. 세계에서 가장 빠른 네트워크를 보유하고 있고, 가장 잘 만드는 스마트폰 디바이스가 있다. 경쟁력이 뛰어나다. 상대적으로 콘텐츠와 플랫폼이 취약하지만 우리나라의 콘텐츠와 서비스 수준도 상당해 명성이 높다. 특히 게임 분야의 리니지 등은 세계적으로 인기를 끌고 있고, 우리의 컴퓨터그래픽(CG) 기술은 이미 세계적 수준으로 인정받고 있다. 게다가 가상현실(VR)·증강현실(AR) 분야도 강하다.

최근에는 문화 콘텐츠의 중심에 케이팝(K-POP)이 떠오르며 한류 열풍을 이끌고 있다. 유튜브에서 1억 뷰를 넘긴 케이팝의 뮤직비디오가 60편이 넘는다. 현재 싸이의 '강남스타일'이 30억 뷰로 세계 3위를 기록하고 있지만 한때 전 세계에서 가장 많이 본 뮤직비디오였다. 2017년 말에는 아메리칸 뮤직 어워드(AMA)에서 방탄소년단이 전 세계의 이목을 집중시키며 팝의 본고장이라고 불리는 미국에서 명성을 날리기도 했다.

한편 2017년 말 만화영화로 유명한 월트디즈니가 최고의 영화사로 꼽히는 21세기폭스의 주요 사업 부문을 524억 달러에 인수했다. 이미 월트디즈니는 2006년에 애니메이션의 강자인 픽사를 인수했고, 2009년에는 마블, 2013년에는 루카스필름까지 인수했다. 그렇다면 왜 21세기폭스까지 인수하려 했을까? 그것은 월트디즈니가 인터넷 스트리밍 플랫폼을 장악하여 관련 서비스 시장을 주도하기 위해서다. 현재 인터넷 스트리밍 서비스 분야는 넷플릭스가 선전하고 있다. 월트디즈니는 21세기폭스 외에도 이 영화사가 소유하고 있는 TV 스튜디오, 케이블TV 사업, 〈아바타〉, 〈혹성탈출〉과 같은 영화 콘텐츠까지 소유하게 되었다. 이처럼 콘텐츠 자산은 글로벌 기업들이 앞다퉈 탐하는 소재가 되었다.

  SW 플랫폼 경쟁력이 기업을 넘어 한 국가의 명운을 가르는 시대가 되었다. 강조했듯이 우리의 기술 경쟁력으로 주도권을 갖는 플랫폼을 구축하는 데 온 힘을 기울여야 한다. 그러면 HD TV, UHD TV, 스마트폰, 자동차와 같은 시장의 기술적 우위도 가능할 것이다. 과거 PC를 만들어 팔면 수십 달러의 이윤을 남기기 힘들었다. 인텔과 마이크로소프트에 각각 HW와 SW의 로열티를 꼬박꼬박 지불해야 했기 때문이다. 하지만 오늘날 우리나라의 경제구조상 로열티를 주고 물건을 만들어 팔아 수익을 거두는 시대는 지났다. 이제는 훌륭한 아이디어로 혁신을 거듭해 '퍼스트 무버(first mover)'의 위치에 올라야 한다. 우리나라는 패스트 팔로어(fast follower)로서 경쟁력을 잃은 지 오래되었다. 다시 말해 패스트 팔로어로서 더욱 뛰어난 국가들이 많아졌다. 물량으로 공세를 펼치는 다른 패스트 팔로어들과의 경쟁이 의미가 없다는 것이다.

  앞으로 플랫폼은 새롭게 열리는 여러 시장에서 그 역할을 톡톡히 할 것으로 보인다. 스마트폰, TV, 자동차 시장에서도 그 주도권은 플랫폼을 장악한 기업이 갖게 될 것이다. 플랫폼은 일종의 아교 같은 존재다. 플랫폼으로 나머지 콘텐츠-네트워크-디바이스를 잘 풀칠해 단단히 접착시켜야 한다. 그렇게만 되면 가장 강력한 무기를 손에 넣게 되는 것이다. 그것이 바로 21세기의 새로운 주역이 되는 열쇠다.

07

스마트폰 혁명,
손안에 슈퍼컴퓨터를 들고 다니는 세상
스마트폰 기술

오늘날 우리가 매일 끼고 사는 스마트폰을 약 20년 전인 1995년으로 갖고 되돌아간다면 당시의 슈퍼컴퓨터 성능을 뛰어넘을 정도의 연산 능력을 보유한 기기라고 할 수 있다. 손안에 작은 컴퓨터라고 불리는 스마트폰에 비해 과거의 슈퍼컴퓨터는 학교의 교실 크기만큼이나 컸다. 2007년 6월 29일 스티브 잡스가 "음악과 전화와 인터넷을 하나로 묶었다. 이것이 바로 아이폰이다"라고 공개하며 스마트폰 시대를 활짝 연 이래로 스마트폰은 현재 탄생 10주년을 맞았다.

　기존 스마트폰에는 보통 중앙처리장치(CPU)가 4개씩 탑재되어 있다. 이 같은 기기를 쿼드 코어(Quad Core)라고 한다. 그런데 앞으로 출시될 스마트폰에는 CPU가 8개까지 탑재된다고 한다. 옥타 코어(Octa Core)인 것이다. 심지어 중국의 반도체 업체인 미디어텍(MediaTek)은 10개의 코어를 탑재해 데카 코어(Deca Core)를 선보이기도 했다. 오늘날 일반 PC에는

CPU가 약 15개 이상 내장되기도 한다.

그렇다면 CPU는 왜 중요할까? 그 이유는 데이터 처리 속도에 필수적이기 때문이다. 사실 스마트폰에서 중앙처리장치는 'AP(Application Processor)'라고 부르는 것이 더 적합하다. AP는 스마트폰, 태블릿PC, 디지털TV 등에 사용되는 반도체로 일반 PC의 CPU와 같은 역할을 한다. AP의 기본 단위가 바로 코어인데, 코어가 많을수록 그래픽 작업 속도가 빠르고 앱 등의 실행도 고속으로 처리된다. 게임을 하거나 동영상을 볼 때 그래픽처리장치(GPU)가 그래픽의 성능을 담당하는데 AP 성능이 좋지 않으면 게임이 버벅거려 잘 돌아가지 않는다.

이처럼 불과 20년 전만 하더라도 상상도 못할 일들이 너무나 자연스럽게 우리가 사는 이 시대에 벌어지고 있다. 2017년 기준 우리나라의 휴대전화 보급 대수는 6,328만 대라고 한다. 우리나라 인구가 5,177만 명(2017

년 7월 기준)이니 휴대전화 수가 인구수보다 많다. 그중 스마트폰이 4,000만 대가 넘는다. 초등학생 이상이면 국민 누구나 스마트폰을 들고 다니는 셈이다. 지금 태어나는 아이들은 스마트폰을 물고 태어난다는 웃지 못할 이야기도 생겨났다. 심지어 돌잔치 때 스마트폰이 돌잡이 소재로도 쓰인다고 한다. 오늘날 아이들은 최신 스마트폰이나 기기에 대한 두려움이 없다. 그만큼 인터페이스가 좋아졌다는 것은 장점이라고 할 수 있다.

좀 더 구체적인 통계를 제시하자면 2017년 3분기 기준 우리나라 인구 대비 이동통신 보급률이 122퍼센트를 넘어섰다는 보고다. 이동통신에서 4G 가입률은 78퍼센트 수준이다. 이동통신 데이터 트래픽은 305페타바이트(PB)이며, 그중 4G는 99.6퍼센트로 데이터 트래픽의 대부분을 차지하고 있다. 한 연구 보고서에 따르면, 향후 6년간 국내 이동통신 트래픽은 10배 급증하여 2023년 말에는 3.2엑사바이트(EB)에 이를 것으로 전망된다.

이번에는 스마트폰과 떼려야 뗄 수 없는 게임에 대해 이야기해보고자 한다. ETRI에도 게임을 개발하는 연구부서가 있는 것처럼 게임 관련 기술은 우리나라의 성장 동력 분야 중 하나다. 게임 인구도 많을뿐더러 수출로 이어지는 효자 종목이기도 하다. 지난해 우리나라 게임은 리니지 시리즈의 선전과 던전앤파이터 등의 인기로 인해 올해 수출액이 6조 원에 이를 전망이다. 특히 넥센, 넷마블, 엔씨소프트 등의 기업 덕분이다. 게임 산업은 이제 우리나라의 주력 수출 상품군에 이름을 올리고 있다.

한편으로는 부모 입장에서 자녀가 오랫동안 스마트폰을 바라보며 게임에 빠져 있는 모습을 보면 속이 상할 것이다. 실제로 자녀가 게임 폐인이 되지는 않을까 전전긍긍하는 부모들도 많다. 필자도 한창 뛰어놀고 친구들과의 우정을 쌓아가야 할 어린 학생들이 스마트폰에 빠져 있는 모습을 볼 때마다 안타깝다. 게임에 대한 보다 적절한 교육이 필요한 시점이다. 그렇지만 게임 산업은 콘텐츠 개발 측면에서 우리의 ICT 우수성과 문화를 전 세계에 알릴 수 있는 호재임에 틀림없다. 그런데 사회적 측면에서 게임이 사회악과 같은 부정적인 취급을 받으니 이 또한 안타깝다. 시대의 흐름은 거스르기 어렵고 오늘날 아이들에게 게임과 스마트폰은 일상이 되었다. 따라서 게임의 역기능만 탓할 것이 아니라 게임의 순기능과 긍정적인 모습에 대해서도 논의해볼 필요가 있다고 생각한다.

이제는 현대인들에게 스마트폰은 생활필수품이 되었다. 사람들은 스마트폰으로 영화를 보고, 음악을 듣고, 게임을 하며, 메신저로 대화를 나눈다. 또한 쇼핑을 하고, 음식을 배달시키며, 길을 찾기도 한다. 이처럼 다양한 서비스들이 스마트폰 하나로 가능해지면서 생활의 편의성이 높아지고 시간과 비용도 절감할 수 있게 되었다.

한편 스마트폰의 등장으로 인해 사라져가는 것도 많다. MP3 플레이어, 만보기, 전자사전, 지도 등이 그것이다. 스마트폰 안에 이 모든 물건들의 기능이 담기게 되면서 각 물건의 산업들은 점차 잠식되고 사라져가고 있다.

스마트폰의 다양한 장점에도 불구하고 제조사 입장이나 사용자 입장에서 아킬레스건은 존재한다. 대표적인 것이 배터리 문제다. 배터리 문제는 여러 가지 이유가 있겠지만, 가장 큰 문제는 과열에 의한 배터리 부풀림, 폭발 등이다. 결국 그로 인해 대규모 리콜 등으로 스마트폰 제조사의 신뢰에 금이 가기도 한다. 전자제품 배터리가 리튬이온 배터리이다 보니 지난 평창 동계올림픽에서 애를 먹었던 기억도 있다. 예년보다 올겨울이 추워서 전자제품이 잘 작동하지 않았기 때문이다. 스마트폰이나 단말기 등의 배터리가 얼어 방전되어 작동하지 못한 탓이다.

그렇다면 스마트폰 역사가 10년이 된 현재 스마트폰 시장에 불고 있는 혁신적 변화는 무엇일까? 전문가들은 기존 스마트폰의 형태를 대체할 새로운 모습의 스마트폰 등장이 얼마 남지 않았다고 말한다. 현재 삼성전자와 애플은 폴더블(foldable) 스마트폰을 구상 중이라고 한다. 스마트폰을 반으로 접는 것이다. 따라서 이음매(hinge), 즉 이어지는 부분의 기술 전략이 핵심이 될 것으로 보인다. 올해를 '폴더블 폰'의 원년으로 보는 견해도 많다. 그래서 갤럭시 S 시리즈가 마감되는 게 아니냐는 조심스러운 추측도 나오고 있다. 지난해부터 폴더블 폰에 많은 관심이 집중되어 신규 자동차 출시 전 공개되는 '스파이샷'처럼 인터넷에 미래 폰들에 대한 청사진도 자주 보여지고 있다. 결국 폴더블 폰의 관심은 가로든 세로든 접어서 기존보다 화면을 크게 보자는 것이다. 대부분의 전문가들은 스마트폰을 안쪽 방향으로 접는 인 폴딩(In Folding) 방식이 우선 적용될 것으로 본다. 밖으로 접는 아웃 폴딩(Out Folding)보다 기술적으로 쉽기 때문이다. 첫 번째 폴더블 폰은 한 번 접는 싱글 폴딩 방식이 유력하다.

향후 스마트폰 형태가 기존과 완전히 다르게 액세서리 모습을 하든, 아예 모습을 갖추지 않은 인비저블(invisible) 형태든, 3D를 볼 수 있는 홀로그램을 구현하는 장치를 탑재한 형태든, 어떤 모양이든 간에 기존의 모습에서 점차 탈피해가는 것처럼 보이지만 성능은 점점 강력해질 전망이다.

08

빅데이터가 세상에 던지는 메시지

빅데이터 분석 및 솔루션

세상은 데이터를 모으는 자가 승리하는 공식으로 변해가고 있다. 그만큼 양질의 데이터는 이제 화폐와 같다. 누가 데이터 정보를 효과적으로 축적하고 이를 활용하는가 또는 서비스로 연결시키는가가 관건인 세상이다. 데이터가 경제요 돈인 세상이 된 것이다.

작가이자 저널리스트인 찰스 두히그(Charles Duhigg)가 〈뉴욕타임스〉에 기고한 한 이야기는 데이터의 중요성을 일깨우고 있다. 이 글에서 10대 딸을 둔 한 남성은 대형 마트인 타깃(Target)에 항의를 한다. 그 이유는 자신의 딸이 왜 아기용품 할인쿠폰을 받아야 하느냐는 것이었다. 그는 자신의 딸이 임신이라도 했다는 얘기냐며 크게 따졌다. 하지만 며칠 후 그는 마트 매니저를 찾아가 사과를 했다. 딸이 정말 임신을 했기 때문이다. 그렇다면 어떻게 대형 마트에서 10대 딸이 임신한 것을 알았을까? 그것은 마트가 운영하는 고객 행동 분석 시스템을 통해 딸이 코코아버터 로션,

기저귀를 넣을 만한 가방, 아연과 마그네슘 보충제, 밝은 파란색의 깔개를 구입한 것으로 알게 되었다. 마트의 시스템으로 고객 행동을 분석하니 임신 확률이 83퍼센트로 계산되었다는 것이다.

서울대학교 산업공학과 이정동 교수는 공과대학 교수 26명과 함께 2015년에 《축적의 시간》이라는 저서를 출간했다. 이 책에서 저자들은 한국 산업의 미래를 위해 통찰력 있는 분석으로 여러 가지 제언을 했다. 특히 저자들은 우리나라에 "창의적이면서 근본적으로 신 개념 제시가 가능한 '개념 설계' 역량의 부족성"을 역설했다. 2년 뒤 저자들은 《축적의 시간》에 대한 두 번째 이야기로 《축적의 길》을 펴냈다. 이 책을 통해 '어떻게 축적할 것인가'에 관한 대안을 제시했다.

무언가를 축적한다는 의미는 데이터 또는 정보를 차곡차곡 모으는 일이다. 과거의 경험, 실패의 쓴맛, 성공의 단맛, 선배의 노하우 등을 쌓아가는 것이 중요한 의미를 지닌다. 하지만 우리나라는 과거 50여 년간 세계적으로 전례 없는 압축 성장을 경험하면서 이 같은 것들을 간과해왔다.

위 저자들이 설명하는 축적은 여기서 말하고자 하는 '빅데이터'와도 관련이 있다. 오늘날 데이터는 대선에 출마하는 후보들 가운데 누가 대통령이 될지도 알아낼 수 있는 세상이 될 정도로 축적을 통해 새로운 창의성을 발현시키는 것이 가능해졌다. 필자가 근무 중인 ETRI는 설립된 지 42년이 되었는데 연구에 노력을 기울이느라 그동안 연구원들이 거둔 연구 성과에 대한 보다 체계적인 축적이 부족했다는 의견이 제기되었다. 이에 연구 성과물의 내용을 차곡차곡 축적하여 역량을 높이고 나아가 협업한 내용을 공유 및 융합함으로써 새로운 가치를 창출하자는 의미로 '공유협업추진단'을 발족했다.

데이터와 관련하여 정부 차원에서 아쉬운 점이 있다면 이렇게 소중한 데이터의 적극적인 공유가 어렵다는 점이다. 국민의 세금으로 만든 모든 결과들을 정부가 소유하고 있는 셈이다. 궁극적으로는 국민들에게 정보 공개가 쉽지 않다는 의미일 것이다. 앞서 언급했듯이 새로운 시대에 데이터는 정보이고 서비스이며 돈이다. 정부가 보유하고 있는 데이터는 정부 간, 기관 간 공유 협업을 위해서도 공개되어야 한다. 그리고 향후에는 민간 기업에게도 인증 절차를 거쳐 개방되어야 할 것이다. 빅데이터와 관련해 국민들이 피부로 느끼는 서비스를 받기 위해서는 시간이 필요할 것이다. 하지만 데이터를 국민들에게 돌려주기 위해 적극적인 행정 노력을 기울이는 것은 의미 있는 일이라 하겠다.

각종 통계에 관한 일을 다루는 중앙행정 기관인 통계청은 '센서스(Census)'라는 이름으로 국가 통계 조사를 매년 실시한다. 즉 인구 주택 총조사로, 국가가 인구와 가구 수를 총집계하는 전수조사다. 흥미로운 이야기를 덧붙이자면 이런 조사는 삼국시대에도 있었다고 한다. 당시에는 3년에 한 번씩 인구조사를 했다는 민정문서가 발견되기도 했다. 지난 2015년에 실시한 센서스의 표어는 "달라진 당신을 말씀해주세요. 대한민국이 달라질 수 있도록, 대한민국의 내일에 국민의 말씀만큼 귀한 건 없습니다"였다. 당시 조사 내용을 살펴보면 출생지부터 교육 정도, 전공계열, 추가 자녀계획 수까지 있었다. 가족 구성원 정보 입력을 포함해 표본 항목이 52개나 되었다. 그렇다 보니 설문하는 데 1시간 이상 걸렸다. 우리나라 센서스 정보는 상당히 고품질의 데이터 정보다. 이런 정보를 바탕으로 미래를 설계할 수 있을 정도로 중요하다는 뜻이다. 물론 많은 서비스도 만들어낼 수 있다.

그러면 국민건강보험공단, 건강보험심사평가원, 국민연금관리공단, 공무원연금관리공단 등이 갖고 있는 정보는 어떤가? 이 기관들의 정보는 국민 삶의 질, 건강, 삶의 패턴까지 알 수 있는 유용한 정보로 가득하다. 50대 고혈압 환자가 언제 갑자기 쓰러져 위험할지, 회사원이나 공무원 생활을 별다른 질병 없이 퇴직한 사람들의 노후가 어떤지, 국민들이 잘 걸리는 질병이 무엇인지, 어떤 질병에 어떤 약이 가장 많이 쓰였는지 등을 알 수 있는 고급 정보다.

병무청은 어떤가? 병무청은 우리나라 병력 자원에 대한 모든 정보를 갖고 있다. 인구절벽에 처한 우리나라의 경우 병무청의 정보를 기반으로 미래 인구 감소에 따른 병력 자원에 대해 효율적인 관리 방안을 어떻게 제시해야 할지 고민해볼 수 있을 것이다.

이와 같은 맥락에서 여러 지방자치단체들로부터 ETRI 연구진에게 제의가 들어오고 있다. 빅데이터를 기반으로 자신들의 도(道), 자치시의 미래를 전망해달라는 것이다. 예를 들면 인구절벽으로 출산장려금의 인센티브를 수백만 원씩 책정하여 지급해도 인구가 늘어나지를 않으니 해결해달라는 것이다. 실제로 전남 해남군의 경우 2008년에 전국에서 처음으로 출산 정책 전담팀을 만들었다. 해남군의 정책하에 첫째 아이를 출산하면 300만 원을, 둘째 아이는 350만 원, 셋째 아이는 600만 원, 넷째 이상은 720만 원에 해당하는 출산장려금을 지급한다. 전국 지방자치단체 중에는 아이 세 명 이상을 출산했을 경우 수천만 원의 장려금을 지급한다고 방안을 내놓은 곳도 있다. 이렇듯 2006년부터 최근까지 정부가 저출산 탈출을 위해 쏟아부은 돈은 150조 원이 넘는다.

이러한 문제에 대해 연구진은 어떻게 해결할 수 있을까? 사실 그 패턴의 양상이나 분석은 제시할 수 있겠지만 해답을 제시하기는 어렵다. 다만 빅데이터를 통해 정선된 데이터를 기반으로 해당 지방자치단체에 맞게 분석해본다면 좀 더 가시적인 인구-복지 시뮬레이션을 도출해낼 수 있을 것이다.

실제로 2017년 출생아 수가 역대 최저인 30만 명대에 그쳤다고 한다. 이런 추세라면 이 아이들이 대학에 들어갈 즈음이 되었을 때 우리나라 대학의 절반은 문을 닫게 될 수도 있다. 인구 감소로 인한 존폐 위기에 대학들이 구조조정을 하고 있다지만 이 같은 조치만으로 경쟁력을 강화하고 살아남을 수 있을지는 의문이다. 2020년이 되면 고등학교 3학년 수험생 중 대학 수학능력시험을 보는 학생들의 숫자가 대학교 입학 정원과 같아진다고 한다. 그러면 2021년부터는 실제 문을 닫는 대학이 속출할 것이다. 그렇게 될 경우 사립학교 교원, 교수, 관련자의 퇴직이 이뤄질 테고, 이는 결국 사학연금을 불건전하게 만드는 요인이 될 것이다. 일각에서는 국민연금이 위험하다고 하는데 이런 경우 사단이 날 곳은 사학연금이 될 것이다. 이와 같은 예측은 보다 일찍 출생률을 검토하고 대안을 마련하여 실행했다면 지금 같은 위기를 맞게 되지는 않았을 것이다. 미래에 대해 너무 안일한 대처를 하다 보니 이제는 감당하기 어려운 수준에 이른 것이다.

우리나라 인구 중 1972년생, 즉 2018년 올해로 47세인 사람이 120만 명으로 가장 많이 태어났다고 한다. 그런데 지금 태어나는 아이들이 30만 명이라면 그에 비해 4분의 1밖에 안 되는 수준이다. 40대 중반 이상의 연령층은 초등학교 시절 대부분 60여 명 안팎의 콩나물시루 같은 교실에서 공부했다. 도시의 일부 초등학교에서는 2부제 수업을 운영하여 오전, 오후로 나누어 학교에 등교하기도 했다. 당시에는 전문가들이 선진국은 한 반에 20여 명 내외인데, 우리나라는 60명이 넘어서 교사 1인당 지도 학생 수가 많아 힘들다고 말했다. 오늘날 우리나라는 과거 선진국 학생들보다 적은 숫자의 학급이 되었다.

앞으로 2년 후가 지나면 우리나라는 또 하나의 OECD(경제협력개발기구) 1위 기록을 차지하게 될 것이라고 한다. 바로 '학생 대 교사 비율'이다. 인구학자인 서울대학교 조영태 교수에 따르면 "앞으로 8년 뒤인 2025년이 되면 교사 7만 명이 남는다"고 한다.

빅데이터는 데이터의 품질이 우수할 경우 유용한 정책 방향을 제시할 수 있다. 순도 높은 데이터가 쓸 수 있는 돈과 같은 존재가 되는 셈이다. 따라서 데이터를 많이 모으는 것도 중요하겠지만 데이터의 순도가 높아야 한다. 다행히도 우리나라 정부나 정부기관이 보유한 데이터는 순도가 아주 높다. 이를 기초로 정책을 수립한다면 다양한 비즈니스 서비스가 파생될 수 있고 보다 효과적인 행정 집행도 가능할 것이다.

이번에는 빅데이터와 의료 분야에 대해 살펴보자. 예를 들어 50대 고혈압 환자 중 뇌출혈, 뇌졸중, 뇌경색 등 뇌·심혈관계 관련 질환이 12월 겨울에 제일 많이 발생한다고 가정해보자. 이럴 경우 정부는 지방자치단체나 보건진료소 등과 손잡고 환자에게 경고(alarm)를 줘야 할 것이다. 10월부터 수시로 문자메시지를 보내고 때에 따라 방문 간호도 필요하다. 위험군 환자들에게는 음식을 짜게 먹지 말라, 콜레스테롤을 높이는 음식을 피해라, 충분한 수면을 취해라, 스트레스를 조심하라, 담배나 술을 끊어라 등의 메시지를 보내 건강관리를 위한 선제적인 노력을 기울일 수도 있다. 이렇듯 빅데이터를 이용하여 국민건강 증진과 복지 정책에 효율적으로 활용해야 할 것이다. 정부가 국민에게 관심을 가지고 적극 나서서 관리해주니 잘 먹지 않던 고혈압약도 챙겨 먹고 식사도 신경 쓰고 운동도 하며 본인의 건강에 좀 더 신경 쓰게 되지는 않을까?

　정부에서도 국가 차원에서 데이터를 공유하고 활용할 수 있는 다양한 방안을 마련하고 있다. 이를테면 공공 데이터를 개방하고 공공·민간 데이터가 유통될 수 있는 플랫폼을 개발하여 단계적으로 개방할 예정이다. 물론 정부나 기관이 보유한 데이터는 국민의 사생활(프라이버시)과 관련된 자료이므로 인증이나 보안에 신중을 기해 특정한 사람에게만 공개해야 할 것이다. 그렇게 된다면 벤처 창업이나 기술 창업도 활발해질 것이다.

09

이세돌 꺾은 알파고, 그리고 '알파고 제로'
인공지능 기술의 진화

지난 2016년 3월 필자가 근무하는 ETRI에서 작은 소동이 있었다. 전 세계의 이목이 집중되었던 세기의 대결, 바로 구글의 인공지능 프로그램인 알파고와 이세돌 9단의 바둑 결전을 두고 연구원 두 명이 소위 번개 세미나를 연 것이다. 애초 순수한 목적으로 몇몇 연구원들과 만나 이야기를 나눌 요량으로 ETRI 내부 게시판에 올리고 페이스북에 공지했다.

그런데 지인들에게만 알렸는데도 불구하고 대덕연구개발특구에 수십 명의 연구원들이 모여들었다. 좀처럼 보기 드문 사례이지만, 최근에는 융합 연구 활성화로 서로 소통하고 협업을 통해 시너지를 창출하자는 차원에서 이 같은 모임이 하나둘 활성화되고 있다. 그런 취지로 자유로운 연구와 소통 문화를 위해 서로 다른 ICT 분야 전문가들이 공통 관심사를 바탕으로 소통하는 자발적 연구 소모임(AOC) 제도를 2016년 4월에 만들기도 했다. 현재 ETRI에는 이런 자발적 모임인 총 65개의 커뮤니티에서

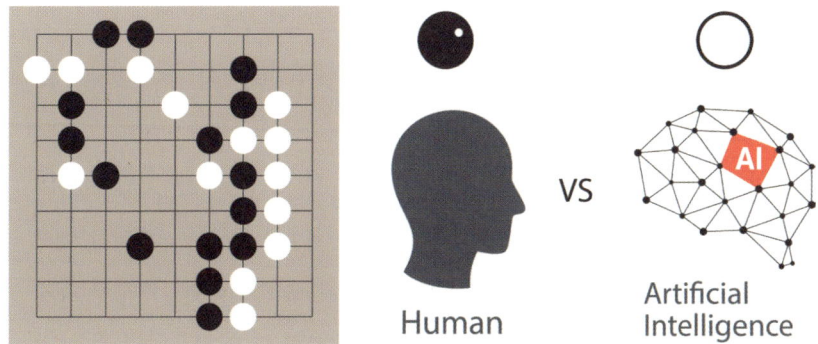

260여 명이 활발하게 활동하고 있다.

  이날 열린 세미나의 반응은 뜨거웠다. 바둑을 잘 두는 연구원이 직접 나서서 알파고가 둔 바둑을 세밀히 분석해주었다. 그리고 바둑 설명과 함께 관련 인공지능 기술에 대해 대화를 나누며 참석자들과 집단지성을 발휘해 논의를 이어나갔다.

  이 세미나에 관한 내용은 실시간 SNS로 올려졌는데 순식간에 많은 사람들이 꼬리에 꼬리를 물고 공유하면서 뜨거운 반응을 일으켰다. 그 바람에 홍역을 치른 건 ETRI 홍보부서였는데, 여러 언론사에서 이 소식을 알게 되어 정황을 묻고 세미나를 연 해당 연구원의 연락처와 신문 기고를 요청했기 때문이다. 급기야 이 세미나의 주인공인 ETRI 손영성, 이정원 연구원은 언론사의 질의 요청에 시달려야 했다는 후문이다.

  지금까지 있었던 인공지능과 인간과의 대결은 싱겁게 끝난 적도 많다. 그동안 체스, 퀴즈, 장기, 포커, 바둑 등 다양한 경기를 겨룬 바 있다. 1967년부터 2015년까지는 이런 대결이 총 7번 있었는데 인간은 두 번 이겼을 뿐이다. 주목할 만한 예로는 IBM이 개발한 딥블루가 1997년에 체스 대결에서 인간 체스 고수를 꺾은 것, 마찬가지로 IBM의 왓슨이 2015년에 열린 퀴즈 대결에서 인간 퀴즈 챔피언들을 상대로 승리한 것을 들 수 있다. 바둑 대결에서는 2015년에 구글 알파고가 유럽의 프로바둑대회 우승자인 판후이 2단을 꺾은 바 있다.

바둑은 그 역사만 해도 5천년이나 되는 유서 깊은 경기로 인간의 지략을 겨루는 가장 심오한 게임으로 인식되어 왔다. 가로 세로 19개의 공간이 있어 바둑돌을 놓는 착점만 361개다. 첫 번째 돌을 놓는 첫 수만 확률로 따져도 12만 9,960가지나 된다. 즉 전체 바둑 면을 활용하며 두는 바둑은 경우의 수가 무려 '10의 170제곱'이나 된다. 바둑은 경우의 수가 너무나 많기에 인공지능이라 하더라도 사람이 유리할 수 있다는 것이 일반적인 평가였다.

이런 가운데 2016년에 변칙의 귀재이자 창의적인 수를 두는 것으로 유명한 최정상급 프로 바둑기사인 우리나라의 이세돌 9단과 인공지능 대표 격인 알파고가 세기의 대결을 펼쳤다. 알파고는 이세돌과의 바둑 대결이 있기 전에 수개월 동안 인간 바둑기사들이 둔 16만 건에 달하는 방대한 양의 기보를 학습했다. 하지만 사람들은 알파고가 제한된 시간 내에 그 방대한 정보에서 얻은 기록과 통계들을 적절히 꺼내 쓸 수 있을지 의심스러워했다.

우리나라에서 내로라하는 학자들의 예상도 뜨거웠다. 인공지능 연구는 아직은 시작 단계이고 AI의 한계를 예측하는 것도 어렵다는 것이었다. 그래서 이번 대결은 알파고가 패할 것이라는 의견도 있었다. 어느 전문가는 바둑은 추상적인 사고를 크게 필요로 하므로 100년 내에 인간을 이기는 인공지능은 절대로 있을 수 없다고 말하기까지 했다. 이창호 9단도 "알파고가 한 판도 이기기 어렵다"고 말했다. 중국의 커제 또한 "이세돌의 5 대 0 승리를 100퍼센트 확신한다"고 강조했다. 알파고는 유럽 바둑대회 우승자인 판후이와 바둑 대결을 해 승리하기도 했지만, 2015년에 데뷔했고 프로 경력은 2년 정도에 불과했다.

한편 알파고가 이길 것이라고 예측한 사람도 많았다. 그런 의견에는 대체적으로 연구원들이 동의했다. 지금까지 알파고는 바둑 대결을 해 원리를 배우고 16만 대국에서 나온 3,000만 수를 학습했다. 또한 하루에 3만 번의 대국을 두도록 입력해 학습해왔다. 그 결과 알파고가 다음 바둑을 둘 착점을 예상하는 적중률이 57퍼센트로 향상되었다고 했다. 또 범용 그래픽처리장치(GPGPU)의 예를 드는 연구원들도 있었는데, 알파고는 이것을 176개나 가지고 있다고 했다. 이 그래픽처리장치로 형세를 보고 공격적으로 바둑을 둘지 아니면 수비로 바꿀지 결정할 수도 있다고 했다. 또 '몬테카를로 시뮬레이션(컴퓨터로 확률변수의 미래 값을 예측하는 방법)'의 장점을 들면서 경우의 수가 많아도 임의로 추출한 사례로 인해 가장 가까운 결론을 내기 때문에 연구원들은 알파고가 이길 것으로 보았다.

당시 알파고는 대략 프로 5단의 수준이라고 자체 추정했다. 알파고는 구글 딥마인드의 CEO 데미스 하사비스(Demis Hassabis)가 개발했다. ETRI가 최근 발간한 《미래를 사는 기술 5G 시대가 온다》에서 저자는 하사비스를 21세기의 프로메테우스에 비유했다. 프로메테우스가 자신이 창조한 인간에게 불을 주었듯이, 하사비스는 알파고로 대변되는 인공지능을 사람들에게 주었다고 표현했다. 그만큼 알파고가 우리에게 던진 파장은 컸다. 알파고는 1,200개 CPU와 176개의 GPU를 통해 바둑에 임했다. 좀 더 구체적으로 말하자면 미국 중서부에 있는 구글 클라우드 센터에서 알파고 프로그램을 작동시켜 데이터를 받아 이를 기반으로 이세돌과 바둑을 둔 것이다. 구글 클라우드의 많은 컴퓨터를 이용해 대국 중 수백만 번의 시뮬레이션을 통해 최적치의 값을 얻어 바둑을 둔다.

결국 2016년 이세돌과의 바둑 대결에서 4 대 1로 승리하며 바둑의 역사를 다시 쓴 알파고는 진화를 거듭해 가장 최근의 알파고인 '알파고 제로(Zero)'를 탄생시켜 또 한 번 전 세계를 경악케 했다. 이세돌과의 대결에서 승리한 지 1년 반 만의 일이다. 알파고 제로는 그동안 기보도 보지 않고 혼자 독학을 했다고 한다. 구글 딥마인드는 "인간 지식 없이 바둑을 마스터하기(Mastering the game of Go without human knowledge)"라는 논문을 과학잡지 <네이처>에 발표했는데 '알파고 제로'가 이세돌을 꺾은 '알파고 리(Lee)'를 상대로 100 대 0으로 이겼다는 내용이 실렸다. 알파고 제로는 딥러닝 과정은 생략하고, 바둑의 원리를 알고 바로 강화 학습에 70시간을 투입해 단 3일 만에 세계적인 바둑 실력을 키웠다고 한다. 홀로 3일 만에 490만 판의 바둑을 두었다고 한다. 그리고 GPU 도움 없이 오로지 4개의 텐서 프로세싱 유닛(TPU, Tensor Processing Unit)만 사용해 가동된다. 쉽게 말해 TPU는 구글의 차세대 인공지능용 칩셋이다. 뒤이어 알파고 제로는 40일 동안 학습을 통해 2,900만 판을 두어 커제를 이긴 최신 알파고 버전인 '알파고 마스터(Master)'를 상대로 승리했다고 한다. 알파고 제로는 더 이상 인간의 도움이 필요 없게 된 것이다.

진화를 거듭해 알파고 제로로 거듭난 소름 돋는 현실에 국내 인공지능 전문가들은 터질 게 마침내 터졌다는 시각들이었다. 국민들도 최근 몇 년 동안 알파고와 인간 바둑 고수들이 보여준 대결을 통해 인공지능이란 무엇인지 또한 인간과 기계의 역할에 대해 생각해볼 수 있는 확실한 계기가 되었다. 인공지능과 기술에 대해 이보다 값진 교육이 어디 있겠는가?

ETRI에서도 현재 알파고와 같은 인공지능 관련 연구가 뜨겁다. 인공지능을 통해 음성인식과 자동 통역 분야를 연구하고 있으며, 음성지능연구그룹에서는 <장학퀴즈> 프로그램을 통해 퀴즈 왕이 된 '엑소브레인' 연

ETRI의 인공지능 SW '엑소브레인'의 로고

구가 한창이다. 일부 사람들은 이미 2011년 2월에 IBM이 만든 왓슨이 ABC 방송 퀴즈 프로그램인 〈제퍼디!〉에서 인간 퀴즈 챔피언들을 물리친 것을 기억하며 그에 비해 특별하거나 뛰어나지 않을 것이라고 생각하는 사람들도 있다.

그러나 오늘날 ETRI 연구진이 개발하고 있는 엑소브레인은 '내 몸 밖의 또 다른 두뇌'를 추구한다. 엑소브레인은 온종일 잠도 자지 않고 지식 축적을 위해 학습 중이다. 백과사전을 통째로 외우는 것은 물론이고 아침이 되면 주요 일간지 20여 개를 한 자도 빼지 않고 학습한다. 시사 상식 부문에서는 최고 수준이다. 실시간 올라오는 각종 포털의 지식백과와 같은 내용도 스스로 알아서 학습한다. 요즘 유행하는 말로 '열공'하고 있다.

ETRI 연구진은 인공지능의 또 다른 분야로서 '딥뷰'도 연구하고 있다. 딥뷰는 AI를 이용해 컴퓨터가 그림을 보고 해석하는 기능을 갖도록 연구하는 분야다.

전 세계적으로 인공지능에 대한 투자와 연구가 뜨거운 가운데, 최근 알파고의 바둑 대결에 배가 아픈 기업들도 있다. 바로 마이크로소프트, IBM, 애플 등이다. 이 기업들도 인공지능에 막대한 투자를 해왔기에 구글의 알파고가 전 세계적으로 큰 이슈가 되자 깜짝 놀란 것이다. 이렇듯 구글이 알파고로 바둑 등의 경기를 통해 몸값을 올리자, IBM은 슈퍼컴퓨터 왓슨을 의료 분야에 도입해 질병을 진단하는 데 활용하고 있으며, 농구선수를 영입하는 에이전트로 투입하여 쓰고 있다. 마이크로소프트는 인공지능 기상캐스터 '샤오빙(小冰)', 그리고 애플은 '시리'로 맞서며 인공지능에 대한 관심과 촉각을 기울이고 있다.

IBM은 최근 한국어를 지원하는 '왓슨 API(Application Programming Interface)'를 공개하기도 했다. 왓슨 API는 해당 국가의 언어를 익혀 비즈니스를 돕는 인공지능이다. 이로써 기업들은 새로운 사업 기획을 하거나 다양한 앱을 만들어 상용화하는 데 인공지능을 활용할 수 있을 것으로 보인다. 실제로 한국어를 익힌 왓슨은 비즈니스 분야에서 롯데제과와 손잡고 신제품을 개발하고 있다. 이미 2017년에 인공지능 왓슨을 활용해 새로운 빼빼로 제품을 출시했다. 바로 '빼빼로 카카오닙스', '빼빼로 깔라만시 상큼 요거트'가 그것이다. 왓슨을 통해 한국인의 입맛을 사로잡을 아이디어를 찾아 상품화한 것이다. 소비자가 원하는 맛과 식감, 소재 등을 알아내는 상품 기획자가 해야 할 일을 이제는 인공지능에게 물어보는 세상이 되었다.

10

인간의 동반자로 진화하고 있는 인공지능 비서

인공지능 음성인식 비서

지난 2015년 미국 샌프란시스코에서 개최된 애플의 세계개발자회의(WWDC)에서는 눈에 띄는 변화가 있었다. 여성 임원 두 명이 등장해 첫날 기조연설을 한 것이다. 지금까지 개최되었던 개발자회의를 돌아보면 이례적인 일이었다. 기조연설은 개발자회의의 하이라이트로 애플의 경우 CEO였던 스티브 잡스를 비롯한 남성 임원들의 몫이었기 때문이다. 이런 애플의 변화는 무엇을 의미하는 것일까? 여성의 파워가 강해졌다는 것도 맞는 말이겠지만, 오늘날 애플이 기조연설을 위해 여성을 대표로 내세운 데에는 여성 특유의 꼼꼼함과 부드러움을 애플의 새로운 변화와 혁신의 아이콘으로 내세우고 있는 것이 아닌가 생각된다.

당시 애플은 업데이트된 음성인식 비서인 '시리'와 아이패드에서 완전한 멀티태스킹을 지원하는 모바일 운영체제(OS) 'iOS 9'을 공개했다. 사용자의 상황을 스스로 능동적으로 인식해 개인별 맞춤형 지식정보를 제공할 수 있도록 설계된 음성인식 비서 시리와 검색 소프트웨어 '스포트라이트(Spotlight)'의 기능을 대폭 강화한 것이다. 스포트라이트는 시리가 똑똑한 검색을 할 수 있도록 지원해주는 기능으로, 사용자의 일반적인 사용 패턴과 관련 있는 위치 정보, 앱, 연락처 등을 파악해 팝업으로 띄워준다. 한마디로 내 일거수일투족을 알고 있는 꼼꼼하고 똑똑한 비서만이 할 수 있는 제안이다. 애플이 여성 기조연설자를 내세운 것이 예사롭지 않아 보이는 이유다.

이러한 기능이 지금은 눈에 띄지 않는 것일지 몰라도 개인의 빅데이터를 분석한 맞춤형 제안이라는 점에서 생각해볼 만한 가치 있는 기능이다. 이제는 한 개인을 제일 잘 알고 있는 것은 부모도 친구도 아니라 자신이 쓰고 있는 스마트폰이 되었다. 연락처도, 자주 연락하는 상대방도, 시간대별 검색어도, 약속이 기록된 일정도, 자주 SNS에 올리는 단어도 스마트폰이 모두 알고 있기 때문이다. 그만큼 우리에게 스마트폰은 일상에서 동반자 관계인 '컴패니언(companion)'이 되었다.

앞으로 스마트폰은 개인의 수집된 정보를 빅데이터화해서 미래도 예측할 수 있게 될 것이다. 앞에서 설명했듯이 국내외 연구진이 개발에 주력해온 미래 세상을 예측하는 시스템 역시 개인의 경험과 데이터를 기반으로 한 자료들, 즉 습관, 취미, 기호, 패턴 등이다. 이런 경험이 하나하나 모여 데이터가 되고 몇 년의 과정을 거치면서 축적되면 개인에게 가장 특화된 데이터가 쌓이게 되어 빅데이터화될 것이다. 따라서 개인의 미래를 일부 예측할 수 있고 맞출 수도 있게 될 것이다.

예를 들어 애플의 새로운 모바일 운영체제는 "내가 지난 여름휴가 때 제주도에서 찍은 사진을 보여줘"라고 말하면 스스로 스마트폰을 검색해 찾아주게 된다. 만약 내가 두 달 후 여름휴가 기간에 하와이로 가족여행을 떠날 계획이라면, 내 개인비서라 할 수 있는 스마트폰은 지금까지의 기록과 경험, 데이터를 바탕으로 나의 여행 스케줄을 짜줄 수 있을 것이다.

이러한 미래의 모습을 상상하니 영화 〈그녀(Her)〉가 생각난다. 앞에서 언급했듯이 영화 속 남자 주인공 테오도르는 스스로 생각하고 감정을 느끼는 인공지능 OS인 '사만다'를 알게 된다. 테오도르는 자신의 말을 잘 들어주고 배려해주는 사만다로 인해 조금씩 행복을 되찾고, 급기야 그녀에게 사랑을 느끼게 된다. 하지만 어느 날 인공지능인 그녀가 동시에 8,316명과 대화하고 있고 사랑에 빠진 사람이 641명이나 된다고 고백하자 테오도르는 털썩 주저앉는다. 컴퓨터와 영화와 같은 사랑에 빠졌지만 결국 그가 사랑한 것은 사람이 아닌 컴퓨터, 즉 실체가 없는 기계라는 사실을 다시금 깨닫고 실망에 빠진다는 줄거리다. 영화 〈그녀〉와 같은 이야기는 이제 현실에서 불가능한 이야기가 아니다.

바야흐로 인공지능 스피커에서 나오는 기계의 목소리와 대화하는 세

상이 되었다. 인공지능이 우리 생활 가까이 파고들고 있는 것이다. 우리는 스피커에게 "오늘의 날씨는 어떻지?", "내가 즐겨 듣는 음악을 틀어줘", "이 근처 맛 집을 소개해줘" 등 친한 친구에게 물어볼 법한 질문을 한다. 이러한 기술은 1982년부터 1986년까지 미국에서 방영된 NBC 드라마 〈나이트 라이더(Knight Rider)〉에서 익히 소개된 바 있다. 우리나라에서는 〈전격 Z작전〉이라는 제목으로 방영되었다. 주인공 마이클 나이트(데이빗 핫셀호프)가 인공지능 기능을 탑재해 말을 알아듣는 '키트(K.I.T.T.)'라는 최첨단 자동차와 연기해 큰 인기를 모았다. 마이클이 손목시계에 대고 "도와줘 키트!"라고 말하면 차량이 그 즉시 달려온다. 당시로서는 매우 놀라운 기술이었다.[20]

영화 〈아이언 맨〉에 등장하는 주인공 토니 스타크의 인공지능 시스템인 '자비스'도 유명하다. 여기서 J.A.R.V.I.S.는 '그냥 좀 많이 똑똑한 시스템(Just A Rather Very Intelligent System)'의 약자다. 자비스는 토니 스타크 집의 관리는 물론 일상생활이나 비즈니스에서 비서 역할을 해주고, 전투까지 보조해준다. 심지어 스타크와 대화할 때 비꼬거나 유머감각을 발휘하거나 위로를 해주는 등 마치 감정을 가진 것처럼 보인다.

이러한 인공지능을 이용한 서비스는 사용자의 음성을 통해 날씨는 물론 증권의 주가 정보 등과 같은 검색뿐만 아니라 가전 기기를 제어하고 필요한 물건을 추천해 결제까지 할 수 있게 해준다. 이런 편리한 서비스 덕분에 올해 초 미국에서는 인공지능과 관련된 해프닝이 있었다. 한 어린이가 아마존 '에코(echo)'를 통해 인형을 주문한 사실을 TV 뉴스 앵커가 뉴스로 전달하면서 "알렉사, 인형의 집을 주문해줘"라고 우스개로 말하자 알렉사가 큰일을 벌인 것이다. 각 가정에 있는 아마존 에코가 뉴스를 듣고는 이를 진짜 주문으로 받아들여 인형의 집을 주문한 것이다. 최근에는 아마존의 알렉사가 여자 친구를 폭행한 남성을 경찰에 자동으로 신고해 화제가 되기도 했다. 당시 아마존 측에서는 알렉사는 경찰이나 911에 신고하는 기능이 없다고 밝혀 오동작 및 프라이버시 측면에서 논란의 여지를 남기기도 했다.

또한 몇 달 전 한 TV 프로그램에서는 과거 유명했던 탤런트인 서민정이 미국으로 이민을 가서 생활하는 모습을 보여주었는데 아마존의 알렉사와 씨름하는 장면이 기억난다. 알렉사는 서민정의 남편 말은 잘 알아들었지만, 그녀의 명령에는 잘 반응하지 않았기 때문이다. 아마도 미숙한 발음이나 올바르지 않은 어법 때문에 인식이 잘되지 않았기 때문이지 않을까 생각된다.

흥미로운 사례가 실린 외신 보도에 따르면, 일본에서 인공지능에게 장난삼아 "남편은 어떻게 버려야 하지?"라고 물어보았다고 한다. 과연 AI가 탑재된 채팅 로봇은 무엇이라고 대답했을까? 이에 AI는 마치 조언자처럼 다음과 같이 말했다고 한다.

"인간은 판단력이 없어서 결혼을 하고, 인내력이 없어서 이혼을 하지. 또 인간은 기억력이 낮아서 재혼을 하지. 그러니 좀 더 참고 함께 살아봐. 인내심을 갖고 말이야."[21]

현재 스피커 형태로 인공지능이 탑재된 기기들을 살펴보면 다음과 같다. 2011년에 애플의 아이폰에 시리가 탑재되었다. 이후 아마존은 인공지능 플랫폼 알렉사를 탑재한 에코를 선보였다. 우리나라의 SKT는 '누구(NUGU)', 네이버는 '웨이브(WAVE)', 카카오는 '카카오미니' 등을 내놓았다. 또한 KT의 '기가 지니(GIGA Genie)', 삼성전자의 '빅스비(Bixby)' 등 다양한 인공지능 비서 서비스가 잇따라 출시되고 있다. 2017년에 출시되어 판매된 인공지능 스피커만 70만 대에 육박한다(이와 같은 상용화 기술 훨씬 이전에 삼성전자의 'S 보이스'와 LG의 'Q 보이스', 마이크로소프트의 '코타나', 샤오미의 네트워크 스피커 등도 있었다).

  이러한 AI 스피커 특수를 맞아 구글은 2017년 10월에 '구글 홈 미니'라는 AI 스피커를 출시해 올해 초까지 약 673만 대를 팔았다고 한다. 구글 어시스턴트가 스마트폰을 비롯한 스마트 기기에 약 4억 대가량 적용되어 있어 사용률을 높이기 위한 전략으로 풀이된다. 아마존의 경우 AI 알렉사가 탑재된 기기를 수천만 대나 판매했다고 밝혔다.[22]

11

가상현실과 증강현실을 넘어 혼합현실로

디지털 콘텐츠 기술과 VR·AR·MR

요즘 가상현실(VR), 증강현실(AR)의 인기가 뜨겁다. 뉴스나 언론 매체에서 관련 보도들이 연일 화제에 오르내리고 있고, 전시회나 테마파크 한복판에 체험 공간을 운영해 관람객을 끌어모으고 있다.

디지털 콘텐츠 기술 패러다임이 변화하고, 아울러 제4차 산업혁명이라는 과도기에서 콘텐츠 기술들이 새로운 전기를 맞고 있다. 오늘날 콘텐츠는 기술과 사람을 연결하는 핵심 매개체로 사람들에게 인기를 한 몸에 받고 있다. 인간의 삶을 더 편리하게 더 실감 나게 구현하는 디지털 콘텐츠 기술이 어느새 인간 삶의 중심에 파고들어 우리를 또 다른 세상으로 안내하고 있다.

과거 20년 전 디지털 콘텐츠 기술의 핵심은 게임이었다. PC 게임 엔진을 비롯해 게임 콘텐츠, 게임 스튜디오, 게임 테스트베드 등을 통한 기술 개발이었다. 현재도 게임 기반 기술들을 계속적으로 연구 중이다.

게임 분야의 예처럼 콘텐츠 기술은 다양한 테마를 중심으로 발전해왔다. 게임 이후에 콘텐츠 기술은 컴퓨터그래픽(CG)으로 그 발전을 거듭해왔다. 연구원들은 크리처(creature : 컴퓨터그래픽을 이용해 가상 존재를 실사 수준의 존재처럼 구현한 입체 캐릭터) 기술을 통해 사물에 적용했고, 이후에는 사람을 흉내 내기 시작했다. 바로 디지털 액터 기술이다.

ETRI가 디지털 콘텐츠의 한 부문으로 크리처, 네이처, 액터를 연구한 것은 약 15년 전의 일이다. 이를 통해 물, 불, 연기, 폭발 장면 등을 실감나게 연출해냈다. 또한 ETRI 연구진은 세계적인 CG 분야의 최고 학술대회인 시그라프(SIGGRAPH)에 참가하여 기술력을 선보이고 있다. 특히 2007년 시그라프에서는 세계인을 놀라게 할 만한 콘텐츠 기술력을 뽐내 논문의 표지에도 실리고 세계무대에서 주목받기 시작했다. 2000년 초반 당시 ETRI CG연구팀장을 맡았던 이인호 박사는 CG 전문 창업 기업인 매크로그래프(Macrograph)를 창업했는데, 현재 미국 할리우드와 중국의

영화 시장에 진출하는 등 왕성한 활동을 보이고 있다.

CG 분야를 거쳐 콘텐츠 기술은 2013년부터 가상현실, 증강현실 그리고 가장 최근의 혼합현실(MR, Mixed Reality)로 이어졌다. ETRI의 이길행 콘텐츠연구본부장은 "향후 기술의 흐름은 '가상현실-증강현실-혼합현실'로 설명할 수 있다. 증강현실의 경우 가상현실에 비해 일반인이 접하기 쉽기 때문에 교육 등의 분야에 우선적으로 적용됨으로써 시장 확대가 쉬워지고 빠를 것으로 예상된다"라고 말했다.

가상현실과 증강현실 기술이 고도화되면서 혼합현실 또한 빠른 성장을 보일 것으로 전망된다. 혼합현실은 가상현실보다 훨씬 더 현실적이고 실감 나는 느낌을 들게 하며, 스마트 안경 밖의 상태도 볼 수 있다. 또 안경 내에서도 디스플레이가 되기 때문에 활성화될 가능성이 높다.

몇 년 전부터 주목받고 있는 가상현실은 그에 비해 시장 안착이 더딘데 왜 그럴까? 그것은 바로 진입장벽과 같은 장애물 탓이다. 가상현실을 체험하기 위해서는 'HMD(Head Mounted Display)'라는 장치를 머리에 쓰고 보아야 한다. 그런데 장치를 머리에 써야 하는 이 방식 자체를 사람들은 부담스럽게 여기는 경향이 있다. 여성의 경우 머리가 헝클어지고 화장이 번지고 장치에 묻기도 해서 즐기기를 꺼리기도 한다. 게다가 어떤 사람은 HMD를 쓰고 영상을 보다가 어지러움을 호소하기도 하고 심하게는 토하기도 한다. 또한 HMD를 쓰면 사용자는 앞이 보이지 않는 상태가 되기 때문에 이런 치명적인 문제가 시장 상용화의 걸림돌로 작용하고 있다. 해상도도 문제다. 사람의 얼굴 구조에 따라 미간의 간격 차이로 HMD가 정확히 맞지 않는 경우가 있기 때문이다. 이러한 장애 요인은 HMD상에서 3D로 보여야 할 부분에 사람마다 약간의 차이를 나타낸다. 이 같은 신체적인 차이로 인해 사람마다 어지러움 정도도 차이가 난다.

이런 문제들이 복합적으로 작용하여 가상현실을 시장에서 접근하기 어렵게 하고, 시장 형성도 늦어지는 이유가 되고 있다. 실제 기술적으로도 극복하기가 어려운 부분이기도 하다.

이러한 가운데 ETRI 연구진은 현재 국가 전략 프로젝트에 맞춰 부지런히 '가상현실-증강현실-혼합현실'로 연구를 진행 중이다. 그렇다면 다음에 올 현실은 무엇일까? 여러 기술을 들 수 있겠지만 지금 시점으로는 '홀로그램'을 꼽을 수 있을 듯하다. CG를 이용해 홀로그램을 만들고 실제 사람과 상호작용을 가능하도록 하는 것이 최종 목표다. 옆에 떠 있는 개인비서 홀로그램과 악수하고 대화를 나누듯이 말이다. 소프트웨어적 홀로그램은 사진을 스캐닝 하여 3D로 만든다. 여기에 홀로그램을 띄우고 상호작용이 가능하게 하여 이동하면서 사람에 따라 움직이게 만들어야 하는데 이런 개발 과정이 매우 어렵다.

ETRI는 콘텐츠연구본부뿐만 아니라 부품 소재 연구소나 방송 미디어 연구소에서도 홀로그램 연구를 하지만, 콘텐츠 영역에서의 홀로그램 연구는 약간 다르다. ETRI 연구진은 그동안 초다시점(super multi-view) 홀로그램에 주목해왔다. 향후 홀로그램의 연구는 소재 부품 기술뿐만 아니라 디스플레이, 콘텐츠, 자연어처리, 음성인식, 동작인식, 햅틱 기술, 합성 기술 등 다양한 학제적 연구가 필요하다. 그래야만 완벽한 홀로그램을 구현할 수 있을 것이다.

예를 들면 인공지능 개인비서의 경우 스마트폰이나 스피커를 통해 음성으로 듣는 것보다 모니터 앞에 영상으로 띄워진다면 더욱 실감 나고 감성적인 접근이 가능할 것이다. 2017년 5월 미국 캘리포니아 산타클라라 컨벤션센터에서 개최되었던 'AWE USA 2017'에서는 그 가능성을 확인할 수 있는 자리였다. AWE(Augmented World Expo)는 세계 최대 증강현실 월드 엑스포다. 이곳 행사장에서는 홀로그램을 띄워 골무 같은 장치를 손가락에 끼고 영상과 상호 인터랙션 할 수 있는 모습을 보여주었다. 악수를 하면 약간의 진동도 느끼게 설계되었다.

이렇듯 콘텐츠 기술의 진화는 사람이 느끼는 오감을 만족하는 기술로 정의되곤 한다. 기존 연구가 약간의 촉각을 느낄 수 있게 하는 것에 초점을 맞추었다면, 후각에 관한 기술에 대해서는 많은 연구개발이 이뤄지고 있다. ETRI 연구진도 약 200여 가지의 냄새를 조합해 후각을 느낄 수 있도록 연구 중이다. 예를 들어 HMD를 쓰고 바닷가 소나무밭을 걷노라면, 바람이 살살 불고 바닷가 갯벌의 향과 소나무향을 나게 만들어주는 것이다. 실제 바닷가에 있는 듯한 느낌이 나게 하는 콘텐츠 기술을 구현하는 것이다.

해외 콘텐츠 기술 연구팀들도 미각 연구를 수행하고 있다. 여러 미각 연구 사례 중 한 가지를 소개하면, 혀 밑에 칩을 심어 디스플레이 영상에 나타나는 장면에 몰입하게 하는 것이다. 그럼 영상에서 커피를 마시는 장면이 나오면 칩에서 커피 맛이 나게 작동하고 짠맛, 단맛, 신맛 등을 연출하는 것이다.

한편 ETRI의 콘텐츠 기술이 시기를 놓치면서 아쉬웠던 일도 있었다. 2016년 7월 해외에서 출시 후 국내에서는 2017년 초반에 선풍적인 인기를 끌었던 '포켓몬고'와 관련된 ETRI의 게임에 관한 이야기다. 포켓몬고는 2차원적 게임이다. 돌아다니면서 캐릭터를 잡아 모으는 것이 전부다. 그보다 먼저 ETRI는 3차원 게임을 연구개발한 바 있다. 바로 '경회루 디오라마'와 '핀볼' 기술 등이다. 완성도를 높이기 위한 노력을 하다가 포켓몬고 출시에 따른 열풍에 된서리를 맞게 된 것이다. 포켓몬고는 게임을 실행하면 캐릭터가 보통 물건 위나 어떤 장소 주변에 나타나지만, ETRI

게임의 캐릭터는 책상의 뒤쪽이나 옆쪽에 숨을 수 있는 기능이 있어서 훨씬 더 정밀하다. 포켓몬고보다 캐릭터를 찾아내야 하는 차별화된 오락적 요소를 가지고 있어 기대가 컸는데 시기를 놓쳐 안타깝다.

그렇다면 포켓몬고는 왜 선풍적인 인기를 끌었을까? 포켓몬고의 성공방정식을 생각해보면 과거 어린 시절의 '향수'가 비결이 아닌가 싶다. 포켓몬고 캐릭터를 아는 어른이나 어린이에 의해 스마트폰, 스크린, 디스플레이를 통해 재탄생한 것이다. 캐릭터와 게임을 접목해 스마트폰으로 탄생한 증강현실의 초보적 기술이지만 앉아서 스마트폰만 들여다보며 게임을 즐기는 기존 방식에 포켓몬고가 니치 마켓(niche market, 틈새시장)을 정확히 맞춘 셈이다. 포켓몬고는 GPS를 이용한 위치 기반 증강현실 게임이기 때문에 한 장소에 앉아 게임을 하는 것이 아니라 자신이 실제로 거리를 다니며 포켓몬이 출현하는 곳을 찾아가야 캐릭터를 수집할 수 있고 진화시킬 수 있다. 그런데 폭발적인 초반 인기와 다르게 몇 달 흥행하다가 점차 사그라드는 모습을 보면서 이 같은 증강현실 게임의 장기적인 흥행을 위해서는 갈 길이 멀다는 생각이 든다.

새로운 현실을 창조하는 가상현실 분야를 좀 더 살펴보면 인간의 감각을 극대화하고 체험을 제공하는 도심형 디지털 테마파크가 가상현실 시장에서 새로운 산업으로 자리 잡고 있다. 글로벌 기업들과 중국 자본시장 진출이 매우 적극성을 띠고 있는 것이 이를 방증한다. 2017년부터 중국 베이징의 패션 및 문화 공간인 '751 D-Park' 내 라이브탱크(Live Tank)가 ETRI에서 개발한 5종의 가상현실·증강현실 기술을 활용한 상호작용 콘텐츠 체험 시스템으로 유료 서비스 중이다. 또 추가적으로 10종의 체험형 콘텐츠를 시범적으로 선보이고 있다. 향후 항저우, 쑤저우 등 중국의 지방 성(省)으로 서비스 지역을 확대하기 위한 사업화도 착실히 준비 중

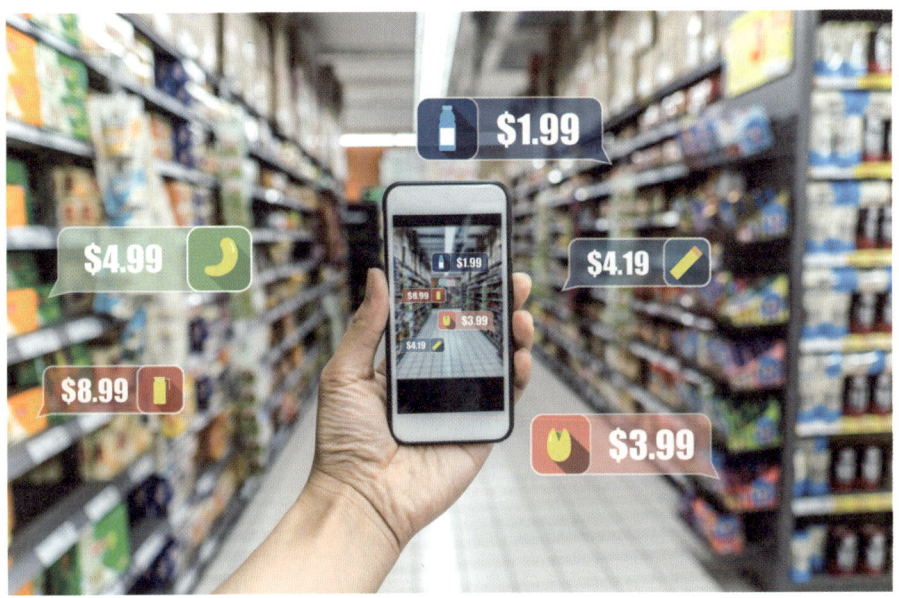

이다. 중국 시장은 마케팅 측면에서 매력적인 요소가 많다. 찾는 인구가 많기 때문에 일단 관련 기술 장치를 설치만 하면 마케팅은 문제되지 않는다는 장점이 있다.

포켓몬고 열풍으로 주목받고 있는 증강현실 분야도 미래의 핵심 콘텐츠 영역이다. 특히 증강현실 서비스를 위해서는 실세계 환경과 가상 객체를 3차원 기반으로 자연스럽게 정합(整合)하는 '카메라 추적 기술'이 필수적이다. 이 기술에 따라 증강현실 콘텐츠의 완성도와 만족도가 달라진다. 앞에서 언급했듯이 ETRI 연구진은 증강현실 기술을 활용하여 '경회루 디오라마'라는 콘텐츠를 제작하여 2017년에 대전시가 주최한 사이언스 페스티벌에 출품하여 큰 인기를 모은 바 있다. 용이 기둥을 휘감아 돌아 나오고 실사와 결합한 3차원 캐릭터가 2차원인 포켓몬고보다 더욱 생생한 현장감을 전해준다.

앞으로 증강현실 분야는 정보 검색과 연계하여 폭발적 수요가 예상된다. 2017년 가트너에 따르면, 2020년에는 증강현실 기반 쇼핑 인구가 1억 명에 이를 것으로 예측하고 있다. 증강현실 쇼핑을 위해서는 이미지를 빠르게 인식하고 검색하는 기술이 필수적이다. 최근 딥러닝을 기반으로 이미지 검색 기술에 대한 연구가 활발히 진행되고 있다. 이런 가운데 연구진은 매년 열리는 이미지 검색 국제 경쟁대회, 즉 인공지능을 이용한 이미지 인식 기술을 평가하는 대회인 'ILSVRC(Imagenet Large Scale Visual Recognition Challenge) 2016' 로컬리제이션(Localization) 분야에서 세계 5위를 기록했다. 이러한 기술 경쟁을 통한 원천기술 확보는 미래 성장 동력으로 활용 가능성을 높이고 있다.

이와 같은 디지털 콘텐츠 기술은 4차 산업혁명이 가져올 삶의 변화에 큰 역할을 할 것으로 예상된다. 평생 교육과 생활 스포츠라는 가치를 실현하는 데 도움을 제공해줄 수 있기 때문이다. 가상현실이 결합된 VR스포츠는 청소년 교육을 중심으로 생활 스포츠의 변화가 예상된다. ETRI 연구진은 국내 초등학교 수업에 가상현실 기술을 적용하기 위해 2017년에 서울시 교육청과 MOU를 체결한 바 있다.

최근에는 문화체육관광부와 함께 VR축구 콘텐츠의 초등학교 수업 연계를 확대하고 있다. 스포츠 콘텐츠 분야의 확대와 관련 시장이 만들어지고 있는 것이다.

예를 들면 이미 개발된 청소년용 스포츠 플랫폼 및 콘텐츠는 2017년 6월부터 서울 옥수초등학교 VR스포츠 교실에 설치하여 체육 수업에 도입되었다. 특히 골프 분야에서는 골프의 대중화와 함께 골프 동작인식 콘텐츠 기술을 통한 골프 레슨 및 교정도 함께 이뤄지고 있다. 연구진이 최근 개발한 콘텐츠 기술은 기존 스크린 골프의 제약을 넘어서는 차세대 동작인식 기술을 통해 더욱 실감 나는 골프 체험과 교육을 동시에 진행하고 있으며 기술이전 및 상용화에도 성공했다.

디지털 콘텐츠 기술은 이미 4차 산업혁명을 선도하고 있으며, 앞으로 다가올 우리의 삶을 더욱 풍요롭게 하는 동시에 국가 경쟁력을 한 차원 발전시킬 미래 성장 동력의 중심에 서 있다. 이미 변화는 시작되었고 디지털 콘텐츠 기술은 그 중심에서 한발 더 앞서 있다.

---- 12 ----

국산 마이크로 서버 '코스모스', 데이터 주권을 외치다
저전력 마이크로 서버 기술

1980년대 중반 국가 기간 행정망의 주된 컴퓨터를 우리 손으로 만들어 대체하기 위한 노력이 진행된 바 있다. 바로 행정 전산망용 주전산기인 '타이컴(TiCOM)' 개발이었다. 이는 PC 조립이나 주문자상표부착생산(OEM) 방식 위주였던 당시 우리나라의 컴퓨터 기술 수준을 중형급 컴퓨터 개발이 가능한 수준으로 끌어올렸다는 평가를 받고 있다.

4년간의 연구 끝에 1991년에 타이컴을 개발했는데 20개의 CPU 칩을 하나로 묶어 중형급 컴퓨터로 만들었다. 순수 국내 기술로 개발된 타이컴은 전국 공공 기관에 공급되어 행정 전산화에 가속도를 높였다. 이로써 정보통신기술이 급속도로 확산될 수 있는 계기를 가져다주었다. 오늘날 우리가 직접 주민센터를 찾지 않고도 온라인으로 주민등록 등·초본과 같은 각종 민원서류를 발급받을 수 있는 데에는 타이컴 개발이 큰 역할을 했다.

하지만 타이컴 개발 후 우리나라는 컴퓨터 시스템 개발과 거리가 멀어졌다. IMF 이후 경기가 어려워지자 대기업이 시스템 투자에서 손을 뗐고 그로 인해 관련 산업은 쇠퇴의 길을 걷기 시작했다.

그런 까닭에 ETRI 연구진이 개발한 '마이크로 서버'는 더 의미 있는 성과로 비추어진다. 20여 년 만에 다시 시동을 건 시스템 관련 사업이기 때문이다. 현재 전 세계는 사물인터넷(IoT), 빅데이터 등 엄청난 양의 데이터를 축적하고 활용하는 4차 산업혁명 시대를 맞고 있다. 이에 컴퓨팅 서버의 고집적화와 저전력 요구는 날로 커지고 있다.

국내의 기존 서버 시장은 외국계 글로벌 기업이 전체 시장의 95퍼센트를 차지하고 있다. 네트워크 장비, 방송 장비와 더불어 기술 종속을 당하게 된 주요 이유 중 하나다. 그런 가운데 국내 연구진이 IMF 이후 시들해진 컴퓨터 시스템 개발에 명맥을 잇는 기술 개발에 성공한 것이다. ETRI 연구진은 시판용 서버보다 부피도 작고 전력 소모량을 획기적으로 줄인 마이크로 서버를 처음으로 개발했다. 저전력 마이크로 서버를 개발한 것이다. 이것을 일명 '코스모스(KOSMOS)' 프로젝트라고 명명했다('Korea Supreme Micro Server'의 앞 글자를 따왔다). 외국산 일색인 국내 서버 시장에 당당히 도전장을 내민 것이다. 집적도를 10배나 향상시켰음에도 전력 소비량은 7배나 줄었다. 양적으로 위협받은 서버 시장에서 질적으로 품질을 높여 데이터 주권을 찾자는 의미다.

마이크로 서버는 가정용 컴퓨터 서버보다 훨씬 크지만 슈퍼컴퓨터 서버보다 작은 중간 크기의 서버를 말한다. 대략 가정용 서버 수십 개를 묶어놓은 용량의 중·대형 서버를 말한다. 고집적이면서 저전력의 모듈형 서버로 고속 연결망을 통해 서버끼리 내부 통신은 물론 관리 모듈로 시스템 관리 지원도 쉽게 할 수 있다. 또 ETRI 연구진은 고속 장비 회로기

ETRI 연구진이 개발한 마이크로 서버 '코스모스'

판(backplane)을 연결함으로써 케이블 없는 시스템을 구현했다. 기존에는 이더넷, 전력 케이블, 입출력 단자 등 서버 뒤에 선이 복잡하게 얽혀 있었지만 이제는 깨끗이 선도 없앴다. 무선으로 가능하다는 뜻이다.

코스모스는 64개나 되는 서버를 서로 붙여 연결함으로써 하나의 서버로 만들 수 있기 때문에 마치 한 개의 서버인 것처럼 관리가 가능하다. 시스템 연결망(SRIO)을 통해 서버 간 통신 속도도 10배가량 높였다. 연구진은 이번 연구를 통해 CPU를 제외하고 베이스보드, 서버보드 등 대부분의 하드웨어를 자체 설계하고 제작했다. 서버 국산화는 물론 드라이버, 관리 도구까지 연구진이 직접 개발했다.

ETRI 연구진이 개발한 저전력 마이크로 코스모스 서버는 앞으로 ICT 생태계 전 분야에서 산업적 영향력을 발휘할 것으로 기대된다. 그 결과 국내 서버 산업에 새로운 성장 촉진제가 되어 시장 활성화는 물론 고용 창출에도 큰 효과를 낼 것으로 보인다. 이번 기술 개발로 ETRI 연구진은 외국산 주도의 국내 서버 시장에서 새롭게 떠오르는 저전력·고집적 서버 영역의 주도권을 확보한다는 계획이다.

앞에서 언급했듯이 그동안 국산 마이크로 서버 개발은 관심 밖의 사업이었다. 대기업도 시스템 사업을 접은 지 오래다. 그만큼 외국산 서버의 비중이 높아 이번 ETRI 연구진의 기술 개발은 큰 의미가 있다. 외국 제품이 시장을 지배하는 국내 시장에 새로운 변화를 가져다주는 것은 물론 국내 컴퓨팅 시스템 산업에 연구개발 붐을 일으킬 것으로 보인다.

코스모스 프로젝트의 리더인 ETRI의 김학영 박사는 이와 관련하여 국내 컴퓨터 관련 전공 학과 졸업생들에게 의미 있는 말을 남기기도 했다. 국내에서 교육받은 컴퓨터를 전공한 실력 있는 엔지니어들을 위한 패러다임의 변화가 가능하다는 것이다. 김 박사는 "외국산 서버 제품이 국내 시장을 장악하다 보니, 국내 컴퓨터 전공자들이 이 시장에서 할 수 있는 일은 글로벌 기업의 국내 유통 담당 세일즈에 투입되는 길이 대부분이다. 컴퓨팅 산업인데도 불구하고 우리가 손 놓고 있는 사이에 결국 대리점 역할밖에 할 일이 없어진 셈이다"라고 말했다.

외국 굴지 기업의 서버를 유통하는 국내 대리점은 1,500개나 된다. 마치 프린터 용지를 판매하는 것처럼 서버도 컴퓨터공학과 졸업자가 판매해온 것이다. 이러한 상황에 어떤 의구심도 제기하지 않았다는 것이 더 큰 문제다. 김 박사는 이처럼 왜곡된 국내 컴퓨터 산업의 유통구조를 바꾸고 싶었다고 한다.

서버 관련 산업이 사양길에 접어들면서 한창 시스템 개발에 힘써야 할 전공자들이 자연스레 제품 세일즈에 나서게 되었던 것이다. 다행히 코스모스 개발이 순조롭게 진행되면서 이제는 컴퓨터공학 전공자들도 제품 R&D와 관련된 일을 할 수 있게 되었다. 컴퓨터 전공 분야에서 배운 실력을 발휘하여 제작 개발 엔지니어로 거듭날 수 있게 되었다.

그동안은 서버를 비롯한 국내 컴퓨팅 시스템 업계가 단순히 외국 제품을 수입해 제품화하는 유통 중심 구조의 한계에 매몰되어 있었다. 단순히 대만 등지에서 보드를 사와 껍데기만 씌워 국내 유통을 하니 가격 경쟁력도 없었다. 이번 마이크로 서버 개발로 국내 기업을 통해 상용화되면 관련 업계에 또 다른 코스모스 개발을 위한 R&D 열풍이 일어날 수 있을 것이다.

국산 서버의 개발은 세일즈 이외에도 기획, 개발, A/S, 품질관리 등 다양한 관련 부문의 시장을 창출할 수 있기 때문에 그 의미가 크다고 하겠다. 새로 개발한 마이크로 서버가 국내 컴퓨팅 시스템 산업의 체질을 개선시킬 수 있다는 뜻이다. 우리나라 기업이 스스로 시스템을 만드는 데 일조하게 된다는 것이다.

김 박사도 처음 마이크로 서버 연구개발을 시작할 때는 겁이 덜컥 났다고 한다. 주전산기 개발은 ETRI가 전사적으로 투입되는 연구 과제로, 수백억 원의 연구비용에 수백 명의 연구원이 투입되어야 하는 매머드급 연구개발 프로젝트였기 때문이다. 마이크로 서버 개발은 투입 인력과 규모 면에서 다른 프로젝트들과 비교할 수 없는 수준이었다. 과거 1990년대 중·대형급 컴퓨터를 개발할 당시의 연구진도 퇴직하고 없었다. 시스템 개발자가 없다는 것이다. 더군다나 마이크로 서버처럼 실체가 있는 연구개발은 소프트웨어와 달리 시스템이 작동하는 것을 실제 보여줘야 하는 어려움이 있다.

김 박사와 연구진은 우여곡절 끝에 4년 만에 마이크로 서버에 오픈스택(Open Stack) 기반 가상화 기술을 적용시켰다. 이로써 클라우드 서비스도 제공할 수 있게 되었다. 또한 응용 서비스로 가상 데스크톱(IM-VDI)과 정부가 추진하는 전자정부 사업을 위해 국내에서 만든 개방형 클라우드 플랫폼인 '파스타(PaaS-TA)'를 탑재했다. 현재 마이크로 서버는 시험 운용을 통해 성능 검증을 하고 있다. 향후 6개월간 사업화 과정을 거쳐 서버 전문 업체인 KTNF를 통해서는 아톰(ATOM) 기반 마이크로 서버를, 그리고 소프트웨어 개발 업체인 FA리눅스를 통해서는 암(ARM) 기반 마이크로 서버를 제품화할 예정이다.

앞으로 코스모스는 우리나라가 4차 산업혁명 시대를 선도하는 데 매우 중요한 역할을 할 것으로 보인다. 수많은 정보와 빅데이터를 담는 서버는 데이터 주권 확보를 위한 기반이 되기 때문이다. 4차 산업혁명 시대의 핵심은 정보라고 볼 수 있고, 정보를 담는 그릇이 바로 서버를 비롯한 컴퓨팅 시스템이기 때문이다. 4차 산업혁명 시대는 곳곳에 센서가 장착되는 세상이다. 센서는 데이터를 수집한다. 세상의 데이터를 센서가 수집한 뒤에는 서버로 저장된다. 데이터센터가 대표적이다. 새로운 시대에 최적의 기술이 바로 '마이크로 서버'인 것이다. 따라서 시스템 산업과 관련된 연구개발 역량을 꾸준히 제고한다면 우리나라가 4차 산업혁명을 선도하는 데 탄력을 받을 수 있을 것이다.

THE
FUTURE OF
DIGITAL
DREAM

PART

2

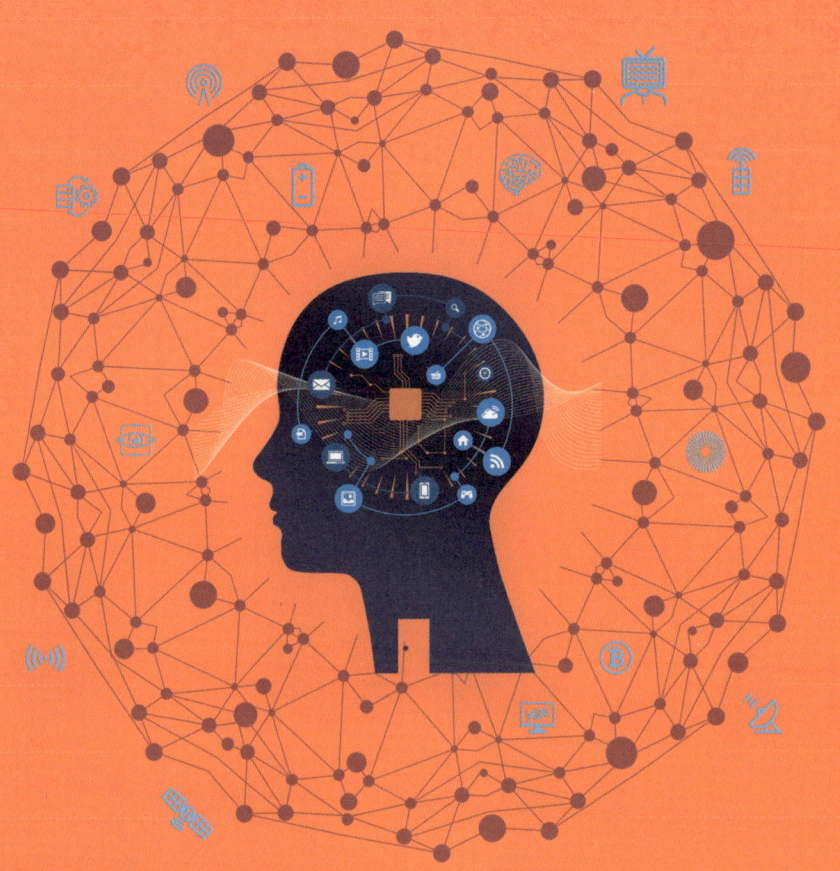

네트워크로
모든 것이 연결되다

> Intro

제4차 산업혁명 시대의 기본은 '연결'이다. 사람과 사람에서 사람과 사물로, 이제는 사물과 사물 간에 이르기까지 세상의 모든 것이 연결되고 있다. 모든 연결은 궁극적으로 가치를 창조하는 초연결 사회의 도래를 예고하고 있다.

초연결은 기존 산업과 비즈니스, 그리고 기술의 경계를 무너뜨리며 새로운 혁신 기술과 비즈니스를 탄생시키고 있다. '초연결 통신기술'은 초연결 인프라의 핵심 기술을 주도하고 있다. 초연결 기술은 사람과 사물을 연결하여 경계 없는 혁신적인 미래를 만들어내는 것을 목표로 한다. 초연결 기술은 지능 기술과 결합하여 거의 모든 산업에서 경계를 허물고 혁신을 가속화하며 4차 산업혁명을 만들어가는 중이다.

ETRI의 황승구 초연결통신연구소장은 "우리에게 초연결 통신은 기회이자 도전이다. 기술 개발로 보다 더 원활하게 소통하고 상호작용할 수 있는 세상을 만드는 것이다. 무엇보다 초연결 시대에는 열린 플랫폼이 국가적으로 반드시 마련되어야 한다. 이를 실현하고 경쟁력을 확보하기 위해서는 정부뿐만 아니라 정부출연연구원도 새롭게 미션을 정립하고 절실한 노력이 필요하다"고 말한다.

또한 황 소장은 "4차 산업혁명을 맞아 정부출연연구원들의 새로운 미션은 무엇보다 일자리 창출과 혁신 성장 등 국가 정책을 뒷받침해 기초를 닦는 일이다. 모든 변혁의 기초가 될 수 있는 인에이블러(Enabler, 조력자) 역할을 충실히 해야 한다. 이때 조력자 역할은 열린 플랫폼으로 실현이 가능할 것이다"라고 밝혔다.[23]

이렇듯 초연결 기술을 통해 유기적 초연결체를 구축해 창의적인 혁신을 이루고, 우리나라가 4차 산업혁명을 주도할 수 있는 확고한 디딤돌을 놓을 계획이다. 그러면 이제부터 지능정보 사회를 앞당겨 실현시키는 핵심 지능 인프라인 초연결 기술과 그에 관련된 동향을 살펴보자.

01

어젯밤 꿈을 재생시킬 수 있다면?

BCI 관련 기술

오늘날 인간의 두뇌와 컴퓨터를 서로 연결하여 정보를 주고받는 기술에 관한 연구가 활발하게 진행되고 있다. 이른바 'BCI(Brain Computer Interface)' 기술이 그것이다. 또한 인간 두뇌에 미세한 전류를 흘려 뇌 질환과 관련된 난치병을 치료하는 기술도 속속 개발되고 있다.

인간의 두뇌는 금지된 '신의 영역'으로 여겨진다. 잘 알려지지 않은 학문 분야 중 하나다. 익히 알려진 사실은 뇌의 무게가 사람 체중의 약 2퍼센트이고, 무게는 약 1,400그램 정도라는 것이다. 그리고 뇌가 우리 몸 전체 에너지 소비의 약 20퍼센트를 쓴다고 한다.

최근 뇌 과학에 대한 재조명과 관심이 커지고 있다. 뇌에 대해 말할 때 빼놓지 않고 거론되는 것이 바로 알베르트 아인슈타인이다. 인류 역사상 최고의 천재라 불린 아인슈타인의 뇌도 우리가 갖고 있는 1,000억 개의 뇌세포 중 20퍼센트도 쓰지 못했다고 한다. 그만큼 뇌와 관련해서는 밝혀진 분야가 적고 인간의 접근이 불가능한 영역으로 알려져 있다.

2009년에 개봉한 영화 〈아바타〉나 〈써로게이트(Surrogates)〉에서는 인간의 뇌와 컴퓨터 간 상호작용을 뜻하는 'BCI' 기술 개념이 사용되어 큰 반향을 불러일으켰다. BCI 기술은 인간과 기계(컴퓨터) 사이에 의사소통을 가능하게 하는 시스템이다. 뇌전도(Electroencephalogram)를 통해 컴퓨터 키보드를 치거나 디스플레이를 제어하는 것이다. 어떤 움직임 없이 생각만으로 기계를 컨트롤 하는 것이다.

그렇다면 한 걸음 나아가 어젯밤 내가 꿨던 꿈을 다시 되돌려볼 수 있을까? 공상과학영화에나 나옴직한 말이지만 이를 실현시키기 위한 세계적인 뇌 공학자들의 노력이 한창이다.

한때 꿈을 재생하는 기술이 회자된 적이 있다. 2013년 5월 관련 논문이 〈사이언스〉에 실리기도 했는데, 제목이 "수면 중 시각적 이미지의 신경 디코딩(Neural Decoding of Visual Imagery During Sleep)"이었다. 논문의 주

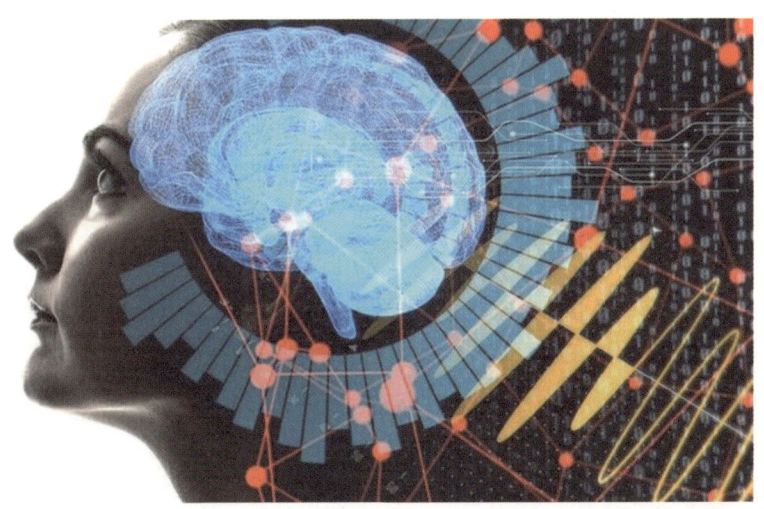

출처 : Getty Images, BBC 재인용. http://www.bbc.com/news/business-42894312

저자인 T. 호리카와(T. Horikawa)는 일본 교토에 있는 국제 전기통신 기초 기술연구소(ATR) 뇌정보통신종합연구소의 연구원이다.

뇌에 관한 또 다른 흥미로운 연구가 미국 UC 버클리대학교의 뇌 과학자 잭 갈란트(Jack Gallant) 교수 연구팀에 의해 행해졌는데, 영화를 보는 동안 뇌의 변화를 fMRI로 측정해 영화 장면을 동영상으로 재현해보는 것이었다. 이 연구팀은 또렷한 이미지는 아니었지만 큰 틀을 재생하는 정도에서 볼 때 전체 영화 장면의 약 75퍼센트를 맞추는 데 성공했다고 보고했다.[24]

"수면 중 시각적 이미지의 신경 디코딩" 논문에서는 이에 대해 시각적인 꿈의 내용이 뇌 활동에 의해 어떻게 표현되는지는 불분명하지만 기계 학습 기반 분석에 따르면 특정 시각적 내용을 나타내는 자극이나 작업을 유발하는 뇌 활동 패턴을 디코딩 할 수 있다고 한다.

호리카와 연구팀은 꿈꾸는 동안 두뇌 활동의 패턴을 조사하고 시각적인 자극에 대한 반응을 비교했다. 그 결과 꿈의 시각적 내용이 깨어 있는 인식에서 관찰된 것과 동일한 신경 기질로 표현된다는 것을 알아냈다. 특히 시각 피질 영역에서 자극을 유발하는 뇌 활동에 대해 훈련된 모델을 디코딩 하면 내용을 정확하게 분류, 탐지, 식별할 수 있다고 한다. 이로써 수면 중 특정한 시각적 경험이 자극의 인식에 의해 공유되는 뇌 활동 패턴으로 표현되어 객관적인 신경 측정을 사용하여 주관적인 내용의 꿈을 밝힐 수 있는 수단을 제공해줄 수 있다고 보았다.[25]

위 호리카와 연구진의 실험 과정을 좀 더 자세히 살펴보자. 피실험자의 꿈을 재생시키기 위해서는 기능적 자기공명영상인 fMRI 안에서 자게 한 다음 뇌파를 측정한다. 이를 통해 피실험자가 꿈을 꾸는지 여부를 체크하는 것이다. 즉 뇌파가 꿈꾸고 있을 때의 형태와 일치하게 되면 피실험자를 깨워 어떤 꿈을 꾸었는지 물어보는 것이다. 실험 결과 각 피실험자들로부터 200여 개에 달하는 꿈에 관한 내용을 얻을 수 있었다고 한다. 연구팀은 '남자', '여자', '자동차', '컴퓨터' 등 꿈에서 가장 많이 등장한 대상을 정리했다. 그리고 피실험자들에게 위 대상이 그려진 사진을 보여줌과 동시에 뇌를 스캐닝 했다. 이런 과정을 통해 연구팀은 사람들이 직접 물체를 볼 때 뇌의 활동과 꿈속에서 물체를 볼 때 뇌의 활동을 비교했다. 그 결과 직접 꿈을 꿀 때와 눈으로 물체를 볼 때 뇌의 특정 부위에서 이뤄지는 신경적 활동이 비슷하다는 것을 알게 되었다. 다시 말해서 사람이 특정 물체를 볼 때 뇌가 어떤 활동 양상을 보이는지 알아낼 수 있다면, 그 사람이 꿈꾸는 동안 이와 동일한 뇌 활동이 관찰될 때 그가 꿈속에서 특정 물체를 보고 있다고 추정할 수 있다는 것이다.[26]

하지만 호리카와 연구팀은 이후 보강 연구를 통해 몇 차례 실험을 해보았지만 꿈을 재생하는 것은 상당히 어렵다고 결론을 내렸다. 사람 간에 편차가 심하다는 것이다. 한 명의 사람을 대상으로 실험할 경우에도 측정 시점에 따라 데이터가 달라졌다고 한다.

우리는 꿈이라면 사람만 꿀 수 있다고 믿는다. 하지만 진화 단계를 거슬러 올라가 보면 꿈을 꿀 수 있는 지능적인 동물이 있다고 한다. 바로 캥거루다. ETRI 박문호 박사는 동물 중 태반류에 속하는 캥거루부터 꿈을 꾸는 행위가 가능하다고 말한다. 따라서 꿈을 재생시킨다는 말은 두뇌의 연구로부터 시작되어야 가능하다는 것이다. 만약 사람의 생각을 뇌로부터 읽어내 생각을 기록하고 다시 되돌려볼 수 있게 된다면 일종의 '드림 레코더'가 될 수 있을 것이다.

뇌 과학과 바이오 또는 의료와 ICT의 융합의 사례는 언론 매체를 통해 연일 보도되고 있다. 얼마 전 한 일간지의 1면 머리기사에 실리면서 세

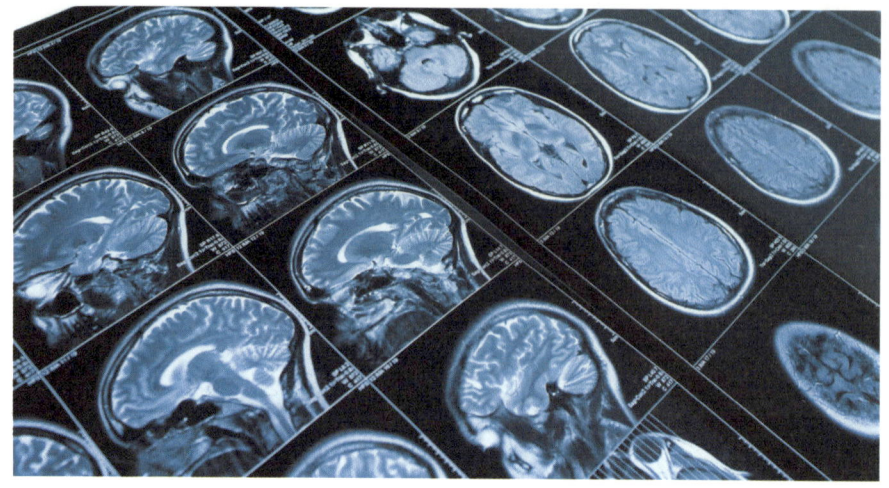

상을 놀라게 한 이야기가 있었다. 프랑스에서 교통사고로 15년 동안 식물인간으로 지낸 어느 35세의 환자가 의식을 회복했다는 소식이다. 뇌의 바깥쪽에 위치한 뇌줄기에서 뻗어 나온 신경섬유에 전극을 심어 약 1개월 동안 지속적으로 전기 자극을 줬더니, 15년 만에 환자가 눈동자와 머리를 좌우로 움직이며 깨어났다는 기사였다. 실로 놀라운 이야기가 아닐 수 없다.[27] 실제 우리의 뇌가 기억하는 데 밀접한 것이 전기 자극이라고 한다. 뇌세포와 시냅스 간에 특정 언어를 기억하는 데에도 전기가 있어야 가능하다는 것이다. 만약 사람이 기억하는 세포를 쓰지 않게 된다면 점점 연결이 사라져 더 이상 단어 기억력이 어렵게 된다고 한다.

ETRI에서는 2016년 말에 정상돈 박사팀이 뇌신경세포를 자극하는 신경전극을 개발했다.[28] 한편 정 박사는 2017년 말에 부식되지 않는 신경전극을 개발해 또 한 번 세상을 놀라게 했다. 이 기술이 실현된다면 더 이상 뇌 수술을 통해 전극을 넣을 때 여러 번 수술하지 않아도 될 것이다. 전극을 심어 효율적으로 전하를 주입하면 된다. 어떻게 주입하고 얼마큼 주입하며 얼마 동안 주입하는 것이 관건이다. 이제 뇌에 전기를 흐르게 하는 것이 쉬워진 것이다. 현재 연구팀은 쥐를 대상으로 실험 중이다. 임상 전 실험인 것이다. 임상까지 이르기 위해서는 많은 시간이 걸릴 수도 있다. 연구팀을 바라보는 수많은 환자들을 위해서라도 하루빨리 기술의 상용화가 이뤄지길 희망한다.

ETRI의 김승환 바이오의료IT연구본부장은 "꿈과 같은 영상을 되돌려 보기 위해서는 많은 선행 연구가 이뤄져야 한다. 하지만 최근의 연구들은 이런 시도에 근접하고 있고 진전도 있는 것으로 보인다"고 말한다.

김 본부장은 특히 사지 마비 환자의 경우 마비 원인의 종류가 무엇인가에 따라 치료법이 다르기에 이에 대한 구분이 중요하다고 말한다. 먼저, 감각이 없다면 촉감을 느낄 수 있는지의 여부가 중요하다. 또 행동을 하는 기능이 없다면 이에 대한 여부를 밝히는 것이 우선이라는 것이다. 감각이 없는 경우는 손끝 센서에 해당하는 부분이 문제가 된 것이라고 한다. 손끝 센서에 해당되는 기능을 통해 물건을 만지게 되면 신호가 발생되어 신경세포를 통해 뇌로 전달하여 프로세싱을 해서 촉감을 느끼게 되는 원리다. 뇌는 이 같은 감각을 프로세싱 하여 물건이 딱딱한지 차가운지 뜨거운지 여부를 알 수 있다. 아울러 물건을 잡겠다는 뇌의 지령에 의해 신호가 발생되어 물건에 힘을 주어 움켜쥘 수도 있다.

따라서 이런 부분에 마비가 와서 치료가 필요하다면 손끝 센서의 문제인지 아니면 행동 기능의 문제인지부터 살펴봐야 한다. 만약 손끝 센서가 잘못되었으면 센서를 치료해줘야 하고, 센서는 괜찮은데 뇌가 신호 분석을 못해서 그렇다면 뇌를 중심으로 치료해야 하는 것과 같다. 만약 행동 기능에 문제가 있어 마비가 왔다면 근육에 문제가 있는 것이라고 한다. 이런 경우 신경 말단의 근육을 치료해야 한다고 한다.

김 본부장은 촉감 못지않게 사람의 시각에 대한 연구도 오랫동안 진행해오고 있다. 앞을 볼 수 없는 사람에게 카메라 등을 이용해 이미지 영상을 얻게 해주는 기술이다. 뇌에 신호를 줘서 인식할 수 있게 하여 앞에 있는 물체를 보게 하는 것이다. 물론 선명하지는 않지만 물체를 흐릿하게나마 볼 수 있게 해준다. 현재 이 시술은 행해지고 있다.

아울러 김 본부장은 청각 연구에 대해서도 설명했다. 소리를 듣게 해주는 달팽이관과 같은 기관에 문제가 생기면 이를 대체해주는 역할의 기관에 관한 연구를 수행하고 있다고 한다. 신경세포에 문제가 있을 경우 센서와 같은 장치를 통해 직접 세포에 듣게 해주고 마이크를 이용해 소리를 잡아 청신경에 직접 신호를 넣어주는 연구도 수행하고 있다. 소리를 듣지 못하는 사람들에게 한 줄기 빛과 같은 소식임에 틀림없다.

색맹과 관련해서도 세계적으로 연구가 진행 중인데 소리를 통해 색깔을 알려주는 방식이다. 마치 동물의 더듬이처럼 생긴 장치를 뇌에 심고 밖으로 나오게 만들어 이 더듬이를 통해 소리로 색깔을 인식하는 것이다.

이렇듯 세계의 과학자들은 기능이 훼손된 인간의 감각을 살리기 위해 여러 방면에서 많은 노력을 기울이고 있다.

테슬라모터스의 CEO 일론 머스크(Elon Musk)도 최근 인간의 두뇌와 컴퓨터를 하나로 연결할 기술을 연구하기 위해 뉴럴링크(Neuralink)라는 회사를 설립했다. 뉴럴링크는 2016년 캘리포니아에 의료 관련 연구기관으로 등록도 마쳤다. 관련 분야 최고의 연구자도 영입했다고 한다.

앞에서 소개했듯이 꿈을 재생해보려는 원천 연구도 많은 연구자들에 의해 시도되고 있다. 언젠가 미래에는 아침에 일어나 스마트폰을 통해 전송된 어젯밤 꿈을 재생하여 보게 될 수도 있다. 물론 얼마큼의 비용을 결제해야 가능할 테지만 말이다. ETRI를 방문한 관람객들에게 이 같은 이야기를 설명하면 아연실색하는 사람도 많다. 자신이 꾸었던 꿈까지 보고 싶지는 않은 모양이다.

02

너무도 뚫기 쉬운
당신의 비밀번호
생체정보와 인증 기술

스마트폰이나 PC를 사용하다 보면 비밀번호 때문에 늘 걱정이 되곤 한다. 특히 직장인의 경우 사내 인트라넷부터 시작해 PC 로그인 화면, 업무 처리용 앱, 은행 공인인증서, 개인 웹 메일, 집의 현관 등 많은 비밀번호 때문에 헷갈리기 일쑤다.

최근에 우리나라 사람들의 비밀번호 설정 방법이 보도화되어 주목을 끈 적이 있다. 대부분 비밀번호를 설정할 때 해당 사이트에서 비밀번호 조합 예를 미리 제시해준다. 예컨대 숫자와 영문자, 특수문자를 사용하여 비밀번호를 만들라는 원칙이라면 그 예시로 해당 사이트에서는 1, 2, 3, 4, 5와 같은 숫자와 a, b, c, d, e와 같은 영문자, 그리고 !, @, #, $, %, * 등의 특수문자를 제시하며 비밀번호를 만들라고 알려준다. 게다가 '8자 이상, 10자 이상'이라는 조건도 부여해준다.

여기서 웃지 못할 사실은 적지 않은 사람들이 위의 비밀번호 설정 예시를 그냥 순서대로 쓴다는 것이다. 예를 들면 12345a라고 쓴다든가, 심지어 비밀번호 10개 자리를 그대로 12345abcde라고 쓴다는 비밀 아닌 비밀인 것이다. 특수문자 조합도 마찬가지다. !, @, #, $, %, * 등과 같은 특수문자를 함께 쓰라고 하면 12345a!라고 비밀번호를 만드는 사용자가 의외로 많다고 한다. 이 때문에 악의적으로 해킹을 하는 사람들이나 보이스피싱 사기단들이 한국의 비밀번호만큼 쉽게 알아낼 수 있는 것이 없다며 좋아했다고 한다.

이를 방증이라도 하듯 지난해 말에는 필자의 의견을 확인시켜주는 듯한 뉴스가 보도된 바 있다. 바로 해커들이 공개한 올해 최악의 비밀번호에 관한 기사가 보도된 것이다. 1위는 쉽게 예상할 수 있듯이 123456이었고, 2위는 password였다. 3위는 12345678로 조금 더 자릿수가 많을 뿐이었고, 4위는 qwerty였다. 키보드 윗부분 영문 자판 중 왼쪽에서부터 오른쪽까지 순서대로 쭉 나열한 단어다. 5위는 12345였다. 20위까지 중에서 단순 숫자 조합이나 단순 나열이 7개나 되었고, 그 밖에 letmein, football, iloveyou, admin, welcome, login, abc123 등이 순위에 올랐다.[29]

기존 개인 정보의 인증은 이름이 '김전자'라면 당사자가 맞는지 알아보는 것이다. 기존 보안 '인증' 방식은 크게 세 가지 유형으로 나눌 수 있다. 첫째는 무엇을 알고 있는가(What you know)라는 측면이다. 예를 들면 개인을 식별하는 'ID', 이에 맞는 '패스워드(비밀번호)', '핀 번호(PIN)' 등이 이에 해당된다. 둘째는 무엇을 가지고 있는가(What you have)이다. 즉 보안토큰, 공인인증서 등의 보유 여부로 그것들을 통해 본인임을 알 수 있게 되는 것이다. 셋째는 당사자가 어떤 사람인가(What you are)라는 측면이다. 그 사람 자체에 대한 것으로 지문, 홍채, 정맥 등과 같은 바이오 정보를 의미한다. 이를 통해 생체인식, 바이오 인식도 가능하다.

보안 인증은 투자비 없이 바로 인증할 수 있는 ID와 패스워드로부터 시작되었다. 소유 기반 인증의 경우 인증서 등의 실체를 가지고 있어야 하지만 ID와 패스워드는 별도로 소지할 필요가 없고 배포 및 관리할 필요도 없다. 물론 바이오 인식은 읽어야 할 센서가 필요하다.

ID와 패스워드는 편리하지만 문제는 많은 사용자들이 한 개의 사이트에서만 사용하는 것이 아니라 자신이 만든 ID나 패스워드를 많은 사이트에서 그대로 입력한다는 점이다. 기억력의 한계 때문일 것이다. 여러 사이트에 사용되는 동일한 ID와 패스워드를 자신의 PC 가까운 곳에 포스트잇으로 붙여 두는 경향이 있다 보니 보안적으로도 취약하다. 또 동일한 ID와 패스워드를 쓰기 때문에 사용하던 사이트 중에서 보안이 취약한 특정 사이트가 해킹을 당하면 사용자가 활용하는 다른 사이트의 정보까지 유출되기도 쉽다. 이런 경우 탈취한 정보를 갖고 해커가 당사자인 것처럼 행사하는 문제가 발생할 수 있는데 이것이 가장 큰 문제다. 해커는 탈취한 정보를 통해 포털, 인터넷뱅킹, 회사에서 위장을 하고 다니면서 여러 문제를 일으킨다.

한편 2013년에 방송되어 선풍적인 인기를 끈 드라마〈별에서 온 그대〉로 인해 한국의 보안 인증체계가 크게 입에 오르내린 적이 있다. 중국인들이 주인공인 전지현이 입은 코트를 인터넷을 통해 직접 구매하려고 했으나 우리나라 인증체계 때문에 길이 막혔다는 이야기다. 우리나라의 경우 온라인상에서 물건을 사거나 금융 거래를 위해서는 공인인증이 필수적이다. 반면 외국의 경우는 간단한 패스워드만 입력해도 결제가 이뤄진다. 당시 이 소동으로 인해 액티브X와 공인인증서가 다시 한 번 도마 위에 올랐다. 실제로 고질적인 액티브X를 없애기 위해 정부가 지속적으로 노력 중이다. 2017년 말 정부는 올해 연말정산을 위해 액티브X를 없애 겠다고 발표했다. 하지만 국민들이 체감하는 수준에 이르려면 갈 길이 멀어 보인다. 하루 빨리 불필요한 PC 설치 요구 프로그램이 퇴출되고 웹 표준 기술로 전환해 편리한 인증체계가 마련되어야 할 것이다.

공인인증서는 금융 거래를 할 때 꼭 필요하지만 한 번 유출되면 그 피해가 심각하다. 공인인증과 관련된 기술은 매번 업데이트되기 때문에 사용자는 그때마다 다운로드를 받고 프로그램을 다시 깔아야 하는 등 번거롭기도 하다. 그런데 국내 연구진이 이런 문제를 원천적으로 해결하는 기술을 전 세계에서 처음으로 시연하는 데 성공했다. 바로 사람의 생체정보인 지문, 홍채, 얼굴 윤곽, 음성 등을 이용하는 방법이다.

생체정보와 관련된 대표적 기관으로는 'FIDO(Fast Identity Online, 파이도)'를 꼽을 수 있다. 이는 '국제 온라인 생체인증 컨소시엄'으로 비밀번호 없는 인증기술 생태계를 만들기 위한 기업들의 연합 공동체다. 쉽게 말해

온라인 환경에서의 생체인증 기술 표준이라고 보면 된다. FIDO의 슬로건 또한 '비욘드 패스워드(Beyond Password)'이다. 패스워드를 쓰지 말고 이를 뛰어넘어 새롭고 안전한 인증체계를 사용하자는 것이다.

FIDO는 인증을 위한 국제표준으로 생체정보를 택했다. 이에 따라 글로벌 기업인 마이크로소프트는 이미 윈도우10에 생체인증을 지원하는 '윈도우 헬로' 기능을 탑재했다. 구글은 'U2F'라는 추가 인증(이중 인증) 장치를 USB 형태로 꼽아 인증이 필요할 때 USB에 붙어 있는 버튼을 한 번씩 누르도록 만들었다. 마치 일회용 비밀번호인 OTP(One Time Password)를 생성해서 쓰는 방식처럼 말이다. 퀄컴의 경우는 U2F를 아예 칩에 내장하기로 했다.

글로벌 기업이 나서서 FIDO 기술을 적용하면 사용자는 결제할 때 한결 편리해질 것이다. 더 이상 인증을 위해 프로그램을 다운로드하거나 업데이트하는 등의 번거로운 행위를 하지 않아도 되기 때문이다. 지문의 경우는 최초 입력을 해둔 뒤 사용할 때만 지문인식을 하면 된다. 일례로 구글 지메일(Gmail)도 조만간 로그인 프로세스가 변경될 전망이다. 현재 삼성전자 스마트폰인 갤럭시 모델의 경우 지문인식 장치가 탑재되어 있으며 금융 거래나 결제 시 널리 활용되고 있다. 생체정보를 이용한 인증은 향후 웨어러블 기기 등에도 널리 적용이 확산될 것으로 보인다. 생체정보를 통해 스마트 기기들의 보안 방식에 많은 변화가 생길 것으로 전망된다.

차세대 공인인증 솔루션의 FIDO 인증 통과는 국내 기술이 향후 세계 생체정보 인증 시장을 선점할 수 있는 계기가 될 것이다. ETRI 연구진은 이미 2014년에 FIDO의 국제표준 초안이 발표된 즉시 인증 기술을 개발했다. 그리고 국내 카드 회사와 공동 개발한 오프라인 간편결제 시스템인 'ZEP(Zero Effort Payment)'에 이 기술을 적용했다.

ETRI 연구진이 개발한 FIDO 인증 기술

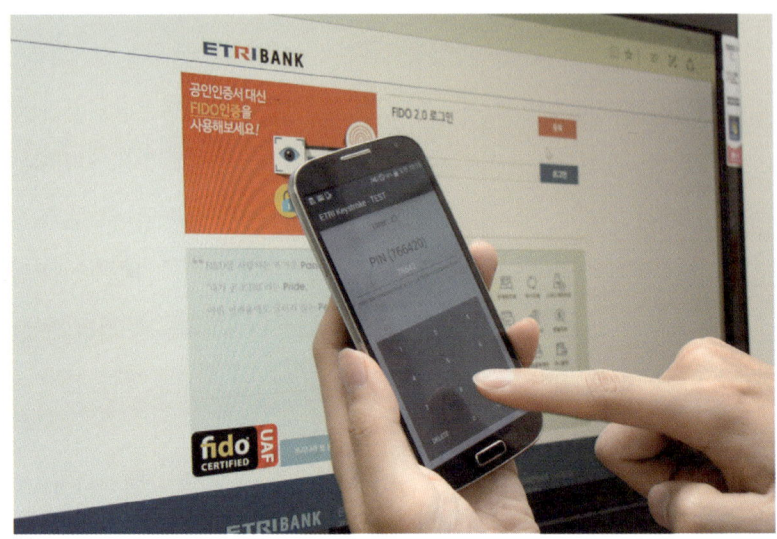

ETRI 연구진은 향후 생체정보가 패스워드를 대신해 강력하고 빠른 온라인 간편결제 인증 수단이 될 것으로 보고 있다. 공상과학영화에서나 보던 생체인증 시스템이 실제로 사용되고 있으니 세상이 변화하는 속도가 놀라울 뿐이다.

앞에서 언급했듯이 오늘날 보안 인증에서 제일 중요한 키워드로 떠오르는 것은 '비욘드 패스워드'이다. 그렇다면 패스워드를 어떻게 넘어설까? 패스워드는 편리하지만 취약점이 많으니 하나만 쓰지 말고 '다중 요소 인증' 방식으로 설계하자는 것이다. 무엇을 알고 있고, 무엇을 갖고 있고, 무엇인지 하나만 쓰는 것이 아니라 섞어 쓰자는 것이다. 공인인증서도 소유 기반이다. 그것을 갖고 있느냐 없느냐가 중요한 사안이다. 인증서를 사용하려면 패스워드를 입력해야 한다. 하지만 누가 본인인 것처럼 탈취해 쓴다면 문제가 발생한다. 정보를 인증으로 쓰기 위해서는 무엇을 알고 있느냐가 필요하다. 스마트폰은 사용자에 따라 사용 패턴이 다르다. 따라서 원래 사용자의 패턴에 따라 이용하는지 여부를 확인하는 방식이 새로운 인증 수단이 될 것이다. 이 경우 누군가 내 스마트폰을 훔쳐간다고 해도 문제가 발생할 가능성이 적을 것이다.

ETR 연구진은 인증 기술 연구를 진행하면서 사람들이 스마트폰 키보드를 누를 때도 특징이 있다는 것을 파악했다. 자신은 기억하지 않아도 스마트폰이 대신 기억해주는 셈이다. 어떤 사람은 비밀번호를 누를 때 1은 길게 2는 짧게 누른다든지, 또한 3은 오른쪽 4는 왼쪽 등과 같이 자신도 모르게 패턴화하여 누른다는 것이다. 물론 목소리, 걸음걸이 등도 인증 수단으로 가능할 것이다. 이런 정보가 스마트폰에 자신만의 암호로 저장된다면 개인 고유의 인증 방식이 될 것이다. 굳이 외우기 어렵고 복잡한 방식의 인증을 고민하지 않아도 될 일이다.

스마트폰이 생활필수품이 되면서 기기 자체가 모바일 인증에 사용됨에 따라 보안 및 결제 등의 서비스 측면에서 많이 편리해졌다. 스마트폰에 지문만 대면 본인임을 확인해주기 때문이다. 소유 인증은 지문과 같은 바이오 정보로 해결하고, 스마트폰 각 사이트는 암호학적으로 풀면 된다. 스마트폰에는 지자기(geomagnetic) 센서, 조도 센서, 압력 센서 등 여러 종류의 센서가 내장되어 있다. 저장 가능한 메모리도 있고, 무엇보다 사람들이 필수품이라 여겨 24시간 내내 곁에 두고 있다. 따라서 스마트폰처럼 편리한 기기를 두고 별도의 USB형 보안토큰이나, 일회용 비밀번호인 OTP, 공인인증서 등을 사용하는 것은 번거로운 일일 뿐이라는 얘기다. 이처럼 스마트폰은 가장 안전한 인증 수단으로 여겨지며 역할이 확대되고 있다.

지문이나 홍채는 인증 정보 분류상 고정적인 정보다. 앞으로는 사용자가 인증을 위해 스마트폰을 쓰게 되면 별도의 수고 없이도 자연스레 이같은 고정 정보를 통해 인증해주는 서비스 방향으로 나아갈 것이다. 스마트폰은 센서들의 집합체이므로 기기를 사용하는 행위 자체로 본인 소유인지를 알 수 있는 정보 추출이 가능하다.

기존에는 사용자 주변 환경이 개인의 인증 수단을 확인하기에 사정이 좋지 않았다. 한마디로 스마트하지 않은 환경이었다. 이제는 환경이 많이 달라지고 있다. 기술이 발전하면서 환경이 스마트해지고 있다. 사용자가 인증을 위해 수고하지 않아도 주변 환경이 알아서 척척 인증을 처리해주는 세상이 되고 있다.

03

스타트업 생태계 '실리콘밸리'가
우리에게 의미하는 것
기업문화와 실리콘밸리의 성장 요인

전 세계 내로라하는 기업들은 기업문화를 중시한다. 기업문화 자체가 기업 경쟁력의 요소로 작용하기도 한다. 그 이유는 조직 구성원들의 작은 문화에서 시작해 그것들이 모이면서 기업문화로 형성되고, 그것이 곧 기업 힘의 원천이 되기 때문이다. 이에 따라 기업들은 올바른 기업문화의 정착을 위해 많은 노력을 기울인다. 이를테면 기업의 소통 방식 개선, 복리 후생 제도의 도입, 사회봉사, 동호회 등을 통해 직원들과의 화합을 강조하며 보다 나은 기업을 만들어갈 수 있도록 노력한다. 또한 바람직한 기업문화를 위한 노력을 언론을 통해 간접적으로 알림으로써 기업 이미지를 제고하기도 한다. 실제로 기업의 바람직한 얼굴을 만들기 위한 홍보맨들의 노력은 눈물겹다.

2000년대 초반 필자는 마이크로소프트의 본사가 위치한 워싱턴 주 시애틀로 출장을 다녀온 적이 있다. 시애틀은 마이크로소프트 외에도 세계적인 기업들이 많이 있다. 항공 업계의 대표적 기업인 보잉, 물류 업계의 코스트코 홀세일, 스타벅스 등의 본사가 소재하고 있다. 신생 기업으로는 세계 최대 온라인 유통업체인 아마존이 시애틀에 둥지를 틀고 있다. 이외에도 유명한 게임 개발 업체인 밸브(Valve), 번지(Bungie) 스튜디오, 온라인 여행 업체인 익스피디아(Expedia) 등도 본사가 시애틀이다.

기업마다 독특한 마케팅, 홍보, 프로모션을 시행하지만 빌 게이츠의 마이크로소프트는 기업문화를 위해 남다른 발상으로 접근했다. 마이크로소프트는 직원들에게 무료로 제공하는 특별한 것이 있는데, 바로 콜라다. 마이크로소프트 본사에는 사무실 근처 복도에 음료 자판기가 놓여 있는데 콜라를 포함해 편의점에서 쉽게 구할 수 있는 음료가 무료로 배치되어 있다. 이 회사에 다니는 직원들의 어린 자녀들은 또래끼리 "우리 아빠 회사는 콜라를 무료로 준다"며 자랑거리로 삼는다고 한다.

21세기에 이르러서는 아마존이 마이크로소프트의 남다른 발상을 이어받았다. 자랑거리의 대상은 콜라가 아닌 몸에 좋은 '바나나'다. 아마존은 2015년 말 CEO인 제프 베조스(Jeffrey Bezos)가 아침을 굶는 직원들을 위해 아이디어를 내어 바나나를 공짜로 제공하기 시작했다고 한다. 지금은 직원 외에도 누구나 아마존 본사 건물 주변에 있는 바나나 스탠드를 찾으면 무료로 바나나를 먹을 수 있다. 이 바나나 스탠드에는 "하루에 한 개 먹는 바나나가 당신을 병원으로부터 멀리하게 해준다", "아마존 직원 외 지역민 누구도 바나나를 즐기시라"라고 입간판에 써서 세워 두었다. 이렇게 아마존이 제공하는 바나나 수량이 지난 2017년에는 약 170만 개나 되었다고 한다.[30]

한편 세계에서 가장 오래된 역사를 지닌 독일의 필기구 업체인 파버카스텔(Faber-Castell)은 대표적인 히든챔피언 기업이다. 이 기업은 연필 사업으로 260여 년간을 지켜왔다. 파버카스텔도 직원들을 위한 배려와 기업문화에 힘쓰고 있다. 그 가운데 하나로 직원들에게 최고급 생수를 무료로 제공하고 있으며, 황폐한 땅을 개척하여 산림 조성 프로젝트를 실행하고 있다. 기업의 사회적·환경적 책임을 실천하여 바람직한 기업문화를 만들려는 노력이 여러 부문에서 느껴진다. 미국 캘리포니아 에머리빌에 위치한 애니메이션 영화 제작사인 픽사는 창의적인 기업문화를 조성하기 위해 자율적인 근무 시간을 운영하고 있다. 또한 '픽사 대학'이라는 기업 내 교육기관을 만들어 직원들에게 다양한 부문의 교육 기회를 제공하고 있다. 세계적인 클라우드 서비스(온라인 파일 공유) 업체인 드롭박스(Dropbox)에서는 매주 금요일 오후가 되면 맥주와 칵테일을 마실 수 있는 바가 차려진다.[31]

잘 알려져 있듯이 최근 ICT 기업들은 사용자에게 무료 서비스를 제공하는 것을 주저하지 않는다. 구글 번역기도 104개 언어를 기반으로 한 번역 서비스를 무료로 사용할 수 있게 하고 있다. 페이스북 역시 메신저나 등록한 개인 정보를 바탕으로 서비스를 무료로 제공한다. 유튜브는 어떠한가? 동영상을 감상하고 업로드하는 데 어떤 비용도 지불하지 않는다.

하지만 이런 서비스를 이용하다가 어느 날 무심코 이메일을 열어보거나, 페이스북에 로그인 하면 깜짝 놀라지 않을 수 없다. 나의 성향을 이 기업들이 꿰뚫고 있다는 것을 확인할 수 있는 각종 광고 게시물들이 계정 이곳저곳에 게시되어 있기 때문이다. 이 기업들은 자사의 포털 및 플랫폼을 이용해 이미 나의 행동이나 성향을 파악하고 있는 것이다. 내가 무엇을 좋아하고 어떤 음식을 좋아하며 어떤 곳을 즐겨 찾는지는 물론이고, 내가 자주 검색하는 키워드는 어떤 것인지도 파악하고 있다. 기업들은 이 같은 사용자의 데이터 정보를 기반으로 자사의 수익 모델로 삼는다. 기업들이 보유한 빅데이터가 호시탐탐 나의 주머니를 노리고 있는 것이다.

최근에 구글은 기지국 정보인 '셀 ID'의 이동 경로를 파악해 개개인의 위치 정보를 수집하는 것이 아니냐는 의심의 눈초리를 받기도 했다. 구글이 안드로이드폰 사용자들로부터 무단 수집한 셀 ID 정보는 각 나라, 각 지역 기지국별로 부여받는 32자리의 고유 번호다. 만약 스마트폰 사용자의 셀 ID 번호를 분석하게 되면 사용자가 어떤 국가 어느 지역에 사는 사람이며 기지국이 어느 근처에 있는지도 쉽게 알 수 있다. 구글이 밝힌 것처럼 기능 개선을 목적으로 한다고 하기에는 정보의 민감성이 너무 크다. 특정 사람의 동선이나 체류 시간 등을 파악하기가 쉬워지기 때문이다. 물론 이 정보는 GPS와 결합할 경우 더 자세히 알 수 있다.[32]

사용자가 무료로 서비스를 사용하는 대가로 기업 측에 자신의 자료를 반대급부 형태로 제공하는 셈이다. 게다가 기업들은 고객의 이메일, 댓글, 좋아요, 공유, 결혼 여부, 출신 대학, 전공까지도 분석해 미래 상품을 기획한다. 데이터를 전 세계에서 모아 빅데이터화해 핵심 수익을 따져본다. 일반 개인이 볼 때는 별로 중요하지 않은 정보라고 해도 개인을 둘러싼 모든 데이터들을 모아 빅데이터화해 마치 금맥을 캐듯 기업들이 필요로 하는 정보로 만들어 활용하는 것이다.

실리콘밸리는 미국에서 1인당 국내총생산(GDP)이 가장 높은 곳이다. 미국 국민의 1인당 GDP 수준이 6만 달러가 채 안 되는데, 실리콘밸리 지역은 2015년 기준 7만 7,000달러에 육박한다. 전 세계적으로 볼 때 가장 잘사는 도시 300개 가운데 3위에 해당되는 수준이다. 인구 면에서는 실리콘밸리 지역의 산호세에 100만 명, 샌프란시스코에 86만 명, 오클랜드에 4만 명으로 총 290만 명에 달한다. 우리나라의 인천광역시 인구와 비슷한 규모다. 인구 구성으로 보면 유독 아시아계가 31퍼센트로 많고, 히스패닉계도 27퍼센트나 된다.

실리콘밸리는 첨단 지식 산업의 중심지로 고학력의 사람들이 많다. 특히 부유한 지역으로 꼽히는 샌프란시스코의 경우 미국 중서부 지역의 디트로이트와 종종 비교되곤 한다. 오대호 주변의 미시건 주에 속하는 디트로이트는 전형적인 공업 중심 도시다. 디트로이트 강을 낀 항구 도시로 수운과 철도, 상공업의 중심지다. 예를 들면 자동차 공업, 비행기 및 선박의 엔진 제조, 화학약품 공업 등이 성하다.

2013년 기준 디트로이트의 인구는 68만 명이다. 미국에서 18번째로 인구가 많은 도시다. 1950년대에는 인구가 180만 명에 이르렀으나 이후 감소되고 있는 추세다. 사회 양극화가 심해 범죄율이 높은 곳으로도 이름

이 높다. 미국 내 50만 명 이상 거주하는 도시 가운데 가장 위험한 도시로 꼽힌다. 디트로이트는 외국인 거주 비율도 5.1퍼센트로 낮다. 1인당 GDP 규모는 샌프란시스코의 30퍼센트 수준인 2만 8,000달러에 불과하다. 집값은 평균 8만 달러면 구입할 수 있다. 이와 달리 샌프란시스코의 평균 집값은 디트로이트의 10배에 달하는 78만 달러다. 오늘날 디트로이트는 미국뿐만 아니라 전 세계적으로도 사양산업의 대명사로 불리고 있다.

이제부터는 실리콘밸리의 성장 과정에 대해 좀 더 자세하게 이야기해 보도록 하겠다. 원래 이 지역은 1950년대 중반 이후 국방에 중점을 두면서 성장했다. 이는 제1차 세계대전 후 미국 행정부의 방위산업 분야 투자 확대에 기인한 것이다. 그렇다 보니 1930년대부터 미국 내 방위산업 중심지로 부상하게 되었다. 1939년에는 팔로알토에 휴렛팩커드(HP)가 설립되었다. 1957년에는 반도체 회사인 페어차일드(Fairchild)를 기반으로 이후 내셔널세미컨덕터(National Semiconductor, 1959년), 인텔(1968년), 제록스 파크(1970년) 등 첨단 기업들이 창업하면서 반도체, 개인용 컴퓨터(PC), 인터넷, 모바일로 이어지는 정보통신기술(ICT) 중심지로 자리매김하게 되었다. 페어차일드의 입성을 기준으로 보면 실리콘밸리는 2018년 현재 61년으로 회갑을 맞은 셈이다.

이후에는 애플(1976년), 오라클(1977년), 썬마이크로시스템즈(1982년), 시스코(1984년), 넷스케이프(1994년), 야후(1995년), 이베이(1995년), 구글(1998년), 링크드인(2003년), 페이스북(2004년), 트위터(2006년) 등 주요 기업과 전미 벤처캐피털의 60퍼센트 이상이 실리콘밸리에 집중되었다.

실리콘밸리는 미국 전체 특허출원 중 25퍼센트를 차지하는 등 첨단기술 분야의 메카가 되었다. 실리콘밸리라는 명칭은 1971년에 팔로알토 지역의 주간지 〈마이크로일렉트로닉스 뉴스(Microelectronics News)〉의 돈 호

플러(Don Hoefler) 기자에 의해 처음으로 사용되었다고 한다. 실리콘밸리에서 '실리콘'은 반도체 제조의 핵심 소재이고, '밸리'는 계곡 모양으로 형성된 산업 단지에서 따와 만들어졌다. 반도체칩 제조업체가 많은 덕분에 지명에 반영된 것이다. 101번 고속도로를 중심으로 좌우에 높은 산지가 계속 이어져 위에서 내려다보면 전형적인 계곡 형태의 모습이다. 이러한 이름은 유사한 명칭을 파급시켜 뉴욕 실리콘밸리, 우리나라 서울의 테헤란밸리, 대전의 대덕밸리도 상징성을 갖는다.

    ETRI의 최영범 글로벌협력추진단장은 "실리콘밸리의 성공 요인으로는 인근 스탠퍼드대학교와 캘리포니아대학교, 나사(NASA)의 우수 기술 인력과 산학연 협력 체계를 들 수 있다. 또한 전문적 비즈니스 지원을 통한 풍부한 인프라와 자금, 거기에 온화한 기후와 개방적인 사업 환경을 꼽을 수 있다. 이를 바탕으로 인터넷을 비롯한 최첨단기술의 집적지이자 기술 혁신의 대명사가 되고 있다"고 말한다.

    실리콘밸리 내 위치한 기업 수만도 2015년 기준으로 약 43만 개에 달하고 일자리는 약 142만 개나 된다. 1억 달러 이상 매출 기업이 628개, 10억 달러 이상의 유니콘 기업도 132개나 된다. 〈포춘〉 500대 기업 중에 본사 소재지가 실리콘밸리인 기업이 29개다. 이 지역 43만 개 기업 중 상위 150대 기업의 총 매출액은 5,500억 달러(600조 원)에 달한다. 이 금액은 우리나라 총 GDP 규모의 절반에 달하는 것이다.

    실리콘밸리는 과거 영광의 도시였던 디트로이트에 빗대어 '제2의 디트로이트'라는 닉네임이 붙여졌다. 그 명성에 걸맞은 일들이 생기고 있기 때문인데, 바로 자율주행차 등이 부상하고 있기 때문이다. 테슬라의 전기차를 비롯하여 구글의 자율주행차가 그 명성을 주도하고 있으며 벤츠, BMW 등 전 세계 메이저 자동차 회사의 R&D 센터도 설치, 운영되고 있다. 아울러 굴지의 자동차 회사들은 실리콘밸리의 첨단기술을 기반으로 커넥티드 카(Connected car) 개발에 열을 올리고 있다. 디트로이트가 과거의 영광을 살리지 못하고 실패의 도시라는 대명사로 쇠퇴하는 동안 실리콘밸리는 전 세계 ICT의 메카로서 계속 그 명맥을 이어가고 있는 축복의 도시로 재탄생하고 있다.

쇠에 스는 녹(rust)에 빗대어 부르는 표현으로 '러스트벨트(Rust Belt)'라는 말이 있다. 이는 과거 철강의 도시인 디트로이트와 피츠버그 등 쇠락한 공업 도시를 뜻하는 말이다. 러스트벨트가 시사하는 의미는 크다. 혁신하지 않고 시대 흐름에 공감하지 못하면 언젠가는 돌이킬 수 없는 상황에 이른다는 것이다. 우리나라도 예외는 아니어서 과거에 영화를 누리던 도시들이 러스트벨트의 징후를 보이고 있어 안타깝다. 도시도 사람과 같다는 생각이다. 도시가 사람이 태어나듯 형성되어 번성하다가 점차 쇠락해가는 것처럼 말이다.

04

비트코인은 화폐인가, 화폐가 아닌가?
가상화폐와 블록체인 기술

요즘 언론과 인터넷을 연일 뜨겁게 달구고 있는 이슈가 있다. 바로 가상화폐(또는 암호화폐)인 '비트코인'이 그것이다. 비트코인은 암호화 화폐의 일종으로 관련 시장 1위 화폐다. 한마디로 21세기형 돈이라고 보면 되겠다.

옛날에는 물고기, 조개껍질, 쌀 등이 물물교환 형태의 화폐로 이용되다가 본격적으로 화폐가 만들어지자 그것들은 자취를 감추었다. 초기 화폐의 경우는 대개 철이나 구리를 소재로 찍어낸 후 동물이나 특정 문양을 새기는 것이 전부였다. 오늘날과 같은 화폐는 인쇄술의 발전이 이루어진 20세기 초반에 출현했다.

가상화폐는 '블록체인(Block chain)'이라는 기술로부터 나왔다. 따라서 가상화폐의 대표 격인 비트코인이 인기를 끌게 된 이유는 ICT 덕분이라고 할 수 있다. 블록체인 기술로 비트코인이 암호화가 가능하고 자산처럼 안전한 보유가 가능하게 되었기 때문이다. 물론 이중 사용이 되지 않도록 안전장치도 갖추고 있다. 암호화 화폐로서 혁신적인 방법을 도입한 것이다. 내가 코인을 상대방에게 주면 받은 사람이 돈으로 쓸 수도 있다. 현실 세계의 화폐와 유사하다. 싸이월드의 '도토리'가 생각나는 것은 그 때문일 것이다. 도토리는 싸이월드라는 가상의 시스템 내에서 통용되며 실제 돈은 아니지만 물건을 사거나 서비스를 이용하고 결제할 수 있다. 비트코인 역시 도토리처럼 가상화폐다. 그렇지만 디지털 세계뿐만 아니라 실제 세계에서도 물건을 살 수 있고, 서비스를 이용하고 지불할 수도 있다. 하나의 지급 결제 수단으로서 사용 가능하다는 의미다.

과거의 가상화폐는 찍어내는 대로 돈이 되었다. 하지만 가상화폐는 금과 마찬가지로 유한자원이다. 발행량도 최대 2,100만 가상화폐까지로 정해져 있어 희소가치도 있다. 금값이라고 불리는 것처럼 시세가 있다. 그때그때 가격이 다르다는 것이다. 다만 금은 약간의 고정형 가치가 있지만, 비트코인은 24시간 값이 다르다. 그래서 화폐로서 갖추야 할 특징 중 고정성은 좀 떨어진다. 이처럼 변동성이 있다면 화폐로서 가치를 갖는 데 한계가 있다.

하지만 가상화폐는 가치를 이전하고 송금할 수 있는 화폐와 같다. 2009년 미국발 금융대란이 일어났을 때 가상화폐가 등장해 인기를 끌었다. 금융 거래가 가능했기 때문이다.

사람들은 은행을 신뢰하기 때문에 비싼 대가를 지불하고 이용한다. 은행이 제 모습을 갖추기 전 우리에게는 동네 이웃들이 모여 하던 계(契)도 있었고, 일수(日收)도 흔한 거래의 일종이었다. 계는 전통적 협동 조직으로 낙찰계, 상포계, 친목계 등이 성했다. 일종의 친목 도모를 위해 만든 것이다. 계와 일수는 요즘에도 존재한다. 하지만 은행은 계와 일수가 갖고 있는 위험성 대신 돈을 떼일 염려도 없고 리스크 관리도 해준다. 물론 수

수료가 있고 예대 마진도 있지만 최근에는 그 차이가 적다. 요즘처럼 이자율이 낮으면 원금을 은행에 맡겨 봐야 수수료를 제외하면 남는 것도 얼마 되지 않는다.

특히 외환시장에서 은행은 인기 밖의 존재다. 외국으로 송금할 때나 환전할 때 수수료가 비싸다. 그런데 가상화폐는 은행과 다르다. A가 B에게 송금할 때 신용 거래가 형성되지 않는다는 점이다. 거래비용이 0에 가깝다. 이론적으로 수수료가 없다 보니 인기가 치솟게 된 것이다.

또 가상화폐의 장점이라면 인터넷 통신이 연결된 곳이라면 언제 어디서든 구매나 판매가 가능하다는 것이다. 전 세계 어느 곳이라도 빠르고 쉽게 이전이 가능하다. 금고나 은행과 같이 보관 장소를 필요로 하지도 않는다. 유지비가 거의 들지 않는 셈이다.

앞에서 잠깐 언급했듯이 비트코인은 암호화 화폐라고 부르지만 화폐로 보기 어려운 점이 있다. 화폐의 사전적 의미를 보면 "상품 교환 가치의

척도가 되며, 그것의 교환을 매개하는 일반화된 수단으로 주화, 지폐, 은행권 따위가 있다"[33]라고 설명한다.

이처럼 비트코인은 화폐로서 갖춰야 할 여러 요건 가운데 일부 갖추지 못한 것이 있다. 바로 변동성이 너무 크다는 점이다. 화폐가 변동성이 크면 투기 대상이 될 수 있다.

가상화폐의 불안정성은 관련 시장의 기업 순위도 뒤바꾸고 있다. 2017년 말 리플(Ripple)은 하루 만에 무려 53퍼센트 급상승하여 가상화폐 시장에서 2위가 되었다. 부동의 1위는 비트코인이고, 그동안 2위를 유지하던 이더리움(ethereum)이 순위를 내주었다. 2013년에 처음 등장한 리플은 이제 세계에서 두 번째로 가치 있는 디지털 코인 시가총액을 차지했다. 리플은 올해 2만 퍼센트 올랐고, 이더리움은 9,000퍼센트, 비트코인은 1,400퍼센트 올랐다. 이처럼 등락폭이 기대감보다 크다 보니 투기에 가까운 현상이 나타나고 있다. 그래서 화폐로서 제대로 기능하기에는 아직은 불충분하다는 생각이다. 지난해 말 리플의 시가총액은 약 860억 달러로 상승했다. 이더리움은 730억 달러로 밀렸다. 비트코인의 시가총액은 약 2,500억 달러였다.[34]

그렇지만 가상화폐 시장에 관심을 갖는 것은 중요하다. 이를 방증하듯 거래율에서 우리나라가 1위를 기록하고 있다. 다만, 외국보다는 프리미엄이 높게 책정되어 거래되고 있다. 진입장벽이 높다는 의미다. 2017년 말 CNN에서는 이런 우리나라의 상황을 비꼬아 '김치 프리미엄'이라며 서울발 보도를 한 바 있다. 씁쓸한 일이 아닐 수 없다.

중요한 점은 가상화폐의 철학이나 사상을 이해하는 것이라고 생각된다. 불필요한 절차를 생략하고 편리하게 거래할 수 있다는 점에서는 전체적으로 볼 때 ICT의 방향은 맞다. 하지만 화폐라는 가치가 갖는 기존 신리 체계와 다르게 나아간다면 이는 화폐라 보기 어렵다. 탈이 나게 마련이라는 것이다. 그렇지만 21세기형 화폐로의 자연스러운 패러다임의 진화라는 측면에서는 바람직하다고 본다.

ETRI의 진승헌 정보보호연구본부장은 비트코인의 바람직한 양의 효과에 대해 다음과 같이 말한다. "암호화 화폐는 오히려 더 많이 필요할 수 있다. 수십 원, 수백 원에 해당되는 소액결제의 경우 마이크로 페이먼트(Micro-payment)라 불리는데 이에 대한 해결책이 아직 없다. 비트코인이 이런 소액결제를 대체해주는 수단으로 발전한다면 새로운 비즈니스 모델이 많이 나올 수 있는 긍정적 효과가 있다."

실제로 상점에서 신용카드로 물건을 살 때 상점 주인이 이 금액은 소액이니 현금으로 지불해달라는 부탁을 받아 보았을 것이다. 500원짜리 상품을 구매하는 데 신용카드로 사게 된다면 상점 주인 입장에서 볼 때 수수료를 제하면 수익이 얼마 남지 않거나 오히려 원가보다 적을 수 있기 때문이다. 소액결제의 경우 비트코인이 이를 해결해준다면 새롭게 각광받는 또 하나의 새로운 시장이 열릴 수 있다.

오늘날 사물인터넷(IoT) 세상이 활짝 개화하고 있는데 특정 센서를 이용하여 구매하고자 할 때 소액이고 자주 구매하게 된다면 기존 금융 시스템에서는 결제에 애로가 있을 수 있다. 설령 결제한다고 하더라도 배보다 배꼽이 더 큰 상황이다. 따라서 향후에 열릴 새로운 시장에 대비하기 위해서라도 암호화 화폐와 관련된 제도화 시장은 꼭 필요하다.

예를 들어 유럽연합(EU)이 가고자 했던 단일 금융시장, 단일 상거래 체제로 방향을 잡는다면 비트코인은 꼭 필요한 기술이다. 그렇게 된다면 국가별 환전도 쉬워질 것이다. 가치를 이전하고 움직이는 수단도 건전하여 활성화될 것이다.

2017년 말 한국인터넷진흥원(KISA)은 올해 벌어질 수 있는 '7대 사이버 공격 전망'을 발표한 바 있다. 최근 투기 열풍이 불고 있는 비트코인 등을 노리고 가상화폐 거래소를 공격하는 사례가 늘 것이라는 전망이다. 최근 가상화폐 가격이 천정부지로 치솟으며 과열 양상을 나타내고 있는데 가상화폐 거래소, 사용자 계정의 탈취 등과 같은 이익을 노리고 해커가 공격할 것이라는 전망이다. 더군다나 가상화폐 탈취를 위한 피싱 사이트가 새로운 문제로 부상하고 있다.

최근 정세로 보아 북한도 비트코인을 그냥 주시하고만 있지는 않을 것이라는 예측도 있다. 북한의 경우 자원이 원활한 공급이 되지 않다 보니 돈줄이 막혀 해킹을 통해 거래소를 뚫으려는 의도가 다분하다는 것이다. 비트코인 거래소는 기존 은행권처럼 엄격한 보안 시설이 없다. 따라서 거래소가 해커들의 좋은 표적이 될 것이라는 우려의 목소리가 높다. 그렇게 되면 비트코인은 더 이상 유지가 어렵게 될 것이다. 언제든 붕괴될 가능성도 있다. 24시간 내내 일정한 패턴이나 원칙 없이 등락을 반복하는 비트코인이 사회적으로 문제화되는 경우도 종종 발생할 것이다.

이와 같이 비트코인에 대한 관심이 폭증하다 보니 결국 정부가 브레이크를 걸었다. 정부가 가상화폐 투기 근절을 위해 2017년 말 일부 가상화폐 거래소를 폐쇄할 수도 있다는 정책을 발표한 것이다. 가상계좌 신규 발급도 중단하고 불법 행위를 할 경우 엄벌한다고 공표했다.

연초 페이스북 CEO인 마크 저커버그는 올해의 목표가 페이스북에 가상화폐 기술을 적용할 수 있을지에 대해 공부하겠다고 말한 바 있다. 가상화폐의 긍정적인 면과 부정적인 면을 살펴보겠다는 의미일 것이다.

가상화폐 이더리움의 창시자인 비탈릭 부테린(Vitalik Buterin)은 당초와 달리 가상화폐에 대해 투기적 요소가 계속된다면 차라리 시장에서 떠나겠다고 밝히기도 했다. 비탈릭은 가상화폐라는 커뮤니티가 건전하길 바라고 올바른 방향으로 나아가길 희망한다고 전했다.

한편 2017년 말 가상화폐와 관련하여 웃지 못할 일이 영국에서 일어났다. 영국의 한 가상화폐 거래소에 근무하던 직원이 괴한들에게 납치되었다가 비트코인 100만 달러의 몸값을 내고 풀려났다는 것이다. 괴한도 몸값을 비트코인으로 달라고 하니 역시 돈으로서 가치는 충분한 듯하다.

05

제조업의 미래를 바꾸는 사물인터넷
IoT와 CPS 기술

2018년에 직장인 A씨는 새로운 자동차를 사기로 마음먹었다. 눈여겨봐둔 차량이 있어 옵션에 따라 체크를 하니 그리 어렵지 않게 차량을 선택할 수 있었다. 그런데 A씨는 신차를 구입할 때 인근 자동차 영업소에 들르지 않았다. 컴퓨터로 다음과 같이 차량을 주문했다. "엔진은 가솔린 3000cc 자연 흡기 방식, 차체 색상은 붉은색, 전장 제품은 크루즈 컨트롤, 시트는 스포츠 시트, 타이어는 18인치 4계절용." 자신의 취향에 맞추어 차량 구입 리스트 체크 박스에 표시만 했다. 개인 맞춤형 차량이 탄생되는 순간이다.

현재도 고급 사양의 차량은 이와 같은 비슷한 서비스가 있다. 하지만 최대 6개월은 기다려야 차량 인도가 가능하다. 외제 자동차의 경우는 1년 가까이 기다려야 할 때도 있다. 개인의 취향이나 기호에 맞춘 차량 제작은 값도 비싸고 대규모 일반 고객을 대상으로 하기에는 어려웠던 것이 사실이다.

하지만 이제 상황이 달라진다. 예를 들어 화장품이나 향수 고객의 경우 자신의 피부와 특성에 가장 알맞은 색상, 조향, 성분을 개인이 조절해 요청하면 나에게 꼭 맞는 화장품, 향수가 제조될 예정이다. 이처럼 우리 생활은 점차 '개인화 제품 시대'로 변화될 전망이다. 이 모든 것이 사물인터넷(IoT)과 사이버 물리 시스템(CPS, Cyber Physical System) 기술 덕분이다.

최근 일본의 의류 브랜드인 유니클로가 대량생산과 저가를 지양하고 소비자에 타깃을 두는 정보 제조 소매업 시대에 도전한다는 내용이 보도된 바 있다. 소비자의 패턴, 기호를 맞추고자 함이다. 소비자의 신체 사이즈나 선호하는 디자인을 주 무기로 제조한 옷을 단 10일 만에 제공하겠다는 것이다. RFID와 같은 전자태그, 인공지능(AI) 등 최첨단 ICT를 이용해 옷에도 적용하겠다고 말한다. 지금까지 의류의 경우 제품 기획부터 제조, 생산, 마케팅, 판매까지 프로세스에 1년이 소요되었는데, 이를 단 2주 만에 끝낸다는 이야기다. 이로써 소비자가 선호하는 제품 위주로 즉각적으로 대응할 수 있게 될 전망이다.[35]

스페인 의류 브랜드로 유명한 자라(zara) 또한 혁신의 깃발을 올리고 있다. 심지어 자라는 앞으로 옷을 만들어 판매하지 않겠다고 선언했다. 자라는 향후 디자인만 팔겠다고 한다. 고객의 신체 사이즈가 제공되면 3D 프린팅 공장을 통해 제조하여 바로 배달해주는 서비스 체계를 구축하겠다고 한다.

앞으로 도래하는 세상은 사이버 물리 시스템과 사물인터넷 등을 통한 유연하고 효율적인 생산 체계로 변화될 것으로 보인다. 이 같은 전망은 독일 인공지능연구소(DFKI)가 2011년에 '인더스트리 4.0' 개념을 처음으로 도입하며 밝힌 바 있다. 독일은 이런 제조업 패러다임의 변화가 과거

증기기관의 발명에 따른 산업혁명에 버금가는 변화를 제조업에 몰고 올 것으로 예상하고 국가적 차원의 '인더스트리 4.0' 혁신 프로그램을 진행 중이다. 과거부터 지금까지 네 번의 큰 혁신 가운데 하나가 바로 사물인터넷과 사이버 물리 시스템이 될 것이라는 의미다. 결국 ICT와 제조 산업이 '융합'을 이루어 제조업에 완전 자동생산 체계가 구축된다는 것이다. 이로써 모든 생산 과정이 최적화됨에 따라 제조 산업의 혁명적 변화를 가져오게 된다는 전망이다.

ETRI는 사물인터넷 시대를 맞아 연구가 분주하다. 사물인터넷은 4차 산업혁명의 핵심 기술로도 꼽힌다. 뜻은 다분히 개념적일 수 있지만, 지금으로부터 20년 전부터 ETRI 연구진이 전자태그(RFId), 유비쿼터스 센서 네트워크(USN), 센서 등의 이름으로 연구해온 기술들이다. 이런 사물인터넷은 오늘날에 이르러 큰 발전을 이루었는데 크게 응용적인 측면과 기술적인 측면으로 나눠 생각해볼 수 있다. 전자는 사물인터넷을 전 산업에 확대하는 것을 말하고, 후자는 사물인터넷 기술을 타 기술과 융합시키는 것을 말한다.

사물인터넷 개념이 처음 도입되었을 당시에는 웨어러블 디바이스, 스마트 홈, 컨슈머 IoT 등 다양한 이름으로 불렸다. 이제는 '지능형 디지털 변환(IDX)'이라는 거대한 물결 앞에 사물인터넷은 타 산업으로 확대될 것이 명약관화하다. 특히 사물인터넷과 공장, 농장, 의료 분야와의 융합은 '산업 인터넷(Industrial Internet)'이라는 개념도 낳게 했다.

이처럼 사물인터넷은 그 범위도 다양하고 넓다. 이에 따라 파생되는 생태계 또한 분명 클 것이다. 단순히 네트워크와 사물인터넷이라든가, 디바이스, 플랫폼과의 조화 등 이를 따로 생각하기 어렵다. 따라서 사물인터넷 자체 내에서 CPND를 추적해보는 것이 바람직하다.

먼저, 사물인터넷과 디바이스의 관계를 알아보자. 가전이나 웨어러블, 스마트 디바이스, 로봇이라는 다양한 디바이스가 사물인터넷과 연결되고 있다. ETRI 연구진은 이 가운데 '아주 작은 형태(Tiny Thing)', '보다 스마트한(Robotized Thing) 기능', '기존 산업과의 융합' 등에 초점을 맞추고 기술적 도전에 나서고 있다.

이미 전 세계적으로도 아주 작은 형태의 스마트 더스트(Smart Dust)에 관한 연구는 진행되어 왔다. 이러한 초소형 센서 장치는 적용 분야가 넓어 다양한 측면에서 활용될 수 있을 것으로 본다. 또한 지능적인 사물과 아주 작은 사물을 연결해 지능화된 형태로 만드는 작업도 고려되고 있다. 아울러 기존 산업의 기기들(Things)과 연결하려는 노력도 시도되고 있다.

네트워크도 마찬가지다. 사물인터넷의 네트워크도 두 개의 축으로 다양하게 발전해가고 있다. 3GPP(이동통신 표준화 국제협력기구)가 주관하는 5G 측 진영과 국제전기전자공학회(IEEE)가 이끌고 있는 초소형 사물인터넷 망 '로라(RoLa)'가 그것이다. ETRI 연구진은 네트워크상에서 원격 수술을 가능케 하는 '실시간성 유지' 측면에 초점을 맞추고 있다. 또한 사물인터넷과 연결하여 여러 디바이스가 수백억 개를 동시에 연결하는 데 생기는 매시브(massive)한 문제, 주파수 자원 등에 대해서도 연구하고 있다. 특히 주파수 자원과 관련하여 연구진은 가시광 무선통신이 가능한 라이파이(LiFi, Light-Fidelity) 연구도 진행하고 있다.

플랫폼과 사물인터넷도 관심 대상이다. ETRI 연구진은 분산지능 플랫폼을 구상 중인데 플랫폼 하위단을 구성하는 노드(node)조차도 지능을 갖게 만든다는 것이다. 이를 통해 보다 지능화된 플랫폼을 만들 계획을 가지고 있다. 예를 들어 IBM의 클라우드 기반 서비스형 플랫폼인 '블루믹스(Bluemix)', 아마존의 사물인터넷 플랫폼인 '웹서비스', 마이크로소프

ETRI 연구진이 사물인터넷 기반 스마트팩토리에서 화면을 통해 모니터링하고 있는 모습

트의 사물인터넷 플랫폼인 '애저(Azure)' 등이 있는데 이것들 모두 클라우드 기반이다. 하지만 수백억 개에 달하는 사물인터넷 센서들을 클라우드에 모두 담을 수 있을지에 대한 문제도 제기된다. 이러한 문제의 해결을 위해 클라우드가 아닌 사물인터넷 수준으로 접근하는 노력이 필요하다. 연구진은 이에 따라 센서들의 인지, 추론, 학습 기능을 장비나 서버, 단말 차원에 부여해 복잡도를 줄이겠다는 것이다.

마지막으로 콘텐츠에 해당되는 서비스 측면을 알아보자. 사물인터넷에서도 완전히 창조적이고 파괴적인 서비스가 나와야 하는데 아직은 등장하지 않고 있다. 따라서 글로벌 대기업은 물론 스타트업조차 사물인터넷을 이용해 획기적인 서비스를 찾는 것에 혈안이 되어 있다. 기존 산업과의 융·복합이 그만큼 어려운 것이다. 예컨대 사물인터넷과 에너지, 금융, 자동차를 연결한다든가, 기존 산업과 융합해서 새롭고 혁신적인 서비스 모델을 발굴하는 것이 시급하지만 어려운 실정이다.

ETRI의 김현 IoT연구본부장은 "현재 연구진은 사물인터넷의 깃발을

꼽기 위해 노력하고 있다. 개별 기술로는 스마트 팜, 스마트팩토리, 스마트 그리드 분야에 무게를 두고 있다. 올해는 재난 안전과 관련하여 소방관을 위한 '스마트 헬멧'도 출시할 예정이다. 스마트 헬멧은 헤드업 디스플레이(HUD)가 장착되어 현장 명령을 디스플레이로 보여준다. 유해 가스나 환경정보는 수집되어 알려주고, 소방관의 맥박이나 신체 온도, 피로도, 이동 거리도 자동 측정하여 긴급 구조신호와 연결된다. 초광대역 통신(UWB)을 이용해 소방대원 간에 정밀하게 거리를 측정해주고 무선통신은 기본이며 단문 메시지(SMS), 항법 측위(GPS) 등으로 무장되어 소방관에게 큰 도움을 주게 될 것이다"라고 설명한다.

　ETRI의 IoT연구본부는 이외에도 5G기가서비스 연구 부문과 공동연구를 통해 사물인터넷 기술을 통신기술과 접목하고 있다. 아울러 빅데이터, 사이버 물리 시스템, UGS(UnderGround Safety), KSB(Knowledge SuperBrain) 등의 연구도 활발히 수행하고 있다.

06

빛으로 무한통신 시대를 열다
가시광 통신(라이파이) 기술

통신이 발달하면 할수록 이에 걸맞은 새로운 서비스가 늘어나게 마련이다. 그것도 우리가 전혀 생각하지 못했던 것들로 말이다. 이를테면 미국에 있는 우리나라의 외과의사가 한국에 있는 전담 환자의 급작스러운 발병에 긴급 원격 수술도 가능하다. 의료용 다빈치 로봇을 활용해 통신의 저지연성을 담보로 수술이 이뤄질 수 있다.

인간이 지각하는 수준의 속도가 10밀리초(msec : 1밀리초는 1000분의 1초) 수준 이하라고 한다. 뜨거운 물체를 손가락이라는 센서를 통해 '앗, 뜨거워' 하고 비명을 지르거나 물건을 놓치게 되는 수준이 바로 10밀리초가 넘는 속도다. 따라서 5~8밀리초는 손가락에서 뇌에 전달하는 속도로 보면 뜨거움을 인지하지 못한다. 이 정도의 속도로 통신이 지연되지 않고 이뤄진다면 원격 수술도 가능하다는 얘기다. 이외에도 통신의 발달은 차량 간 추돌 방지라든가 여러 측면에서 새로운 서비스를 우리에게 전해줄 수 있다.

문제는 통신하기 위해서는 주파수가 꼭 필요한데 주파수 자원은 한정되어 있다는 점이다. 쓰면 쓸수록 더 이상 주파수는 없어진다. 주파수란 전파가 공간을 이동할 때 1초 동안 진동하는 횟수다. 예를 들어 통신에서 1메가헤르츠(MHz)는 초당 100만 번을 진동하는 것을 의미한다.

유한한 자원인 주파수의 부족이 현안이다 보니 새롭게 관심을 갖게 되는 분야가 바로 '가시광 통신(VLC, Visible Light Communication)'이다. 이것은 라이파이(LiFi, Light Fidelity) 또는 광무선통신(OWC, Optical Wireless Communication)이라고도 불린다. 지금까지 정의해 사용하는 3,000기가헤르츠(GHz) 이하 주파수가 아닌 300테라헤르츠(THz)에서 700테라헤르츠 영역인 빛을 이용한다. 따라서 라이파이는 유한 자원인 주파수를 두고 경쟁할 필요도 없다.

바야흐로 빛을 이용해 정보를 전달하고 통신하는 시대가 다가오고 있다. 차세대 무선통신 기술의 하나로 볼 수 있다. 무선 가시광 통신은 발광다이오드(LED)의 가시광선이나 형광등처럼 발산되는 빛을 눈에 보이지 않는 속도로 깜빡거리게 만들어 정보를 전달한다. 따라서 이를 활용하면 조명 기구의 빛을 이용해 데이터를 전송하는 길이 열리게 된다.

다시 말해 LED라는 조명 기술과 ICT가 더해져 새로운 통신 방식을 제시함으로써 ICT 융합의 새로운 패러다임을 열고 있다. 결국 스마트한 조명 네트워킹이 가능하게 되는 것이다.

본래 LED 조명은 초당 300만 번 이상 깜빡거린다. 사람은 인식하기가 어려운 고속 스위칭이 가능하다는 것이다. 조명이 깜빡거릴 때 정보를 저장해 전송하면 스마트폰과 같은 수신기를 통해 통신이 되는 원리다.

현재 ETRI 연구진은 LED 통신을 하기 위해 송수신 보드를 만들었다. 보드의 크기는 명함 크기 정도다. 향후 대량생산 체제가 되면 스마트폰에 내장할 수 있게 훨씬 소형으로 만들 수도 있다. 이러한 LED 통신은 대형 마트의 주차장 같은 곳에 적용할 수 있을 것이다. 천장에 매달린 조명을 통해 통신함으로써 실시간 주차가 가능한지 관련 정보의 수신이 가능할 것으로 보인다. 출입구 쪽으로 나가는 다른 차량의 움직임도 CCTV 영상을 통해 쉽게 수신이 가능하다. 빛을 통해 통신하기 때문이다.

야구장이나 축구장처럼 대규모 경기장 내에서는 동시에 많은 사람들이 통신을 사용할 경우 원활한 통신이 어려운데, 이런 경우 LED 조명을 통해 원하는 정보를 쉽게 통신으로 얻을 수 있게 된다. 또 버스정류장의 조명을 통해서도 스마트폰으로 버스의 도착 시간 등 관련 정보를 얻을 수 있다. 특히 조명이 있는 지하 공간에서 길을 찾을 때 유용할 것이다. 아울러 로봇에 수신기를 달면 위치 파악 및 방위 정보와 건물에서 나의 위치가 몇 층인지도 쉽게 알게 된다.

ETRI 연구진의 LED 통신 연구

이와 같이 ETRI 연구진이 개발한 조명 네트워킹 기술은 통신망을 이용한다. 조명 밝기 조절은 물론 사용 전력의 모니터링이나 각종 센서를 이용한 측정과 가시광 무선통신으로 영상을 전송하는 데 쓰일 수 있다. 동영상을 수신하는 범위는 대략 디지털 멀티미디어 방송(DMB) 화질급인 3Mbps 내외다. 향후 이 기술은 '앱' 형태나 조명 장치에 별도의 네트워크 송수신 장치를 장착해 통신이 가능할 것이다. 자동차를 타고 가면서 고속도로 가로등 불빛을 받으며 원하는 정보를 스마트폰으로 수신할 수 있게 된다니 새삼 신기하다.

연구진은 2011년부터 이 같은 기술을 개발해왔는데 4년간 연구개발을 통해 세계적인 성과를 거머쥐었다. 일본이 먼저 시작한 라이파이 분야에서 우리가 후발 주자였지만 앞선 것이다. 우리나라의 기술이 IEEE 국제 표준을 선도했기 때문이다.

ETRI 연구진은 3Mbps의 속도로 조명이란 네트워크를 통해 동영상을 전달하는 데 성공했다. 이로써 국내 조명 기업 등에 기술이전도 마쳤다. 관련 기업들은 현재 라이파이 기술이 탑재된 제품을 만들고 출시하기 위해 노력을 기울이고 있다.

빛으로 정보를 전달하는 원리에서 확장해볼 때 이 기술을 시각장애인에게 적용하는 것도 좋은 시도일 것이다. 실제로 실험실에서 만든 지팡이를 통해 시연해본 결과 화장실, 엘리베이터 앞, 연구실 앞에 설치된 LED 등 아래서 정확하게 정보를 스피커를 통해 알려주었다. 시각장애인들이 들고 다니는 안내용 지팡이에 연구진은 불빛을 감지하는 센서와 스피커를 달았다. 시각장애인용 분리 포인트인 점자 블록 앞에 다가서자 "계단식으로 연결됩니다", "엘리베이터 앞입니다", "606호 연구실 앞입니다"라는 멘트가 또렷하게 들렸다.

이와 함께 위험한 공장의 작업 공간 내에서 활용해도 좋을 것이다. 안전모에 위의 지팡이와 같이 빛 센서(Photo Diode)를 붙이고 스피커를 통해 위험 지역을 안내해주는 것이다. "경고, 위험 지역입니다", "32번 작업 구역입니다" 같은 식으로 작업 공간 내에서 낭떠러지나 위험 지역을 안내해 공장에서의 사고를 막을 수도 있다.

이 기술의 연구책임자인 ETRI의 강태규 박사는 서울 지하철역에서 한 시각장애인이 왼쪽으로 가야 할지, 오른쪽으로 가야 할지 헤매고 있는 모습을 보고 기술을 개발해야겠다는 영감을 받았다고 한다. 30분이 넘도록 계단을 오르기 위해 헤매던 그 장애인이 너무나 안쓰러웠던 것이다. 이번에 알게 된 사실인데, 앞이 보이지 않는 시각장애인을 돕기 위해서는 몸을 부축해서는 안 된다고 한다. 시각장애인은 남들이 자신을 만지게 되면 상당히 긴장한다고 한다. 위해를 가하거나 물건을 빼앗기 위한 것으로 인식하기 때문이란다.

지하철 환경은 LED로 환하게 밝혀져 있기에 라이파이를 이용해 정보를 효과적으로 전해줄 수 있는 최적의 장소라고 연구진은 강조했다. 이 기술이 실현되면 시각장애인이 이동할 때 보호자의 도움 없이도 이동할 수 있게 될 것이다.

또한 라이파이 기술은 지하철이나 KTX처럼 스크린도어가 설치된 곳에서 효과적이다. 열차나 지하철이 정확하게 스크린도어 앞에 정차하려 하지만 쉽지 않다. 하지만 이 같은 시스템을 라이파이와 연동한다면 정해진 위치에 정확히 정차하는 것이 가능하다.

외국의 경우, 우리나라가 주춤하는 사이에 벌써 저만큼 앞서가고 있다. 특히 영국의 경우 에든버러대학교의 헤럴드 하스(Harald Haas) 교수가 퓨어라이파이(pureLiFi)라는 회사를 공동 창업하여 관련 연구에 힘을 쏟고 있다. 현재는 30Mbps 정도의 속도로 일반 조명과 연동하고 있다고 하는데 향후 목표는 Gbps급이라고 한다.

미국도 벤처 창업을 통해 라이파이에 열을 올리고 있다. 특히 미국 국방부는 잠수함과 같은 환경인 심해에서 육지와 통신하는 방법의 도입을 검토 중이라고 알려져 있다. 기존 잠수함의 경우 통신은 음파뿐이다. 그래서 2017년 11월 아르헨티나 ARA 산후안 호 잠수함 실종 사건이 일어났을 때 통신만으로 잠수함을 추적하는 데 애를 먹었다. 이와 같이 해양 환경에서 육지와 통신하는 데 라이파이는 효과적이다. 우리나라에서도 최근에 선박 간 충돌에 의해 실종자 2명을 포함해 총 15명이 숨지는 사고가 난 바 있다. 선박도 요즘에는 LED등이 많이 보급되어 있다. 선박 간 충돌에 직면할 때 경보등이나 회피 시스템등이 라이파이로 적용될 수 있을 것이다.

이외에도 ETRI 연구진이 추진하고 있는 통신 연구는 다양하다. 예를 들어 비콘(beacon)을 활용해 내가 있는 위치를 알려주고 신호를 보내는 기술도 개발 중이다. 비콘은 저전력 블루투스 4.0(BLE, Bluetooth Low Energy)을 이용해 주기적 신호를 발생하게 만든 장치다. 위치 기반 서비스(LBS)로도 활용이 가능한 기기다. 전력 소모가 특히 적으며 동전 크기만 하게도 장치 개발이 가능하다. 실내·외 구분 없이 활용할 수 있는 것은 물론 설치가 쉽다는 장점이 있다. 또한 직원의 사무실 근무 여부, 계단 이용, 화장실 사용 등에 대한 인지가 가능하다.

2013년에 ETRI 연구진은 시각장애인을 위한 맞춤형 안내 시스템을 개발하기도 했다. 카메라를 이용한 새로운 방식의 맞춤형 시각 정보 스마트 안내 시스템이다. 따라서 라이파이, 비콘, 카메라가 합쳐진다면 훨씬 더 효과적으로 시각장애인에게 도움이 될 것으로 보인다.

ETRI 연구진의 무선 시스템 조명 연구

　연구진은 현재 라이파이 이후 시스템 조명에 관심을 갖고 연구 중이다. 기존 조명의 경우는 온·오프 기능만 가능했다. 불을 켰다, 껐다가 전부였다. 이제 연구진은 라이파이에서 개발한 원천기술을 이용하여 조명과 통신을 연결하고 있다. 시스템적으로 동작할 수 있게 하기 위함이다. 예를 들어 연구소의 경우 실험실, 회의실, 복도, 사무실 등이 하나의 유기체처럼 활동하는 공간 내에서 조명을 시스템적으로 통신을 이용해 활용하는 것이다.

　현재는 화장실등이나, 엘리베이터 앞 센서 조명, 아파트 주차장등 일부에서 시스템 조명을 흉내 내고 있을 뿐이지만 사람이 움직이는 동선 내에서 전체를 시스템화하는 것이 연구의 목표다. 실제 연구진이 경기도 안양시 에프엘텍 10층 빌딩을 대상으로 실증해본 결과, 중간 결과지만 약 48퍼센트의 조명 에너지를 절감하는 결과 값을 얻었다고 한다. 2018년 상반기 목표는 60퍼센트로 잡고 있다.

　시스템 조명이 완성되어 상용화된다면 세미나를 위해 빔 프로젝터를 켤 때 자동적으로 회의실 조명이 꺼지게 된다. 누가 일부러 조명을 꺼야 하는데 이런 불편함이 사라지게 되는 것이다. 조명이 시스템적으로 반응하기 때문이다. ETRI 내 설치된 신분증 태깅 시스템(Tagging System)의 경우도 모든 통신으로 연결하여 조명과 한 몸처럼 작동할 수 있다. 만약 내가 태깅을 하고 밖으로 나가면 나의 동선에서 기존 사무실 불은 꺼지고 내가 움직이는 방향으로 모든 불이 켜지며 시스템이 온(on) 상태로 변할 준비를 하는 것이다. 조명에 전자통신이 융합된 것이다. 이렇게 된다면 사람들은 보다 편리하고 안전한 세상을 살게 될 것이다.

07

에너지,
아낀 만큼 돌려받는다
개인별 에너지 소비량 측정·전달 기술

어느 때보다 에너지에 대한 관심이 뜨거운 요즘이다. 탈원전 중심의 정부 정책 기조에 따라 신재생에너지나 새로운 대체에너지의 발굴 쪽으로 에너지 정책이 전환되고 있다. 정부는 단계적으로 탈석탄·탈원전을 추진하면서 LNG 발전 비율도 2017년 18.8퍼센트에서 향후 2030년까지 37퍼센트로 높이겠다고 밝혔다. 신재생에너지도 2017년 4.7퍼센트에서 오는 2030년까지 20퍼센트로 높인다는 전망이다.[36] 이번 기회에 정부가 넓은 안목으로 국민이 공감할 수 있는 체계적인 에너지 전환 정책의 로드맵을 잘 그려 나갔으면 하는 바람이다.

우리나라 에너지 절약 관련 정책은 지금껏 일방적이고 수동적으로만 강조해왔다. 사실 에너지를 아끼기란 쉽지 않다. 그런데 ETRI 연구진이 아낀 에너지만큼 인센티브로 되돌려 받을 수 있는 기술 개발에 성공했다. 실천하기 어려운 에너지 절약을 사용자에게 포인트를 제공함으로써 자발적, 능동적으로 절약할 수 있게 한 것이다.

　기존 건물들은 에너지 절감 자체가 운영자나 시스템을 제공하는 측에 따라 이루어졌다. 따라서 에너지 소비량을 측정한다든가 모니터링 서비스가 대부분이었다. 이에 따르는 시스템 구축비용도 만만치 않았다.

　이렇듯 에너지 절감과 관련하여 여기서 소개할 기술은 '개인별 에너지 소비량 측정·전달 기술'이다. ETRI 연구진은 전기 콘센트 내에 센싱이 가능한 칩과 전력 미터링(metering) 칩을 내장시켰다. 일명 '스마트 플러그'다. 스마트 플러그 내에 스마트 유틸리티 네트워크(SUN) 칩셋과 통신 모듈을 내장시켜 무선으로 데이터를 서버를 통해 알리게 된다. 썬(SUN) 칩은 ETRI가 국제표준을 주도하고 있는 무선통신 기술이다. 이를 통해 개인별 제어는 물론 에너지를 얼마큼 사용했는지 측정이 가능하다.

　사용자는 스마트폰이나 컴퓨터에 손쉽게 앱을 다운로드 받아 활용할 수 있다. 단순히 앱이 실행되는 스마트폰과 같은 기기를 보유하면 사용 가능하다. 통신 방법은 블루투스 비콘을 통해 사용자의 재실(在室) 여부, 계단의 이용 여부 등을 인식하게 된다. 이를 통해 컴퓨터나 조명 등 사용자의 전기장치를 컨트롤하고, 에너지를 절감하게 된다. 에너지를 아낄 경우 아낀 만큼 포인트도 자동으로 적립 받는다. 이때 적립된 포인트는 향후 개인이 다른 형태로도 활용할 수 있다.

　예를 들어 근무자가 자리를 벗어나면 센서가 센싱을 통해 개인 컴퓨터가 동시에 절전 모드로 바뀐다. 사용자 주변의 실내조명 전원 또한 즉각적으로 차단된다. 반대로 근무자가 원래 자리로 돌아와 자리에 앉으려 하면 이전 '온(ON)' 상태로 복원된다. 이런 모든 과정은 사용자가 별도 전원에 대한 행동을 하지 않고도 자동으로 이루어진다.

　스마트폰의 앱은 사무실 내부나 계단 옆에 부착된 비콘을 통해 블루투스 통신으로 연결된다. 그리고 실제 업무 환경에서만 PC 등이 켜진다. 연구진은 이 같은 기술을 실제 ETRI 연구실에 실험해보았다. 그 결과 조명의 경우 15퍼센트, 컴퓨터의 경우 26퍼센트의 전기 에너지 절감이 가능했다고 밝혔다.

ETRI 연구진은 개인별 근무 상황 데이터를 모으고, 조명 설비의 제어를 위해 블루투스 저전력(BLE) 기술을 사용했다. 이 기술은 컴퓨터나 조명 사용이 많은 대형 상업용 건물이나 사무 공간에 도입하면 훨씬 효율적일 것이다.

이와 같은 기술은 사용자가 에너지를 절약하려는 노력 여부가 중요하다. 노력한 사람에게는 그에 따라 차등적으로 에너지 절감 포인트를 제공해 독려할 수 있어야 할 것이다. 이 기술을 에너지 정책에 활용하려면 무엇보다 사용자의 동기부여가 중요할 것이라는 의미다.

ETRI 연구진은 지난 2015년에 전북 진안의 홍삼한방 스파(SPA) 시설에 이 기술을 접목해보았다. 홍삼한방 스파 등에 전력 미터기를 달고 개발한 SW 기술을 건물관리 통합 서버에 설치했다. 에너지 모니터링과 수급 최적화 기술이 적용된 것이다. 연구진은 이런 시도를 통해 ICT를 활용하여 에너지 효율을 끌어올리려는 노력을 계속 중이다.

이 기술을 일반 국민들이 활용하게 된다면 앞으로는 내가 전기를 생산하고, 내가 소유하며, 나를 위한 기술로 패러다임이 바뀔 것이다. 내가 전기를 직접 거래도 할 것이다. 이러한 의미에서 ETRI 연구진은 사업명을 'I-My-Me & You 에너지 사업'으로 정했다.

지금까지 에너지는 태양광 공급 이슈가 주된 사안이었다. 하지만 공급보다 더 중요한 것이 바로 수요다. 수요 절감 측면에서 이슈화하여 수요 관리가 지속적으로 잘되는 것이 공급 못지않게 중요하다. 에너지에 대한 국민적 관심이 뜨거운 만큼 에너지 관련 첨단기술에 적극 관심을 갖고 참여하여 환경 친화적인 자동화된 수요 관리에 국력을 모아야 할 것이다.

이렇듯 이제는 에너지 거래, 공유, 중계, 융통에 관심이 집중되고 있다. 내가 아낀 전기를 타인에게 나눠주자는 것이다. 내 소유의 전기(에너지)를 쓰지 않을 경우 전기가 더 필요한 타인에게 넘겨주면 된다. 전체적으로 보면 최적화 관점이고 효율화 이야기다.

ETRI의 이일우 박사는 "전기는 과거 에너지와 달리 저장할 수 있다는 것이 장점이다. 에너지로 저장한 뒤 필요할 때 꺼내 쓰기도 편하다. 이제는 신재생 기반 에너지라 불리는 태양광의 경우 '마이크로 그리드'라는 표현을 쓴다. 이보다 더 큰 개념이 바로 '스마트 그리드'다. 마이크로 그리드는 지산지소(地産地消)라는 개념하에 사용된다. 지산지소의 의미는 본래 일본에서 '지역에서 생산한 농산물을 지역에서 소비하는 활동'을 말한다. 여기서는 '지역에서 생산한 전기를 지역에서 소비하는 것'을 뜻한다. 따라서 마이크로 그리드는 건물이나 도시 단위로 이뤄지고 스마트 시티

ETRI 연구진의 에너지 관리 플랫폼 개발 과정

와도 연결된다. 스마트 시티하면 과거에는 관제나 방범, 교통을 논했지만 이제는 에너지를 빼놓고는 논할 수 없게 되었다"고 말한다.

에너지는 사람이 살아가는 데 아주 중요한 재화다. 태양광의 경우 기후에 따라 많은 차이가 있어 ICT를 활용해 AI 기반 예측 가능성을 높이고, 내가 원하는 시간에 발전함으로써 변동성을 줄이는 연구가 수행되고 있다. 이를 통해 발전량 예측도 가능하다. 바야흐로 에너지 자급자족이 가능한 시대로 나아가고 있다. 에너지 효율을 높이는 방법에는 많은 길이 있다. 내가 쓰다 남은 전기는 옆 건물이 쓰도록 하여 효율을 높이는 방법도 이제는 일반화되고 있다. 이처럼 에너지의 융통이 점차 이루어지고 있다. 바로 에너지의 공유 및 거래가 일어나는 것이다.

ETRI는 이 기술을 개발해 연구원 내에 먼저 설치했다. 태양광을 이용해 에너지 저장장치를 만들어 운영하고 있다. 실증 사업으로 서울시 동작구 사당동 일대 아파트를 대상으로 태양광을 운용해보았다. 그렇게 하다 보니 새로운 직업도 생겼다. 에너지 자원을 갖고 있는 소유자와 전력 도매시장을 연결해주는 중계사업자다. 중계사업자는 소유자로부터 전기를 받아 시장에 팔아준다. 따라서 중계사업자는 전기 자원의 예측을 잘해야 한다는 특성이 필요하다.

그러나 이와 같은 일을 보다 확대시키기 위해서는 전기사업법 개정 노력이 필요하다. 이를 위해 다양한 노력을 기울였으나 아쉽게도 법 통과는 되지 못했다. 상황을 인식하는 법적 사고가 절실히 필요한 시점이다. 에너지의 공유와 거래 활성화를 위해서 새로운 입법 발의가 무엇보다 시급한 실정이다.

이처럼 전기도 공공재로서의 성격에서 점차 벗어나고 있다. 내 집에 태양광을 설치하여 내가 사용하고 일부 남는 전기를 판매한다면 이는 곧

사유재라고 볼 수도 있겠다. 그렇게 되면 결국 전기도 서비스업으로 나아가는 것이 맞다는 생각이다.

서비스는 개인의 기호에 따라 또는 생산 방식에 따라 가격이 매겨진다. 예를 들면 원자력을 이용해 만든 전기의 가치와 태양광을 통해 얻은 전기의 가치를 비교해볼 수 있다는 것이다. 이로써 같은 전기지만 가치에 따라 차별성 있게 시장에서 판매할 수 있을 것이다. 친환경론자라면 좀 더 돈을 지불하고라도 우리의 미래와 자손을 위해 신재생 청정에너지로 만든 전기를 사람에 따라서는 쓸 수 있다는 논리다. 전기조차도 분리해 가격을 매기는 서비스가 가능해진다는 것이다.

일본의 사례를 보면 전기시장의 경우 소비자가 개방되어 있다. 모든 국민이 전기를 판매할 수 있다. 그렇다 보니 경쟁이 심해져 전기 가격이 하락하게 되었다. 이 같은 사업에 소프트뱅크, 라쿠텐(Rakuten) 등이 주로 나서고 있다. 소비자 입장에서 전기 판매 계약을 하게 되면 인터넷을 무료로 설치해주는 것과 같은 장점도 생겼다.

유럽도 마찬가지다. 풍력, 지열, 태양광 등 에너지원 사이에서 활발한 교류가 이루어지고 있다. 유럽연합(EU) 소속 국가 간에도 유동성이 많아진 것이다. 서비스가 오히려 더 다양해졌다고 한다. 우리나라도 에너지가 이슈가 된 기회에 빠른 의사결정으로 보다 효율적인 에너지 정책을 펴야 할 시점이다. ICT를 이용하여 보다 지능화하고 효과적으로 만들어줄 기술적 채비는 이미 끝났다. 결정만 남은 것이다.

08

땅 꺼지는 싱크홀, 센서로 잡아낸다
지하 안전관리 시스템

땅 꺼짐 현상, 일명 '싱크홀'로 인해 국민들이 불안에 떨고 있다. 도대체 땅 꺼짐은 왜 일어나는 것이고, 어떻게 대비해야 한다는 말인가?

이에 과학자들이 팔을 걷어붙이고 나섰다. 싱크홀을 감시하고 예방하는 기술 개발을 위해 국가과학기술연구회가 지원하는 융합연구에 각 연구기관들이 한곳에 모여 시동을 건 것이다. ETRI를 비롯해 땅에 관한 한 최고의 전문가인 한국지질자원연구원, 철도 주변의 땅 꺼짐에 대해 일가견이 있는 한국철도기술연구원, 각종 건축이나 토목 등에 대한 최고의 기술력을 자랑하는 한국건설기술연구원 등 40여 명의 전문가들이 ETRI로 합류했다. 연구자들은 국민의 안전을 도모하자는 하나의 큰 목표 아래 뭉쳐 시너지를 발휘하여 좋은 성과를 얻을 수 있었다.

국가과학기술연구회에서 시작한 융합연구단 사업은 처음으로 정부출연연구원 연구자들이 연구실 칸막이를 걷어내고 시작한 연구 프로젝트다. 3년 전 사회 현안 문제를 해결하고 신산업을 만든다는 미션으로 기획할 당시만 해도 이 프로젝트가 가능할까 고민이 많았다. 서로 다른 전공을 연구한 전문가들이 모여 머리를 맞대고 함께하기란 쉬운 일이 아니다. 그 분야에서 내로라하는 전문가이기에 더욱 그렇다. 대개 전문가들이 다른 전문가와 말 섞기를 꺼리는 성향 때문인 듯하다. 그런데 이 프로젝트에서 융합이 일어났다. 물리적으로 한곳에 모였고 화학적인 구성에도 성공했다. 바로 'UGS(UnderGround Safety)' 융합연구단이 꾸려진 것이다.

서로 다른 기술 영역의 문화에 있던 연구자들이 하나의 목표를 향해 달려가야 하니, 서로 다른 언어를 쓰는 연구자를 통역할 사람도 필요했다. 그만큼 연구를 떠나 사용하는 언어와 소통에도 합일점을 찾기 위해 노력해야만 했다. 또한 연구책임자는 그동안의 연구 경험과 연구 수행 능력을 바탕으로 동료 연구자를 이끌어 하나의 목표를 위해 노력해야 했다.

사물인터넷(IoT) 기술을 이용해 땅속 환경과 지하 매설물을 감시하고 싱크홀을 예방하는 것이 융합연구단의 기술 주제다. 이 연구를 위해 먼저 연구진은 도로를 비롯한 지반 층을 샅샅이 훑었다. 국토교통부의 적극적인 도움으로 지하 공간의 통합 지도를 구할 수 있었고, 서울시와 MOU를 통해 많은 협조를 얻을 수 있었다. 이를 통해 지하 매설물에 대한 현상을 파악하고 3D로 볼 수 있게 만들어 국민 안전에 한 발짝 다가가게 되었다.

이로써 지반 층에 대한 체계적인 지도를 만들 수 있게 된 것이다. 연구진은 이번 연구를 수행하면서 깜짝 놀란 것이 한두 번이 아니었다고 한다. 첫 번째로 연구진은 지하에 묻혀 있는 많은 종류의 지하 매설물에 크게 놀랐다고 한다. 우리나라 대도시 지하층에 매설되어 있는 각종 지하시설 정보가 15가지나 된다는 점이었다. 상하수도관을 비롯해 전기 선로, 통신 선로, 광케이블, 소화전, 가스 배관 등 우리가 살면서 꼭 필요한 것들

UGS 융합연구단의 IoT 기반 지하 공간 그리드 시스템

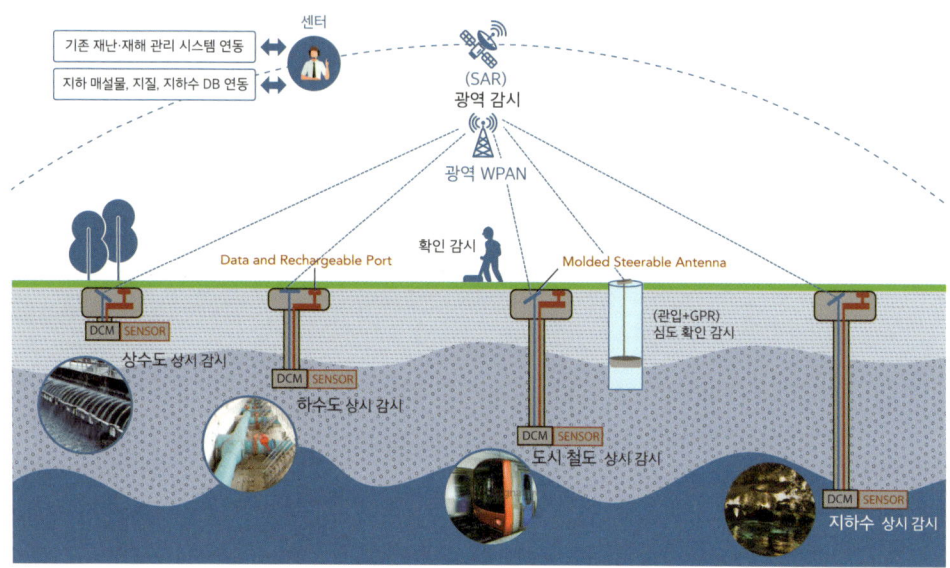

이 우후죽순 체계 없이 묻혀 있는 것이다. 물론 여기에는 지하 공동구를 비롯하여 지하철, 지하보도, 지하상가, 지하주차장 등의 시설도 있고, 빗물이 내려가는 우수관, 오수관, 폐수관 등도 묻혀 있다. 더군다나 전국의 지하 공간은 각 특성에 따라 지질 상태도 각각 다르다.

두 번째로 놀란 이유는 상하수도관의 노후화였다고 한다. 서울시의 지하 공간을 스캐닝 해보았더니 40, 50년 이상 된 노후 상하수도관이 전체 수도관 가운데 절반에 가까웠다고 한다. 싱크홀의 주된 원인 중 하나가 바로 누수였는데 오래된 상하수도관이 주범이었던 것이다.

또 주목할 점은 지하철과 철도였다. 통계적으로 볼 때 싱크홀 사고 지점의 약 70퍼센트가 지하철 노선 반경 500미터 부근에서 발생했다. 특히 서울 지하철 중에는 노선이 5개나 지나가는 곳도 있었다. 바로 성동구의 왕십리역이다. 이곳의 경우 연구진은 실증을 위해 지하에 센서를 붙여 모니터링하는 시범 서비스를 성공적으로 시행했고, 시범 서비스 이후에도 지속적으로 24시간 관찰하고 있다.

특히 성동구의 경우 자체적으로 지하 공간 안전에 대해 관심도가 높아 전국의 그 어느 지방자치단체보다 모범적인 모니터링을 수행하고 있다.

연구진은 지하의 누수나 진동을 체크해 위험 감시체계를 만들기 위해 밤낮을 가리지 않고 연구에 몰두했다. 지하에서 일어나고 있는 상황을 어떤 방식으로 알아낼 수 있을지 고민을 거듭했다. 지하는 흙으로 덮인 공간이어서 전파를 이용해 신호를 얻기가 어려운 구조다.

하지만 UGS 융합연구단은 합치된 마음으로 브레인스토밍을 통해 천운과 같은 아이디어를 냈다. 즉 해답을 맨홀에서 찾을 수 있었다. 맨홀의 경우 지하에 빈 공간이 있어 사물인터넷 센서를 붙여 통신을 통해 전파가 신호를 보내는 데 무리가 없었다. 연구진은 맨홀 속으로 들어가 빈 공간에 무선 전송이 가능한 칩을 붙일 수 있었고, 주변 가로등에 중계 안테나를 달아 모니터링할 수 있게 만들었다.

이로써 관제실에서 지하 상황을 샅샅이 볼 수 있게 만들었다. 드디어 연구 성과가 손에 잡히게 된 것이다.

이를 통해 연구진은 지하에 누수가 되거나 균열이 발생할 경우 즉시 경보체계가 가동되도록 시스템을 구축했다. 향후 연구진은 도로 주변에 싱크홀 위험 안내 전용 신호등과 같은 장치를 통해 안전을 도모할 예정이다. 즉 도로에 이상 조짐이 보이면 신호등의 노란불을 깜빡거리게 하는 방식으로 알람을 전하는 구상을 하고 있다. 물론 균열의 조짐이 있을 때

주기적으로 방송을 하고 주변 사람들에게 메시지를 보내는 방법도 있을 것이다.

연구를 총괄했던 UGS 융합연구단의 이인환 단장은 "3년이란 시간 동안 연일 뉴스에서 '싱크홀' 사고만 유독 눈에 크게 들어왔다. 연구자들을 독려하며 빠른 시간 내에 싱크홀을 찾아내는 데 주력했다"고 말한다.

언젠가 이 단장의 연구실에 들어섰을 때 필자는 놀라지 않을 수 없었다. 그동안 언론에서 보도되었던 전국 및 해외의 싱크홀 기사로 벽에 온통 도배가 되어 있었기 때문이다. 지금껏 싱크홀만을 생각하며 3년을 보냈구나 하는 생각이 들었다.

연구진은 경북 안동의 건설기술연구원 시험센터에서 밤낮을 가리지 않고 상수관 누수 탐지, 하수관 균열 탐지, 지하수 모니터링 등 상용화 제품 개발을 위한 기술 실험을 했다. 또 대전광역시의 협조로 지하철 월평역에 테스트베드 구축을 통해 아이디어를 시연해봄으로써 자신감도 얻을 수 있었다.

지난 3년간 연구진은 마치 의사가 엑스레이만 보고 환자를 치료하다가 CT를 보는 심정으로, 또다시 MRI로 확인하는 마음으로 지하 공간 곳곳을 훑었다. 이를 통해 마침내 지하 공간 안전관리 시스템이라는 귀중한 연구 성과로 국민들의 성원에 답하게 되었다.

다행히도 과제가 종료되는 다음날인 2018년 1월 1일부터 지하 안전관리에 관한 특별법이 시행된다는 발표가 있었다. 연구진 모두의 값진 노력의 산물인 'UGS 시스템'을 전국 지방자치단체에 제공해 안전하고 편리한 생활에 조금이라도 보탬이 되고자 하는 것이 연구자들의 소망이라고 한다. 연구진은 이를 위해 '유지에스'라는 창업 기업도 설립했다.

처음으로 모인 융합연구단의 시작은 미미했다. 하지만 그 파급력은 앞으로 국민 생활 안전에 큰 도움이 될 것이다. 국가과학기술연구회의 전폭적인 지지와 한배를 탔던 연구자 모두의 하나 된 마음 덕분에 성공적인 성과를 이룰 수 있었다고 본다.

이를 기점으로 그동안 사회적 현안으로 분류되어온 미세먼지나 구제역, 조류독감(AI), 에너지 문제 등에도 정부출연연구원 연구자들의 도전이 가능할 것으로 보인다. 이와 같은 연구를 통해 국민들의 편안하고 안전한 삶에 기여하는 것이 바로 연구자들의 가장 행복한 꿈이기도 하다.

PART

3

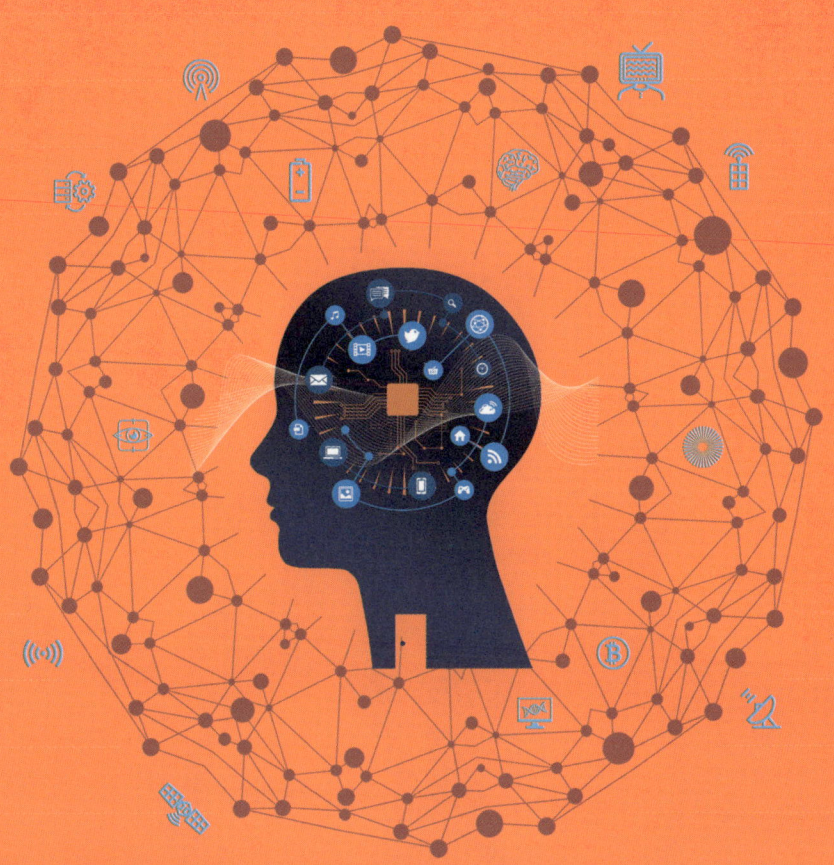

꿈의 방송,
초실감 미디어를 꿈꾸다

> Intro

가까운 미래의 방송 미디어는 지금처럼 단조롭게 정해진 화면만을 제공하지 않을 것이다. 시청자가 직접 방송 화면을 조종하여 등장인물을 원하는 각도에서 볼 수도 있다. 화면이 실제 공간에 투영되어 시청자가 마치 화면 속으로 들어간 것 같은 효과도 가능해질 것이다. 이처럼 기존 방송 미디어 환경보다 훨씬 더 실감 나는 서비스, 즉 '삶의 질 향상을 위한 초실감 서비스'가 현실화되는 미래가 점점 다가오고 있다.

더욱 실감 나는 방송을 실현하기 위해서는 영상·음향 서비스, 현실과 가상의 경계를 허무는 초실감 서비스 기술 개발이 핵심이다. 또한 사용자 중심의 새로운 가치와 지식을 제공하는 미디어 플랫폼도 중요하다. 이처럼 사람의 귀와 눈 등 오감(시각, 청각, 후각, 미각, 촉각)을 즐겁게 해주기 위한 연구가 바로 방송과 미디어 연구 분야다.

ETRI 방송미디어연구소의 안치득 소장은 "선구자의 뒤를 쫓을 때는 기술력 확보가 급하고 중요했지만, 우리가 앞선 지금 상황에서는 전에 없던 새로운 무엇인가를 이끌어낼 상상력, 창의성이 더 중요하다"고 말한다.

다행히 다가오고 있는 4차 산업혁명은 우리나라가 가장 경쟁력 있는 국가 가운데 하나가 될 것이라는 평가를 받고 있기도 하다. 어떠한 선택을 해야 할지는 온전히 우리의 몫이지만 정책 추진과 함께 연구개발의 중요성이 더욱더 강조되는 시점이다.

안 소장은 특히 "미디어 연구 분야가 실생활에 가치를 더하기 위해서는 앞으로 개인, 소상공인, 중소기업이 인공지능을 쉽게 이용하도록 길을 터줘야 한다. 더불어 국가나 공공기관이 관리하는 실생활 데이터가 차별 없이 기업들에 제공되면 더 많은 시장이 열릴 것이다. 예를 들면 개인 신상 정보를 제외한 기상, 교통, 상품, 서비스를 비롯한 모든 생활 데이터가 그 대상이 될 수 있을 것이다. 나아가 사회 전 분야에서 필요로 하는 공공 데이터도 누구나 쉽게 이용하도록 준비가 필요하다"고 강조한다.

앞으로 전 세계 시청자들이 우리나라의 기술로 만들어진 미디어를 통해 그동안 꿈꿔온 세계를 만날 수 있을 것이다. 그것도 머지않은 미래에 말이다.

영화 속 홀로그램이 현실로 바짝 다가오다
홀로그램 기술

지난 2015년 말 ETRI 연구진이 세계에서 처음으로 360도 모든 방향에서 여러 사람들이 동시에 컬러로 볼 수 있는 '홀로그램' 개발에 성공했다. 홀로그램 연구의 경우 기술 선진국보다 출발이 늦었는데 맨 처음으로 기술 구현에 성공한 것이다. 그래서 더더욱 의미하는 바가 크다.

ETRI에는 250여 개의 실험실이 있지만 승산이 없는 게임, 즉 선진국을 따라잡으려 그것도 2~3년 후에 출발하는 연구개발은 거의 없다. 그만큼 ICT 분야에서 ETRI는 기술 선두에 서 있다. 연구진이 홀로그램을 개발하기 시작하던 몇 년 전 필자는 외국 연구진에 비해 늦게 연구를 시작했고 대학보다도 연구가 늦었다는 말을 듣고 별 기대를 하지 않았다. '과연 가능할까?'라며 의구심을 품었다.

하지만 이런 기우는 불과 몇 년 만에 세계 최초라는 타이틀로 화려하게 바뀌며 전 세계의 주목을 받게 되었다.

LCD나 OLED는 평판 디스플레이(FPD)의 일종이어서 3D 화면은 만들기 어렵다. 더욱이 3D 입체영화는 안경을 써야 하는 불편함이 있다. 이런 이유로 3D 관련 시장은 발전하지 못하고 시들고 있다.

　ETRI가 세계 최초로 홀로그램을 만들자 국내 언론은 물론 해외 언론까지 대서특필했다. 심지어 기사에는 〈스타워즈〉의 레아 공주까지 등장하기도 했다. 이를테면 "레아 공주가 놀라겠네", "레아 공주가 환생했다"라는 식으로 표현했다. 〈스타워즈〉에서 레아 공주가 홀로그램을 통해 메시지를 전달하는 장면을 보고 이에 빗대 기사화한 듯하다. 그런데 〈스타워즈〉에서 열연했던 레아 공주 역의 캐리 피셔는 필자가 집필을 하는 도중이었던 2016년 말 60세의 나이에 심장마비로 사망했다.

　레아 공주는 전설적인 SF 영화 〈스타워즈〉에 총 다섯 번 출연했다. 4편부터 8편까지다. 8편인 〈스타워즈: 라스트 제다이〉가 그녀의 유작이 되었다. 2017년 말 개봉한 이 영화를 통해 생전의 모습을 마지막으로 보며 많은 아쉬움이 밀려왔다. 레아 공주는 〈스타워즈〉에서 빼놓을 수 없는 보석같은 아이콘이었다. 그녀는 대중들에게 트레이드마크인 도넛 머리를 한 피규어로 3D 프린터를 통해 제작되기도 했다.

　일반적으로 홀로그램이란 '표현되는 정보' 즉 콘텐츠를 의미하고, 홀로그래피는 '홀로그램과 관련된 기술'을 말한다. 예를 들면 ETRI 연구진이 개발한 루빅스(Rubik's) 큐브 크기의 홀로그램은 테이블 위에 떠 있게 보인다. 이때 홀로그램을 띄우는 기술이 '홀로그래피'이고, 큐브가 정보 역할을 하는 '홀로그램'으로 보면 된다.

　지금까지 홀로그램은 눈속임 형태의 유사(Pseudo, fake) 홀로그램이 많이 소개되었다. 에버랜드나 서울의 케이라이브에서는 K-POP 공연을 하고 있다. 하지만 이것은 일종의 눈속임 기술이다. 사람들 대부분이 지금

ETRI 연구진이 개발한 루빅스 큐브 크기의 홀로그램

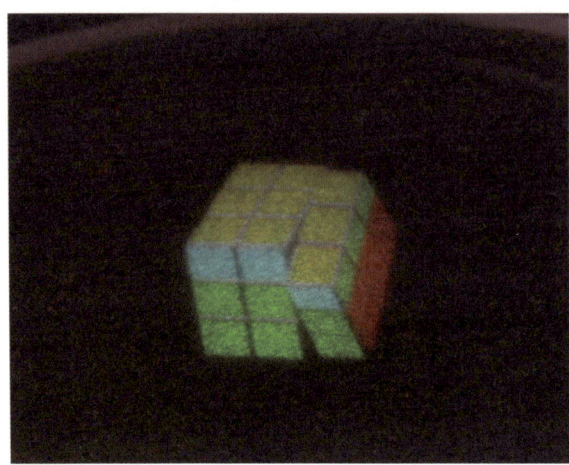

까지 보아 왔던 홀로그램은 모두 가짜를 본 것이다. 그동안 홀로그램이라고 잘못 표현된 방식은 비닐을 약 45도 기울인 상태에서 프로젝터를 통해 전사(Projection)함으로써 마치 사람이 공중에 떠 있는 듯 보이게 하는 것이다. 이 기술은 1878년에 등장한 기술이다. 마술사들이 눈속임을 통해 많이 써먹던 방식이다.

홀로그램은 특히 2000년 이후의 영화 등에 소개되면서 그 기법이 알려지게 되었다. 원리는 빛의 회절과 간섭이다. 즉 빛의 회절 효과를 이용한다고 보면 된다. 이런 회절 효과를 동적 소자인 공간 광변조기를 이용해 홀로그램을 만드는 것이다. 이런 공간 광변조기에 빨간색(R), 초록색(G), 파란색(B)의 레이저를 쏘게 되면 홀로그램이 생성되는 것이다. 테이블 디스플레이 위의 360도 어느 방향에서도 컬러 홀로그램 영상 재현이 가능한 기술이다. 빛의 삼원색이 합쳐지면서 컬러 홀로그램을 만드는 원리다.

따라서 이번에 ETRI 연구진이 개발한 기술이 진짜 홀로그램이다. 홀로그램의 크기는 3.2인치다. 지금껏 홀로그램을 만들기 위해서는 한 가지 색을 이용하여 흑백이나 녹색 레이저 형태로 보여줬지만, ETRI 연구진은 완전 컬러(RGB)로 구현했다(참고로, ETRI가 지난 2000년 이후 특허출원한 홀로그램 관련 특허 수는 2017년 말 기준 약 100여 건으로 국내 최고 수준이다).

홀로그램 분야에서 세계 최고라고 할 수 있는 일본도 6인치 크기지만 시야각은 약 6도 내외의 제한된 각도에서만 볼 수 있다. 미국 MIT도 3×2센티미터 크기로 평면 20도 내외에서 3D 구현이 가능하다. 따라서 ETRI 연구진이 이번에 개발한 360도에서 특수 안경을 끼지 않고도 육안으로 3D를 볼 수 있는 기술은 가히 혁신적이라 할 수 있다.

현재 구현되고 있는 홀로그램은 테이블 디스플레이 위에서 보여지기 때문에 정면을 바라보는 것이 아닌 옆을 봐야 보이는 구조다. 루빅스 큐브가 자유자재로 돌아가는 것을 보여준다. 연구진은 큐브 형태뿐만 아니라 뽀로로, 화분 등의 영상도 만들었다. 즉 정지 화상 5종과 동영상 1종을 시연했다.

이 홀로그램 기술이 상용화되면 쓰임새가 많을 것으로 보인다. 영화와 전시는 물론이고 교육용, 박물관, 3D 입체 화상통화, 원격의료, 홈쇼핑 등에 응용할 수 있을 것이다.

ETRI 연구진은 추가 개발을 통해 홀로그램 영상 화질을 개선하고 20인치 이상으로 더 크게 만들 계획이다. 아울러 향후에는 영상을 네트워크로 송수신 하는 기술도 개발할 예정이다. 그렇게 되면 막 열린 UHD TV 이후의 TV로 각광받을 수도 있겠다는 생각이다. 필자는 이 TV의 이름을 '홀로TV'로 붙여보았다.

바로 이 기술이 홀로그램 TV의 기반 기술이 될 것으로 보인다. 홀로그램이 상용화되어 기존 TV를 대체한다면 TV 모양도 많이 바뀔 것으로 예상된다. 더 이상 거실에 세워진 형태가 아닐 것이기 때문이다. 보이는 영상이 입체로 튀어나오거나 올라올 경우 TV는 눕힌 방식이 되어야 하지 않을까 상상해본다. 더욱이 이런 기술이 스마트폰으로 들어온다면 세상은 또 어떻게 바뀔까?

올해 초 기존 홀로그램을 연구하던 방송 미디어 연구소 외에 원천기술을 주로 담당하는 소재부품연구소에서 낭보가 들려왔다. 2017년 2월에 개발된 홀로그램 기술은 상전이(相轉移) 물질을 이용해 초고해상도 픽셀을 구현할 수 있는 홀로그램이다. 이 연구에 사용된 상전이 물질은 최근 재조명 받고 있는 칼코게나이드계 화합물로 '게르마늄 안티몬 텔룰라이드(GST)'라는 것이다. 이것은 그동안 DVD나 상전이 메모리 소자 등에 응용된 바 있다.

현재 홀로그램 영상 표시는 액정을 사용한 공간 광변조기 방식이 많이 쓰인다. 액정에 전압을 줘서 빛의 편광이나 위상을 바꾸어 홀로그램 영상을 띄운다. 그러나 액정 소자는 홀로그램 영상의 시야각이나 화질을 높이기 위해 아주 작은 마이크로미터(μm) 수준의 픽셀 크기를 만들어야 하는데 그동안 기술적 한계가 있었다.

그런데 ETRI 연구진은 이런 문제점을 해결하기 위해 반도체 메모리 소자로 연구되었던 상전이 물질(GST)을 사용했다. 따라서 마이크로미터 수준 이하로 작게 픽셀 크기 제조가 가능하다. 상전이 물질은 결정질 상태와 비결정질 상태를 갖는다. 이에 따라 굴절률이나 투과율이 변한다. 또 빛의 위상 조절도 가능하다. 이를 이용하면 홀로그램 영상 제조가 가능하다. 특히 이 연구 결과에 사용된 물질인 상전이 물질은 수십 내지 수백 나노미터(nm) 크기의 집적 공정이 가능하다는 것이 검증된 물질이다. 따라서 기존 액정을 이용한 방법보다 훨씬 미세한 픽셀을 만들 수 있다.

즉 빛의 파장보다 작은 픽셀 크기도 구현할 수 있다는 점에서 의미가 크다. 이 연구에서는 레이저를 이용한 상전이 현상을 통해 1마이크로미터 수준의 픽셀로 3센티미터 크기의 홀로그램을 제작했다.

이렇게 높아진 해상도 때문에 보통 LED 빛만으로도 홀로그램 영상이 뚜렷하게 나타날 수 있게 되었다. 실제 개발한 시제품에서는 스마트폰의 손전등(LED)을 비추자 체크무늬 바탕에 '나노(NANO)'라는 녹색 글자가 홀로그램 영상으로 띄워져 보였다. 복층 박막 구조에서 박막의 두께를 조정해 파장이 긴 것만 선택해 반사시키면 붉은색도 만들 수 있다. 이 같은 방법으로 다양한 색상 표현도 할 수 있다.

연구진이 홀로그램 디스플레이를 위한 공간 광변조 장치를 개발하면서 가장 어려웠던 과정이 있었다. 바로 홀로그램 개발에 있어 가장 큰 화두이자 어려운 점인 1마이크로미터 이하로 아주 작은 픽셀을 구현할 수 있다는 것을 밝힌 점이다.

현재 연구 결과는 상전이 물질을 사용해서 정지상 홀로그램 이미지를 만드는 수준에 이르렀다. 향후 연구진은 상전이 물질로 2년 안에 패널 형태로 만들어 디지털 홀로그램 영상을 구현한다는 포부를 밝혔다. 연구진이 개발한 플렉시블 홀로그램 디스플레이 패널에서 동영상이 디스플레이 되는 날을 손꼽아 기다려 본다.

02

스마트폰을 컵 안에
쏙 넣기만 하면 충전 끝!
무선 충전 및 자기공명 기술

2017년 5월 ETRI 연구진의 성과 가운데 인터넷 포털을 뜨겁게 달군 관련 기사가 있었다. 연구진이 스마트폰 '무선 충전 컵'을 개발한 것이다. 전기를 무선으로 옮기는 셈이다. 직경 10센티미터 컵 안에 스마트폰을 툭 던져두면 충전이 되는 것이다. 스마트폰을 충전하려면 전원을 찾아 연결해야 하는 불편함이 있다. 또한 새로 출시되는 스마트폰의 경우 서로 규격이 맞지 않아 애를 먹었는데 이제는 일정한 공간 내에 그냥 넣기만 하면 저절로 충전이 된다니 꿈만 같은 일이다.

이 기술을 보도한 기사에는 순식간에 댓글이 500여 개가 달리고 1,000여 개가 넘는 좋아요 수를 기록했다. 댓글도 선플이 훨씬 더 많아 매우 놀라웠다. 또한 오늘의 주요 뉴스 IT 코너에서 당일 1위의 기사에 올랐다. 네티즌들은 충전 컵을 좀 크게 만들어서 여러 대를 넣을 수 있게 해달라, 충전기 케이블이 너무 자주 고장 났는데 이런 문제를 해결할 수 있다니

ETRI 연구진이 개발한 무선 충전 컵 'E컵'

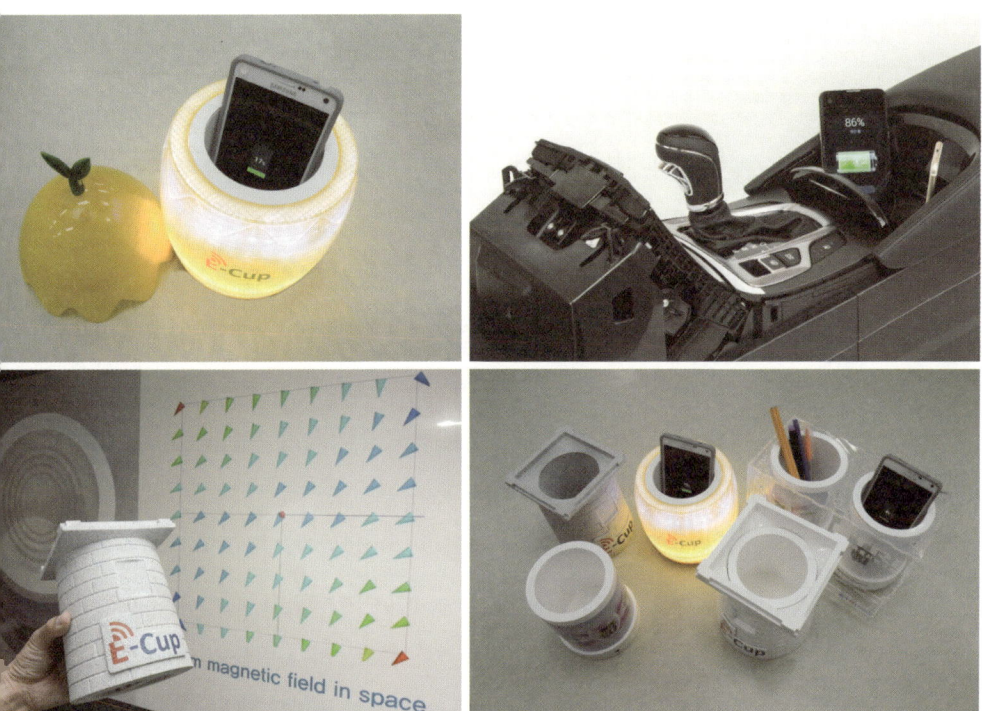

반갑다, 운전 중에 컵홀더에 넣어 두면 충전이 되니 좋을 것 같다, 빨리 상용화 해달라, 정말 혁명적이다, 전자파는 문제없나, 외국에 기술 유출이 안 되게 조심해달라, 충전하면서도 스마트폰을 사용할 수 있도록 해달라 등 수많은 의견을 제시했다.

  노트북, 스마트 패드, 스마트폰 등 이동형 전자제품의 공통점은 사용을 위해서는 꼭 배터리가 필요하다는 점이다. 매일같이 사용하는 스마트폰의 경우 배터리는 애물단지가 되어버렸다. 동영상을 자주 보고, 인터넷에 자주 접속해야 하는 오늘날의 사용 특성상 오후가 되면 배터리 충전량이 부족해 간당간당하기 일쑤다. 그래서 보조 배터리 사용도 늘고 있다. 스마트폰 배터리로 인해 보조 배터리 시장이 열린 것이다.

ETRI 연구진은 2015년 말 1미터 내에서 무선으로 전기자전거를 충전하는 원천기술을 개발한 바 있다. 자기공명 방식을 이용해 개발한 공간 무선 충전 기술이었다. 그로부터 약 1년 반 만에 세계에서 처음으로 무선 충전기의 효율을 60퍼센트까지 높이는 데 성공했다. 하지만 상용화 수준은 70퍼센트여서 할 일도 많다. 연구진은 무선 충전 컵을 'E컵(E-Cup)'이라고 명명했다. E컵은 일종의 전력을 송신하는 송신기인 셈이다. 스마트폰에는 수신기를 부착했다.

연구진이 개발에 성공한 기술은 60와트(W)급으로 자기공명 방식을 이용한 무선 충전 시스템이다. 앞서 언급했듯이 공간 충전을 시연하기 위해 연구진은 전기자전거에 먼저 적용해보았다. 전기자전거의 앞바퀴를 충전할 수 있는 공진기 사이에 두자 무선 충전이 이루어졌다. 충전 장치에서 마치 전기를 자전거에 쏘아주듯 송신기 역할을 하게 만들었다. 완전 무선화하여 편리하고 안전한 충전 서비스를 가능하게 만든 것이다.

연구진은 공간 무선 전송 방식을 이용해 일정한 공간 구역 내에 충전이 필요한 스마트 기기가 들어오면 충전이 가능하게 했다. 우리가 사용하는 와이파이 존처럼 일명 '에너지 존(E-Zone)'을 만든 것이다.

향후 이 기술이 완성되어 일반에 상용화되면 자동차의 컵홀더 부분이나, 가정 내 바구니, 책꽂이 등에서 볼 수 있게 될 것이다. 사용자가 스마트폰, 태블릿 등을 홀더 내에 놓아두기만 하면 자동 충전되는 방식으로 발전될 전망이다.

2017년부터 스마트폰 제조 기업도 무선 충전을 한다며 광고하고 있지만, 이 같은 스마트폰 무선 충전은 패드형 구조여서 완전 무선 충전은 아니다. 패드형 충전기 위에 스마트폰을 올려줘야 충전이 된다. 거리는 7밀리미터 내외로 엄밀하게 보면 공간은 있다. 그러나 스마트폰을 충전 패드에 바짝 붙여야 할 수밖에 없는 구조다. 스마트폰을 정확한 패드 위치에 정렬하여 밀착시켜야지 70퍼센트 효율 수준으로 충전이 가능하다. 하지만 패드 위치에서 조금만 틀어지면 충전이 중단되는 불편함이 있다.

이와 달리 ETRI 연구진이 개발한 E컵은 3차원 공간 내에서 충전이 가능하다. 이 기술은 기존 무선 충전 방식인 자기유도 방식(2차원 패드)이 아니라 방향이나 위치, 정렬에 무관하게 충전의 효율성을 유지할 수 있는 자기공명 방식이다. 공간 자체가 무선 충전을 할 수 있는 충전지대라는 의미다.

특히 자동차 내 컵홀더와 같은 곳에 툭 던져만 두면 충전이 된다. 향후 상용화하게 되면 자동차에 특히 유용할 전망이다. 흔들리는 자동차 내에서 스마트폰이 움직이거나 360도 뒤집혀도 위치와 방향, 공간 모두 관계없이 제어가 가능해 최적의 효율로 충전할 수 있기 때문이다.

연구진은 E컵의 전송 거리가 현재는 컵의 내 공간, 즉 10센티미터 내외지만 향후에는 거실과 같은 생활공간인 5미터×5미터 정도의 거리를 구현할 계획이다. 그렇게 되면 카페나 집의 거실에 들어가기만 하면 스르륵 무선 충전이 될 수 있게 된다. 이 기술의 핵심은 3차원 공간 내에 자기장을 균일하게 만드는 것이다. 140킬로헤르츠(kHz)의 낮은 주파수로 기존보다 에너지 밀도를 균일하게 만들었다. 균일한 충전 영역을 뜻하는 '균일 장(Uniform zone)'을 만들어 컵 안의 공간 내에 있는 스마트폰이 위치나 방향과 관계없이 일정한 효율을 유지하면서 에너지 전달이 되어 충전되는 것이다.

스마트폰과 같은 기기들을 특정한 공간 내에서 충전하기 위해서는 균일한 자기장을 만들어줘야 한다. 스마트 기기를 특정한 공간 내 어느 자리에 두어도 동등한 전력 효율을 내기 위해서다. 연구진은 현재 X, Y, Z축 내 3차원 공간에서 한 축을 이용해 충전하는 방식에 성공했다. 공간 내에서 무선으로 완벽 충전이 가능한 방식으로 나아가는 핵심적인 지름길을 발견한 것이다.

앞에서 언급했듯이 기존 스마트폰에서도 무선 충전은 가능했다. 물론 패드형 충전 방식이다. 이 같은 기술은 유선 대비 효율이 약 80퍼센트 수준이다. 한편 ETRI 자기공명 방식은 1미터 거리가 떨어진 곳에서 유선 대비 약 58퍼센트의 효율이 측정된다. 패드형 방식에 비해 효율이 떨어지는 것으로 보이지만 현재 세계 최고 수준이다. 상용화 수준은 70퍼센트 효율로 보고 있으며, 연구진은 이 수준을 만족시키기 위해 연구에 집중하고 있다.

이번 개발한 충전 기술은 스마트폰 두 대를 넣어도 충전된다. 향후 거실 공간 크기로 무선 충전이 될 경우 전자파를 걱정하는 의견도 있지만 E컵 내 무선 충전을 위한 주파수는 140킬로헤르츠인 저주파수여서 인체에 영향을 미치는 점에서 볼 때 큰 문제가 없다. 그렇지만 커피숍과 같이 공간이 커지고, 보다 높은 전력을 전송할 경우 전자파에 관한 면밀한 연구가 필요하다는 것이 연구진의 설명이다.

연구진은 자기공명 기술을 이용해 기존 자기 유도형 무선 충전기가 갖는 전송 거리와 자유도 제한 문제를 극복함으로써 무선 충전의 새로운 패러다임을 제시했다.

사물인터넷(IoT) 기술도 날개를 달 전망이다. 기존 사물인터넷이 확산이 부진한 데에는 결국 배터리 문제가 컸기 때문이다.

ETRI의 조인귀 박사는 "향후 전기자동차 등 배터리 수요 및 시장 예측으로 볼 때 자기공명 기술은 획기적인 기술이다. 전기자동차는 물론 전기자전거, 전동휠체어, 세그웨이(전동 스쿠터) 등 이바이크(E-bike) 무선 충전에도 유용할 것으로 보고 있다. 또한 연구진이 충전 가능 거리를 늘림에 따라 향후 웨어러블 기기의 확산이나 사물인터넷 시대를 크게 선도할 것으로 보인다"고 말한다.

03

나를 졸졸 따라다니는 미디어 세상이 온다

미디어 서비스 기술

2007년 스마트폰이 본격 출시되고 빠른 속도로 보편화되면서 우리 생활에는 많은 변화가 생겼다. 지난 10년간 생활의 변화는 지난 50~60년 동안의 변화보다 큰 것 같다. 스마트폰 사용과 더불어 미디어 소비 행태도 급격한 변화가 일어났다.

기존 지상파 방송 서비스의 경우 TV 수신 및 케이블 방송을 통한 송출이 전부였다. 일방적인 콘텐츠를 보여주기만 했던 단방향 서비스였다.

물론 2007년에 통신 사업자 주도 아래 IPTV 방송 서비스가 첫선을 보였다. 양방향성을 띠긴 했지만 실제 개인 맞춤형 서비스나 광고에 상황을 직접 반영하는 실시간성을 제공하지는 않았다. 즉 주문형 비디오(VOD)처럼 미디어 동영상 콘텐츠를 요구에 따라 필요할 때 제공하고 소비하는 형태였다. 서비스 측면에서 보면 IPTV는 기술적으로는 방송사에서 제작해 송출한 콘텐츠를 수신하고, 이를 디코딩 과정을 거쳐 원본 콘텐츠를 확보한 후 다시 인터넷으로 전송하는 데 적합한 방식으로 재압축 과정을 거친다. 최종적으로 IP프로토콜에 실어서 전송하는 것이다.

따라서 인터넷망으로 방송 콘텐츠의 단순 전송이 아닌 진정한 IP 융합 서비스의 시작은 북미 지상파디지털방송규격(ATSC) 3.0 기반 초고화질(UHD) 방송 서비스라고 볼 수 있다.

방송망과 통신망이 융합되어 방송 서비스 내에서 IP 플랫폼화 되면서 진정한 IP 융합 서비스가 지상파 방송에서도 가능해졌다고 할 수 있다. 따라서 UHD 시대로의 변화는 근본적으로 기존 IPTV와는 구성 형태가 다르고, 기존 CATV 방송 플랫폼에도 많은 영향을 미칠 것으로 예상된다. 방송이 IP 융합형 서비스로서 제공되며, 기존 방송과는 많은 차별화된 서비스를 제공할 수 있다는 얘기다.

또한 인터넷의 보급으로 사회 관계망 서비스(SNS)가 촉발되었는데, 우리나라의 경우 이미 1999년에 싸이월드와 같은 SNS 서비스가 인기를

끈 바 있다. 당시 CNN도 싸이월드를 대한민국의 앞서가는 IT 문화라면서 방송한 바 있다.

스마트폰이 출시되고 모바일 서비스망이 확장되면서 사람들은 기존 PC가 주도하던 미디어 소비의 중심에서 모바일로 움직이게 되었다. 이에 따라 구글, 페이스북, 유튜브, 트위터 등이 새로운 미디어 시장의 강자로 떠오르게 되었다.

4차 산업혁명의 시대를 맞아 빅데이터, 클라우드, 사물인터넷, 인공지능 등이 전면에 부상함에 따라 미디어 소비의 새로운 촉진에 대한 다양한 분석이 예상되고 있다. 확실한 것은 기존 미디어의 수용 행태와 달리 개인형 미디어 서비스가 확장되고 있는 추세라는 점이다.

이제는 글로벌 기업조차 방송에 많은 관심을 갖고 심혈을 기울인다. 먼저 OTT(Over The Top)라는 개념이 있다. 인터넷을 통해 방송이나 영화, 콘텐츠를 제공하는 온라인 동영상 서비스를 말한다. 또 다중채널 네트워크를 뜻하는 MCN(Multi Channel Network)도 인터넷 방송을 주로 하는 1인 창작자를 지원하며 사업을 하고 있다. 이처럼 OTT, MCN 등은 기존 방송 위주에서 벗어나 다양한 소비 경로를 제공할 수 있는 새로운 서비스 형태임을 보여준다.

이처럼 소비자에 따라 방송 서비스는 점점 변화하고 있다. 언제 어디서든 이제는 24시간 자신이 원하는 콘텐츠를 보며 소비하고 만족하는 세상이 되었다. 그만큼 충분한 콘텐츠 소비 환경이 제공되고 있다. 이에 따라 마음만 먹으면 나의 주변 이야기나 생각들을 불특정 다수에게 지속적으로 전달할 수 있게 되었다. 그것도 인터넷을 타고 전 세계로 말이다. 미국에서 어젯밤 ABC 방송에 출연한 방탄소년단의 뮤직비디오가 불과 10시간 만에 전 세계 유튜브로 퍼져 수십만 명이 보는 세상이다. 지난해 말에 방영된 〈KBS 가요대축제〉는 전 세계 107개국에 동시에 생중계 되었다.

기술적 측면에서 보면 방송 서비스는 보편적이어야 하고 국민 누구나 차등 없이 제공받아야 하는 것이다. 이 역할을 지상파 방송이 수행해야 하는데 전 국민이 동일하게 서비스 받을 수 있다는 전제하에서 비로소 방송은 시작될 수 있다.

또한 이 같은 보편적 서비스의 특징으로 인해 방송 서비스는 임의로 종료하거나 중단할 수 없다. 단 한 사람이라도 새로운 방송 서비스에 반하여 어디선가 기존 방식의 수신기로 방송을 보고 있다면 기존 형식의 방송 종료는 어렵다. 예컨대 2002년에 HD TV 방송 서비스가 시작되고, 2012년 12월 31일에 아날로그 방송 송출을 중단하고 완전히 디지털 방송 송출이 바뀌었다. 즉 HD TV 방송만으로 전국에 송출이 2013년에야 가능해졌는데 어찌 보면 아날로그에서 디지털로 변화하는 데 10년이라는 시간이 걸렸다고 볼 수 있다. 아날로그 방식의 TV 셧다운(shut down)에 오랜 시간이 걸린 것이다. 엊그제 시험 방송을 시작한 것 같은데 이제 HD 방송도 셧다운될 차례가 되었다. 바로 'UHD' 방송 서비스가 본격화되기 때문이다.

UHD 방송은 2017년에 서울, 인천, 경기 등 수도권에서 처음 방송한 이래로 2017년 말부터 전국 광역시권에 서비스가 시작되었다. 지난 2월 평창 동계올림픽에서는 강원도 평창과 강릉 지역에서도 방송 서비스 수신이 가능했다.

HD 방송 시스템의 종료 시기는 2027년이 목표다. 물론 지상파 방송들이 현재는 HD 방송과 UHD 방송을 동시 송출하기 때문에 HD TV 보유자는 HD 방송이 종료되는 오는 2027년까지는 현재의 TV로 계속 시청은 가능하다. 이처럼 보편적 방송 서비스의 생존 기간은 특성상 시작하면

길게 이어진다. 하지만 인터넷 미디어 서비스의 경우는 조금 다르다. 급작스러운 환경의 변화와 새로운 서비스의 등장으로 갑자기 사라지는 서비스도 있다. 이처럼 미디어의 특성은 다양하게 나뉘는데, 크게 상업적 서비스와 기업 주도형 서비스로 나뉜다. 예컨대 페이스북, OTT, MCN, VOD, 개인 방송들이 환경에 따라 나타났다가 사라지곤 한다.

따라서 연구진은 미디어 서비스 환경의 변화를 충분히 고려해 연구를 수행한다. 기초가 되고 핵심이 되는 기술, 예를 들어 압축률을 높여 다양한 디바이스에 대용량의 초고화질 영상을 전송하는 기술 등을 집중적으로 연구한다.

오늘날 글로벌 기업들은 상업적 목적을 갖고 스마트 미디어 연구 분야

ETRI 연구진의 텔레스크린 개발 과정 모습

연구진이 상황을 인지할 수 있는 텔레스크린을 보며 실험하고 있다. 이 스크린 앞에 서면 사람을 인지해 그 사람에게 가장 적합한 광고를 띄워 구매도 가능하다.

에 적극 뛰어들고 있다. 연구진은 이에 따라 공공성 중심의 방송 미디어와 핵심 원천기술 확보를 위한 R&D로 방향을 선회해야 할 것으로 보인다. 유해 미디어를 적극적으로 차단하는 연구나 시청 형태를 조사하여 효과적인 방송 미디어가 될 수 있는 방향으로 연구해야 할 것이다.

ETRI 이현우 미디어연구본부장은 "지능형 서비스가 실현되면 내가 어떤 것을 원하고 좋아하는지 미디어가 먼저 알게 되므로 나를 줄줄 따라다니는 미디어 세상이 될 것이다"라고 말한다.

내가 원하는 서비스를 인공지능이 알아내 자연스럽게 영상 정보를 제공한다는 것이다. 유튜브나 페이스북의 경우도 내가 좋아하는 영상이나 콘텐츠를 계속 옆에 있는 화면이나 아래의 화면으로 보여준다. 한 개의 콘텐츠를 주의 깊게 본다고 생각할 때 관련 영상이나 콘텐츠를 계속 보여줘 관심을 끌게 하는 것이다. 내가 무엇을 좋아하는지 미디어가 스스로 판단해 안다는 것이다.

따라서 향후에는 지금과 같은 디지털 디스플레이나 모바일 디스플레이 이외의 공간 구성을 하는 미디어로 주체가 바뀔 것으로 전망된다. 그것이 무엇이 될지는 아무도 모른다. 하지만 홀로그램도 가능성이 있고, 울트라 와이드 비전(UWV)과 같은 대화면 영상으로 구현되는 형태로의 미디어 서비스도 생각해볼 수 있다.

사진으로 시작된 SNS도 이제는 동영상 중심으로 변화되었다. 앞으로 5G 이동통신 시작 시기가 가까워지면서 라이브 캐스팅까지 이어지고 있다. SNS에서조차 현재 이 같은 영상이 실현되고 있어 앞으로 더 많은 활성화가 예상된다. 즉 내가 보고 듣고 느끼고 만지는 모든 것들이 실시간으로 미디어를 통해 전달되는 세상이 우리 앞에 다가오고 있다.

04

SF 영화 속 미래가 현실이 되다
SF 영화와 미래 기술

SF 영화를 보노라면 영화감독들의 창의성에 경의를 표하지 않을 수 없다. 어떻게 전문적인 과학 지식이 없이도 미래 예측을 그리 잘하는지, 오히려 과학자들이 SF 영화를 보고 힌트를 얻어 기술 개발을 하는 것은 아닌지 하는 생각도 해본다.

잘 알려져 있는 대표적인 SF 영화를 꼽아보면 다음과 같다. 〈지구 최후의 날〉(1951년), 〈금지된 행성〉(1956년), 〈2001: 스페이스 오디세이〉(1968년), 〈혹성탈출〉(1968년), 〈스타워즈〉(1977년), 〈에어리언〉(1979년), 〈E.T.〉(1982년), 〈블레이드 러너〉(1982년), 〈터미네이터〉(1984년), 〈백 투 더 퓨처〉(1985년), 〈로보캅〉(1987년), 〈토탈 리콜〉(1990년), 〈쥬라기 공원〉(1993년), 〈공각기동대〉(1995년), 〈제5원소〉(1997년), 〈딥 임팩트〉(1998년), 〈스타트랙 9: 최후의 반격〉(1998년), 〈매트릭스〉(1999년), 〈A.I.〉(2001년), 〈2009 로스트 메모리즈〉(2002년), 〈마이너리티 리포트〉(2002년), 〈월-E〉(2008년), 〈아바타〉(2009년), 〈인셉션〉(2010년), 〈소스코드〉(2011년), 〈그래비티〉(2013년), 〈설국열차〉(2013년), 〈그녀〉(2013년), 〈인터스텔라〉(2014년), 〈마션〉(2015년), 〈인디펜던스 데이: 리써전스〉(2016년), 〈블레이드 러너 2049〉(2017년) 등이다. 필자가 대부분 본 영화 위주로 골라봤다.

 SF 영화는 대부분 미지의 외계에 대한 막연한 두려움과 공포 등의 소재가 많았다. 외계인을 다루거나 시대적 상황과 환경 등을 소재로 다루며 미래를 예견했다. 또 인간이 아직은 도전해보기 어려운 우주 공간에 대한 과학적 이야기를 다룬 영화들도 있다. 지금은 일반화되었지만 로봇이나 컴퓨터, 인공지능을 소재로 한 영화도 주류를 이뤘다. 미래가 궁금하다 보니 지금보다 앞선 미래의 궁금증을 영화를 통해 보여주기도 했다. 인간의 무한한 상상력을 바탕으로 현재에서 과거와 미래를 넘나드는 초시간적인 소재를 앞세워 시간여행을 떠나는 이야기도 있었다.

 이와 같은 SF 영화는 사람들이 영화를 보면서 자연스레 언젠가는 현실화될 것이라는 기대감을 갖게 해준다. 또 그런 기대는 기술적으로 익숙하게 만들고 사람들은 기술이 구현되길 바라기도 한다. 따라서 영화에서 나온 새로운 기계나 장치가 상용화되면 사람들은 이에 대한 피로감이나 저항이 적어진다.

 ETRI의 정보통신체험관에는 SF 영화 제작소 같은 문구가 적혀 있다. 바로 "ETRI의 현재가 세상의 미래다"라는 표현이다. 250여 개나 되는 연구원들의 실험실을 가보면 이를 바로 실감할 수 있다. 미래의 인터넷은 어떻게 변할까? 미래에도 스마트폰을 쓸까? 자율주행차는 언제쯤 탈 수 있을까? 차세대 반도체는 어떤 것일까? 미래에도 방송을 할까?

 이러한 미래의 기술을 연구하기 때문에 실험실에서는 적어도 우리가 보는 전자통신 제품의 3~10년쯤의 앞선 모습을 볼 수 있다. 그렇기에 간혹 실험실과 현실을 혼동하기도 한다. 물론 이런 기술들이 우리의 일상이 되기 위해서는 많은 시간이 소요된다. 연구진이 기술을 개발하면 업체에 기술이 이전되어야 하고, 제품으로 만들어 상용화를 위한 노력을 해야 하기 때문이다.

때로 친구들이 "너 ETRI 다니니까 선물로 최신 스마트폰 한 대 줘라"라고 농담을 던지곤 한다. ETRI는 본래 원천기술을 개발하는 곳이다. ETRI 연구원의 실험실에는 완제품이 없다. 'R&D 기술 성숙도(TRL, Technology Readiness Level)'라는 것이 있다. 아이디어 도출부터 기초 이론과 실험, 실험실 규모의 검증, 시제품 제작, 파일럿 시제품 제작, 신뢰성 평가, 시제품 인증 및 표준화, 사업화 총 9단계로 이뤄진다. 연구원 대부분은 연구 과제를 시작하기 전 기획서에 해당 부분을 명시한다. 대개 연구원들은 6~8단계 정도의 수준으로 연구를 진행한다. 완제품을 만들거나 사업화가 연구원의 프로젝트에는 포함되어 있지 않다.

최근 ETRI에서 발간한 《미래를 사는 기술 5G 시대가 온다》에서는 5G를 설명하면서 SF 영화 속 상상이 현실이 되는 예를 자세히 소개하고 있다. 〈마이너리티 리포트〉, 〈그녀〉, 〈아이언 맨〉의 대표적 등장인물로 이야기를 전개하고 있다. 존 앤더튼, 사만다, 자비스를 통해 우리의 미래를 마음껏 상상해본다. 또한 앞으로의 세상은 〈매트릭스〉가 보여준 세상과 비슷해질 것으로 예측한다. 물리적 세상과 가상 세계가 앞으로는 더욱 밀접하게 결합된다는 것이다. 이것은 사이버 물리 시스템(CPS)이라고 불린다. 가상 세계가 내가 쓰고 있는 스마트폰이나 PC에서 작동하고 스크린에 나타나는 세상이 머지않았다.

위 책에서는 개인 맞춤형 인공지능 비서, 스마트 홈(빌딩) 기반 서비스, 개인 보안 및 공공 안전 서비스, 가상현실(VR), 증강현실(AR), 원격 화상회의, 스마트 교통 및 자율주행 서비스 등 각 사례를 들어 SF 영화 속 이야기를 들여다보고 있다.

기억에 남는 SF 영화로는 1926년 작인 독일 영화 〈메트로폴리스〉를 들 수 있다. 이 영화는 미래를 100년 뒤인 2026년으로 상정하며 공중전화 부스처럼 생긴 곳에서 화상통화의 초기 모습을 보여준다. 물론 지금은 스마트폰으로도 화상통화가 되지만 감독의 미래를 내다보는 눈에 깜짝 놀라지 않을 수 없다.

1968년에 개봉한 〈스페이스 오디세이〉의 경우 우리가 흔히 쓰고 있는 스마트 패드를 선보였다. '패드'를 이용해 신문을 보는 장면이 나온 것이다. 애플과 삼성전자 간 특허 소송에서도 삼성전자가 증거로 제출한 것 중 하나가 바로 이 영화라고 해서 유명세를 치른 바 있다. 40년 전 영화에도 나온 패드라고 말했을 것이다. SF적 요소를 두루 갖춘 영화로, 우주 개발에 대한 기대가 커지면서 신세계에 대한 막연한 동경에서 실제 탐험으로 이어지는 상상을 표현한 영화다. 흥미로운 것은 우주선 중앙 통제 컴퓨터 HAL9000이다. 컴퓨터 '할'은 우주선 내부에서 반란을 일으키는 등 자아를 가진 컴퓨터로 등장한다. 우리가 요즘 고민하는 문제를 이미 수십 년 전에 다루고 있다.

1982년 작 〈블레이드 러너〉를 보면 당시 배경이 2019년이었다. 37년 후의 미래를 그렸지만, 그들이 바라보던 미래가 우리에게는 고작 1년 남았다. 영화에서는 3차원 데이터 복원 기술이 나온다. 이 기술은 ETRI에서도 연구한 바 있다. 또한 도심의 화려한 마천루와 불빛을 보여주고 있는데 우리의 현실과 너무 닮았다. 오늘날 환경오염으로 지구가 중병을 앓고 있는데, 영화에서도 미세먼지와 대기오염에 찌든 지구를 보여준다.

드라마 중에도 SF와 관련하여 인기 있는 작품이 있었다. 바로 〈전격 Z

작전〉으로 필자도 학창 시절 아주 재미있게 본 작품이다. 당시 인기였던 〈맥가이버〉, 〈에어울프〉와 함께 외화 트로이카를 구가하던 드라마다. 미국 NBC에서 1982년부터 5년간 인기리에 방송되었고, 우리나라에서는 1985년부터 3년간 KBS를 통해 방송되었다. 이 드라마 주인공으로는 데이빗 핫셀호프(마이클 나이트 역)가 열연했다. 무엇보다 이 드라마에서는 인공지능이 탑재된 자율주행차 '키트'의 활약을 잊을 수 없다. 이 드라마에서는 음성인식, 가상현실, 인공지능 등의 미래 기술을 엿볼 수 있었다.

1987년 작 〈백 투 더 퓨처〉는 그야말로 최고의 인기 영화였다. 영화에서 예상한 미래는 2015년으로 우리에게는 이미 과거가 되었다. 주인공 마이클 J. 폭스(마티 맥플라이 역)는 극 중에서 롤러가 없는 보드를 타며 하늘을 날았다. 지금 우리도 하늘을 날지 못하지만 이 같은 보드는 이미 '호버보드(Hoverboard)'라는 이름으로 시판 중이다. 또 이 영화에서는 홀로그램, 구글 글라스와 같은 형태의 기기들을 보여줬는데 굉장한 충격이 아닐 수 없다. 특히 운동화 끈을 자동으로 조여 주는 장면이 연출되었는데, 나이키가 영화 탄생 30주년을 맞아 실제와 비슷하게 선보였다. 바로 '나이키 하이퍼 어댑트(hyper adapt)' 1.0이다. 이 운동화는 영화처럼 맞춤형 끈 조임 장치가 장착되어 있는데, 운동화 밑바닥에 신발 끈을 조여 주는 장치가 있다. 운동화를 신게 되면 내장된 센서가 작동해 신발을 자동으로 조여 준다.

필자가 연구원을 찾은 학생들에게 강연할 때 늘 소재로 삼는 영화가 있다. 바로 2002년 작품 〈마이너리티 리포트〉다. 이 영화에서는 증강현실, 투명 유리 디스플레이, 무인자동차, 정보보호 기술로 홍채인식 기술 등이 나온다. 모두 ETRI에서 연구하고 있는 기술로 더 흥미를 유발한다. 주인공 톰 크루즈(존 앤더튼 역)가 손동작으로 데이터를 검색하면 3D 형태의 보조화면 창이 여러 개 뜨면서 비춰지는 증강현실은 이미 우리 실생활 가까이에 와 있다. 영화에 나오는 투명 유리 디스플레이는 이미 상용화되었고, 무인자동차는 평창 동계올림픽에서 일반인들 대상으로 시연을 했다. 홍채인식 기술은 이미 삼성전자 스마트폰 갤럭시 시리즈에 탑재되어 상용화되었다.

또한 손가락에 골무와 같은 센서를 달고 여러 화면을 제어하는 장면이 나온다. 바로 다중 상호작용 인터페이스 기술이다. 필자는 이런 기술과 유사한 기술도 연구 실험실에서 본 적이 있다. 예컨대 내 스마트폰 속의 영상을 앞으로 뿌려 스크린을 통해 함께 볼 수 있다는 얘기다.

근래의 SF 영화 가운데 백미를 꼽으라면 필자는 〈아바타〉를 선택하고 싶다. 2009년 당시 영화를 보는 내내 멍하니 빠져 있었고, 영화를 본 뒤에는 머리를 망치로 맞은 듯한 느낌을 지울 수가 없었다. 역시 제임스 카메론이다라는 감탄사가 절로 나왔다. 지구의 가까운 미래에 겪는 에너지 문제 해결을 위해 판도라 행성에서 만나는 토착민 '나비(Na'vi)'에게 인간의 의식을 주입해 원격으로 컨트롤 할 수 있는 아바타를 만든다는 천재적인 창의성을 엿볼 수 있었던 영화였다. 미래에 일어날 수 있는 자원 고갈의 문제를 다뤘다는 점에서 과학적인 요소를 충분히 느낄 수 있었다. 특히 〈아바타〉의 배경이 된 판도라의 네온 빛이 물든 풍경, 3D 화면에서 느껴지는 감정은 잊을 수 없는 SF적 판타지였다.

같은 해 개봉했던 〈써로게이트〉는 최근 주목받고 있는 뇌·컴퓨터 인터페이스(BCI) 기술을 다루고 있다. 인간의 존엄성과 기계가 갖고 있는 무한 능력을 결합하여 발명한 대리 로봇 이야기로 흥미진진한 볼거리도 즐길 수 있다. 2015년에 개봉한 〈엑스 마키나〉 또한 인공지능의 미래를 잘 보여준다. 극 중 인공지능 여성 로봇인 매혹적인 '에이바'를 잊을 수 없다.

인공지능이 인격을 가질 수 있는지, 또한 주인공들 중 누구의 말이 진실이고 관계가 어떻게 될 것인지를 놓고 궁금증을 유발시킨다. 흥미로운 이야기와 함께 멋진 미래의 모습을 보여줘 인상에 남는다. 아울러 크리스토퍼 놀란 감독의 〈인터스텔라〉와 리들리 스콧 감독의 〈마션〉도 빼놓을 수 없는 SF 수작이다.

ETRI 연구진의 공간 증강 인터랙티브 기술 개발 과정

05

전 세계인이 사용하는 MPEG와 UHD TV
차세대 방송 기술과 국제표준

하나의 기술표준을 만들기 위한 노력은 각별하다. 표준을 제정하거나 채택하는 일은 한 연구소 또는 한 국가가 뛰어나다고 해서 결코 이뤄지는 일이 아니다. 이해를 달리하는 수많은 동종 업계와 국가, 전문가들을 설득하는 일이 수반되기 때문이다. 또한 기술의 이해는 국익과 직결되기에 각국에서 계산기를 튕기며 이해득실을 따지는 일이다. 그만큼 독창적이고 모두를 이해시키지 않고는 어려운 작업이다. 그래서 국제표준의 길은 험난하기만 하다.

하나의 기술이 국제표준이 되면 사회적·경제적으로 매우 큰 파급 효과를 가져온다. 맨 먼저 기술의 독립을 생각할 수 있다. 기술이 표준이 되면 세계 모든 사람들에게 영향을 미친다. 반드시 그 기술을 써야 하기 때문이다. 국제표준 기술은 특히 우리나라를 ICT 강국으로 견인하는 데 큰 역할을 했다.

국제표준 특허란 각 표준화기구에 참여하는 기업이나 기관이 기술의 표준화와 관련된 활동을 하면서 국제표준과 관련된 특허를 해당 표준화 기구에 인증을 받는 일이다. 제품을 만들 때 해당 특허를 침해하지 않고는 생산이나 판매가 어렵다. 그래서 특허가 중요하고 특허권을 필수적으로 사용하도록 하는 것이다.[38]

ETRI는 국제표준 특허로 이름이 높다. 특허 보유 수만 봐도 우리나라에서 삼성전자, LG전자와 더불어 3위를 기록하고 있다. 기업의 경우 특허가 돈으로 연결되지만 국책연구기관인 ETRI의 경우 상황이 좀 다르다. 국제표준 특허가 국부로 연결되기 때문이다.

ETRI의 경우 2017년 기준 국제표준 특허 수가 772개다. 특허마다 시기, 종류, 방법 등에 있어 차이가 있지만 특허 한 개의 가치가 약 1,000만 달러의 가치가 있다고 한다. 이렇게 가정했을 때 ETRI가 보유한 지식재산 가치만 따져도 엄청나다.

국제표준화기구(ISO)와 국제전기기술위원회(IEC), 국제전기통신연합(ITU) 등 세계 3대 표준화기구를 통해 최종 인증 받은 우리나라의 표준특허 누적 건수가 2018년 올해 처음으로 독일을 이겼다. 세계 5위의 특허강국이 된 것이다.

특허청 자료에 따르면 2017년에 발표한 지난 2013년부터 3년간 표준특허 누적 건수 자료에 따르면, 국내 기관에서는 삼성전자(360건)가 세계 3위로 우리나라에서 수위를 차지했다. 연구기관인 ETRI가 그다음을 이었다. 즉 ETRI는 표준특허 누적 건수에서 세계 10위(210건, 국내 2위)를 기록했다.

ETRI가 보유하고 있는 국제표준 특허는 ISO/IEC에 167건으로 MPEG-A, HEVC, MPEG-V, UHF-RFID 등이 등록되어 있다. IEEE에는 166

세부 국제표준화기구별 분류

표준화기구	비고
3GPP	WCDMA, LTE, IMS, IPTV 등
ATSC	ATSC3.0, 3D TV, PMCP 등
ITU	VoIP-codec, NGN, G.8031 등
IEEE	WiFi, WiBro, WiGig, WPAN 등
ISO/IEC	MPEG-A, HEVC, AVC, MMT, USAC, MPEG-V, DASH, UHF-RFID 등
DVB	DVB-FF, DVB-H, DVB-T2 등
기타	OMA, DMB, DRM, ECMA, TVAF 등

건이 등록되었고 주로 와이파이(WiFi), 와이브로(WiBro), 와이기그(WiGig), WPAN 등 이동통신기술이다. ITU에는 113건으로 VoIP-codec, NGN, G.8031 등이 등록되어 있다.

이처럼 ETRI의 국제표준 특허는 이동통신 분야와 방송 미디어 분야에 집중되어 있다. 이런 상황에서 최근 우리나라 차세대 방송 기술이 국제표준에 채택된 소식은 반갑다. 2017년 10월 우리 기술로 개발한 하나의 지상파 채널로 UHD 및 이동 고선명(HD) 방송을 효율적으로 서비스할 수 있는 기술인 계층 분할 다중화(LDM) 기술을 포함하는 'ATSC3.0'이 국제표준으로 최종 승인되었다.

이 기술은 차세대 지상파 방송의 주파수 효율성 및 서비스 다양성을 획기적으로 높여주는 새로운 개념의 핵심 원천기술이다. 현재의 HD TV 방송에서 향후 UHD TV 방송으로 전환함에 있어서 별도의 주파수 자원 없이 고정 UHD 및 이동 HD 방송을 제공할 수 있기 때문에 막대한 기술적, 경제적 파급 효과를 유발할 수 있다. 특히 이번 ATSC 국제표준화는 차세대 방송 표준에 대한 기대감과 함께 우리나라 기술로서 세계의 표준이 되어 이후 파급 효과가 클 것으로 전망된다.

미국 연방통신위원회(Federal Communications Commission)는 2017년 11월 16일자로 차세대 지상파 방송 표준규격(ATSC3.0)을 최종 승인했다. 따라서 향후 미국 방송사들은 자발적으로 이 표준 기술을 활용해 초고화질 방송(UHD TV)은 물론 다채널 HD TV, 모바일 HD TV, 재난 발생 시 긴급 경보 방송 등 다양한 서비스를 제공하게 될 것이다.

허남호 전 ETRI 방송시스템연구부장은 "전례 없이 미디어 플랫폼(지상파 방송, 케이블 방송, 위성 방송, IPTV, OTT, 4G eMNMS, 5G MBMS)들의 경쟁이 아주 치열하다. 앞으로 IP 기반의 'ATSC3.0'이라는 새로운 표준 기술로 인해

ETRI 연구진의 초고화질(UHD) TV 시연 모습

연구진이 고효율 비디오 코덱(High Efficiency Video Codec) 기술을 이용해 초고화질(UHD) TV를 시연하고 있다.

미국의 미디어 시장에서 어떤 새로운 구도가 펼쳐질지 지켜보는 것이 아주 흥미롭다"고 말한다.

한편 UHD TV 방송뿐만 아니라 온라인 서비스, 영상회의, 디지털 사이니지(Digital Signage : 디지털 정보 디스플레이를 이용한 옥외 광고) 등 영상과 음향을 제공하는 모든 응용 분야에서 필수적으로 사용되는 기술은 MPEG에서 표준화한 영상과 음향 압축 기술이다. ETRI는 기존 비디오 코덱인 AVC 기술보다 두 배 이상의 데이터 압축이 가능한 영상 압축 기술(HEVC)과 다채널·다객체 서비스를 제공할 수 있는 음향 압축 기술(MPEG-H 3D Audio)을 개발하여 다수의 기술을 국제표준으로 채택시켰다.

특히 AVC를 포함해서 HEVC에 채택시킨 국제표준 특허를 MPEG-LA와 같은 표준 특허 풀에 등재하여, 2005년부터 2016년까지 약 167억 원의 기술료를 거두었다. 2016년 한 해 국가 기술 무역수지 적자가 60억 달러인 점을 고려하면, 국제표준 특허로 인한 기술료 수입은 향후 국가 기술 무역수지 적자를 줄이는 데 크게 기여할 것이다.

──── 06 ────

무궁무진한 드론의 세계,
드론 어떻게 활용해야 할까?
무인이동체 시스템 기술

　남태평양 한가운데 참치를 잡기 위한 대형 어선에는 헬리콥터가 머물고 있다. 이 헬리콥터는 조업을 위해 중요한 역할을 담당하는데, 본격적인 참치 잡이가 시작되면 주변 바다를 정찰하기 위해 어선의 앞머리에서 진두지휘하며 먼저 나서기 때문이다. 원양어선의 소대장 역할을 헬리콥터가 하고 있는 셈이다. 보다 많은 어획량을 획득하기 위해 최첨단 장비를 총동원하는데 헬리콥터가 중요한 역할을 하는 것이다.
　하지만 이제는 헬리콥터의 역할을 무인기, 드론 등이 대신할 것으로 예상된다. 헬리콥터보다 작지만 빠르고 보다 높은 고도에서 더 넓은 바다의 정찰이 가능하기 때문이다.
　최근 드론의 인기가 하늘을 찌른다. 과연 드론은 하늘 높이 얼마까지 날 수 있을까? 드론은 지상에서 150미터 이내의 지공역(Air Space) 범위 내에서 운항이 가능하다. 25킬로그램 미만의 드론의 경우는 향후 운항하기 위해 허가도 필요 없게 될 전망이다.

하지만 무게가 150킬로그램 이상 나가는 대형 무인기의 경우 통신이 절대적으로 필요하다. 향후 드론이 보다 일반화된다면 드론도 인공위성과 마찬가지로 두뇌 역할을 하는 탑재체나 모니터링하는 지상국이 필요할 것으로 보인다. 그렇게 되면 드론을 위한 통신이 필요할 것이다. 우리가 쉽게 쓰고 있는 와이파이(WiFi)로는 충분하지 않아 스마트폰용으로 쓰이는 셀룰러 방식의 통신이 드론에도 적용되어야 한다. 즉 저고도 드론은 와이파이 등을 써도 되지만, 고고도 무인기에는 반드시 새로운 통신이 적용되어야만 한다.

ETRI는 드론의 통신이나 공중의 드론이 운항하며 서로 부딪히지 않게 하는 연구를 수행 중에 있다. 아울러 정보보호연구본부와 함께 드론의 보안에 대해서도 연구하고 있다. 또 실내에서는 드론을 띄우기가 어려운데 실내 영상 데이터를 이용해 실내 비행을 할 수 있는 연구도 하고 있다. 서울 강남의 테헤란로 근처에서는 주변에 빌딩이 많아 드론을 띄우기 어려운 구조다. 드론의 위치인식을 GPS가 하고 있는데 빌딩 숲에 가려져 신호가 잡히지 않는다. ETRI 연구진은 도심의 건물지도 영상을 가지고 내가 현재 어느 위치에 있다는 것만 알려주면 바로 드론을 띄울 수 있는 연구가 한창 개발 중이다. 또한 연구진은 한국형 다목적 기동헬기인 수리온에 적용된 고신뢰 실시간 운영체제(OS)인 '큐플러스 에어'를 확장하여 드론에 탑재하는 연구도 진행하고 있다. 물론 드론뿐만 아니라 가장 시급한 배터리 문제 해결도 큰 연구 과제다.

드론의 가장 큰 문제점 가운데 하나는 바로 보안이다. 드론이 인기가 높아지자 악용하는 사례가 늘고 있기 때문이다. 드론의 보안 문제는 드론의 통신을 가로채거나 GPS 신호를 위조하여 드론을 포획하는 방법 등이 있다. 또 전파 교란(jamming)에 의한 통신을 방해하여 드론의 가용성을 훼손시키는 방법과 드론 내에 저장된 정보를 전달할 때 이를 가로채거나 중간에 변조해서 전달하는 무결성 훼손 방법도 있다. 드론 내부에 악성코드를 감염시켜 드론 내의 정보를 유출하는 방법이나 드론을 이용한 개인의 프라이버시 침해도 큰 문제다. 이외에도 무단으로 영상을 촬영하거나 비행 금지 구역에의 진입, 비행경로 이탈과 같은 불법행위 등을 드론의 문제로 보고 있다.

필자가 살고 있는 대전의 경우 드론 띄우기는 사실상 어렵다. 연구원이 밀집한 대덕특구의 경우 국가 보안시설이 많고, 특히 원자력연구원과 같이 국가 최고 보안시설은 언제든 외부로부터 위해를 받을 수 있는 지역이어서 반경 2킬로미터 내 드론 비행이 원천적으로 금지된다.

또한 드론이 악용될 경우 여러 문제의 소지가 될 수 있다. 드론에 폭탄이나 화학물질을 운송해 터뜨릴 수도 있기 때문이다. 따라서 드론 내부 프로세서 등에 이를 원천적으로 막는 칩 등을 내장하는 방안도 고려하고 있다. 아울러 레이더를 이용해 영상을 보고 근접하는 드론 자체를 미리 차단하는 방법도 고려할 수 있다.

한편 드론은 우리 생활 속에 깊숙이 자리해 여러 문제점들을 해소할 수 있을 것으로 보인다. 특히 봄철이나 여름철 녹조로 인해 수질이 나빠져 많은 피해가 발생하고 있는데 드론을 활용해 고정 센서를 달아 녹조 현상의 심각도를 측정할 수 있다. 또 녹조 발생 지역의 현황을 통신으로 보내주어 모니터링도 가능할 것으로 보인다. 그렇게 되면 센싱된 데이터를 현장에서 모아 녹조가 더 확산될지, 확산되지 않을지 여부 등을 인공지능으로 판단할 수 있게 된다.

사이버 물리 시스템(CPS) 개념을 적용하면 보다 현실감 있는 드론의 활용을 예상해볼 수 있다. 드론이 녹조 관리와 같은 일을 하기 위해서는 자율 운항이 가능해야 한다. 드론이 운항하면서 다른 물체에 부딪혀 망가지거나 분실되면 안 되기 때문이다. 따라서 실제 드론은 날고 있지만 내 컴퓨터상에서도 날 수 있게 한다면 보다 효율적인 관리가 이뤄질 것이다. 그렇게 되려면 다양한 연구와 노력이 뒤따라야 한다. 먼저 드론에 비행 제어 SW를 만들어 드론을 제어하는 시뮬레이터가 필요하다.

연구진은 ETRI 미디어연구본부에서 영상을 찍어 실험실을 모델링하고 가상공간에서 드론이 운항한 비행 데이터를 모아 머신러닝 기능으로 가상공간에서 수행한 학습을 현실 공간의 학습으로 변환하는 알고리즘을 설계하고 있다. 이를 통해 컴퓨터상에 날고 있는 드론과 실제 날고 있는 드론을 일체화한다는 것이다.

현재 드론 업계의 스티브 잡스라 불리는 중국의 왕타오(汪滔)가 창업한 DJI에서 개발한 드론이 세계적으로 유명하다. 드론 산업 분야에서 최고의 선두에 있는 기업을 말할 때 많은 사람들이 DJI를 손꼽는다. 일명 드론계 애플이라고도 칭한다. DJI가 개발한 드론의 경우 드론이 비행하다가 장애물을 만나게 되면 회피하는 기능이 있다. 드론이 비행하다가 벽에 부딪힐 위험이 있다면 스스로 장애물을 피한다는 것이다.

향후 개발되는 드론은 인간의 잠재의식과 창의력을 최대한 끌어올릴 것으로 보인다. 만약 드론이 대륙을 횡단하는 일이 벌어진다면 당연히 위성을 통해 제어하는 시대가 될 것이다. 그렇게 되면 위성과 드론과 자동차가 연결이 될 수 있을 것이다. 이 같은 기술을 통해 보다 다양한 사물인터넷(IoT) 시대가 활짝 열릴 것으로 전망된다.

2017년 11월 말 우리나라 최초로 드론이 4킬로미터를 날아 섬마을에 택배를 날랐다. 드론 집배원 시대가 열림을 보여준 사례다. 이날 드론은

8킬로그램 무게의 택배를 고도 50미터 상공으로 10분 동안 전라남도 고흥에서 득량도로 날아가 우편물을 배송했다. 집배원이 배달한다면 2시간 걸릴 일을 드론이 10분 만에 끝냈다. 게다가 사람이 수동으로 원격조종한 것이 아니다. GPS 좌표를 이용해 드론의 이륙에서부터 비행, 배송, 귀환까지 택배 배송의 전 과정이 자동으로 이뤄졌다. 드론에는 카메라, 택배 보관함, 정밀 이착륙 제어장치 등이 탑재되어 있다. 드론을 이용한 우편물 배송은 국내에서도 2022년부터 서비스될 예정이다. 최초 시연 역시 ETRI 연구진이 이뤄낸 성과다.

ETRI의 이병선 무인이동체 시스템 연구그룹장은 "향후 미래의 드론은 곤충이나 새, 파리처럼 날갯짓을 하는 극소형 드론이 될 것으로 보인다. 지금은 드론이 소리가 나고 전기 소모가 많은데 이를 줄이기 위한 방법이다"라고 설명한다.

이 연구그룹장의 말은 2017년에 개봉한 영화 〈스파이더맨: 홈커밍〉에서 일부 재현되었다. 드론이 미래 과학기술을 예고라도 해주듯 흥미로운 장면들을 선보였다. 영화 속 거미 모양의 미니 드론은 스파이더맨이 처리해야 할 상황을 미리 가서 정찰해보고 돌아와서 알려준다. 앞으로의 드론은 이런 형태로 진화할 것이다. 놀라운 점은 영화에 나온 미니 드론을 아마존에서 판매한다는 점이다. 그리고 캐나다 퀘벡에 위치한 셔브룩(Sherbrooke)대학교에서는 실제로 벽에 찰싹 달라붙는 자율비행 드론 'S-MAD'를 선보였다. 드론이 벽에 착륙하도록 하는 방식을 설계할 때 작은 새들이 걸터앉는 모습에서 그 힌트를 얻었다고 한다. 이 드론은 향후 재난 현장이나, 공중 모니터링, 건물 검사 등에 활용된다고 한다.

미래의 드론은 분명 사람을 태우고 이동할 것이다. 이미 2017년 9월 두바이에서는 이런 일이 벌어졌다. 첫 드론 택시 시범 운행이 이뤄진 것이다. 독일의 드론 제조업체인 볼로콥터(volocopter)가 2인승 드론 택시를 5분간 비행했다. 이 드론은 6개의 삼각 축에 3개씩 모두 프로펠러가 18개 달렸다. 이 드론의 최대 속도는 $100km/h$이며 최장 운항 시간은 30분이다. 9개의 독립적 배터리 시스템으로 운영되며 최고의 안전을 자랑한다고 한다. 드론의 이름도 재미있다. '자율운항 택시(AAT, Autonomous Air Taxi)'다. 아마도 두바이가 전 세계에서 가장 먼저 AAT를 상용화할 도시로 보인다. 중국도 이에 뒤질세라 드론 제조업체 이항(EHANG)이 택시 '이항 184'를 내놓았다. 볼로콥터의 AAT와 가장 큰 차이점은 프로펠러 개수다. 이항 184는 프로펠러가 4개로 쿼드콥터다. 승객 1명을 태우도록 설계된 1인용 유인 드론이다. 다만, 프로펠러가 적어 1개만 잘못되면 추락할 확률이 크다. 이항도 올해 두바이에 드론 택시를 운항하겠다고 밝혔다. 이항 184의 최대 속도는 $100km/h$이고 배터리로 움직이며 최대 체공 시간은 25분이라고 한다. 무엇보다 안전성이 입증되어야 본격적인 상용화가 이루어질 것으로 보인다.

드론 택시의 경우 조종사가 필요 없다. 목적지를 내비게이션에 입력하기만 하면 된다. 어찌 보면 앞으로는 무인 세상으로 모든 것이 변할 수도 있겠다. 자율주행차를 타고 가다가 드론 공항에 들르면 드론이 나의 자율주행차를 들어 올려 무인차가 가기 어려운 곳을 대신 이동시켜준다. 그러면 원하는 지역에서 다시 자율주행차를 타고 이동한다. 이런 시나리오가 현실화된다면 두 번의 무인이동체가 사람을 옮기게 되는 셈이다. 선박까지 무인화된다면 더 재미있는 상황이 펼쳐질 것 같다.

현재 정부에서도 미래의 드론 길(空域)을 만들기 위해 분주하다. 무게 12킬로그램 이하의 작은 드론의 경우 비행 고도 150미터 이하에서 운행할 수 있도록 규정되어 있다. 하지만 덩치가 큰 드론의 경우 더 위로 올라가야 할 것이다. 국제민간항공기구(ICAO)는 무인기도 유인기와 같은 원칙이 항행에 유지되어야 한다고 주장한다. 비행물체 간 어느 정도의 간격을 유지해야 하고 비행기가 보내는 신호처럼 무인기도 따라야 한다는 것이다. 유인기가 항행하는 구역에 무인기가 들어와 방해한다면 큰 문제가 되기 때문이다.

특히 유인기의 경우 파일럿이 관제탑과 연락하면 통신이 끝나지만, 무

ETRI 연구진의 무인이동체 시스템 기술 연구

인기의 경우는 통신 체계가 복잡해서 관리에 주의를 기울여야 한다. 예컨대 무인기가 관제탑과 통신하면 지상 관제소에 연락해야 하고, 지상 관제소가 다시 무인기에 신호를 줘야 하기 때문이다. 이와 같은 복잡한 관계에서 통신규칙도 시급히 제정되어야 할 과제다.

이 연구그룹장은 만약 드론의 배터리 문제가 영구적으로 해결된다면, 스마트폰이 바로 드론이 될 수도 있을 것이라고 전망했다. 스마트폰 케이스 같은 것이 날개로 활용되어 이를 펴서 스마트폰과 연결해 날 수 있다는 것이다.

지난 평창 동계올림픽 개막식은 ICT 잔치였다 할 만큼 최첨단기술들이 총출동했다. 특히 1,218대의 드론이 펼친 환상적인 쇼는 전 세계인의 이목을 집중시켰다. 이 드론들은 스노보드를 탄 선수와 오륜기를 연출하기도 했다. 드론 쇼의 핵심 기술은 자율비행과 군집 비행 기술이었다.

이처럼 드론은 우리의 생각보다 더 빨리 일상생활 속에 침투할 것으로 보인다. 드론이 일상화되면 어떤 일들이 벌어질까? 생각지 못한 많은 변화가 일어날 것으로 예상된다. 자동차가 없어질 테고 주거 형태도 많이 변할 것으로 보인다. 드론으로 언제든 쉽게 날아 이동할 수 있는데 구태여 도심 지역의 아파트 같은 곳에서 다닥다닥 붙어 살 필요가 있을까? 아마도 드론 차고지를 만들 수 있다면 산 좋고 물 좋은 곳에 아파트를 대신하는 주거 지역이 인기가 높아지지 않을까?

07

통신위성 천리안의 비밀과
우주 주권을 위한 노력
위성통신 기술

2017년 10월 우리나라 '무궁화 위성 5A호'가 발사되었다. 이는 방송통신 위성으로 기존 커버리지보다 더 넓게 위성방송을 보여주고자 발사한 위성이다. KT가 주관했고 이번 위성 발사로 일본은 물론 동남아, 중동 지역까지 우리의 방송을 생생하게 전달할 수 있게 되었다. 다만, 위성은 외국산이다. 위성 제작은 프랑스 업체인 탈레스 알레니아 스페이스(Thales Alenia Space)가 맡았고, 발사는 미국 상업 우주발사 기업인 스페이스X가 플로리다 우주기지에서 수행해주었다. 그리고 지상과 통신하는 지상관제 시스템은 ETRI가 맡았다. ETRI 연구진은 천리안 통신위성 개발 사업을 통해 확보한 기술을 바탕으로 지상관제를 할 수 있었다.

　무궁화 위성 발사 기사가 보도되고 난 뒤 각계각층의 수많은 인사들부터 일반 대중에 이르기까지 우려의 목소리가 제기되었다. 우리가 만든 독립적 위성이 아니라는 점 때문이었다. 어떻게 하면 우리의 힘으로 위성을 쏘아 올릴 수 있을까? 과연 우리의 힘으로 가능할까? 이에 대한 답은 '가능하다'는 것이다. 그런데 우리나라 기업이 이용하지 않을 뿐이다.

위성의 기술은 크게 네 가지로 나눌 수 있다. 첫 번째는 위성체 버스 기술이고, 두 번째는 탑재체 기술이다. 세 번째는 발사체 기술이고, 네 번째는 지상국 기술을 들 수 있다.

지난 2010년 6월 '천리안 1호 위성'이 발사되었다. 우리나라 최초로 독자 개발해 우주로 발사한 '통신해양기상위성(COMS, Communication Ocean & Meteorological Satellite)'이다. 이 위성의 수명은 대략 7년 내외다. 설계 시 수명은 7.8년이었다. 대략 7년이라면 이미 수명을 다했을 것이다. 하지만 아직도 활동 중이다. 이미 예상보다 6개월이나 지났다. 연료가 관건인 것이다. ETRI에서 개발한 통신 탑재체 수명은 12년이다. 물론 위성의 연료가 소진된다면 탑재체 수명의 의미가 없어진다. 천리안 위성은 정지궤도 위성이다. 지구와 함께 자전하면서 돌고 있지만 동경 128.2도가 원래 궤도다. 위성이 수명을 다하면 어렵게 확보한 정지궤도도 반납해야 한다.

천리안은 그동안 기상 탑재체 외에도 해양 관측 탑재체와 통신 중계기를 싣고 다양한 임무 수행이 가능했다. 천리안 위성은 지난 7년 동안 맡은 임무를 충실히 수행하며 통신은 물론 해양·기상 정보를 우리나라에 보내주는 등 국민 편의에 기여해왔다.

ETRI는 천리안 위성 내 두뇌에 해당하는 통신 탑재체를 개발했다. 또한 지상과 위성 사이를 연결하고 통제하는 위성관제를 담당했다. 이 두 가지 기술은 성능 면에서 세계적 수준의 기술력을 자랑하고 있다. 천리안 위성은 그동안 위성통신 공공서비스, 위성 신호 측정, 지상 단말 시험, 위성관제 등의 임무를 수행해왔다. ETRI가 개발한 통신 탑재체는 주파수가 20~30기가헤르츠(GHz)의 고주파 대역인 'Ka' 대역이다. 이 대역은 넓은

ETRI 연구진의 위성통신 시스템 연구

연구진이 천리안 위성 탑재체 내부의 통신위성 중계기를 살펴보고 있다.

대역폭을 갖는데 비구름에 전파 간섭을 잘 받는 것이 흠이다. 이에 ETRI 연구진은 위성에서 보내오는 사진이나 영상, 데이터가 비구름에 가려져 통신에 방해를 받지 않도록 하는 기술을 개발해야 했다.

연구진은 Ka 대역 신호의 강우 감쇠(減衰)에 대한 취약점을 해결하기 위해 노력했다. 여기서 감쇠란 파동이나 입자가 물질을 통과할 때 일부가 흡수되거나 산란되면서 에너지 또는 입자 수가 감소하는 현상을 말한다. 그래서 만든 것이 바로 '적응형 모뎀 기술'이다. 이 기술은 우천 및 비우천 시를 구분하여 자동으로 신호를 변경해주는 모뎀 기술이다. 그동안 대역폭이 좁은 주파수 대역 위성 신호의 경우 강우나 빗방울에 따른 전파 신호 감쇠나 산란 등이 발생하는 강우 감쇠가 작기 때문에 많은 위성들이 L, S, C, X, Ku 등 저주파 대역을 사용하고 있었다.

또한 탑재체 내 인쇄 회로기판(PCB)을 작은 반도체 칩으로 재설계하여 안정성과 수명을 높여 신호 손실도 줄였다. 아울러 위성 탑재체와 지상에서 송수신 할 수 있는 2세대 초소형 위성단말(VSAT) 기술도 개발했다. VSAT는 초소형 안테나 단말을 말하는 것으로 직경 60~180센티미터의 접시형 안테나로 정지궤도에서 운용 중인 통신위성과 송수신 하는 소형 위성 지구국이다. 음성정보, 동영상 데이터 등 통신위성을 통해 송수신이 가능하다.

ETRI 연구진은 초소형 위성 단말을 이용하여 군, 해양경찰청, 소방청 등 공공기관을 대상으로 위성통신 서비스를 제공한 결과 Ka 대역 위성으로도 경쟁력 있는 광대역 위성 서비스가 가능했다. 또한 통신 관련된 중계기 3개 채널을 개발하여 위성에 탑재해 그동안 원활한 위성통신 서비스를 제공해왔다.

그 결과 통신 탑재체가 위성 송신 출력과 수신 감도 등 성능 면에서 세계 유수의 상용 통신위성보다 우수하고 안정적임을 증명했다. 천리안의 위성 송신 출력은 63데시벨와트(dBw)이고, 세계적 수준으로 일컬어지는 유럽의 하일라스는 61.5데시벨와트 수준이다. 수신 감도도 천리안의 경우 15dB/K인데, 유럽 하일라스는 11~12dB/K정도다. 이러한 성능 비교 평가로 비추어볼 때 우리나라 통신위성 독자 기술 개발의 충분한 능력을 확인할 수 있다.

특히 천리안 위성 1호는 공공 통신위성으로서 행정안전부의 국가 재난 비상통신이나 기상청의 기상 데이터 전송, 해양수산부의 해양 관측 데이터 전송, 국방부의 군통신 서비스 등 9개 기관이 활용해왔다. 우리나라 안보와 국민 편의를 위해 활용되어 왔다. 가격은 무상이었다. 공영 방송사인 KBS의 경우도 전남 신안군 홍도에서 재난 시험 방송을 위해 천리안 위성을 활용 중이다.

천리안은 특히 북한과의 대치 상황, 지진, 태풍 등 빈번한 육·해상 재난·재해 대응 등 국가 안보 강화 및 국민 안전을 위해 위성 사용 비용과 기능 측면에서 상용 위성과 차별화된다 하겠다. 요즘에는 전파 교란에 대

비해 대응 기능을 갖춘 상시적인 공공 통신망 확보가 꼭 필요한 시점이다. 북한이 전파 교란 공격을 종종 하고 있기 때문이다. 전파 교란이란 전시에 통신위성에 방해 전파를 쏴서 위성의 기능을 무용지물로 만드는 행위를 말한다.

이와 같이 통신위성은 국가적으로 긴급 상황이나 재난·재해 시 없어서는 안 될 중요한 자산이다. 전쟁으로 통신이 되지 않을 경우 전화는 물론 연락할 방법이 전혀 없다. 통신위성은 이처럼 지상 통신망이 두절되었을 때 유일하게 대응할 수 있는 역할을 해준다. 아울러 긴급 통신뿐만 아니라 최근 들어 확산되고 있는 전국 규모의 광역 사물인터넷(IoT)이나 8K-UHD 서비스 대비를 위해서도 가능한 유일한 기술이다. 따라서 그 가치가 보이지 않을 뿐이지 파급력은 막대하다.

천리안 1호에 적용된 Ka 대역 위성 기술은 4K 초고화질(UHD) TV는 물론, 초고속 인터넷 등 광대역 서비스 제공을 할 수 있는 차세대 핵심 기술이다. 미국, 유럽 등지에서도 경쟁적 상용화가 추진 중인 최신 주파수 대역 기술이다.

ETRI 연구진은 개발한 2세대 초소형 위성단말(VSAT) 기술을 위성통신 장비 제조업체인 넷커스터마이즈, 에이셋 등에 기술이전도 완료했다. 외국산 장비 의존도가 높은 국내 위성 시장에서 Ka 대역 통신 중계기 등 위성통신 시스템 전체에 대한 기술을 확보하고 국산화에도 성공한 것이다.

특히 위성통신 기술은 일반 공간에서 검증하는 것이 아닌 우주 공간이라는 특수 상황에서 검증이 필요해 더욱더 정교해야 하며 어려운 기술이다. ETRI 연구진은 그동안 산업체를 대상으로 천리안 위성을 통해 많은 실험을 무상으로 해준 바 있다. 따라서 ETRI의 천리안 위성 탑재체 기술 보유 의미는 다양한 주파수 대역을 활용하는 독자 위성통신 기술 확보를 뜻하며 노하우의 축적이라는 큰 의미도 지닌다.

또한 미국, 유럽과 같은 선진국 주도의 대용량 위성(HTS) 탑재체 시장 진출의 핵심 기술을 확보했다는 점에서도 의미가 크다. 통신위성의 경우 그 비율이 시장 규모로 봤을 때 전 세계 위성 시장의 50퍼센트가 넘어 시장 전망도 밝다.

ETRI의 이호진 전파위성연구본부장은 "미국, 중국, 일본은 우주 통신 기술을 활용하여 지구 전체의 실시간 정보를 우주적 관점에서 논하고 있다. 이를 통해 지구 시장의 단일화와 시장 선점을 추구하고 있다. 우주 통신의 특수성을 활용해 우주 공간의 시장 선점이 가속화됨에 따라 이에 대한 착실한 대비가 필요하다"고 말한다.

ETRI 연구진은 최근 발사한 무궁화 위성은 통신위성이지만 상용 위성으로 위성방송 통신용이고, 2019년에 발사하는 천리안 2A의 경우 기상에 특화된 위성이라며 공공 목적의 통신위성 확보에 대한 추가적인 대책 마련이 필요하다고 설명했다.

산업체에서도 ETRI에 구축된 천리안 위성 산업체 테스트베드는 국내 위성 산업체가 상시 활용할 수 있는 인프라를 제공했고, 이를 통해 2세대 VSAT 상용화도 성공이 가능했다고 평가하고 있다.

또한 지상관제를 담당하고 있는 ETRI의 이병선 무인이동체 시스템 연구그룹장도 "인공위성 기술 중 지상국 기술은 100퍼센트 국산화에 도달했다. 위성 관제 시스템은 모두 개발을 마친 것이다. 지상국은 순수 우리나라에서 만들 수 있다는 얘기다. 무궁화 7호 위성 발사를 통해서도 기능과 안전성을 검증받았지만, 이번 발사한 무궁화 위성 5A를 통해 국산 인공위성 관제 시스템의 수출 가능성도 한층 높였다"고 말한다. 그는 무궁화 위성 발사를 통해 우리나라도 우주 강국으로 가는 첫걸음을 떼었다고 설명한다.

앞으로 중요한 것은 위성을 통해 보내온 센서 데이터를 어떻게 잘 가공하고 처리해서 중요한 데이터로 만드느냐가 관건이다. 이러한 알고리즘 개발은 환경 전공 분야 교수와 연구자들이 함께 머리를 맞대고 해야 할 작업이라고 연구진은 말한다.

아울러 통일에 대비해서라도 꼭 필요한 기술이 바로 위성통신 기술이다. 북한 지역에서 남한 지역으로의 통신이 현재로서는 인프라 부재로 원활하지 않기 때문이다. 따라서 초소형 위성단말(VSAT)을 이용한 위성통신 기술은 꼭 필요한 기술이며 재난·재해나 긴급 상황에서도 없어서는 안 될 필수적 자산이다.

08

과학과 예술이 융합된 창조적 콘텐츠, 프랙털 거북선

과학과 예술의 만남, 비디오 아트

필자가 살고 있는 대전은 도시를 상징하는 여러 별칭이 많기로도 유명하다. 명실상부한 '첨단 과학기술 도시', '교통의 중심지'이고, 또 '교육 도시'이자 '행정 도시'다. 최근에는 별칭을 하나 더 갖게 되었다. 바로 '4차 산업혁명 특별시'다.

이처럼 다양한 소재로 닉네임을 갖는 도시는 우리나라에서도 그리 많지 않은 듯하다. 그 밖에도 대전의 자랑으로 여길 것이 많이 있지만 무엇보다 필자는 '대전 시립미술관'을 꼽고 싶다. 대전 예술의 전당과 함께 시립미술관은 외관부터 멋진 대전의 자랑이다. 시립미술관을 명소로 든 이유는 그야말로 세계적인 작품이 설치되어 있기 때문이다. 미술관 2층에 들어서면 중앙을 꽉 채운 작품 한 점이 관람객을 맞는데, 바로 세계적인 비디오 아티스트 백남준의 작품 〈프랙털 거북선(Fractal Turtleship)〉이다.

이제 〈프랙털 거북선〉은 대전 시립미술관의 상징물과도 같은 작품이다. 이 작품은 과천 국립현대미술관이 소장한 백남준의 또 다른 작품 〈다다익선〉(1988년 작)과 견줄 만한 그의 일생의 대작으로 손꼽힌다. 필자는 특히 〈프랙털 거북선〉을 아주 좋아한다. ICT와 일맥상통하는 면도 있고, ETRI와의 인연 또한 각별하기 때문이다. ETRI에 있는 '디지털 첨성대'와 그 짝을 이루어 한국의 전통 문화와 ICT의 우수성을 한눈에 볼 수 있게 해주기 때문이다.

이 작품명에서 '프랙털(Fractal)'은 본래 물리학, 수학 용어다. 사전적 의미로는 "임의의 한 부분이 전체의 형태와 닮은 도형"을 일컫는다. 프랑스의 수학자 브누아 망델브로(Benoit Mandelbrot)가 처음 제시했다. 특히 프랙털 개념은 컴퓨터그래픽(CG)에 많이 응용되고 있다. 또 바다의 해안선이나 구름의 모양 등에서도 볼 수 있다고 한다. 쉽게 설명하면 작은 구조가 전체의 구조와 닮은꼴로 끝없이 되풀이되는 구조를 프랙털이라고 한다.

〈프랙털 거북선〉에서도 하나하나의 구조들이 반복적으로 되풀이되고 있음을 알 수 있다. 작은 조각의 부품들이 모여 전체적으로 어우러져 커다랗고 웅장한 거북선을 이룬다. 무질서해 보이지만 통일성과 규칙성을 갖추고 있다.

백남준은 이 작품을 설계할 때 거북이에 초점을 맞췄다. 거북이는 예로부터 현재에 이르기까지 존재하는 장수 동물의 하나로 공룡과 동시대에 살았지만 살아남았다. 지구를 파괴하는 인류를 작품 속 장수 거북이와 함께 비교함으로써 다양한 메시지를 인간에게 던지고 있다.

생전에 백남준은 "거북은 공룡 시대부터 이미 지금과 같은 상태로 생존해 있었고, 공룡이 멸종된 지금도 계속 살고 있다. 개인으로 친다면 장수다. 빠르게 문명을 만들고 동시에 지구 자체를 파멸시키는 인류와 정반대다. 따라서 인간 문화의 감속화, 장수화에 초점을 맞추는 제순환 정신

백남준의 비디오 아트 작품 〈프랙털 거북선〉

의 상징적 존재다"라고 말한 바 있다.

〈프랙털 거북선〉은 TV, 비디오, 레이저 등을 이용해 만든 비디오 아트 작품이다. 1993년 대전에서 개최된 엑스포의 성공적 개최를 위해 제작되어 엑스포 기간 동안 전시되었다. 대전엑스포가 끝나고 전시관 운영이 대전시 지방공사로 이관되며 2001년에 시립미술관으로 자리를 옮겼다. 백남준의 〈프랙털 거북선〉이 대전에 온 지도 올해로 25년이나 되었다.

〈프랙털 거북선〉은 2009년 서울시가 기획한 '서울 빛 축제' 당시 광화문의 이순신 동상 옆에 대형 유리창을 씌워 2010년 1월 초에 전시하기도 했다. 광화문의 이순신 장군이 오랜만에 만난 거북선을 보고 많이 기뻐했을 것 같다. 당시 작품을 옮겨 새롭게 구축하는 데 2주일이 걸렸다고 한다. 거북선의 각종 부품 및 소재 등을 당초 설계도에 따라 재구축해야 했기 때문이다. 이 거북선을 분해하는 데만 1,000만 원이 넘게 들었고, 2009년 당시 작품 보험가가 10억 5,000만 원이 책정되었다고 한다.

〈프랙털 거북선〉은 어찌 보면 오래된 전파상에 있는 앤티크 전자제품들을 순서 없이 쌓아 놓은 듯 보인다. 하지만 하나씩 자세히 보면 절로 고

개가 숙여진다. 348개의 낡은 TV, 축음기, 소화기, 전화, 카메라, 라디오 등 많은 전자제품으로 구성되어 있는 것이 특징이다. TV 형태의 디스플레이만도 250여 개에 달하며 부품 수는 1,000여 개가 넘는다. 이뿐만이 아니다. 거북선을 둘러싼 외부에는 뚜껑 없는 그랜드피아노가 자리하고 있고, 몸통 중앙에는 부서진 자동차 차체도 보인다. 자동차 문에는 백남준 작가가 그린 것으로 보이는 익살스러운 거북이가 두 마리 그려져 있다. 자동차 창을 통해서는 새로운 미지의 세계를 훔쳐 보는 듯한 홀로그램 초기 영상과도 같은 장면을 보여준다. 박제가 된 거북이도 있다.

초당 수차례 화면이 바뀌며 보는 이로 하여금 생각할 시간을 주지 않고 역동적으로 영상이 디스플레이 된다. 이와 함께 네온 등으로 만든 형광 빛 노(櫓)가 양 옆으로 힘차게 달려 있다. 노가 아래위로 움직이면 마치 거북선이 하늘로 비상하는 듯하다. 거북선의 가로는 날개를 포함해 8미터가량 되고, 세로 길이는 12미터, 높이는 5미터로 매머드급이다. 거북선 등과 주변에 장착되어 있는 TV는 과거 시점이다 보니, 지금처럼 발전된 UHD나 HD의 평판 디스플레이가 아닌 SD TV들로 뒤가 뚱뚱한 브라운관 형태의 옛날 수상기들이다. 심지어 1928년식 TV도 있다고 한다. 거북선 전면에 보이는 작품에는 배의 노와 거북이 머리가 달려 있어 영락없는 거북선이다. 후면은 한산대첩의 한산도를 형상화했다고 한다.

백남준은 TV와 비디오를 사용해 예술로 승화시킨 천재 아티스트로 평가된다. 어느 누구도 폐기 처리된 전자제품을 이용해 작품화할 생각을 하지 못했다. 과학자들과 일맥상통하는 독창성, 창의성을 가진 천재라는 의미다. 그는 낡은 전자제품과 비디오, 오디오를 통해 새로운 영역의 비디오 아트를 만들었다. 이처럼 그는 과학과 예술을 수시로 탐한 예술가였다.

필자는 수차례 〈프랙털 거북선〉을 보아 왔지만 아쉬운 점은 작품 지체를 사진 촬영하기가 어렵다는 점이다. 카메라 화상에 작품이 온전하게 잡히지 않기 때문이다. 그만큼 웅대하고 거대한 풍모의 거북선이다.

고인이 된 백남준은 대전과 인연이 깊다. 대전엑스포 개최 당시부터 그가 타계하기 전인 2000년대 초반까지도 국립중앙과학관과 서울 등지에서 '로봇, 백남준에서 휴보까지'와 같은 과학과 접목한 전시회 기획도 여러 번 했다. 과학과 인간의 본질을 이해하고 예술로 승화시켜 현대인들에게 의미 있는 메시지를 전달했다.

거북선을 이미지화하여 '영원함'이란 메시지를 전달하고 있는 백남준은 과학기술을 예술 장르로 편입시킨 진정한 개척자가 아닌가 한다.

09

한국의 현재가
세상의 미래가 되게 하라
이동통신 기술의 역사

지난 정부에서 과학기술을 총괄한 미래창조과학부(현재 과학기술정보통신부)가 2015년에 광복 70주년을 맞아 '과학기술 대표 성과 70선'을 선정했다. 이를 통해 1945년 광복 이후 우리나라 과학기술의 역사를 되짚어보는 좋은 계기가 되었다. 1950년 한국전쟁이 끝난 후 잿더미 속에서 일군 과학기술의 성과라 의미가 더 크다.

국제연합(UN) 16개국이 참전한 이 전쟁에 이역만리를 날아와 평화를 위해 싸운 청년들의 모습이 머릿속에 그려진다. 전쟁으로 동료를 잃고 간신히 살아남아 고국으로 돌아갈 때 그들 눈에 비친 '코리아'는 더 이상 회생이 불가능해보였을 것이다. 하지만 이후 고도의 성장을 이룩해 오늘날 무역 규모 세계 10위의 강국이 된 코리아를 보고 머리가 온통 하얗게 새어버린 그날의 참전 용사들은 실로 감회가 남다를 듯싶다.

이처럼 오늘날 우리나라를 세계 속 강국으로 견인하는 데 과학기술

ETRI의 과학기술 대표 성과: TDX

ETRI 연구진의 TDX 기술 개발 (1978~1993년) 모습

이 큰 역할을 했다. 예를 들면 ETRI가 개발한 '전전자교환기'(TDX, Time Division Exchange), 반도체(DRAM), 디지털 이동통신 시스템(CDMA), 휴대 인터넷 와이브로(WiBro)' 등은 과학기술 불모지였던 우리나라에 ICT라는 비옥한 산업의 틀과 성장의 토대를 가져다주었다.

ETRI는 2016년에 창립 40주년을 맞아 'ETRI 40년 연구 성과 종합분석' 보고서를 내놓았다. 이 보고서에 따르면, 위 열거한 4개 기술의 경제적 파급 효과만 해도 무려 194조 원에 달한다. 이 기술이 훗날 W-CDMA, LTE, LTE-A로 발전해 이룬 금액까지 합하면 237조 원에 달한다. 가히 대한민국의 경제를 이끌어온 대표 기술이라고 할 수 있다.

'TDX'는 우리나라의 '1가구 1전화 시대'를 실현시켜준 기술이다. 한 집에 한 대의 전화기를 선물해준 셈이다. 1970년대 초반 백색전화, 청색

전화밖에 없던 시절, 전화 한 대의 가격은 서울시 내 50평 아파트 한 채보다 비쌌다. 그만큼 전화가 희소했던 시절 ETRI 연구진이 1986년에 세계에서 열 번째로 디지털식 전자교환기를 독자 기술로 개발하면서 특권층만 누리던 전화가 드디어 일반 국민의 통신 수단으로 재탄생할 수 있었다.

TDX 연구개발은 ETRI가 창립된 지 2년 만에 시작되었다. 1982년부터 5년간 연인원 1,300여 명이 투입되어 약 240억 원의 연구개발비가 투입되었다. 당시 큰 공장을 세우는 데 50억 원의 돈이 필요했고, 그때 ETRI의 연간 예산이 29억 원이었음을 감안한다면 천문학적 예산이었음을 알 수 있다. 더구나 선진국만 갖고 있던 TDX를 당시 우리나라 기술 수준으로 개발한다고 했을 때 믿는 사람은 거의 없었다. 연구원 창립 이래 가장 큰 프로젝트이며 훗날 '단군 이래 최대 R&D 프로젝트'라는 말도 나왔다. 1978년에 시작된 TDX 연구는 1993년까지 이어졌다. 연구비는 1,076억 원이 투입되었고, 투입된 연구원만 3,146명에 달했다. TDX 개발로 인한 경제적 파급 효과가 37조 원이었다.

TDX와 관련된 일화는 많다. 연구원들이 기술 개발을 하던 그때의 이야기들을 소개해보겠다. 당시 240억 원이라는 어마어마한 연구개발비가 투자되자 연구원들은 집에 귀가하기가 어려웠다고 한다. 막중한 책임감에 연구에만 몰두해야 했기 때문이다. 연구원들은 자체적으로 서약서까지 써가며 기술 개발의 성공을 위해 청춘을 불태웠다. 훗날 서약서는 'TDX 혈서'로 불리기도 했다. 또한 TDX 개발은 ETRI에게 '불 꺼지지 않는 연구소'라는 닉네임을 만들어주었다. 이 닉네임은 ETRI 주변을 오가는 택시기사, 버스기사들이 붙여준 별명이라고 했다. "이 연구원은 무슨 연구를 하기에 매번 건물에 불이 꺼질 날이 없을까?"라는 말이 입에서 입으로 전해진 탓이다. 추운 겨울날 실험을 위해 전국의 전신전화국(현 KT)

에서 밤을 지새우다 중병을 얻어 운명을 달리한 ETRI 연구원도 있었다.

이와 같이 TDX는 우리나라의 만성적인 전화 적체 해소에 큰 기여를 한 통신 시스템이다. '교환기'라고도 불리는데, 교환원의 도움 없이도 자동으로 전화를 연결시켜 주는 스위칭 시스템을 잘 나타내주기 때문일 것이다. 이 교환기는 한 가정에 전화기 한 대 시대를 연 것은 물론 전국 전화의 자동화를 실현하는 데 큰 공헌을 했다.

전전자교환기는 우리나라가 통신 강국으로 발돋움하는 데 출발점이라 볼 수 있다. 그전까지 이 같은 통신 시스템을 개발한 경험이 우리에게는 전무했었다. 통신을 위해서는 송신 장치를 만들고 수신 장치까지 연결해야 통신이 될 수 있는데 이런 완벽한 시스템 일체를 교과서에서만 보다가 처음으로 만들었으니 연구원들의 사기도 충천해 있었다. 자신감이 생긴 것이다.

훗날 TDX의 기술 개발 노하우는 반도체, 슈퍼컴퓨터, CDMA를 탄생시키는 계기가 되었다고 당시 참여 연구원들은 입을 모은다. TDX 연구 총괄 책임자였던 임주환 전 ETRI 원장은 "창조란 모두가 안 된다고 막아서는 실현 불가능함에 과감히 도전하고 맞서는 데에서 시작된다"라고 말하며 TDX 개발 당시를 술회하기도 했다.

또 다른 성과는 바로 '반도체'다. 반도체는 일명 '산업의 쌀'이라고도 불린다. 그만큼 산업에서 없어서는 안 될 존재인 것이다. DRAM(Dynamic Random Access Memory) 개발은 우리에게 반도체 강국의 신화를 만들어주었다. 미국, 일본이 선두 주자로 저만큼 뛰어가는데 우리는 반도체 후발 주자로 출발했다. 빠른 추격자였던 셈이다.

출발은 늦었으나 30여 년이 지난 지금 우리는 명실상부한 첨단 반도체 제조 기술 보유 국가로 성장했다. 메모리 반도체 시장에서 세계 1위를 달

ETRI의 과학기술 대표 성과: 반도체(DRAM)

DRAM 개발 당시의 시제품

성하는 기염을 토하고 있다. 당시 초고집적 반도체 기술 공동 개발(안) 문서는 대통령이 최고 결재권자였다. 기술 개발 문서의 표지에는 대통령이 직접 작성한 기술 개발 성공의 염원이 담겨 있다. ETRI 원장이 공동 개발 업체인 국내 회사와 협조해서 꼭 성공하라는 메시지였다. 연구원들은 반도체 개발 성공을 '선진국으로 가는 열차'에 비유해 만화로 만들어 서로 돌려가며 읽으면서 성공 개발 의지를 다지기도 했다.

ETRI가 개발에 성공한 4M, 16M, 64M DRAM은 1986년 연구원을 중심으로 산학연이 혼연일체 되어 이룩한 결과다. ETRI가 개발에 착수한 1985년에 미국과 일본은 4M DRAM 시제품을 개발 중에 있었다. 후발 주자였던 우리나라는 64K, 256K DRAM, 1M DRAM 수준으로 선진국과 기술 격차가 컸다. 선진국과의 기술 격차를 줄이는 길은 오직 하나, 차세대 혁신 제품을 더 빠르게 개발하는 길밖에 없었다. 연구진은 '초고집적 반도체' 개발로 우리나라가 세계적인 반도체 강국으로 성장하는 데 주춧돌을 놓았다. DRAM 개발의 성공을 토대로 우리나라의 산업 수출 구조 자체가 획기적으로 변했다. 그동안 노동 집약적, 자본 집약적 수출

산업구조가 드디어 기술 집약적 산업으로 변하기 시작했다. 이에 DRAM이 결정적인 역할을 했다. 아울러 우리나라가 ICT 강국으로 출발하는 데 혁혁한 공을 세웠다.

당시 개발에 참여한 기업들의 헌신적인 노력과 연구진의 열정은 최첨단 기술 개발에 참여한다는 자부심과 세계 시장을 석권했다는 일체감으로 똘똘 뭉쳐 있었다. 이에 응답이라도 하듯 연구진은 당초 예상보다 빠른 1989년 12월에 4M DRAM 회로 설계 및 공정 기술 개발에 성공했다. 비록 일본과 미국보다 1년 늦은 개발이었지만 반도체 강국의 신화를 쓰게 된 신호탄이 되었다. 이후 1991년에는 16M DRAM을, 1992년 6월에는 세계 최초로 64M DRAM을 개발하게 되는 기염을 토했다. 이후 1993년에는 차세대 반도체 기반 기술 개발 사업을 시행했고, 1994년 8월에는 역사적인 256M DRAM을 세계 최초로 개발했다.

앞에서 언급했듯이 4M DRAM의 경우 선진국과의 기술 격차를 줄인다는 목표로 연구개발을 진행했는데 16M, 64M DRAM 개발에서는 세계 최고의 메모리 강국으로 도약하게 되는 신호탄을 쏘아 올리게 되었다. 1991년 3월에 시제품 검증과 평가까지 마친 16M DRAM 개발의 성공은 우리나라 반도체 기술이 일본과 견줄 수 있는 수준이 되는 일이었다. 연구진은 이에 안주하지 않고 1993년에 전 세계 어떤 국가도 만들어내지 못한 64M DRAM 개발로 일본의 아성을 무너뜨리는 계기가 되어 세계 최고의 반도체 강국으로 우뚝 서게 되었다.

반도체 기술 개발은 단순히 선진국을 물리치고 선진국 반열에 올라서는 계기 이외에도 산업적 파급력이 컸다. 4M DRAM 개발 당시 7,000만 달러에 불과했던 수출 규모를 1993년에 83억 달러로 견인해 단일 품목 최대 규모 수출을 달성했다. DRAM의 경제적 파급 효과는 47조 원으로 조사되었다.

　반도체 신화에 관한 여러 가지 에피소드가 있지만 반도체 생산의 산실로 불리는 ETRI 4연구동은 그 신화의 중심으로 최고의 명당으로 꼽힌다. 반도체를 생산하는 실험실인 팹(Fab, fabrication facility)이 있는 곳이다. 당시만 해도 연구원에 팹이 있는 곳은 ETRI가 유일했다. 30년이 흘렀지만 현재 소재부품연구소 연구원들이 그곳에서 실험하고 있다. 그만큼 역사와 전통에 빛나는 명성 어린 실험실이 되었다.

　반도체의 개발은 비단 ETRI뿐만 아니라 당시 참여했던 삼성, 금성(현 LG전자), 현대 반도체를 비롯하여 대학, 기업 모두의 혼연일체 된 마음과 협력으로 거둔 성과다. 삼성에서는 이 같은 기술을 이전 받아 오늘날 우리나라가 반도체 세계 1위로 거듭나는 데 밑거름이 되었다.

　현재 KT의 황창규 회장은 반도체를 논할 때 빠지지 않고 등장하는 이름 높은 인사다. 이른바 '황의 법칙(Hwang's Law)'을 만들었기 때문이다. 황의 법칙은 반도체 메모리 용량이 1년마다 두 배씩 증가한다는 이론으로 황 회장이 삼성에 재직할 때 기적같이 일군 성과이기도 하다. 2002년 국제 반도체 회로 학술대회(ISSCC)에서 '메모리 신성장론'을 발표한 데서 유래한다.

　2018년 올해 우리나라는 세계 반도체사에 남을 금자탑을 세웠다. 삼성전자와 SK하이닉스가 지난해 단일 품목으로 반도체 수출에서 100조 원대를 넘어섰다. 이러한 성과를 바탕으로 1992년 이후 사반세기 동안 전 세계 반도체를 주름잡아온 인텔의 아성을 넘어 삼성전자가 세계 1위로 등극했다. 이는 삼성전자가 반도체 사업을 시작한 지 34년 만의 쾌거다. 삼성전자의 반도체 매출은 약 612억 달러. 시장점유율은 14.6퍼센트다. 인텔이 577억 달러에 시장점유율은 13.8퍼센트였다. SK하이닉스도 3

위로 289억 달러에 시장점유율은 6.3퍼센트였다.[39] 2017년 전체 수출액에서 반도체 부문이 차지하는 비중은 17퍼센트까지 올랐다. 이에 우리나라는 세계 수출 규모에서 6위를 기록했다.

그다음의 성과로 이름을 올린 것은 'CDMA(Code Division Multiple Access)' 기술이다. 우리나라에서는 '코드분할 다중 접속'으로도 불린다. CDMA는 우리나라가 이동통신 강국으로 성장하는 데 초석이 된 연구 성과다. 1가구가 아닌 '1인 1전화 시대'를 열어준 것이다. 1989년부터 1996년까지 연구가 이루어졌다. 투입된 연구비는 996억 원이다. 투입된 연구원만도 1,042명이나 되었고, 경제적 파급 효과는 109조 원에 달한다.

연구진은 이 연구개발을 위해 ETRI 내 CDMA 작전본부를 설치하여 기술 개발 성공을 위한 명예와 자존심을 지키기 위해 애썼다. 믿고 투자해주는 국가와 국민과의 약속을 지키기 위해 밤낮을 가리지 않고 연구개발에 임했다. 연구개발 성공 후 특히 퀄컴과의 기술료 분쟁은 '현대판 다윗과 골리앗의 싸움'에 비유되기도 했다. 하지만 ETRI는 모든 역경을 딛고 국내 판매분 로열티 중 20퍼센트라는 배분금을 받게 된다. 2001년에 ETRI가 받은 로열티는 1억 달러에 달했다.

CDMA 방식으로 세계 최초로 상용화에 성공한 점이란 것에 큰 의미가 있었다. CDMA 상용화의 성공은 CDMA 통신 장비의 활성화는 물론 우리나라 관련 산업의 육성을 통한 산업 경제에 획기적인 기여를 했다. 훗날 CDMA 상용화 성공의 방정식을 두고 그 해법을 논하는 자리가 많았다. 결국 정부의 강력한 의지와 충분한 협조, 연구원에 대한 믿음이 앞섰고 산업체의 도움을 통한 상용화가 일치된 목표에 의해 가능했다는 점이다. 물론 연구원들의 피땀 어린 노력과 대학의 협조도 필수적이었다. 따라서 대형 이동통신 시스템 개발의 성공은 산·학·연·관의 똘똘 뭉친 결과로 볼 수 있다. 그 결과 'ETRI가 만들고 세계인이 함께 쓰는 통신'이 된 것이다. 또한 CDMA 상용화 성공은 우리나라가 이동통신 강국으로 우뚝 설 수 있게 만든 계기가 되었다.

다음으로 이름을 올린 휴대 인터넷 '와이브로(WiBro, Wireless Broadband Internet)'는 차량은 물론 언제 어디서든 고속으로 이동 중에도 끊김 없는 초고속 인터넷 서비스를 가능하게 만들어준 기술이다. 해외 수출로도 이어져 대한민국의 위상을 드높였다.

와이브로는 2003년부터 개발에 착수하여 2005년에 완성되었다. 연구비는 385억 원이 투입되었으며 256명의 연구원이 참여한 프로젝트다. 경제적 파급 효과는 1조 6,000억 원이다. 와이브로 개발로 4세대 이동통신 기술의 세계 시장 선점의 가능성을 높여주기도 했다.

와이브로 개발 당시만 하더라도 인터넷은 사치였다. 인터넷은 너무 느렸고 비싸기만 했다. 무선랜은 장소 찾기가 어려웠다. 당시에는 혁신적이었던 와이브로의 목표는 '언제 어디서나 정지 및 이동 중에도 고속으로 무선 인터넷 접속이 가능하게 한다'는 것이었다. 이를 통해 다음과 같은 수준을 충족할 수 있는 서비스를 정의했다. 첫째 실내외 언제 어디서나 인터넷이 접속 가능할 것, 둘째 정지 및 이동 중에 중저속($60km/h$)의 이동성을 보장할 것, 셋째 초고속 인터넷의 전송 속도가 가입자당 1Mbps 이상을 지원할 것 등이었다.

지금 생각해보면 IP 기반 네트워크라고 하지만 이런 때도 있던가 싶을 정도로 오래된 이야기처럼 들린다. 하지만 이 정도 수준이라도 당시는 세계 최초였고 국제표준으로도 이어졌다. 저렴하다고 하는 요금이 3만 원~3만 5,000원 수준으로 생각했고, 당시 혁신적으로 빠른 전송 속도라며 내건 것이 가입자당 1Mbps였고, 이동성을 보장한다며 $60km/h$ 이상이라고 정의했다. 그때만 해도 상상 이상의 꿈만 같던 기술이었다.

특히 한국의 ETRI가 와이브로를 개발한다고 하자 난리가 난 곳은 다름 아닌 미국이었다. ETRI가 중심으로 기초 기술을 연구하고 국제표준을 정하는 과정에서 미국이 태클을 걸었기 때문이다. 곧바로 통상 압력으로 이어지기도 했다. 미국은 자국의 기업들이 관련 기술을 한국으로 수출하는 데 불이익을 받고 있다고 꾸준히 주장하던 터였다. 다행히 미국과의 통상 마찰을 슬기롭게 극복해냈고 와이브로를 수출할 수 있는 길도 열 수 있었다. 이때 유행하던 말이 '호모 포터블리우스'였다. 휴대 인터넷(Portable Internet)이 와이브로 시대를 대변하기도 했다. 실로 격세지감이 아닐 수 없다.

결국 와이브로 기술 개발로 우리나라는 CDMA의 영광을 재현했고, 휴대 인터넷 기술은 우리나라를 이동통신 강국으로 재확인시켜 주었다.

ETRI가 지난 2014년에 펴낸 《IT 신화를 이끈 아버지가 보내는 편지》에서 한기철 ETRI 전 이동통신연구소장은 "와이브로를 개발하며 많은 우여곡절이 있었다. 특히 이동통신 분야 표준화를 위한 특허 기술 전쟁은 마치 어제의 동료를 배신할 정도로 치열하다. 기술을 가진 자만이 전쟁에서 승리할 수 있다는 기술 소유 전쟁논리를 확인할 수 있었다"라며 당시를 회상했다.

ETRI는 광복 70주년을 보내며 앞으로 다가올 30년, 광복 100주년을 착실히 준비하고 있다. 속도 변화가 빠른 ICT 분야에서 5년, 10년씩 계획을 수립해 세계 1등 ICT 강국 코리아를 견인한다는 것이다. ETRI의 현재가 세상의 미래가 되도록 말이다. 무엇보다 중요한 것은 국민들로부터 사랑받는 ETRI가 되기 위해 불철주야 노력하고 있다는 것이다.

**THE
FUTURE OF
DIGITAL
DREAM**

PART

4

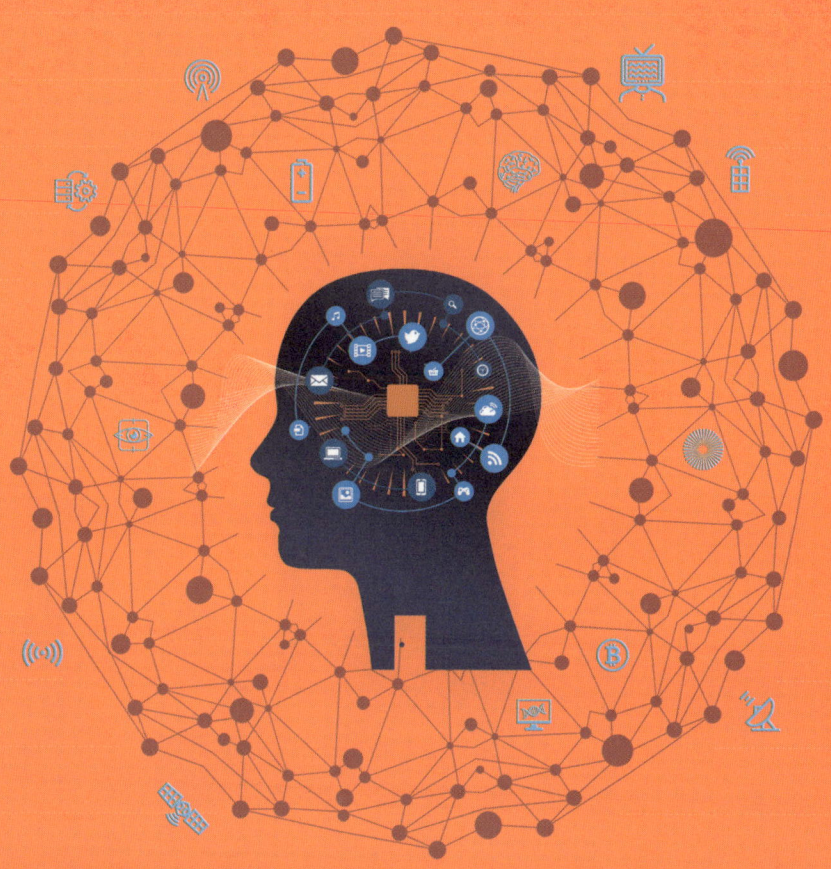

기술 종속을 독립으로
바꾸는 사람들

> Intro >

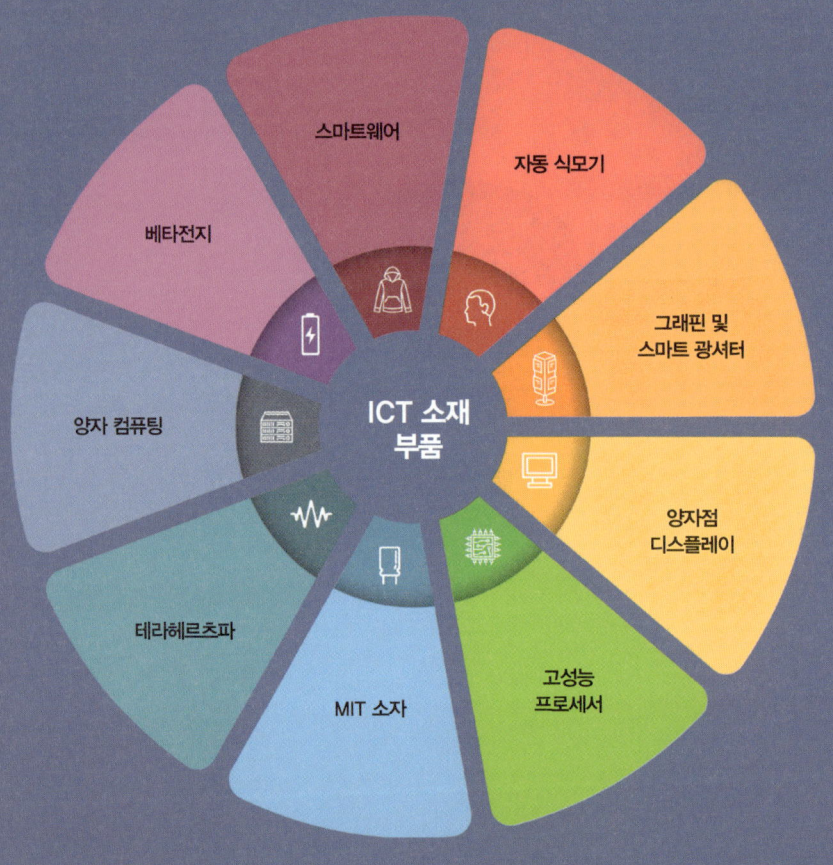

천과 실이 있어야 옷을 만들 수 있듯 모든 제품의 기본은 '소재'다. ICT 제품도 마찬가지다. ICT에서 소재 부품 연구는 핵심이고 그만큼 중요하다. ETRI에서도 ICT 제품의 소재가 되는 기술, 즉 ICT 제품 생산에 필요한 모듈과 부속품 등 다양한 기반 기술 개발이 한창이다.

ETRI의 엄낙웅 ICT소재부품연구소장은 "소재와 부품 개발에 박차를 가해 4차 산업혁명에 기여하는 것이 목표다"라고 말한다. 특히 "4차 산업혁명 시대에는 모든 사물이 네트워크로 실시간 연결되는 세상이다. 이로써 새롭고 혁신적인 서비스도 예상된다. 이 중 광통신은 다가오는 4차 산업혁명 시대에서도 중요한 요소로 큰 활약이 예상된다. 광통신에 기반 하면 지능형 초연결 인프라 구축이 가능해져 인공지능, 사물인터넷(IoT), 클라우드, 빅데이터 등 핵심 기술을 꽃피울 것이다"라고 강조한다.

또한 엄 소장은 "소재 부품 연구 중 광기술은 통신 인프라 기술로서만 아니라 향후 다양한 분야에서 더욱 핵심적인 역할을 할 것으로 예상된다. 광통신 부품은 전송 거리, 속도, 환경에 따라 다양한 제품을 필요로 하는 다품종 소량 생산의 특징을 지니고 있다. 그래서 광통신 부품은 중소기업의 비즈니스에도 적합하다. 세계적으로도 기술 확보 여부에 따라 벤처 창업이 가장 활발한 분야이기도 하다. 4차 산업혁명을 대비하는 인프라로서 광기술 관련 핵심 부품의 기술 확보를 위한 국가 차원의 종합적인 계획과 지원이 필요한 시점이다"라고 밝혔다.

소재가 모여 부품이 되고 부품이 모여 시스템이 된다. ETRI 내에서도 시스템이 아닌 소재와 부품을 연구하는 것은 ICT소재부품연구소가 유일하다.

연구진은 ICT 소재 부품 연구가 '초연결, 초지능, 초실감'을 지향하는 세 개 분야의 토대를 다지고 있다고 말한다. 4차 산업혁명이라는 큰 물결을 슬기롭게 넘기 위한 든든한 노둣돌을 놓는 역할을 톡톡히 수행하고 있다.

01

옷만 입으면 자세 교정이 되는 스마트웨어

모션 기반 스마트웨어 기술

ETRI의 명물인 '디지털 첨성대'는 봄, 가을철 수학여행을 온 학생들에게 단골 포토존이 되었다. 한번은 버스 열 두 대가 ETRI 본관 앞 디지털 첨성대를 두고 빼곡히 일렬 주차하더니 학생들이 내려 첨성대를 에워쌌다. 첨성대를 배경으로 사진을 찍기 위해 학생들이 둥그렇게 모여 포토존을 만들고 있었다. 이곳 첨성대는 ETRI를 방문하는 손님들의 기념사진을 촬영하는 주요 장소이기도 하다.

디지털 첨성대는 2012년에 ETRI를 퇴직한 동문 4명이 후배들을 위해 기증한 예술 작품이다. 좀 더 소개하자면 우리나라가 2011년에 G20 정상회담을 개최했을 때 그 기간 동안 코엑스에 전시한 경북대학교 미술학과 류재하 교수의 작품이다. G20 정상회담 전시 이후 ETRI에 자리를 잡은 디지털 첨성대는 수많은 방문객들로부터 뜨거운 관심을 받고 있다.

디지털 첨성대에는 100만 개의 LED 램프가 꼽혀 있다. 이를 통해 봄에는 꽃과 나비, 여름에는 수족관, 가을에는 단풍, 겨울에는 크리스마스트리 형태로 360도에서 LED 영상이 펼쳐진다. 첨성대는 과학을 상징하는 우리나라의 대표적 발명품이고 ETRI에서 LED로 재탄생해 21세기 첨단 첨성대로 불을 밝히고 있다. 윗세대 선배님들의 애정과 뜻한 바대로 연구원들은 첨성대를 보며 창의적인 영감을 떠올리고 있다.

어떤 날은 대덕연구단지 인근에 소재한 모 대학교의 패션모델학과 학생 100여 명이 연구원에 들이닥친 일도 있다. 전시관에 관람을 하러 왔나 하고 보니 모델학과 학생들의 워킹 수업 때문에 연구원을 찾았다고 한다. 그런데 워킹 수업을 하러 왜 연구원에 왔을까? 그 이유는 바로 ETRI 연구진이 개발한 '모션 학습 시스템'을 워킹에 접목하여 체험하러 온 것이다. 사람의 움직이는 동작을 연구진이 데이터베이스(DB)화하여 실시간으로 학습할 수 있는 스마트웨어(smart wear) 기술을 개발했기 때문이다. 연구진이 개발한 스마트웨어를 입게 되면 허리가 휘고 어깨가 움츠러드는 것과 같은 잘못된 자세를 바로잡을 수 있다. 모델로서는 필수인 것이다. 이 때문에 미래의 모델들이 연구원을 찾은 것이다.

연구진은 모델의 몸 주요 관절에 17개의 센서를 달았다. 진동이 오게 만들어주는 액추에이터(actuator)도 10개를 부착했다. 교수님의 워킹과 학생의 움직임을 3D로 비교 분석해 올바르지 않게 동작하면 진동이 바로 발생한다. 신호를 알려주어 워킹 교정이 즉각적으로 가능하게 하는 것이다. 17개의 신체 관절에 부착된 센서 덕분에 관절의 각도나 3차원 위치 좌표를 알 수 있다. 따라서 개발한 스마트웨어를 입거나, 간단하게 만든 밴드를 붙이면 자세 교정이나 재활치료에 도움이 될 뿐만 아니라 발레나 체조, 골프, 태권도처럼 배우기 어렵고 정밀한 동작이나 자세의 분석이 요구되는 운동을 효과적으로 따라 하며 배우는 것이 가능해진다.

예를 들면 골프를 배울 때 코치로부터 훈련 교육을 받은 뒤, 본인의 스윙 동작을 LPGA 정상급 선수인 박성현 프로와 비교해 영상으로도 볼 수 있다. 이때 머리의 움직임이나 팔꿈치의 각도, 허리의 움직임, 발의 위치 등 자세한 정보들이 화면에 표시된다. 프로 선수의 모션과 자신의 움직임을 비교해 정확히 차이점을 계산해 잘못된 움직임을 고쳐주는 것이다. 즉 박성현 선수의 동작과 내 동작이 얼마나 차이가 나는지 화면으로 겹쳐 보여주며 잘못된 스윙을 올바로 고쳐준다. 특히 운동할 때 잘못된 동작을 하면 소리를 내며 진동을 준다. 따라서 해당 부분의 학습에 몰입할 수 있게 된다. 또한 특정 부분 동작이 잘못될 경우 집중해서 그 부분에 센서를 추가로 설치해 심화 훈련이 가능하다.

특히 오랜 학습 시간이 요구되는 스포츠나 취미를 배우고자 할 때 스마트웨어 기술을 통해 시간을 크게 단축시킬 수 있을 것이다. 배우는 사람은 체계적이고 과학적인 방법으로 기술을 배움에 따라 훨씬 효율적인 교육이 가능해져 시간 및 비용 절감에도 도움이 될 것이다. 스마트웨어 기술은 물리적으로 멀리 떨어진 곳에서도 활용할 수 있다. 이를테면 대전에 사는 선생님이 인터넷을 통해 서울에 있는 제자에게 화면을 보며 함께 교정 훈련을 할 수 있다.

현재 연구진이 개발한 모션 학습 시스템은 상의와 하의로 구분해 초기 버전으로 만들어두었다. 상의의 경우 센서와 진동을 발생시키는 액추에이터가 부착된 옷을 입는다. 하의는 밴드형 탈부착 형태로 만들어져 있다. 현재는 모션을 쉽게 파악하기 위해 허벅지, 종아리, 발목 부분에 밴드를 붙여 활용하게 되어 있다. 앞서 언급했듯이 이 기술은 골프 등 스포츠를 배우는 것은 물론 자세 훈련, 재활 치료, 콘텐츠 사업 등에 널리 보급할 수 있을 것으로 전망된다.

ETRI의 연구 성과 발표 때에는 척추 질환 예방용 수트, 골프 모션 학습용 수트, 대화형 실시간 골프 학습용 콘텐츠 등을 선보였다. 모션 학습 시스템 연구를 통해 개발된 수트는 자수가 가능한 전도성사(傳導性紗)를 활용했다. 쉽게 설명하자면 옷감에 수를 놓듯이 전기가 통하는 실을 연결하는 기술을 적용시켰다. 수트를 제작한 후 100회 구부려 보고 5회 세탁을 했음에도 회로 연결 시험을 수행한 결과 90퍼센트 이상 전기 저항에 영향이 없음을 입증했다. 연구진은 SOT(System on Textile) 기반 지능형 인터랙티브 섬유 기술과 다채널 센싱 네트워킹 기술이 핵심적으로 적용되었다고 설명했다. 이를 통해 사람의 인체와 스마트웨어, 외부 제품 사이에서 모션을 센싱하고, 액추에이션의 상호작용이 가능한 스마트웨어 기술을 구현한 것이다.

모션 콘텐츠 기반의 스마트웨어 기술은 새로운 차원의 혁신적인 기술이다. 이 기술의 개발로 전통적으로 노동 집약적이었던 섬유산업과 ICT의 융합을 통해 새로운 웨어러블 스마트 기기의 산업 생태계를 구축할 수 있을 것으로 본다. 이를 통해 글로벌 트렌드를 선도할 수 있는 신제품 및 새로운 서비스 시장을 창출하는 데 큰 도움이 될 것으로 기대한다.

이번에는 스마트웨어 기술을 골프 훈련에 적용시킨 사례를 좀 더 자세히 살펴보도록 하겠다. 지금까지 골프, 야구와 같은 운동은 동작을 한눈에 보기가 쉽지 않았다. 골프클럽이나 배트로 스윙 동작을 하다 보면 팔이 몸을 가려 보이지 않는다. 몸의 움직임을 팔이 가리는 것이다. 이 때문에 운동할 때 숨겨진 관절을 찾기가 쉽지 않았다. 하지만 이 기술은 컴퓨터가 3D 공간 정보를 얻는 깊이(Depth) 카메라를 활용한다. 따라서 사용자의 관절 움직임을 정확히 찾아 분석해낸다. 컴퓨터가 사용자의 관절 패턴을 찾아내는 '머신러닝' 기술이 적용된 것이다. 연구진이 자체 개발한

ETRI 연구진의 모션 콘텐츠 기반 스마트웨어 기술

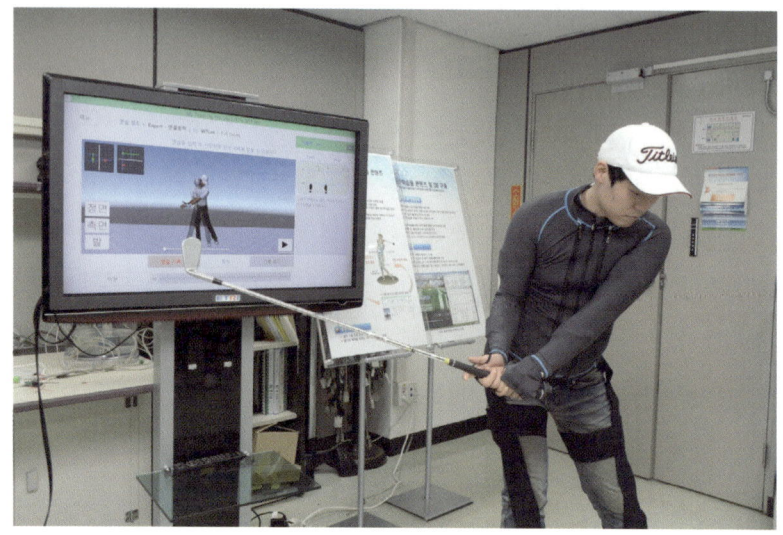

소프트웨어 개발 키트(SDK)는 가려진 관절의 위치 추정이 가능하다. 즉 각 관절의 포인트로 골프 스윙을 분석할 수 있게 된 것이다.

이처럼 연구진은 머신러닝 기술을 활용해 운동 중인 사람의 동작을 동시에 알아내 오류 자세를 자동으로 체크하는 기술을 개발해 상용화했다. 그렇게 되면 컴퓨터가 내 운동 코치가 되는 격으로 새로운 운동을 배우기가 쉬워진다. 머신러닝은 컴퓨터가 학습을 통해 데이터에서 스스로 패턴을 알아내는 인공지능의 한 부분이다. 예를 들어 포털 사이트의 '검색어 자동 완성' 기능도 머신러닝을 활용한 것이다. 검색어에 자주 오르내리는 패턴을 컴퓨터가 찾아내는 것이다.

ETRI는 이 기술을 골프 운동에 활용했다. 사용자가 골프 스윙을 하게 되면 컴퓨터가 자동으로 스윙의 처음과 끝을 구분해 스윙한 사람의 정면과 측면 모습을 먼저 보여준다. 이후 프로골퍼의 정면과 측면을 내 모습과 비교해준다. 이후 스윙한 사람의 머리, 어깨, 발 등의 움직임을 프로 선수의 움직임과 분석해 보여주며 편차가 어느 정도 발생했는지 그림으로 알려준다. 정면에 있는 카메라 한 대만으로도 측면 자세까지 분석해 골프 스윙 시 몸의 움직임을 정확히 알려주는 것이다.

골프에서 스윙 동작은 매우 중요하다. 초보자일수록 머리가 움직이거나 팔의 각도가 올바르지 않고 발이 움직이고 몸통이나 허리 등 무게중심 이동이 잘못되는 경우가 많다. 이럴 경우 아무리 세게 스윙을 한다고 해도 절대로 공을 멀리 날릴 수 없다고 한다. 이렇게 잘못된 스윙 동작을 할 경우 ETRI의 시스템은 오류 동작 정도에 따라 빨간색 강도로 표시해 보여준다. 이를 통해 사용자가 즉각적으로 오류 자세를 파악하고 바로잡게 도와주는 것이다.

많은 사람들이 골프 운동의 진입장벽으로 체계적이지 못한 골프 레슨을 꼽는다. 그만큼 제대로 된 교육을 받기가 쉽지 않기 때문에 골프를 배우기가 어렵고 대중화도 어렵다고 한다. 하지만 모션 콘텐츠 기반의 스마트웨어 기술 개발로 골프는 물론 다양한 스포츠 교육의 진입장벽이 더욱 낮아질 전망이다. 또한 보다 체계적이고 효율적인 훈련으로 많은 사람들이 안전하고 쉽게 다양한 스포츠를 배울 수 있을 것으로 보인다. ICT가 이제는 국민 생활체육은 물론 건강 증진에까지 기여하고 있다.

이와 같은 스마트웨어 기술을 개발한 ETRI의 강성원 지능형반도체연구본부장은 10여 년 전에 '인체통신'을 개발한 장본인이기도 하다. 이 기술의 개발로 언론의 조명도 많이 받았다. 인체통신이란 손 등의 인체를 이용해 사진이나 동영상, MP3 등의 데이터를 전송할 수 있는 기술을 말한다. 즉 사람의 몸을 전선과 같은 매개 물질로 활용해 별도의 전력 소비 없이 인체에 통하는 전류를 이용해 데이터를 전송하는 것을 말한다. 이

기술이 구현되면 별도의 인터넷망을 통하지 않고 손가락을 갖다 대거나 악수를 하는 것만으로도 다양한 데이터를 전송할 수 있게 된다. 이번 모션 학습 시스템의 경우 기존 인체통신을 연구하면서 쌓은 원천기술을 바탕으로 개발이 가능했던 것으로 보인다. 강성원 연구본부장은 지금은 차세대 반도체에 주력하고 있으며 지능형 반도체를 활발히 연구하고 있다.

구글의 CEO 순다르 피차이(Sundar Pichai)는 2015년에 열린 구글 개발자회의에서 의미심장한 말을 남겼다. 그는 기조연설을 통해 "구글의 사명은 전산학을 이용해 사람에게 중요한 문제를 해결하는 것"이라며, 이를 위한 구글의 향후 계획을 무수히 쏟아내 전 세계의 이목을 집중시킨 바 있다.[41]

앞에서 설명한 진동을 일으켜 동작을 연습하는 기술이나 골프 시뮬레이션 기술 등은 순다르 피차이의 경영철학과 맥을 같이하는 기술로 생각된다. ETRI도 마찬가지다. 기업은 이윤 추구를 위해 기술 개발에 몰두하고, 대학은 이론을 정립하기 위한 기초·원천 연구나 기술 개발이 목표다. 한편 정부출연연구원, 국책연구원의 역할은 국민과 함께 호흡하는 기술 개발을 목표로 해야 한다는 생각이다. 원천기술 개발도 좋고 논문 발표나 특허출원도 좋지만 국민에게 도움이 되고 국민 앞에 자랑스러운 연구원이 되는 것이 시대적 소명이자 연구원의 과업이라고 생각된다.

몸이 불편한 장애인을 돕는다거나, 각종 위험이나 사고를 미연에 방지해 안전을 도모하는 기술 개발 등과 같이 국민의 안녕과 건강한 삶에 기여하는 기술 개발로 미션을 정립해 나가는 것이 그 어느 때보다 절실한 시점이다. 이를 위한 정부의 적극적인 움직임도 뒷받침되어야 할 것이다. 그리하여 사회 문제 해결을 위해 연구원이 적극 나설 수 있는 환경이 조성되었으면 한다. 구글이 지향하는 것처럼 말이다.

02

머리카락 2천 개를
두 시간이면 이식 끝!

자동 식모기 기술

2016년 말 탈모로 고민하는 사람들에게 그야말로 희소식이 전해졌다. 국내에서 모발 이식 로봇의 아성에 도전한 기기가 개발된 것이다. 바로 ETRI 연구진이 개발한 '자동 식모기(植毛機)'다. 말 그대로 자동으로 머리카락을 이식해주는 기기다. 자동 식모기는 식품의약품안전처의 품목 허가를 받았고, 임상시험 승인도 받아 상용화가 가능한 수준이다.

이 같은 자동 식모기를 활용한 모발 이식으로 보다 쉽고 빠르고 경제적이며, 수술 시 환자와 의사의 피로도 획기적으로 줄일 수 있게 되었다. 연구진은 1회에 20개의 모낭을 연속해서 이식할 수 있고 2,000개의 모낭을 두 시간 내에 심을 수 있다고 설명했다.

그동안 모발 이식은 사람의 후두부 두피 영역 중 일부를 절개하여 약 2,000개의 모낭을 일일이 하나씩 심는 방식이어서 의사 및 환자의 피로도는 물론 시간도 많이 걸렸다. 기존 방식대로 모낭을 심을 경우에는 수술당 평균 네 시간이 걸렸으며, 환자 1명당 수동 식모기를 이동시키는 의사 팔의 전체 이동 거리도 약 1킬로미터에 달해 의사의 피로도가 매우 높았다.

그런데 자동 식모기의 개발로 기존 수술 시간을 절반으로 줄이고, 수술하는 동안 의사가 팔을 움직이는 거리도 100여 미터로 줄였다. 즉 기존 수동 식모기는 한 개의 모낭을 이식할 때 평균 7초 이상의 시간이 소요되었으나, 자동 식모기를 이용하면 모낭 한 개당 평균 식모 시간을 4초 이하로 줄여 식모에 필요한 수술 시간을 절반으로 줄일 수 있게 된 것이다.

이처럼 자동 식모기를 활용하여 수술 시간을 대폭 단축함으로써 수술 비용도 절감될 것으로 보인다. 애초 연구진은 자동 식모기 개발 시 경북대학교병원 모발이식센터와 의료 기기 및 로봇 연구소, 지역 기업체인 덴티스 등과 손잡고 앞에서 언급한 문제점을 극복하기 위해 함께 논의해왔다. 앞에서 언급했듯이 자동 식모기는 정밀 가공은 물론 모터 제어, 임베디드 SW 기술 등을 활용하여 식모기 설계부터 제작까지 일련의 과정을 개발해 임상시험까지 마쳤다.

모발 이식을 위해 연구진이 개발한 핵심 기술은 모낭이 탑재된 바늘 공급부 속의 바늘이 움직여 환자 머리에 모낭을 심는 메커니즘과 연속적으로 움직이는 바늘 간의 시간 동기화를 제어하는 '임베디드 SW' 기술이다. 하나의 바늘이 하나의 모낭을 순차적으로 머리에 심는 것을 가능하게 하는 핵심 기술이다. 아울러 식모기 내의 모터와 모터를 제어하는 기술, 내경 0.8밀리미터 바늘 내에 삽입된 모낭이 머리를 심은 후 바늘이 빠지면서 모낭이 이탈되지 않도록 바늘 내에서 외경 0.6밀리미터 푸시 로드가 동작하는 제어 기술도 중요한 기술이다. 한마디로 두피에 모낭이 잘 안착되게 해주는 기술이다.

ETRI 연구진이 개발한 자동 식모기

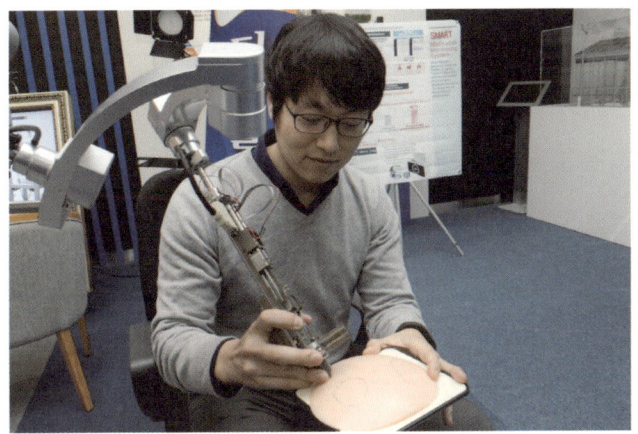

ETRI 연구진이 자동 식모기를 사용하여 인조 두피에 머리를 심는 시험을 하고 있다.

이처럼 연구진은 식모기에 모낭을 25개까지 연속적으로 저장하는 바늘 공급부, 하나씩 모낭을 이식하는 바늘, 바늘을 통해 모낭 한 개를 심기, 그리고 움직이는 바늘과 봉의 정밀 동작 제어, 사용된 바늘의 회수 등 일련의 연구를 성공한 것이다.

또한 자동 식모기는 수술 시 바늘의 전·후진 속도 조절이 가능하고, 총 수술 시간 및 이식 모낭 개수를 자동 계산해 디스플레이에 표시해주는 기능도 갖추고 있다.

자동 식모기 기술은 환자의 두피 상태 및 모낭의 크기를 고려하여 바늘의 깊이, 푸시 로드의 이동 거리 등을 조정할 수 있는 의료 임상 환경과 ICT, 기계공학의 융합 기술이라고 말할 수 있다.

연구진은 임상시험을 바탕으로 향후 의사들의 의견을 꾸준히 수용하여 멸균·소독, 경량화, 속도 향상 등을 핵심으로 상용화에 본격 나설 계획이다. 공동 연구에 참여한 경북대학교병원 모발이식센터 김문규 교수도

"모발 이식 수술의 경우 의사가 2,000여 개에 달하는 모낭을 일일이 심다 보니 근골격계 질환이 많아 문제였는데 이 기술이 해결해줄 것이다"라고 밝혔다.

연구진은 보다 효율적인 모발 이식을 위해 모낭 탑재기 개발도 진행하고 있다. 아울러 자동 식모기 상용화 이후에는 로봇 식모기 개발도 계획 중이다. 로봇 식모기 개발에는 모낭의 생착률 향상, 식모 시간 단축, 기기의 지능화 등을 위해 다양한 영상 및 비전 처리, 실시간 위치 트래킹 기술, 초소형 센서, 다관절 로봇암 제어 기술 등 더 많은 ICT 요소 기술이 접목될 것으로 보고 있다.

ETRI가 개발한 자동 식모기가 발표되었을 당시 언론은 앞다퉈 이 내용을 대서특필했다. 그만큼 탈모 환자나 탈모로 고민하는 사람들이 많은 방증일 것이다. 한 출입 기자는 자신의 상사가 이 기기에 아주 관심이 많다며 귀띔해주기도 했다.

현재 연구진은 병원 의사들과 계속 협의 중이다. 임상에 적용해도 별 문제는 없다고 판단하고 있다. 다만, 사업화할 때 식모기의 크기와 무게를 어떻게 정해야 하는지를 놓고 고심 중이다. 현재 20×6센티미터 크기에 무게는 1킬로그램 정도 되는데, 이것도 크다는 의견이다. 향후 15×3센티미터 크기에 무게는 300그램 이하로 소형화, 경량화하는 것이 목표다. 노래방 마이크만 한 크기다.

ETRI의 최은창 의료IT융합연구실장은 "경량화된 식모기를 바탕으로 작업 성공률을 높이기 위해 2,000회 이상을 목표로 성능 시험을 하고 있다. 기계를 가볍게 바꾸다 보니 기계 동작의 메커니즘에도 변경이 생겼기 때문이다. 연구진은 이에 따라 의료 기기 품목허가를 새로 받는 준비를 하고 있다"고 밝혔다.

2018년에 허가를 받은 뒤 2019년 상반기에 임상시험을 거치고, 2019년 하반기에 병원 모발이식센터에서 수술이 가능하도록 할 예정이다.

국제모발이식학회(ISHRS)에 따르면 모발 이식 관련 세계 시장 규모는 2006년부터 2014년까지 76퍼센트까지 폭발적으로 증가했다고 한다. 2014년 기준 2조 8,625억 원 시장 규모로 2012년 대비 28퍼센트나 증가했다고 밝혔다. 특히 2014년에 모발 이식 수술은 미국에서만 11만 2,409번, 전 세계적으로는 39만 7,048번의 수술이 행해진 것으로 조사되었다.

03

휘어지는 디스플레이, 스마트 유리가 만드는 미래
그래핀 및 스마트 광셔터 기술

우리나라는 디스플레이 관련 세계 최강국이다. 액정 표시장치(LCD)를 비롯하여 유기발광다이오드(OLED) 기술이 뛰어나 전 세계 최고의 수출 강국이 된 지 오래다. 그로 인해 TV 세계 수출 1위를 기록했고 컴퓨터, 노트북 등 각종 기기의 디스플레이 표시장치들이 선전하고 있다. OLED 디스플레이는 초박형, 고화질과 같이 디스플레이로서 필요한 모든 요소를 갖추고 있어서 LCD 이후의 꿈의 디스플레이이자 차세대 디스플레이로서 모바일 기기에서 대형 TV까지 응용 영역을 확대하고 있다.

LCD 분야 또한 세계 최고를 자랑한다. LCD는 QD(Quantum Dot)와 LED(Light Emitting Diode)를 백라이트로 이용한 TV를 만들어 전 세계 품평회와 전시회를 통해 세계인의 눈과 귀를 즐겁게 해주며 좋은 평가를 받고 있다.

불과 3년 전만 하더라도 84인치 UHD TV는 2,000만 원을 넘었다. 최근에는 UHD 보급화와 더불어 가격이 많이 하락했다. 같은 크기의 UHD TV 가격은 현재 1,000만 원대 이하 수준이다.

이런 가운데 디스플레이 분야에 대한 중국의 추격이 만만치 않다. 중국의 디스플레이 제조업체 BOE는 자발광(EL) 퀀텀닷 발광다이오드(QD-LED·QLED) 기술을 내놨다. 우리의 내로라하는 기술들을 뒤에서 바짝 추격해오고 있다. LCD의 경우는 중국의 물량 공세에 역전을 당하고 있는 상황이다. 최근 시장의 주목을 받고 있는 OLED나 LCD(QLED)는 우리나라가 선두를 지키고 있지만, 우리와 중국과의 기술 격차는 그리 크지 않다. 중국은 플렉시블 OLED의 경우 이미 6세대(1500㎜×1850㎜) 생산에 돌입했다. 비록 수율 등과 같은 생산 능력은 많이 뒤지고 있지만 우리나라의 기업 수준에 도달하는 것은 시간문제일 것으로 보인다.

따라서 기술 경쟁에서 승리하는 길은 오직 하나, 기술 혁신으로 고부가가치를 창출하는 길이다.

이러한 시점에서 ETRI 연구진의 어깨가 무겁다. 연구진은 그동안 우리나라 디스플레이를 책임져 왔다. 2017년에 퇴임한 정태형 박사는 퇴임 기념 심포지엄에서 자신이 개발한 디스플레이 기술에 관해 지난 2000년 11월에 인터뷰한 영상을 보고 감회에 젖었다. 당시 정 박사는 "벽걸이형으로 둘둘 말아서 올릴 수 있거나 또 펼 수 있는 그런 벽걸이형 TV나 모니터 등에 사용될 수 있겠습니다"라고 인터뷰했다. 이에 기자는 "세계 각국이 같은 차세대 전기발광기 개발에 나서는 가운데 우리나라가 가장 먼저 성공함으로써 세계 LCD 시장에서 주도권을 잡을 수 있게 되었습니다"라며 리포트를 마쳤다. 이 영상에 퇴임 기념 심포지엄에 모인 ETRI 연구원 선후배들은 모두 기립박수를 쳤다. 최고의 전문가이자 선도자였던 스승과 같은 선배에 대한 존경의 표시이기도 했다.

이처럼 ETRI 연구진은 지금까지 수많은 디스플레이 관련 특허와 연구개발 성과를 내며 기업에 기술이전을 해왔다.

연구진은 2017년에 기존 유기발광다이오드(OLED) 디스플레이의 투명 전극을 '그래핀(Graphene)'으로 만드는 것도 성공했다. 그래핀은 '꿈의 신소재'라고 불리지만 다루기가 매우 까다롭다. 그래핀 소재는 2004년에 최초로 발견되어 차세대 전극 소재로 10여 년 전부터 큰 주목을 받았다. 전류를 흐르게 하는 전극에서 유연성을 가지는 소재 기술의 개발이 더디게 진행되고 있었는데, 다행히 그래핀이 이 같은 성질이 있어 최근 다양한 분야에서 활용이 기대되고 있다.

그래핀은 연필심의 재료인 흑연의 얇은 박리 한 층을 말한다. 크기는 나노급이다. 그래핀은 2010년에 관련 연구자들이 노벨물리학상을 받으면서 한층 더 높은 관심을 받고 있는 신소재다. 하지만 '뛰어난 물리적 강도, 우수한 전기 전도성, 높은 유연성' 등 학술 연구 단계에서는 혁신적인 소재로 입증되었으나, 그래핀 박막의 대면적에서의 품질 균일도, OLED에 전극으로 전사하는 기술, OLED에 화소를 형성하는 패터닝(Patterning) 기술 등과 같이 산업계에서 요구하는 상용화 수준에는 아직 미치지 못하고 있는 수준이다.

우수한 물리적 강도에도 그래핀의 두께는 머리카락 굵기의 33만분의 1인 0.34나노미터(nm)에 불과해 최종 기판에 전사하는 공정에서 찢어지기 쉽다. 또 중간 공정에서 발생한 잔류물의 표면에 부착되기 쉬워 OLED 소자가 요구하는 수준의 그래핀 제작에는 어려움이 있었다.

그런데 ETRI 연구진이 이 같은 어려움에도 불구하고 대면적 기판 상에 정확한 치수와 형태로 그래핀 투명 전극을 패터닝 하는 공정 개발에 성공했다. 따라서 향후 둘둘 말거나 쭉 잡아당겨 늘이거나 줄이는 등 유

연성이 요구되는 스마트 와치 등에 적용할 수 있을 것으로 예상된다.

연구진은 기존 OLED 디스플레이용 전극으로 많이 쓰였던 인듐주석산화물(ITO)을 대신해 그래핀을 이용해 전극을 만들어 디스플레이 개발에 성공했다. 개발에 성공한 디스플레이 기판의 크기는 19인치 모니터 크기 수준인 370㎜×470㎜로 현존하는 세계 최대 크기다. 그래핀 전극의 두께는 5나노미터(㎚) 이하다. 그래핀과 유연한 기판을 결합하면 얇고 유연한 디스플레이 구현이 가능할 것으로 보고 있다. 나아가 이 기술은 옷이나 피부 등에 적용할 수 있는 웨어러블 기기를 제작할 때 원천기술이 될 수 있을 것이다.

일반적으로 OLED는 기판, ITO 투명 전극, 빛을 내는 유기물 층, 양극인 알루미늄 층으로 적층되어 있다. 연구진은 이런 구조에서 통상적으로 사용되고 있는 ITO를 그래핀으로 대체했다. 기존 전극으로 활용하던 ITO 소재는 유리 성질로 잘 깨지는 단점이 있었다. 따라서 종이 형태처럼 사용하기는 어렵다. 하지만 그래핀 소재는 유연성이 있어서 깨지지 않는다. 그래핀 소재를 활용하면 디스플레이를 사용자가 말아서 쓰거나 유연성 있는 모습으로 만들 수 있다. 따라서 향후 이 같은 구조의 디스플레이를 제작할 때 투명 전극이 깨지는 문제점을 해결할 수 있다.

ETRI 연구진은 한화테크원과 공동으로 기판을 대면적화해 그래핀 성장 기술과 OLED 투명 전극으로 응용하기 위한 전사 기술을 개발했다. OLED에 적용할 수 있는 $60\Omega/m^2$ 수준의 면 저항과 85퍼센트 이상의 투과도를 갖는 그래핀 투명 전극 가공 및 공정 기술을 확보한 것이다. 특히 디스플레이 공정에 절대적으로 요구되는 미세 패터닝 공정을 세계 최초로 개발했다.

앞에서 언급했듯이 연구진은 이 기술을 활용하여 그래핀 전극 OLED 패널로서는 세계 최대 크기인 370mm×470mm급 패널 점등에 성공했다. 연구진은 2015년 말 동전 크기 수준인 7mm×10mm를 시작으로, 2016년에는 100mm×100mm OLED 패널을 만드는 데 성공했고, 최근 세계 최대 크기를 시연함으로써 그래핀 소재의 디스플레이 응용 가능성을 높이는 결과를 얻었다.

향후 연구진은 유리 기판 대신 플라스틱 기판을 활용해 디스플레이를 개발할 것이라고 밝혔다. 휠 수 있는 그래핀과 플라스틱 기판을 결합하면 웨어러블 OLED 소자의 제작이 가능하다고 한다.

ETRI 조남성 유연소자 연구그룹장은 "그래핀이 OLED 디스플레이에 적용될 수 있다는 일반적인 기대를 처음으로 현실화했다는 것에 매우 큰 의미를 부여할 수 있다. 향후 대면적 그래핀 필름 및 OLED 패널 기술과 플렉서블 OLED 패널 기술을 통해 상용화가 기대된다"고 설명한다.

이 같은 기술은 플렉서블 OLED 디스플레이의 수준을 한 단계 더 높일 수 있는 핵심 기술로 중국 등의 후발 추격자와의 기술 격차를 벌이는 데 기여할 것으로 보인다.

한편 ETRI 연구진은 2014년에 '스마트 광셔터 기술'을 개발해 세상을 깜짝 놀라게 한 바 있다. 0.1초 만에 유리창의 색을 바꾸는 기술이다. 말 그대로 유리 변색 기술이다.

연구진이 개발한 광셔터 기술은 기존 상용 제품이 수초에서 수분까지 소요되었던 시간을 대폭 줄였다. 최대 90퍼센트까지 투명도를 바꾸어 어둡게 할 수 있다. 예를 들어 고속도로에서 뒤따라오는 차량이 상향등을 켜면 눈부심이 심했는데, 향후 스마트 광셔터 기술이 적용되면 이런 불편함이 없어질 전망이다. 차량 내 룸미러에 이 기술을 적용할 수 있기 때문이다. 뒤차가 상향등을 켜면 거울 색을 순식간에 어둡게 변색해 눈부심을 없애는 것이다. 변색 속도가 빨라(0.1초 만에 전기 변색) 차량이 갑작스럽게 터널 내를 통과할 때도 매우 유용하게 쓰일 수 있다. 잘 보이지 않는 차량 앞면 유리도 밝게 할 수 있고, 또 룸미러, 리어 뷰 미러(사이드 미러)도 투명도를 밝게 해줄 수 있다.

스마트 광셔터 기술의 활용은 다양한 건물들의 커튼과 블라인드를 걷어낼 것으로 전망된다. 기능상으로서 커튼이나 블라인드의 의미는 없어졌기 때문이다. 햇빛이 강하게 비출 때 전기 변색을 통해 창의 투명도를 바꿔 빛을 차단한다면 외부에서 들어오는 열기를 낮출 수도 있다. 결국 효율적인 냉난방이 가능해짐에 따라 에너지 절감에도 도움이 될 것으로 전망된다. 이처럼 단순히 투명하기만 했던 유리창이 이제는 '투명도 조절'이 가능해졌다. 또한 유리창의 색이 다양하게 변함에 따라 투명함에서 나아가 색깔로도 뽐낼 수 있게 되었다. 이로써 관련 산업의 변화가 예상된다.

미국 에너지부(DOE)는 '광 차단 기능의 스마트 윈도우'를 적용하게 되면 빌딩 에너지의 40퍼센트 이상을 절약할 수 있고, 냉난방 시스템의 용량을 25퍼센트까지 낮출 수 있다고 밝혔다. 또 빌딩 관리비를 25퍼센트까지 끌어 내리는 것도 가능하다고 말한다.

이렇듯 ETRI 연구진은 스마트 광셔터 기술이 전통 창호 산업의 구조를 크게 바꿀 것이라고 전망한다. 또한 ICT와 환경 기술(ET), 그리고 감성 기술 등을 융합해 새로운 고부가가치의 산업 창출도 가능하다고 말한다. 아울러 새로운 융합 서비스를 제공하는 에너지 절감형 광셔터(커튼) 덕분에 건물 에너지의 효율적인 관리에도 큰 역할을 할 것이라고 예상한다. 창을 사용하는 자동차는 물론 항공기, 선박 등 우리생활 모든 창에 적용할 수 있을 것으로 보고 있다.

따라서 관련 디스플레이 시장이 점차 변화할 것으로 보인다. 전기 변색 기술을 적용하면 창을 필요에 따라 투명도를 바꿀 수 있기 때문이다. 잘 보이게 하고 싶으면 보이도록 만들고, 그렇지 않을 경우는 보이지 않게 할 수 있기 때문이다.

연구진은 향후 스마트 광셔터 기술이 상용화되면 유리창에도 글씨를 쉽게 쓸 수 있는 세상이 될 것으로 보고 있다. 예컨대 "오늘은 밖의 온도가 영상 40℃로 폭염주의보가 내렸습니다. 잠시 후 셔터를 닫겠습니다"와 같이 메시지가 표현될 수도 있다. 이러한 기술의 발전은 건물 밖의 창문을 중심으로 새로운 광고 시장이 열릴 것으로 전망된다.

ETRI 류호준 책임연구원은 "연구진이 확보하고 있는 기술은 전원이 없어도 정보가 계속 유지되는 쌍안정성(bistability)이 우수하다. 특히 3볼트 내외의 전력 소모로 경제적이다. 대기 상태 시 투과도도 매우 좋다. 따라서 기존 창에 투명도를 저해하는 요인이 없다는 점이 특징이다"라고 설명한다.

그렇게 되면 롯데월드타워와 같이 초고층 건물의 경우 유리창이 변신할 수 있을 것으로 보인다. SF 영화에서 보던 거대한 광고탑처럼 말이다. 그렇게 되면 유리창 임대업도 가능할 것이다. 새로운 직업이 창출되는 것이다. 유리창을 광고용으로 사고파는 것이다. 물론 광고가 사람들 눈에 제일 잘 들어오는 높이의 유리창의 임대비용이 제일 비쌀 것이다. 이런 유리창에 기업 광고가 나오고 뉴스가 나오면 SF 영화 속 세상이 실제 펼쳐지는 것이다.

현재도 건물 유리창에 디스플레이는 가능하다. 얼마나 더 실감 나게 표현하고 실제 같은 현장감을 구현할 수 있을지가 차이가 날 뿐이다. 창문 한 칸을 하나의 픽셀로 사용해 문자나 도형 표현이 가능하다. 향후에는 창문 한 칸을 이용해 100개의 픽셀로 만든다면 더욱 선명도가 높아질 것이고, 한 칸에 픽셀 1만 개, 10만 개로 발전한다면 그야말로 초고화질 선명도의 영상을 건물 창문을 통해 구현할 수 있을 것이다.

이처럼 창은 많은 변화가 일어날 것으로 보인다. '플랫폼' 역할을 한다는 것이다. 단지 투명한 유리로서만 활용되기에는 충분하지 않다는 것이다. 태양광 기능을 갖추어 발전도 하고, 에너지 효율을 높여 여름철과 겨울철에 열을 차단하는 역할도 할 것이다.

ETRI의 디스플레이를 총괄하고 있는 이정익 실감소자연구본부장은 "향후 유리 변색 기술은 홀로그램과 융합하거나 국방 분야 등에 융합하여 발전할 것이다. 전기 변색 소자의 기술 개발로 해상도를 높인다면 꿈의 디스플레이로 불리는 홀로그램을 통해 입체 디스플레이가 가능하다. 또한 국방 분야와의 융합을 통해 군복이 주변 환경에 따라 카멜레온처럼 자동으로 변해 위장복 역할을 하게 될 날도 머지않았다"고 말한다.

홀로그램 연구도 다양하게 진행되고 있다. 국내 많은 연구진이 연구하고 있으므로 상용화의 날도 점점 빨라질 것이다. ETRI의 경우 홀로그램 시스템 기술은 실감소자연구본부에서 시스템 내에 영상을 보이게 만드는 핵심 엔진을 개발하고 있다. 바로 패널이다. 5G기가서비스연구부문에서는 시스템을 꾸미는 역할을 하고, 콘텐츠연구본부에서는 영상을 뿌려주는 콘텐츠를 개발하고 있다.

이와 같이 디스플레이의 발전은 많은 변화를 가져다주고 있다. TV의 예만 들어도 과거에는 액정으로 구성된 평판 LCD 디스플레이가 주인공이었다. 하지만 최근에는 OLED를 적용해 배우의 땀구멍까지 보이는 실감 나는 TV를 안방에서 볼 수 있는 시대다. 그럼 향후 디스플레이는 어떻게 변화될까?

이정익 실감소자연구본부장은 향후 디스플레이의 발전은 현재 시판되는 OLED, QLED TV와 같이 화질의 우수성이 다른 TV들에 비해 크게 체감하기 어려운 경향이 있는데, 점점 더 그 우수성을 체감할 수 있는 형태로 변화할 것으로 전망한다. 또한 휘어지는(Flexible, Curved, Edged, Foldable) 디스플레이 형태로 진화할 것이라고 설명한다.

현재 차세대 삼성전자 스마트폰에 관심이 쏠리고 있는데, 바로 '폴더블폰'이 될 것이라고 전해진다. 아직은 가로로 접을지, 세로로 접을지, 지금의 반쪽이 될지는 미지수다. 하지만 스마트폰의 진화처럼 향후 플렉서블 디스플레이는 더 고도화되고 완성도가 높아질 것이다.

한편 롤러블(Rollerble) 디스플레이처럼 필요할 때 롤 디스플레이를 내려 보고 불필요할 때는 롤을 접어 올리는 형태도 중요한 이슈 중 하나다.

새로운 기술을 내놓아도 후발 주자들의 추격은 무서운 수준이다. 그렇기 때문에 후발 기술국과의 간격을 더 넓힐 수 있는 연구들이 주목받고

있다. 4차 산업혁명의 중요한 키워드 중 하나는 정보이기 때문에 이 정보를 '어떻게 보는가'도 매우 중요하다. 현재 일반화되어 있는 UHD보다 더 선명하고 화질이 좋은 디스플레이를 만들기에 연구진은 여념이 없다.

 필자의 의견에 동의하듯 롯데월드타워는 2017년 말 평창 동계올림픽을 두 달 앞두고 2만 6,000개에 달하는 LED를 활용해 불을 밝혀 마치 타워 전체가 성화처럼 보이도록 연출했다. 거대한 빌딩이 광고탑으로 변하는 것은 시간문제로 보인다.

04

빛으로 모니터에
글을 쓰다

양자점 디스플레이 기술

우리나라 과학자들이 주축이 된 국내외 공동 연구진이 빛을 감응하는 아령 모양의 '양자점(Quantum dot)'을 이용해 빛을 통한 정보통신 및 에너지 획득이 가능한 차세대 디스플레이를 개발해냈다. 이로써 빛의 양을 조절해 빛으로 글씨를 쓸 수 있는 세상이 열린 것이다.

기존 TV나 디스플레이 등은 정보 전달이 한 방향으로만 가능했다. 내가 TV에 명령을 내리거나 정보를 입력하는 것은 어려웠다. 물론 압력을 인지해 터치하는 디스플레이나 모션 인식 기능의 리모컨이 있었지만 사용이 불편하고 인식이 잘되지 않았다. 이러한 형태를 사용자와 양방향 인터랙티브의 초기 버전으로 본다면, 위 연구 성과는 앞으로 훨씬 더 고도화되는 단초를 마련한 셈이다.

그동안 나의 위치를 기반으로 리모컨을 이용해 좌우상하를 구분하던 기존 방식에서 사용자가 레이저 포인터와 같은 빛으로 정보를 입력한다는 것이다. 이 방식은 위치인식 정보에 비해 훨씬 더 정교한 입력이 가능하다. 이 기술은 향후 빛으로 쓰는 전자칠판이나, 빛과 동작을 인식하는 자가 충전 디스플레이, 동작인식 스크린, 빛으로 데이터를 송수신 하는 라이파이(Li-Fi) 디스플레이 등에 적용할 수 있을 것으로 보인다.

앞서 언급했듯이 이 연구는 국내 ETRI 연구원과 미국 일리노이주립대학교, 다우(Dow) 사와의 공동 연구에 의해 아령 모양의 반도체 양자점을 이용하여 LED 발광 특성 및 광 감지 능력이 뛰어난 광반응 디스플레이를 구현해냈다. 이 연구 성과는 2017년 2월 세계적인 학술지 《사이언스》에 게재되기도 했다. 당시 언론에서 많은 관심을 보여, 필자가 논문의 주저자 가운데 한 명인 미국 펜실베이니아대학교 오누리 박사와 스마트폰으로 인터뷰하여 언론에 제공했던 기억이 난다(이 논문의 총 저자 17명 가운데 한국 과학자가 9명이나 된다. 우리나라 과학의 미래가 밝음에 박수를 보낸다).

이 연구에서 사용된 물질은 최근 각광받고 있는 '양자점'이다. 자체적으로 빛을 내는 수십, 수백 나노미터(nm) 크기의 반도체 결정이다. 이미 국내 TV 제조업체들은 QLED라는 이름으로 LCD 패널과 LED 백라이트 사이에 사용 중이다.

양자점의 특성은 코어(core)와 쉘(shell) 구조의 구형(球形)이며, 일반적으로 에너지 차이는 코어 부분이 작고 쉘 부분이 크다. 양자점은 큰 에너지의 빛을 선택적으로 에너지 차이에 해당되는 빛을 방출 또는 흡수하기 때문에 태양전지, LED, 광 검출기와 같은 광전자 소자 등에 응용된다. 하지만 이런 구형의 양자점은 주입된 전자와 정공을 다시 분리하거나 추출하기가 쉽지 않다.

이런 문제를 해결하기 위해 연구진은 '이중 이종 접합 나노막대 양자점'을 연구해 개발했다. 나노막대 끝에 코어와 쉘 구조의 양자점이 마치 아령처럼 붙어 있는 구조다. 아령 모양의 양자점은 비대칭적인 에너지 차이를 갖고 있다. 대칭적 구조의 구형이며 코어와 쉘 구조의 양자점과는 다르다. 따라서 효율적인 전자와 정공 주입 및 추출이 가능하다. 두 개의 이종 접합으로 인해 전자와 정공의 운반이 독립적으로 조절될 수 있다는 장점이 있다.

연구진은 아령 모양의 양자점으로 발광은 물론 광 검출 특성도 높일 수 있다는 것을 발견했다. 이에 따라 다양한 분야에 응용할 수 있다는 것을 검증하기 위해 '1inch×1inch' 기판에 100개의 픽셀을 제작해 특성을 평가했다.

이처럼 연구진은 양자점을 아령 구조로 변경함으로써 에너지를 잃으면 빛을 방출하는 LED의 원리와 이와 반대로 빛 에너지를 얻으면 전류가 흐르는 광센서의 원리를 이용했다. LED와 광센서 역할을 하는 다기능 소자의 역할을 할 수 있는 기기를 만든 것이 이 기술의 핵심이다.

쉽게 말해 기존 QLED 기술과는 다른 형태의 새로운 양자점을 이용해 합성하는 기술이다. 기존과 달리 LED가 빛을 방출하는 것뿐만 아니라 빛을 흡수하기도 해서 센서처럼 빛을 감지하는 소자를 개발한 것이다. 그 결과 빛이 없는 환경에서 LED가 자동으로 밝아질 수 있게 된 셈이다. 광량을 자동 조절하는 것이다.

이 연구에서는 레이저 포인터로 외부 빛을 가정해 활용했다. LED 픽셀에 빛이 들어오는 것을 감지하면 픽셀마다 외부의 전기적 신호가 들어오도록 했다. 따라서 실제 연구진이 만든 패널의 경우 펜이나 손가락의 터치 없이도 글씨 쓰기가 가능하다. 연구진은 연구 과정을 촬영한 동영상을 통해 패널에 선명하게 레이저 포인터가 비추는 영역을 따라 'UI' 글씨가 표현됨을 보여주었다(UI는 개발에 참여한 연구진의 모교 미국 일리노이주립대학교의 약

국내외 연구진이 공동 개발한 양자점 디스플레이 기술

제조된 광 감응 디스플레이 소자 위에 레이저 포인터를 이용하여 'UI'라는 글자를 표현한 모습. 연구진은 LED 픽셀이 빛을 받으면 이를 감지해 빛을 내도록 설계했다.

칭이다). 레이저 포인터로 픽셀에 빛을 쪼일 때마다 해당 픽셀에 불이 들어오는 것을 통해 빛에 감응하는 소자 기술을 성공적으로 구현할 수 있었다. 이를 통해 전자칠판이나 디스플레이 등에도 잉크나 펜을 통한 판서가 아닌 새로운 방법의 글쓰기가 가능할 전망이다.

이처럼 발광·감지의 이중 기능은 하나의 LED 픽셀이 다른 쪽 LED 픽셀과도 빛을 주고받는 가시광선 통신이 가능하다는 것을 의미한다. 연구진은 LED 빛의 깜박임을 통해 두 LED 픽셀이 서로 데이터를 주고받는 속도가 50킬로헤르츠까지 가능하다는 것을 성공적으로 증명하기도 했다. 이것은 픽셀 수가 증가함에 따라 데이터 전송 속도 또한 증가할 수 있다는 것을 의미하고, 빛을 이용한 통신인 라이파이에도 큰 역할을 할 수 있을 것으로 기대된다.

또한 연구진은 양방향 빛 감응 디스플레이가 태양전지로서의 역할을 할 수 있다는 것도 증명했다. 4개의 픽셀을 직렬로 연결해 전기 충전하면,

충전된 에너지로 해당 픽셀들의 불이 다시 켜지는 것을 보여주었다. 이를 통해 자가 충전이 가능한 양자점 LED 구현이 가능할 것으로 예상된다.

연구진은 이 기술을 바탕으로 나노 입자의 구조 및 성분을 조절해 발광 및 광 감지 효율을 높이려 노력하고 있다. 또 에너지 변환 효율이 더욱 좋은 디스플레이 장치를 개발하는 것을 목표로 하고 있다. 상용화 시점은 5~10년 내로 보고 있다.

ETRI 이정익 실감소자연구본부장은 "디스플레이의 발전은 향후 미래의 주된 먹거리가 될 것이고 연구 방향 또한 그래서 더욱 중요하다"고 강조한다. 이 본부장은 현재 디스플레이에 사람의 생체정보를 입력하는 연구도 시작했다고 한다. 스마트폰의 지문인식 기능은 패널이 불투명하기에 적용이 어려워 별도의 버튼이나 뒷면을 이용한다. 따라서 투명한 터치 패널과 보안 센서가 필요하다고 말한다. 생체정보의 인식이 고도화된다면 지문 외에 정맥인식도 자연스레 이뤄질 것이다.

아울러 ETRI 연구진은 '촉각 디스플레이'에도 관심을 갖고 있다. 디스플레이는 시각적인 것(vision)이라는 기존 공식을 깨겠다는 것이다. 그래서 '비욘드 비전(Beyond Vision)'을 목표로 연구 중이다. 인간의 감각을 깨우는 디스플레이에 주력하겠다는 포부다. 촉각을 디스플레이 하기 위해서는 사람의 감각을 DB화하여 정량화해야 한다. 이 작업이 매우 어렵다. 이 기술이 구현되면 원거리에 있는 사람에게 나의 감각, 예컨대 '사물이 부드럽다' 같은 감각을 녹화하여 오감을 재현해줄 수도 있을 것이다. 이른바 '촉각 통신(Tactile Communication)'이다.

이 기술은 팔다리가 절단된 환자에게 감각을 재현하는 데 많은 도움이 될 것이다. 또 의수(義手)를 사용하는 사람에게 손가락으로 물건을 집는 감각을 되살려 줄 수 있을 것으로 보인다. 즉 사람의 오감을 가상으로 느끼도록 촉각을 전달해주는 장치를 개발 중이다. 지금까지 로봇은 휴머노이드를 목표로 개발되어 왔지만 인간과 똑같은 감각을 갖는 로봇을 개발하는 것은 아득히 먼 일이라고만 생각했다. 하지만 이제는 인간과 똑같은 감각을 지니는 로봇 연구가 진행 중이다.

 ETRI 연구진은 브레인(brain) 디스플레이 개발도 계획하고 있다. 디스플레이에 센서를 더해 뇌파를 전극으로 센싱 하여 고해상도로 볼 수 있게 한다는 것이다. 그렇게 되면 실제 내가 꾼 꿈을 고해상도로 녹화하는 장치도 개발 가능할 것으로 보인다. '두뇌 센서 어레이(Sensor Array)'를 만든다는 것이다. 꿈이 눈앞에 나타나는 순간이 점차 다가오고 있다.

05

우리의 프로세서 '알데바란'으로 기술 독립의 문이 열리다

고성능 프로세서 기술

노르웨이, 핀란드 등 북부 유럽이나 극지방과 같이 극한의 추위가 일상인 나라에서는 자동차 운전도 쉽지 않다. 추운 아침, 길가에 세워둔 자동차가 시동이 걸리지 않기 때문이다. 무엇 때문에 시동이 걸리지 않는지, 어디가 고장이라도 났는지, 스타트 모터에 이상이 생겼는지, 엔진 구동부가 얼었는지 바쁜 출근길에 많은 생각들이 스치는 가운데 마음이 조급해진다.

이럴 때 유용한 것이 바로 자동차의 컴퓨터다. 컴퓨터는 자동차에 설치된 각종 센서로부터 데이터를 수집하여 중앙처리장치(CPU)에 보고한다. 이때 CPU는 차량의 엔진 구동부와 스타트 모터 등에 설치된 센서로부터 보고를 받아 무엇이 문제인지를 찾아준다. 차량에 컴퓨터가 탑재되다 보니 고마운 일도 생긴다. 컴퓨터는 "아, 스타트 모터가 얼었군요. 바로 시동이 걸리도록 스타트 모터를 따뜻하게 녹여서 3분 내에 시동이 걸리도록 도와드리겠습니다"라고 내게 친절히 알려준다.

몇 년 뒤 우리 일상생활에서 자동차 컴퓨터 전장 부문에 생길 일들이다. 도래하는 4차 산업혁명 시대에 우리의 생활은 센서와 밀접하게 연결되어 수많은 센서로부터 입력된 데이터를 처리하기 위해서는 고성능의 CPU가 필요하다. 차량에 고성능 PC 한 대를 달고 다닌다고 생각하면 쉽다. 이러한 고성능 CPU는 자율주행차가 보다 안전하고 편리하게 고속도로를 달리도록 도와줄 것이다. 인간의 소중한 생명이 자동차와 직결되기 때문이다. 고성능의 CPU는 기능 안전성이 확실하다 보니 자율주행차는 물론이고 모든 전자 기기에서 데이터를 처리하는 곳에 사용이 가능하다. 다만, 고사양의 CPU가 꼭 필요한 기기에만 사용될 것이다.

최근 ETRI 연구진은 자율주행차의 핵심 기술인 고성능 프로세서를 개발했다. 저전력으로도 자율주행차를 운행할 수 있는 기가헤르츠(GHz)급 자동차 전용 프로세서(CPU)로 이를 '알데바란(Aldebaran)'이라고 명명했다. 알데바란이란 가장 밝게 보이는 별인 1등성 중 하나다. 광활한 우주의 선두에서 비추는 알데바란처럼 전 세계에 우리나라의 프로세서가 날개를 달고 훨훨 날았으면 하는 연구진의 소망이 녹아든 이름이다.

연구진이 개발에 성공한 프로세서는 반도체 핵심 기술 중 하나다. 2017년 개발 당시 1년 후에는 반드시 업그레이드해서 세계 선두를 달리겠노라고 인터뷰한 바 있는데 그 약속을 지킨 것이다. 연구진은 지난 2016년에 개발한 자율주행차용 고성능 프로세서 성능을 2017년에 크게 향상시켰다. 이로써 자율주행차의 모든 센서로부터 수집된 데이터를 하나의 칩으로 통합 처리하는 것이 가능해질 것으로 보인다.

좀 더 구체적으로 설명하면 연구진은 세계 최소 저전력 수준인 1와트 내외로 자율주행차가 필요로 하는 영상인식은 물론 제어 기능을 통합해 실행하는 프로세서 칩을 개발했다. 기가헤르츠급 능력을 갖춰 초당 90억

ETRI 연구진이 개발에 성공한 고성능 프로세서 '알데바란'

회의 연산 수행이 가능하다. 전력이 높을수록 고장이 많고 배터리도 제한 적인데, 이런 문제를 해결해 국제표준화기구(ISO)에서 정한 기능 안정성 요구 사항까지 전 세계 어떤 국가보다도 한발 앞서 만족시켰다.

자율주행차의 성능을 결정하는 요소에는 여러 가지가 있겠지만, 핵심 프로세서는 그동안 우리나라 고유의 기술이 없었다. 이번 연구 성과는 해외 기술에 의존해왔던 프로세서 기술을 국산화했다는 점에서 의미하는 바가 크다 하겠다.

ETRI 연구진이 지난번 연구개발에 이어 성능을 개선한 분야로는 프로세서 코어를 2017년에 4개에서 9개로 늘린 것이다. 이는 18개 명령어를 동시에 처리할 수 있는 수준이다. 2016년에 기술 개발을 약속한 사항이다. 이처럼 두뇌가 배 이상 커진 만큼 데이터 처리 속도도 더욱 빨라졌다. 더 깨끗하고 선명하며 용량이 큰 영상 구현도 가능해졌다. 다양한 영상 장비에 대한 소화가 가능해졌고 자율주행차의 필수 영역인 '안전' 부분의 신뢰도가 특히 높아졌다. 성능도 세계적 수준으로 뛰어나지만 우리나라 기술로 일군 프로세서 설계 자산(IP)이어서 의미가 더 크다. 사람의 생명과 관련되는 자율주행차의 경우, 무엇보다 각종 센서로부터 수집된 데이터를 정확하고 안전하게 처리해야만 한다. 손톱 절반만 한 크기에 1억 6,000만 개의 트랜지스터가 담긴 프로세서를 만들기 위해서는 작은 연구 성과가 하나둘씩 모여 마치 레고를 맞추듯 세심한 정성이 필요하다.

연구진이 성능을 개선하면서 인식 기능도 크게 좋아졌다. 현재 실시간 초고화질(UHD) 영상 처리는 물론 차량, 보행자, 차선, 움직임 인식이 가능하다. 아울러 레이더 및 GPS 신호처리 인식 실험도 성공적으로 마쳤다. 향후 이 같은 인식 기능은 라이다(Lidar), 초음파에도 응용할 예정이다.

특히 연구진은 프로세서 칩을 하나로 만들어 원 칩(One-chip)화했다. 이 칩에는 카메라 영상처리 기능을 갖추고 운전자 지원 시스템(ADAS)을 보강해 움직임 인식 처리까지 가능하도록 했다. 또한 연구진이 만든 칩은 블랙박스 기능도 갖추고 있다. 차량 보안이나 사고 증거의 확보를 위해 자율주행차 영상을 저장 및 플레이할 수 있게 만들었다. UHD급 해상도 지원을 위해 국제표준을 만족하는 고효율 비디오 코딩(HEVC) 기능도 포함되었다. 아울러 국제표준화기구의 기능 안전 국제표준(ISO 26262)을 만족하는 프로세서 코어를 2017년 2개에서 4개로 두 배 늘렸다. 이로써 서로 다른 기능 안전을 수행하는 SW를 운영하기 쉬워졌다.

이런 시스템을 통해 자동차 충돌 인지 등과 같은 위험 인식을 더 손쉽게 한다는 것이다. 프로세서가 내장된 칩은 국제표준 기준에서 정한 오류 방지율도 99퍼센트 이상 충족했다. 예를 들어 차량 급발진 사고로 전자장치가 고장 날 경우 알데바란 프로세서가 이를 확인해 99퍼센트 해결한다는 뜻이다. 반도체 칩이 차량의 고장 여부를 스스로 제어할 수 있게 되었다는 뜻이다. 자동차를 위한 혁신적 반도체 기술인 것이다.

기존 자율주행차에 장착되는 각종 센서의 전 처리를 위해서는 별도의 코어가 각각 필요했는데 이를 원 칩화하는 기술을 개발함에 따라 효율성이 크게 높아졌다. 최근에 개발한 이 칩도 관련 기업에 기술이전을 통해 대량생산으로 상용화할 계획이다.

특히 원 칩화 기술은 영상처리를 많이 이용하는 자율주행차의 조건부 자율주행 기능인 '레벨 3'에 적용될 것으로 보인다.

자율주행차를 논할 때 빼놓을 수 없는 이야기가 있는데, 바로 '레벨'이다. 이는 미국 도로교통안전국(NHTSA)에서 정의했다. 먼저 '레벨 0(No Automation)'은 말 그대로 자율주행이 아니다. '레벨 1(Function-specific Automation)'은 전자식 안정 제어 등 특정 제어 기능이 탑재되어 있다. 예를 들면 크루즈 컨트롤, 차선 이탈 경고 시스템 등을 갖추어야 한다. '레벨 2(Combined Function Automation)'는 적어도 두 개 이상의 자율화된 제어 기능이 탑재되어 있다. 가속 페달을 밟지 않고도 특정 속도를 유지하며, 주행하면서 크루즈 컨트롤 되는 ACC 기능과 차선 이탈 경고 시스템이 탑재되어 있어 통합적인 능동 제어가 가능하다. 스티어링 휠(조향장치, 핸들)을 스스로 돌릴 수 있는 단계다. 이미 상용차에 탑재되어 출시되고 있다. '레벨 3(Limited Self-Driving Automation)'은 주행 환경 상태에서 차량 내 안전과 관련된 모든 기능이 자율화되고, 운전자는 선택만 하면 된다. 운전자가 딴짓을 해도 되는 수준이다. 막힌 길도 알아서 뚫고 달린다. '레벨 4(Full Self-Driving Automation)'는 완벽한 자율주행 단계다. 모든 주행 환경에서 차량이 직접 도로 조건을 감시하고 안전과 관련된 주행 기능을 제어한다. 운전자 역할이 필요 없다. 목적지를 차량이 알아서 설정해 움직인다.

구글이 2020년에 레벨 4를 실현하겠다고 목표로 한 바 있다. 미국 도로교통안전국에서 레벨 기준을 정할 때 레벨 3은 대략 2020년경 무렵,

레벨 4는 2025년 무렵으로 기술의 현실화를 목표로 삼았다. 하지만 현재 추세대로라면 그보다 앞당겨질 전망이다.

미국 캘리포니아 주에서는 지난해 말 운전자 동승 없이 고속도로 운행이 가능하도록 하는 법을 발표하기도 했다. 한편 자동차 제조업체 아우디는 전 세계 최초로 레벨 3 차량을 본격 판매 준비 중이라고 밝혔다. 아우디 A8는 실제로 2017년 7월 스페인에서 운전자가 페달과 운전대 등에서 손발을 뗀 상태에서 전방 주시를 하지 않아도 되는 단계까지 선보였다. 테슬라의 경우 일찍이 자율주행차를 준비해 벌써 자율주행 최종 단계인 '레벨 5' 기술을 공개하기도 했다. 기존 자율주행차의 기술력 수준이 레벨 4까지인데, 레벨 5를 공개하며 법이 허락한다면 소프트웨어 업데이트를 통해 테슬라 운전자들에게 새로운 시대를 열어줄 것이라고 호언장담하고 있다. 물론 자율주행차가 완벽히 만들어진다고 하더라도 문제는 많다. 사회적으로 공감대가 형성되어야 하고 각종 법률 및 제도, 교통 시설, 인프라 등도 뒷받침되어야 하기 때문이다.

최근 보도에 따르면 구글의 모기업인 알파벳의 자율주행차 부문 웨이모(Waymo)가 운전석에 사람이 앉지 않아도 되는 완전 자율주행차량을 처음으로 도로에서 선보였다. 웨이모는 미국 애리조나 주 피닉스에서 자율주행차인 크라이슬러 퍼시피카(Chrysler Pacifica) 미니밴의 일부분을 완전 자율 모드에서 작동할 수 있게 되었다고 밝혔다. 또 웨이모는 고객에게 신뢰를 얻기 위해 보험 서비스도 제공한다. 이 같은 웨이모의 행보로 향후 차량 공유 서비스인 우버와 자율주행차량 호출 서비스 시장에서 경쟁 구도가 가열될 것으로 전망된다.[42]

앞으로 ETRI 연구진은 새롭게 열리고 있는 자율주행차와 같은 고가의 첨단 차량에 요구되는 서비스에 꼭 필요한 반도체 개발을 목표로 할 계획이다. 최근에 연구진이 개발한 알데바란 칩의 성능은 세계적 수준이다. 앞에서 강조했듯이 우리나라 연구진이 원 칩화한 것에 반해 글로벌 경쟁 업체가 내놓은 것은 분리형 칩이다. 따라서 내장된 모듈 가격만 해도 수십만 원대다. 이 가격을 수만 원대로 낮출 수 있을 것으로 보여 우리나라가 가격 경쟁력에서도 앞설 수 있을 것으로 보인다.

향후 ETRI 연구진은 신경망 기술을 활용하여 영상인식 엔진에 초고성능의 인공지능 기술을 탑재해 칩화한다는 계획이다. 연구진은 이 프로세서가 인공지능 시대의 정보 기기에 응용될 수 있는 애플리케이션 프로세서로 개발하기 위해 현재 영상인식 지능을 실시간, 저전력으로 실현하는 설계를 완료한 상태다. 또한 2019년까지 현재보다 영상인식 엔진 성능이 100배 이상 향상된 인공지능 프로세서를 제작할 것이라고 연구진은 포부를 밝혔다.

이와 같은 연구 성과 뒤에는 ETRI의 권영수 프로세서연구그룹장이 있다. 그는 "향후 사람처럼 움직이는 모든 물체를 정확히 인식하는 것이 목표"라고 말한다. 또한 "기계와 사람 간의 대화에서 목적지를 정하고 길을 스스로 찾아가는 서비스를 제공할 수 있는 칩 개발이 가능할 전망이다"라고 덧붙였다.

반도체는 세계적인 장기 침체 기조에서 실로 우리나라의 효자 종목이 아닐 수 없다. 2017년 3/4분기 경상수지 또한 반도체 호조로 인해 간신히 적자를 면했다. 게다가 우리나라 SK하이닉스 반도체는 일본 반도체의 자존심인 도시바메모리를 한·미·일 컨소시엄을 통해 인수했다. SK하이닉스는 도시바메모리 인수에 3,950억 엔(약 4조 원)을 투자해 향후 최대 15퍼센트 의결권을 보유할 권리를 확보했다.[43]

이처럼 반도체 시장을 선도하는 우리나라는 퍼스트 무버로서 핵심 역량의 강화가 꼭 필요한 시점이기도 하다. 그 어떤 국가도 넘볼 수 없는 반도체 최고 국가의 자리를 지키기 위해서 말이다.

이런 의미에서 2017년 10월에 보도된 타이완 반도체 제조회사인 TSMC의 3나노 팹 설립 계획 발표는 뜨거운 감자였다. 2022년이 목표라고 한다. 3나노 파운드리 제조 기술은 삼성전자가 추진 중인 5나노를 뛰어넘는 것이다. 대만의 TSMC는 위탁 반도체 생산 업체로 애플을 비롯하여 퀄컴, 브로드컴, 엔비디아 등 팹리스 글로벌 기업의 반도체 설계(IP)를 받아 설계서대로 반도체를 생산해왔다.

TSMC의 성장으로 지금껏 우리나라가 추진해왔던 모바일 분야의 특화에 빨간불이 켜졌다. 자칫 잘못하다가는 글로벌 모바일 기업의 물량이 대만으로 쏠릴 수 있기 때문이다. 따라서 독창적인 기술 확보와 혁신이 그만큼 중요한 시점이라고 말할 수 있겠다. 잠재 고객이나 고정 고객의 이탈이 결국 ICT의 판도를 바꿀 수도 있기 때문이다.

그렇기 때문에 최근 ETRI 연구진이 개발한 프로세서 기술은 의미가 더 크다. 2006년부터 10년에 걸친 이 프로세서 개발을 통해 그동안 외국산 기술에 의존했던 문제가 해결될 것으로 보인다. 이 프로세서는 자율주행차뿐만 아니라 로봇, 전자제품 등 반도체가 들어가는 모든 전자 부품에 활용될 것으로 기대하고 있다. 따라서 국내 프로세서 산업 전반에 영향을 미칠 것으로 보인다. 외국 기업의 독과점에 따른 고가격으로 어려움을 겪어온 국내 중소·중견기업 경쟁력도 높아질 것으로 예상된다.

이와 같은 '알데바란' 프로세서의 성과로 ETRI 연구진은 2016년에 우리나라 반도체 설계 관련 최고상인 특허청 주관 대통령상을 수상하는 기염을 토했다.

인공지능 반도체가 전 세계적으로 주목 받고 있는 가운데 국내 지능형 반도체 산업계가 정체 상태에 있는 시점에서 이 프로세서 기술은 미래 시장을 주도할 신기술 개발로 평가되고 있다. 연구진은 이제 연구 목표를 고부가가치화하기 위해 마지막 고개를 넘어야 한다. 바로 칩에 인공지능(AI)을 탑재하는 일이다. 자율주행차의 핵심이 안전이다 보니 정확도, 신뢰도를 높이기 위해서는 인공지능 기술의 적용이 필수적이다. 알데바란은 '높은 성능의 안전한 프로세서 반도체'이기에 인공지능으로 더욱 안전한 전자 시스템을 구현하는 것이 가능할 것이다.

가트너에 따르면 전 세계 반도체 시장의 매출 규모는 약 3,436억 달러다. 즉 우리나라 돈으로 390조 원에 달하는데 이는 우리나라 1년 예산과 맞먹는 규모다. 우리가 메모리 반도체 분야에서 세계 1위라고는 하지만 메모리는 786억 달러 내외 규모로 반도체 전체의 23퍼센트에 해당된다. 비메모리 반도체 시장이 노른자인 셈이다. 이 시장이 바로 '프로세서 반도체' 분야에 해당한다. 그런데 지금도 우리는 해외에 많은 비용을 주고 반도체 설계를 사다 쓰는 실정이다.

이에 ETRI는 새로운 고부가가치 시장을 개척하고자 중소기업과 손잡고 차근차근 미개척 반도체 시장을 열어가고 있다. 알데바란 프로세서 발표 이후 국내 기업뿐만 아니라 해외 기업으로부터 많은 관심을 받고 있다. 기술 독립의 문이 조금씩 열리고 있다. 반도체 중심의 수출 경제를 이루고 있는 국가적인 입장에서는 더더욱 환영할 일이다. 기술 혁신은 기존 기술을 보유하고 있는 사람보다 먼저 발을 내디뎌 세계 시장으로 나설 용기가 있어야 한다. 경험적 가치도 중요하지만 먼저 바다에 뛰어드는 '퍼스트 펭귄'의 리더십이 필요한 것이다. 우리 스스로 더 이상 남을 좇는 것이 아닌 꾸준한 기술 혁신과 신뢰, 그리고 기술 리더십으로 무장하는 것만이 세계 일류로 나아갈 길이라 할 것이다.

06

세계 전력 차단 시장의 판도를 바꿀 MIT 기술
MIT 소자 기술

매년 12월 노벨상이 발표될 즈음이면 정부출연연구원에 근무하는 필자는 바늘방석에 앉은 기분이 든다. 국민의 열망을 아는 터라 더 그러하다. 지난 2016년의 경우 일본은 세 명의 과학자가 노벨 물리학상을 수상한 바 있다. 응용 분야의 수상은 어렵기 마련인데 반도체를 이용한 '청색 LED'를 개발하고 상용화해 21세기 인류에게 고효율 LED라는 새로운 조명의 시대를 열게 해주었다는 점에서 높은 평가를 받았다.

우리나라는 아직 노벨상 수상자를 배출하지 못했지만 과학 발전에 큰 공로를 세워 세계적으로 주목받는 과학자들이 많다. 그중 대표적인 인물을 꼽자면 김현탁 박사를 들 수 있다.

김현탁 박사는 고체물리학 분야에서 오랜 미해결 문제이던 '모트(Mott) 금속-절연체 전이 현상'을 설명할 수 있는 '홀 드리븐 MIT 이론(Hole-driven MIT Theory)'을 독자적으로 개발한 것으로 유명하다.

김현탁 박사는 2002년에 새로운 종류의 'MIT(금속 절연체 전이)' 스위칭 소자 원천기술 개발 과제를 시작했다.

MIT 스위칭이란 기존 반도체 소자에서 반도체 특성을 이용한 스위칭에 대해 절연체(부도체)에서 금속으로 반복적으로 변화하는 것을 의미한다. 쉽게 말해 구조의 변화 없이 부도체가 도체(금속)로 또는 도체가 부도체로 바뀌는 현상을 말한다. 상황에 따라 쉽게 도체, 부도체로 변화가 가능하다는 얘기다. MIT 스위칭의 장점은 반도체 스위칭의 한계를 뛰어넘어 금속이 반도체보다 저항이 낮아 보다 큰 전류로 스위칭이 가능하다. 따라서 반도체 스위칭 소자의 영원한 문제인 열폭주 현상이 없다. 그래서 이런 MIT 스위칭 소자는 꿈의 트랜지스터로 불린다. 시장조사 업체 욜 디벨롭먼트(Yole Development)에 따르면 MIT 스위칭을 이용한 기판, 소자, 인버터 모듈 및 시스템을 포함한 시장 규모는 향후 2020년에 약 230조 원에 이를 것이라고 한다.

김 박사는 2003년에 세계 최초로 전기가 통하지 않는 절연체인 바나듐옥사이드(VO_2) 소자로 MIT 스위칭을 한 번 시키는 데 성공했다. 이 연구 성과를 다룬 논문을 한 저널에 발표했는데, 이 논문이 유명세를 타면서 현재까지 수백 번 인용되며 학계의 주목을 받고 있다. 그 후 두 번 이상 스위칭을 하고자 시도했는데 계속 실패하다가, 2009년 어느 날 새벽에 실리콘에서 MIT 현상을 발견하고 실리콘으로도 MIT 스위칭을 하게 된다. 김 박사는 반도체 소재인 실리콘에서도 MIT 현상이 가능하다는 것을 이론적으로 제시하며 이를 세계적인 한 응용물리학 저널에 게재했다. 김 박사는 이 MIT 스위칭을 이용하여 형광등을 LED로 바꾸면서 고주파수 MIT 스위칭으로 'LED 호환용 램프'를 만들었다. MIT 기술을 활용해 형광등 호환형 LED 램프를 만든 것이다. 기존 동작되는 스위칭 소자는 작은 것이어서 지난 2017년부터는 체계적으로 스위칭 소자를 대용량까지 만들 수 있는 연구를 수행하고 있다.

김 박사는 MIT 스위칭 트랜지스터 및 기술은 향후 에너지가 부족한 시대에 생산된 에너지의 낭비를 줄이는 데 결정적으로 필요한 것으로 인류의 발전에 크게 기여할 수 있다고 말한다. 또한 관련 원천기술을 보유한 ETRI가 국부 창출에 크게 기여할 수 있을 것으로 본다.

김 박사는 2005년에 이론 실험 증명 후, 바로 이듬해 MIT 원리를 적용해 '임계온도 스위치 개발'에 성공했다. 임계온도 스위치는 67도(℃) 근방에서 불연속 점프를 갖는 MIT 소자로 전기, 열, 빛이 있는 곳에 반드시 필요하다. 휴대폰이나 노트북의 배터리가 부풀고 터져 사회적으로 문제가 되었을 때 나온 성과여서 더욱 의미가 컸다. 이 MIT 소자는 배터리 화재 방지에 적용될 수 있다.

또 다른 응용 제품으로 MIT 정온식 화재 감지기(일정 온도 이상이 되었을 때 작동하는 화재 감지기)는 국내 시장에 약 200만 개 이상 판매되었고 계속 시장이 확대되고 있다. 또 임계온도 스위치는 전력 도선에 이상이 생길 때 전력을 차단해주는 저압 전력 차단기에 적용할 수 있다. 100년 기술인 바이메탈을 대체할 새로운 전력 차단기를 개발한 것이다. 이 전력 차단기는 부가가치가 높고 시장이 매우 크다. 현재 국내 기업 전체의 전력 차단기 해외 시장점유율은 13퍼센트에 그치고 있다. 향후 MIT를 이용한 전자개폐기가 상용화되면 수출시장에 큰 기여를 할 수 있을 것으로 보인다.

이 기회에 경제적으로 부가가치가 높은 전력 스위칭 및 센서 기술 관련 산업에 대한 원천기술을 집중 개발하여 국가의 주된 성장 동력으로 키우는 방안을 마련하는 것도 좋을 것이다. 이를 통해 전력 차단 기술 관련 국제 경쟁력을 갖춰 우리나라 기업의 외국 진출을 적극 돕고, 나아가 일자리 창출과 국부 창출로 이어졌으면 하는 바람이다.

김 박사는 2005년 MIT 이론의 실험증명 이후로도 매년 계속적인 연구 성과로 국민들에게 답해왔다. 2007년에는 과학자들의 꿈이라고 하는 〈사이언스〉에 논문을 투고해 실리기도 했다. 미국 등 해외 연구진과 함께 분광학적 방법을 사용해 MIT 현상을 재증명한 것이다. 2009년에는 MIT 소자를 활용해 MIT-트랜지스터를 세계 최초로 개발했고 대기업에 기술이전도 했다. 이후 2016년에는 형광등과 호환할 수 있는 LED 램프를 개발했고, MIT 소자 대량생산을 위한 8인치 대면적 웨이퍼를 제조하는 기술도 개발했다.

김 박사는 고체물리학을 전공했으며 이론에도 강하다. 구글 학술 검색 서비스인 구글 스칼라(Google Scholar)에서 김 박사의 이름을 검색해보면 그가 쓴 논문이 전 세계에 인용된 건수만 해도 약 6,180건, 검색 결과는 1만 6,800개에 달한다. 본래 MIT 이론은 영국의 물리학자인 네빌 프랜시스 모트(Nevill Francis Mott)에 의해 최초로 제안된 '이론'이다. 케임브리지 대학교 교수였던 그는 1949년에 금속 부도체(절연체) 전이 현상(MIT)을 발표했고, 1977년에 아모르퍼스 반도체에서 최소 전기 전도도로 노벨 물리학상을 받았다. 이를 김 박사가 56년 만에 실험으로 '증명'하며 MIT 소자를 개발하는 데 성공한 것이다. MIT 기술 관련해서는 아직 노벨상 수상자가 나오지 않은 터라 기대되는 분야다.

김 박사는 MIT 소자를 이용해 모든 전자 기기에 적용하고자 노력 중이다. 여전히 MIT 메커니즘 연구에 열심이다. 올해는 병원에서 촬영하는 컴퓨터 단층촬영(CT)에 필수적인 초록광 센서를 선보인다고 한다. 가시광 센서인 셈이다. 병원에서 CT로 암세포를 찾을 때 초록광이 꼭 필요하다. CT에서 방사선 물질로 암세포를 찾을 때 감마선을 이용해 초록광을 측

ETRI 김현탁 박사 연구팀이 MIT 소자를 활용한 박막 제조 실험을 하고 있는 모습

정하게 되는데 이때 필요한 센서다. 김 박사는 단층촬영용 초록광 센서는 그동안 국산이 없어 수입해왔는데, 이를 새로운 재료로 독자적으로 개발하여 지난 2016년에 개발한 8인치 박막 제조 기술로 대량생산할 계획이라고 밝혔다.

이러한 혁신적인 연구 성과와 공로를 인정받아 김 박사는 2006년에 특허청이 수여하는 대한민국 최고 특허상인 '세종대왕상'을 수상했다. 2008년에는 특허청 최고상인 '발명대왕상'을 수상했다. 또한 과학기술정보통신부가 선정한 '2017년 국가 연구개발 우수성과 100선'에서 김 박사의 8인치 대면적 MIT 웨이퍼 제조 및 MIT 소자 기술이 선정되었다.

07

1초에 1조 번 진동하는
테라헤르츠파의 신비

테라헤르츠파 기술

암세포를 진단할 경우 주로 자기공명영상(MRI)이나 컴퓨터 단층촬영(CT)을 활용하지만 이 같은 정밀 검사는 한계가 있다. 아직까지도 영상이 흑백이고 흐릿하게 판독되는 경우도 많다. 한편 공항 검색대 등에서 각종 흉기나 위험물을 검사할 때 쓰는 엑스레이의 경우 방사선 때문에 꺼리는 상황이다.

하지만 ICT가 이런 문제점들을 하나씩 풀어가고 있다. 바로 '테라헤르츠(THz)파'를 이용하는 것이다. 테라헤르츠파는 투과성을 가진 전자파로 10^{12}을 뜻하는 테라(Tera)와 진동수의 기본 단위인 헤르츠(Hertz)를 합해 붙여진 말이다. 즉 테라헤르츠파는 1초에 1조 번이나 진동한다. 파장이 길기 때문에 빛이 전혀 투과할 수 없는 물질도 잘 투과한다는 특징이 있다. 그래서 파를 쏘게 되면 물체의 특성을 잘 파악할 수 있다.

예를 들면 우주선 발사 때 쓰이는 발사대의 고정밀 타일 기포 여부는 매우 중요하다. 2003년에 우주왕복선 컬럼비아호는 수많은 타일 중 하나가 벗겨져 우주선이 결국 폭발한 사례도 있다. 이처럼 페인트의 도포 두께, 플라스틱 제조 시 결함 여부, 제약 분야에서 알약의 코팅 두께 측정 등은 매우 중요하다. 이러한 분야에도 테라헤르츠파는 고유의 특성을 잘 활용하면 유용하게 사용될 수 있다.

테라헤르츠파는 아직 미개척 주파수 대역으로 전 세계적으로 관심이 높다. 이런 가운데 ETRI 연구진이 높은 효율로 테라헤르츠파를 발생시킬 수 있는 기술을 개발했다. 테라헤르츠파는 가시광과 마이크로 전자기파 사이의 파장(주파수 0.1~10테라헤르츠)을 갖는다. 전파에 비해 직진성이 크다는 특징을 갖는다. 가시광에 불투명한 물질도 잘 투과한다. 그리고 스마트폰에 사용되는 주파수 대역보다 수백 배 이상 높은 주파수를 갖는다. 그렇기 때문에 전달할 수 있는 데이터 정보량도 그만큼 많다. 전파보다 대역폭이 넓어 그만큼 활용하기도 쉽다. 연구진은 향후 테라헤르츠파가 보안, 통신, 의료 등의 분야에 폭넓게 활용될 것으로 보고 있다.

ETRI 연구진은 금속 나노 구조에 양극과 음극의 전극 형태로 만들어 효율 및 출력을 최대 50배 이상 높였다. 기존에도 테라헤르츠파를 이용한 제품은 있었지만 그보다 효율 및 출력을 키운 셈이다. 이로써 플라스틱의 내부 구조나 암세포와 같은 생체조직을 볼 때 훨씬 유용할 수 있다는 것이 연구진의 설명이다. 기존 상용 소자는 출력 신호가 낮아 대상물을 정확히 볼 수가 없지만, ETRI 연구진의 소자 개발 덕택에 향후 테라헤르츠파를 이용해 눈에 잘 보이지 않는 것의 검사가 쉬워질 전망이다.

개발된 소자는 향후 각종 검사·검출을 위해 영상 및 분광 시스템에 내장되어 활용될 것으로 보인다. 연구진은 소재부터 시스템의 전 영역에 걸친 연구를 수행했다. 이를 통해 SCI(과학기술 논문 색인지수) 논문 21편 및 50

여 건의 국내외 특허를 출원하는 등 세계적으로 테라헤르츠파 기술을 선도하고 있다.

테라헤르츠파는 효율적인 파의 발생과 전달, 검출 기술 대부분이 아직 개발 중인 인류의 미개척 전파 대역이란 점에서 향후 국내 연구진의 선전도 기대된다. 테라헤르츠파 기술은 지난 2015년 말에 〈네이처〉 자매지인 〈사이언티픽 리포트(Scientific Reports)〉에 게재되기도 했다.

연구진은 이와 같은 성과를 기반으로 다양하게 상용화를 준비하고 있다. 특히 자동차의 경우 엔진에 연결된 많은 전기 커넥터가 제대로 꼽혔는지의 유무를 검사하는 데 효과적일 것으로 보고 있다. 자동차용 조립라인에 투입하여 임피던스(impedance) 조립의 결함 여부를 확인해보겠다는 것이다. 실제 자동차 한 라인에서 조립 후 결함이 발생되어 다시 풀고 조립하는 데 드는 비용이 5억 원이나 든다고 한다.

따라서 테라헤르츠파를 이용해 로봇으로 공장 컨베이어 벨트에 투입하게 되면 실시간 영상 확인이 가능하다. 이처럼 테라헤르츠파는 자동차 부품 조립라인을 효율적으로 운영하는 데 큰 도움을 제공할 것으로 기대된다.

또한 테라헤르츠를 이용한 영상 시스템 개발은 자동차 결함으로 인한 리콜도 막아줄 수 있다. 지금은 자동차 내 방수 여부를 사람의 눈으로 직접 측정하다 보니 간혹 오류가 발생한다. 그래서 우리나라뿐만 아니라 굴지의 세계 명차들도 골머리를 앓고 있다. 이러한 결함은 대량 리콜로 이어져 회사의 명예 실추는 물론 제품 이미지에도 먹칠을 하고 있다. 연구진은 생산라인에서 직접 테라헤르츠파를 이용해 만든 영상 시스템으로 방수 상태 여부를 찾아낼 계획이다. 수밀 계측기를 만든다는 것이다.

이렇게 테라헤르츠파의 인기가 높다 보니 전 세계적으로 이에 대한 연구도 뜨겁다. 영국의 경우 테라뷰(Teraview)라는 회사가 맨 처음으로 상용 시스템을 개발하는 데 성공했다. ETRI 연구진도 영국 테라뷰와 함께 협력 중이다.

현재 연구진은 의료 장비에 테라헤르츠파의 도입을 위해 국내 의과대학과 협력 중이며 유방암 진단에도 도입을 추진하고 있다. 아울러 위 또는 뇌와 같이 장기의 표면에서 일어나는 질병 등에 대해서도 미리 예측하는 시스템을 만들기 위해 준비 중이다. 테라헤르츠파가 그만큼 정밀 조사나 계측에 효과적이라는 것이다.

ETRI 연구진의 성과로 러시아에서도 러브콜이 이어지고 있다. 우리나라 국제 학술 교류에 있어 이례적으로 러시아 과학자들이 한국을 대거 방문하여 새로운 측면의 과학 학술 교류의 장이 열린 것이다. 제25회 첨단 레이저 기술 국제학술대회(ALT'17)가 2017년 9월에 개최된 것이다. 이번 국제학술대회는 러시아 일반물리연구소(GPI)를 비롯하여 레이저 기술 재료과학센터(CLTM), 모스크바 공학물리연구소(MEPhI), 모스크바대학교 물리학과 및 같은 대학 국제레이저센터(ILC) 등이 ETRI와 행사를 공동 주최했다.

러시아는 기초과학에 전통이 깊고 순수과학과 응용과학이 어우러져 있는 레이저 기술 분야에도 꾸준한 연구를 진행 중이다. 러시아 학계가 주축이 되는 학회가 드문 상황에서 이번 학회는 의미가 컸다. 부산에서 개최된 이 학술대회에서는 광학 및 레이저 관련 기술 분야에 전 세계 17개국 300여 명의 학자들이 참여하여 260여 편의 논문 발표와 토론 등이 펼쳐지기도 했다.

연구진은 현재 러시아 모스크바대학교와 활발히 교류 중이다. ETRI에서 개발한 테라헤르츠용 분광기는 러시아의 안과병원에서 각막 수분을 체크하는 데 활용 중이다. ETRI 연구진도 러시아의 반도체 물질 성장에 관련된 도움을 받고 있다.

연구진은 다양한 분야에서 테라헤르츠파의 상용화를 현재 추진하고 있다. ETRI 박경현 테라헤르츠창의원천연구실장은 "향후 공항의 스마트 검색 시스템에 이 기술을 적용해보려 기획 중이다. 성공하게 되면 파급 효과가 클 것이다"라고 말한다.

공항뿐만이 아니다. 중국은 지하철에도 검색대가 있다. 유럽도 공항, 철도에 검색 시스템이 복잡하다. 연구진은 공항의 검색 시스템 적용이 성공적으로 끝나면 바로 중국이나 유럽을 바라보고 있다. 이처럼 테라헤르츠 관련 기술의 상용화는 경제적 파급 효과가 클 것으로 전망된다.

박 연구실장은 4차 산업혁명에 대해서도 한마디 덧붙였다. 사람의 요구가 다양한 만큼 이에 대한 준비도 필요하다는 것이다. 그는 "향후 공장이 다분화될 것이고 그렇게 되면 자연히 사람을 대신해 로봇이 투입되어

야 한다. 전 세계 근로자 1만 명당 로봇 투입률 1위가 바로 우리나라다. 그럼에도 불구하고 생산라인의 업그레이드는 늦춰지고 있다. 생산품이나 구매자 요구 등 다양성 충족을 위해서는 반드시 시스템적으로 업그레이드가 필요하다"고 강조했다. 4차 산업혁명이 탄력을 받기 위해서는 테라헤르츠를 이용해 공장에 관련 기술의 투입을 서둘러야 한다는 것이다. 그는 우선적으로 테라헤르츠 기술을 대기업의 생산 시설에 투입해야 한다고 주장했다. 즉 새로운 공장 패러다임에 능동적으로 대응하기 위해서는 스마트 팩토리 전환 기술이 먼저 이뤄져야 한다고 강조했다.

___ 08 ___

슈퍼컴이 해결하지 못하는 일도
척척 해내는 양자컴퓨터

양자컴퓨팅 기술

불과 15년 전에 '슈퍼컴퓨터'라고 불리던 컴퓨터를 이제는 모든 국민이 스마트폰 수준에서 사용할 수 있는 세상이 되었다. 놀라운 기술력의 진보다. 그렇다면 현재의 슈퍼컴퓨터도 미래의 사람들이 사용하는 스마트폰 수준이 될 수 있을까? 그런 날이 도래할지 자못 궁금하다.

이러한 궁금증은 컴퓨터 최소 단위인 비트(bit) 기술의 발전 속도를 통해 유추해볼 수 있다. 하지만 지난 60여 년간 지속되어온 '무어의 법칙(Moore's Law)'이 공식적으로 종말을 맞았다. 무어의 법칙은 "반도체의 집적도가 18개월마다 두 배로 늘어난다"는 법칙이다. 이는 그동안 ICT 발전과 관련하여 공식처럼 받아들여져 왔다. 그런데 지난 2016년에 발표된 국제 반도체 기술 로드맵(ITRS)에서 2021년부터는 더 이상 무어의 법칙을 따르지 않고 다른 대안을 찾아야 한다고 개정하며 결론을 맺은 바 있다. 삼성전자 등 주요 반도체 제조업체들이 무어의 법칙이 종말을 맞을 것이라고 예측한 당초의 시기보다 12년이나 앞선 것으로 보인다.

그동안 '정보'를 표현하기 위해서는 0이나 1처럼 주로 이진법이 사용되어 왔다. 표현 단위는 비트였다. 비트 기술이 발전했지만 최근 나노 크기의 정보 표현 기술에서 이분법적 정보 표현으로는 더 이상 설명이 어려워지고 있다. 이제는 비트가 아닌 새로운 형태의 정보 표현이 필요하게 되었다.

바로 '양자' 시대가 도래하고 있는 것이다. 나노 크기의 물질 표현에 대한 역학이 바로 양자역학이다. 이미 20세기 초부터 많은 학자들에 의해 연구가 진행 중이다. 또한 많은 연구자들이 양자 이외에도 다양하고 새로운 기술적 대안을 찾기 위해 많은 노력을 기울이고 있다. 이러한 연구개발 과정에서 최근 들어 부쩍 '양자컴퓨팅'에 대한 관심이 뜨겁다. 특히 세계 유수의 시장조사 기관이나 연구소 등이 발표한 2017년 대표 기술로 양자컴퓨터가 이름을 올려 주목받고 있다.

지난 2017년 8월 양자컴퓨팅과 관련하여 세계적인 석학으로 불리는 존 마티니스(Jone Martinis) 구글 양자컴퓨팅 연구개발 책임자가 ETRI를 방문한 바 있다. 그는 구글이 왜 양자컴퓨팅을 개발하는지 그리고 현재 어느 수준까지 개발되었는지에 대해 설명했고 참석한 연구진과 다양한 의견을 나누었다. 그는 2018년 말까지 50큐비트(quantum bit, qubit) 수준의 양자컴퓨터 개발이 목표라고 한다(큐비트는 양자컴퓨터의 정보처리 단위다. 0과 1의 상태를 동시에 표현할 수 있어 큐비트 수가 증가할수록 담을 수 있는 정보는 급격히 증가한다). 이 정도 수준이면 전 세계의 모든 슈퍼컴퓨터 능력을 합한 것보다 높은 계산 성능을 가진다. 그는 지금 목표로 하고 있는 성능보다 6배 높은 300큐비트 수준의 양자컴퓨터를 개발하면 우주에 있는 모든 원자를 표현할 수 있다고 한다. 만약 이것이 현실화되면 기존 슈퍼컴퓨터는 정말로

고전 컴퓨터가 되는 셈이다. 이 사례가 대표적이기는 하지만 양자컴퓨터와 관련하여 국제적 경쟁은 매우 치열하다.

구글, 마이크로소프트, IBM, 인텔, 휴렛팩커드의 공통점이라면 글로벌 ICT 기업이라는 점이다. 이외에도 여러 가지 공통점이 있겠지만 '양자 기술'을 다음 세대의 먹거리로 인식하고 활발하게 기술 개발을 하고 있는 기업들이다. 우리나라가 관심을 갖지 못한 사이에 거대 글로벌 기업들은 이미 양자 기술 개발에 뛰어들고 있는 상황이다.

2015년에 구글은 캐나다 디웨이브(D-Wave) 사의 범용 양자컴퓨터 전 단계인 양자 어닐러(Quantum Annealer)를 도입하여 기계학습 및 최적화 분야에서 장점을 검증했다. 그 결과 일반 PC와 비교해 최대 1억 배까지 빠르다는 것을 발표하는 등 소프트웨어 기술에 박차를 가하고 있다. 하드웨어는 미국 샌타바버라 캘리포니아주립대학교(UCSB)가 초전도 큐비트 기술을 이용하여 세계 최대 규모의 양자컴퓨터를 내놓겠다고 호언장담하고 있다. 마이크로소프트 또한 2014년부터 네덜란드 델프트공과대학교(TU Delft) 등과 협력하여 양자컴퓨터용 컴파일러 및 소프트웨어 알고리즘을 연구하고 있는 한편 차세대 하드웨어인 위상학적 큐비트를 연구 중이다.

최근 IT 전문 매체인 〈와이어드(Wired)〉에 따르면 애저 클라우드 서비스를 위한 컴퓨터로 캐터펄트(Catapult)라는 재구성 가능한 반도체 소자인 FPGA(Field Programmable Gate Array) 기반 패브릭컴퓨터가 개발 완료되어 2030년까지 사용 계획이라고 한다. 이로써 차세대 서버 컴퓨터는 더 이상 고전 컴퓨터가 아닌 양자컴퓨터가 될 것이라고 한다.

휴렛팩커드는 실리콘 기판에 1,052개의 광학 부품을 집적한 고집적 광학 프로세서를 개발하고 최적화 문제를 해결하고 있다. IBM은 2012년에 2큐비트, 2014년에 4큐비트를 발표했고, 2016년 5월에는 5큐비트 양자 프로세서를 공개하여 인터넷으로 누구나 사용할 수 있도록 공개했다. 그리고 2017년에는 16큐비트, 17큐비트, 20큐비트, 그리고 50큐비트 칩에 대한 구현과 이를 기반으로 한 양자컴퓨팅 시스템을 공개했다. 소프트웨어 툴도 깃허브(GitHub)에 올려놓아 양자 기술의 확산까지 노력 중이다. 인텔도 대규모 양자 프로세서 개발을 목표로 2015년부터 초전도 및 반도체 큐비트를 개발해왔으며 2017년에 17큐비트, 49큐비트 칩을 공개했다.

최근 개최된 CES 2018에서는 인텔과 IBM이 경쟁적으로 자사의 양자 칩과 양자컴퓨팅 시스템을 공개하여 관련 연구개발 결과를 공개했다. 또한 CES에서 인텔 부사장이 기조연설을 통해 49큐비트의 초전도 양자 칩을 만천하에 공표했다. 이는 2015년 9월 인텔 사장이 양자 칩 개발을 선언한 이후 2년 반 만에 이룩한 성과로 15년 이상 개발해온 구글과 IBM의 성과와 동등한 수준이다. 또한 초전도 큐비트만으로는 어려울 것으로 보이는 수백만 큐비트를 만드는 엔지니어링 문제가 5~7년 정도에 직면하게 될 것을 예측하고, 이를 위해 300밀리미터 실리콘 웨이퍼에 스핀 큐비트 제조 공정을 개발 중이라고 밝혔다. 앞으로 양자 CPU 칩에서도 인텔 칩을 사서 써야 할 시대가 올 것 같다.

미국이 양자컴퓨터 개발 경쟁에서 선두가 될 수 있었던 것은 매년 2억 달러 규모의 아낌없는 정부 지원이 있었기에 가능했다. 2009년부터 2014년까지 초전도 큐비트 개발, 2010년부터 2015년까지 다중 큐비트 개발, 2012년부터 2014년까지 양자 소프트웨어 개발, 2016년부터 2021년까지 논리 큐비트 개발 및 최적화 문제용 초전도 큐비트 성능 향상, 그리고 2018년부터는 양자컴퓨팅의 테스트 및 활용 등에 대한 연구개발 등이 그것이다.

영국 정부도 2014년부터 5년간 양자컴퓨터, 양자통신, 양자센서, 양자이미징 기술 등 네 개 분야에 대해 1.2억 파운드(1,730억 원) 규모로 지원하고 있다. 유럽연합(EU)에서는 2018년에 1억 3,000만 유로(1,700억 원)를 시작으로 5년간 1조 유로(1,282조 원)의 대규모 플래그십 양자 기술 개발에 착수한다. 이와는 별도로 기초 연구 과제로 26개를 선정하고, 2018년부터 2년간 3,600만 유로(470억 원)를 지원할 예정이라고 한다.

그렇다면 양자컴퓨팅이 왜 인기일까? 기본적으로는 양자적 정보 표현 방법인 큐비트가 갖는 양자역학적 특성 때문이다. 양자역학적 수준에서 나타나는 중첩성, 간섭성, 얽힘성(entanglement)과 같은 특성 때문이다. 이러한 특성은 비트 수준에서 구현하기 매우 어렵거나 불가능하기 때문에 양자컴퓨팅은 기존 비트 기반 컴퓨팅에 비해 훨씬 더 높은 계산 능력을 갖는다.

양자컴퓨팅을 활용하면 그동안 기존 슈퍼컴퓨터가 해결하지 못했던 인류의 어려운 문제를 해결할 수 있게 될 전망이다. ETRI의 최병수 양자창의연구실장은 공공의 이익으로 양자컴퓨팅을 활용할 수 있는 대표적 분야 세 가지를 다음과 같이 들고 있다.

첫째, 양자컴퓨팅의 능력을 통해 광합성의 기작 원리를 증명할 수 있다. 이를 활용하면 어떻게 에너지를 모으고 활용하는지에 대한 방법을 알 수 있게 된다. 예컨대 태양전지 에너지 생산 효율을 크게 높일 수 있다. 이로써 태양광 발전 단가를 낮춰 값싼 클린 에너지를 얻게 된다. 인류 전력 생산 문제가 해결될 수 있다. 코페르니쿠스적 전환이 되어 다른 세상이 열리는 셈이다.

둘째, 식물에서 자연스럽게 진행되는 질소 고정 과정의 원리를 밝혀낼 수 있다. 그렇게 되면 질소비료 공장의 효율을 더욱 높여 아프리카 등 지구촌 식량난 문제 해결이 가능하다. 배고픔에서 벗어나려는 인류의 오랜 고민을 컴퓨터가 풀어주는 것이다.

셋째, 고온 초전도 현상을 양자컴퓨팅으로 증명할 수 있게 된다. 이 원리를 전력 전송 케이블에서 나타나는 전력 누수에 적용할 수 있을 것이다. 즉 전력 누수를 최소화하여 에너지 전송 효율을 높일 수 있다. 그렇게 되면 효율적인 전력 운용으로 에너지 문제를 해결할 수 있게 된다.

그뿐만이 아니다. 4차 산업혁명 측면에서 양자컴퓨팅이 인공지능이나 딥러닝 알고리즘 등에 대해 기존 방식보다 빠르고 정확하게 처리할 수 있게 된다. 인공지능의 고도화 및 혁신을 촉발해 4차 산업혁명을 견인할 수 있다. 양자컴퓨팅은 시장 측면도 밝다. 향후 2030년 무렵이면 양자컴퓨터 분야가 1,000억 달러, 양자통신이 250억 달러, 양자 센서 분야가 70억 달러에 이르는 대규모 시장이 형성될 전망이다. 지금부터라도 산업적 경쟁력 확보가 반드시 필요한 이유다.

이렇듯 앞으로 세상은 누가 양자컴퓨팅을 효과적으로 개발하고 선점하느냐에 달려 있다. 양자컴퓨팅 기술이 4차 산업혁명의 핵심 키라고 볼 수 있다.⁴⁴

마지막으로, 양자컴퓨팅은 국방이나 대테러 정보 해독 분야에서 활용할 수 있을 것이다. 양자화된 정보는 복제가 불가능하다. 난수 해독이 불가능하기 때문에 양자화된 정보는 해커가 훔쳐가더라도 명확한 해독이 불가능하다. 정보는 갖고 갔지만 훔쳐가는 동안 이미 정보가 변하는 것이다. 결국 훔쳐간 정보는 활용할 수 없다. 이처럼 양자컴퓨팅은 누구에게나 프라이버시가 보장된 사회로 진입할 수 있게 하는 기술이다.

이러한 이유로 세계 각 정부기관뿐만 아니라 이윤 추구를 목적으로 하는 다국적 기업 등이 선제적으로 연구개발에 뛰어들고 있다. 양자컴퓨터는 슈퍼컴퓨터와 비교조차 할 수 없는 강력한 계산 능력을 가지고 있다. 따라서 가장 먼저 암호 해독에 쓰일 것이다. 양자암호는 적어도 통신에 있어서 만큼은 암호 탈취와 도청을 막을 수 있는 기술이다. 따라서 정보보안이나 금융, 은행 거래에 필수적으로 사용될 것이다. 중국, 북한까지도 양자컴퓨팅 연구에 열을 올리고 있다. 중국은 2017년에 세계 최초로 양자통신 인공위성을 발사해 전 세계를 놀라게 했다. 만약 북한이 양자컴퓨팅 기술을 확보한다면 우리나라의 통신망에 대한 해킹에 심각한 위협이 될 수 있다. 우려스럽지만 북한은 이미 양자암호 통신기술을 확보한 데에 이어 양자컴퓨팅 기술까지 개발하고 있다는 소식이다.

이런 가운데 ETRI는 2017년 말 우리나라 양자통신계를 깜짝 놀라게 할 연구 성과를 발표했다. 무선 양자암호 통신용 송수신 부품을 세계에서 최초로 개발에 성공한 것이다. 기존 상용 송수신 부품 크기를 100분의 1로 줄였다. 그것도 반도체 공정을 활용해 집적화했다. 부품 소형화뿐만 아니라 안정성도 좋고, 가격도 저렴하며, 반도체 공정이라서 대량생산도 가능하게 되었다. 이로써 해킹을 원천적으로 차단하는 길이 열린 셈이다. 게다가 연구진은 2018년에 100미터 거리에서 무선 양자암호 통신 환경 테스트를 할 계획이다. ETRI는 현재 일본의 이화학연구소(RIKEN), 미국의 구글 등과 양자컴퓨팅과 관련하여 세계 최고 수준의 기술을 개발 중에 있다. 2018년 말까지 양자암호 관련 기술을 확보하고 장기적으로 범용 양자컴퓨팅 플랫폼을 구축하는 것을 목표로 하고 있다.

그런데 2017년 말 우울한 소식이 들렸다. 아직 확정되어 공표된 것은 아니지만 필자도 상당한 관심을 가졌던 양자 기술 개발 예비 타당성 검토가 무산될 위기라는 것이다. 과학기술정보통신부가 3,300억 원가량 투자를 추진했지만 기획재정부가 볼 때는 경제성이 낮다는 이유인 것이다. 2016년 7월에 예비 타당성 조사 신청을 했지만 결국 물거품이 될 처지에 놓였다. 그런데 중국이 양자컴퓨터 분야에 12조 원 이상을 투자한다는 소식이다. 이처럼 세계 각국은 양자 기술에 뛰어들고 있다.

이러한 상황이 우려되는 것은 현재도 기술 격차가 심한데 향후 격차가

선진국과 우리나라 간의 양자컴퓨팅 관련 기술 격차

구분		양자정보통신 전체	양자암호통신	양자소자·부품	양자컴퓨터
2016년	기술 격차	2.3년	1.8년	2.4년	2.8년
	상대 수준	75.9%	66.8%	80%	80.8%
2017년	기술 격차	4년	2.7년	3.2년	5.8년
	상대 수준	73%	80~83.5%	70.5~73.6%	64.5~68%

출처 : 2016년은 양자정보통신 예타(예비 타당성 조사) 답변 자료, 2017년은 IITP 자료

더 심화되어 기술 종속국이 될지 모른다는 현실이다. 2017년 말 국내 양자 분야 전문가들이 모여 선진국과의 기술 격차에 대해 논의한 결과 1년 사이에 약 두 배(1.7년)나 격차가 증가하여 세계 기술 경쟁에서 뒤처지게 될 것이라는 우려의 목소리가 높다.

 마이크로소프트의 빌 게이츠의 경우 양자컴퓨팅이 판독하기조차 어려운 상형문자와 같다고 말하며 그 기술을 이해하기가 어렵다고 밝힌 바 있다. 그러면서 양자컴퓨팅을 차세대 클라우드라고 생각한다고 강조했다. 물론 숨은 의미로는 마이크로소프트도 양자컴퓨팅 분야에 관심이 있는 것으로 해석된다.

 이와 같이 과학기술의 도움으로 인류의 안전과 편의성을 도모하길 원한다면 향후 2030년 즈음 상용화가 예상되는 양자컴퓨팅에 대한 개발을 서둘러야 한다는 판단이다.

09

살아남으려면 지식을 공유하고 축적하라
품질경영 전략

2017년에 개봉한 영화 〈강철비〉에서 영화배우 곽도원(곽철우 역)은 청와대 외교안보수석으로서 학생들에게 강의하며 "어느덧 우리나라는 소니보다 전자제품을 더 잘 만들고, 혼다보다 자동차를 더 잘 만드는 나라가 되었다"라고 말한다.

게다가 우리나라는 세계 무역 규모 면에서 세계 10위권의 선진국이 되었다. 현 추세대로라면 우리나라는 머지않아 네덜란드를 제치고 세계 5위의 수출국으로 올라설 수 있을 듯하다. 수출 성장세로 볼 때 뒤집기가 가능하다는 전망이다. 우리나라의 국제표준 특허 건수의 경우 2016년에 독일을 제치고 세계 5위를 기록했다. 2020년경에는 세계 4위도 가능할 것이라고 보고 있다.

우리나라의 이런 저력은 과연 어디서 나온 것일까? 과거 국제연합(UN)으로부터 밀가루, 설탕, 분유 등 원조를 받던 국가에서 이제는 원조를

세계 수출 점유율 순위(2017년 1~9월 누적 기준)

(단위 : %)

국가	수출 점유율
중국	13.7
미국	9.5
독일	8.9
일본	4.3
네덜란드	4.0
한국	3.6

자료 : WTO, 현대경제연구원

주는 지구상의 유일한 국가가 되었다. 2017년 기준 우리나라의 1인당 GDP는 2만 9,730달러가 되었다. 국회예산정책처 '2017~2021년 경제 전망 및 재정 전망' 보고서에 따르면 2018년 우리나라의 1인당 GDP는 3만 1,058달러에 이를 것으로 보고 있다.

필자는 울산에서의 현장 취재를 통해 국내 대기업 중견 엔지니어로부터 뜻밖의 성공 방정식을 듣고 놀란 적이 있다. 우리나라가 조선 강국 1위가 된 근원이 바로 '적자생존'이라는 것이다. 물론 환경에 잘 적응하는 생물체가 최종적으로 살아남는다는 뜻의 진화론을 함축한 적자생존(適者生存)의 의미도 맞다.

하지만 우리나라 최고 조선소에서의 적자생존에는 또 다른 의미가 있었다. 즉 30여 년간 '적는 자만이 살아남는다'는 의지로 조선 부문 세계 1위의 반열에 들 수 있었다는 것이다. 적자생존(積者生存), 즉 '축적'을 잘하고 정리하며 기록하는 길이 성공의 핵심이라는 것이다.

많은 사람들이 우리나라 조선업 1위의 비결을 용접공, 배관공, 철근공 등 기술자들의 노력과 우수성, 그리고 상대적인 저임금 경쟁력 등의 이유를 든다. 그렇지만 한편으로는 잘 기록한 메모를 기반으로 선박 설계를 하는 것이 그 비결이라고 한다. 철저하게 선진 기술을 좇는 프로세스에 따라 선박을 건조하는 전체 과정을 꼼꼼하게 연구하고 체크하며 기록을 남긴다는 것이다. 물론 일본 등과 같은 선진국으로부터 배운 것이다.

이러한 '적자'생존에 대한 경영 사례나 시스템은 여럿 있겠지만, 필자는 무엇보다 '품질경영'을 꼽고 싶다. 품질경영은 1980년대에 10여 년간 주목받다가 1990년대에 지나서는 인기가 적어졌다. 하지만 이후 식스시그마(Six sigma)라는 혁신 전략으로 이어졌다. 품질 최우선주의를 내세우던 이 전략은 당시 모토로라 반도체 부문의 빌 스미스(Bill Smith)가 개발했다. 이후 1995년에 GE의 잭 웰치가 도입하면서 전 세계적으로 유명해졌다. 이러한 흐름에 발 맞춰 국내 기업들도 혁신 전략을 도입해 운영했다.

식스시그마는 본래 공장에서 불량률을 줄이기 위해 도입된 통계학 용어다. 식스시그마는 제품 100만 개당 불량품이 3.4개 이하라는 지표다. 그런 의미로 3.4DPMO(Defects Per Million Opportunities)의 공정 능력으로 표현되기도 한다.[45]

과거 일본은 식스시그마, 품질경영을 도입하면서 일찍이 구조조정의 아픔을 우리나라보다 먼저 경험했다. 그 과정에서 철두철미하게 기록하고 배우는 '적자'생존의 법칙이 깨지고 오히려 공정 과정을 잘 기록한 사람들이 퇴출당하는 의아한 광경이 펼쳐지기도 했다. 잘 적은 사람들의 노트는 이미 프린트 되어 저장되어 있기에 더 이상 잘 적는 사람이 필요 없었다는 것이다. 잘 정리하고 기억해야 하는 핵심 인력인 엔지니어조차 적는 방법에 회의적으로 변한 것이다. 그 결과 중요하고 핵심적인 기술 노하우가 점차 사람들 사이에 공유되지 않게 되었다. '적자'생존의 마인드가 더 이상 영향력을 발휘하지 못하게 된 것이다. 그 때문에 기록의 축적

이 효과적으로 이루어지지 않았다고 한다.

이러한 맥락에서 '사일로(Silo)'라는 개념도 생겨났다. 회사 내에 담을 쌓아 전혀 소통하지 않는 부서를 일컫는 말이다. 대표적으로 소니의 사례가 많이 꼽힌다. 과거 전자 업계의 황제였던 기업이 구렁텅이에 빠져 좀처럼 헤어나지 못하는 데에는 소니의 사일로 문화가 큰 영향을 끼쳤다는 평가다. 기술 공유가 되지 않으면서 기업이 퇴보되었다는 것이다.

우리나라가 조선 부문에서 세계 1위를 기록할 수 있었던 비결은 바로 근로자들의 일거수일투족을 자세히 기록한 업무일지라는 것이다. 노하우든 핵심 기술이든 뭐라도 적어두어 20여 년간 장기 불황을 겪으면서 뒤처진 일본을 꺾을 수 있었다는 이야기다.

'적자'생존은 결국 문제 해결을 위해서는 부단하게 적은 내용을 동료들과 공유하고 실천에 옮겨야 한다는 의미일 것이다. 여기서 '적자'생존은 단순히 적는다는 의미라기보다는 '지식의 공유와 축적'이 의미하는 바가 크다 하겠다. 이런 과정에서 흠이 발견된다면 숨기지 말고 머리를 맞대고 풀어나가야 한다는 의미다.

ETRI는 이 같은 사례를 경영 전반에 도입한 바 있다. 연구원에 품질경영이 전격 도입되어 모든 연구 과정을 문서화하는 작업을 시행한 것이다. 문서 작업은 지금도 꾸준히 이뤄지고 있고, 모든 연구 진행 과정을 세세하게 기록하며 축적하고 있다. 이러한 기록 문서를 통해 연구원은 공유 및 협업의 플랫폼화를 구축하고 있다. ETRI 창립 이후 부족하다고 평가되어온 정보의 '축적'을 위해서다. 세계 최고 연구원에서 일하고자 들어오는 후배들을 위해서라도 말이다.

우리가 '적자'생존을 체감하고 실천에 옮기기까지는 많은 어려움이 뒤따랐다. 라디오를 수입해 뜯어보고 하나씩 배워가고 조립해보던 때가 있었다. 또한 신일본제철(新日本製鐵)을 방문해 일일이 적어가면서 배우고 일본 자동차를 조립해보았다. 결국 최초의 국산차인 포니는 부품을 수입해 조립한 자동차였다. 우리나라가 행한 '적자'생존은 당시의 산업구조로 보았을 때 필연이었다. 이는 조선업이나 다른 산업도 예외는 아니었을 것이다.

이러한 '적자'생존과 더불어 연구원들이 중요시하는 사자성어가 하나 더 있다. 바로 '현문현답'이다. 현장 속에 답이 있다는 의미다. 연구소 실험실이나 사무실 책상에서만 연구하지 말고 ICT와 다른 분야의 융합을 위해 현장으로 나가라는 의미다. 현장을 먼저 이해하고 파악하라는 말이다.

사실 '적자'생존, 현문현답 등과 같이 우리 기업이 강대국 사이에서 살아남을 수 있는 비결이란 특별히 다를 것이 없다. 필자는 연구원뿐만 아니라 많은 사람들이 다음과 같은 자세로 임한다면 어려운 일도 잘 헤쳐 나갈 수 있을 것이라고 생각한다. 이는 ETRI의 전임 원장이신 김흥남 원장께서 남긴 말씀이기도 하다.

첫 번째, 문제를 잘 정의한다. 두 번째, 다른 사람들은 어떻게 했는지 조사해본다. 세 번째, 문제를 풀기 위해 가능한 많은 데이터를 확보한다. 네 번째, 스스로 솔루션을 만든다. 이런 식으로 하다 보면 어느 순간 스스로 답을 찾게 될 것이다. 무엇보다 중요한 것은 네 번째인데 답을 이끌어내기 위해 문제에 대해 충분히 고민하는 습관을 갖출 필요가 있다는 것을 기억해야 한다.

10

21세기 장영실의 후예들이 거둔 값진 성과

국제표준 특허 기술

특허청은 2017년 6월 상반기 특허기술상을 발표했다. 이번 특허기술상의 후보는 총 113건이 신청되어 경쟁이 매우 치열했다. 최고상인 세종대왕상을 비롯해 충무공상, 지석영상, 정약용상, 홍대용상 5개 부문에서 7건이 뽑혔다. 특허청이 우수 특허상에 이처럼 조선시대 과학자나 과학사상가의 이름을 붙인 것이 새삼 마음에 든다. 2017년 대상인 세종대왕상에는 ETRI의 이진호 선임연구원, 김휘용 실장 등 9인이 공동으로 발명한 '적응적 필터를 이용한 인트라 예측을 수행하는 복호화 장치'가 선정되었다.

이 기술은 동영상 데이터를 압축하는 데 이용되는 영상 복호화 장치다. 영상에 불필요한 정보를 없애 압축 효과를 크게 높였다. 디지털 동영상을 제공하는 방송이나 영화 등 여러 분야에 응용이 가능하다. UHD TV의 영상 압축 기술인 고효율 비디오코딩(HEVC)이 이 기술의 핵심이라고 볼 수 있다. 향후 대용량의 고화질 UHD 콘텐츠 수요의 급증에 따라 상당한 매출이 증대될 것으로 기대된다.

지난 2013년 6월 ETRI 연구진은 '서비스 호환 고화질 3차원 방송 송수신 기술'이라는 기술로 특허청 주관 특허기술상 최고의 영예인 세종대왕상을 받은 바 있다. 이 기술은 윤국진 선임연구원 등 5명이 발명했다. 기존 방송 채널에서 하드웨어 교체 없이 소프트웨어 변경만으로도 3D와 2D 방송을 동시에 시청할 수 있게 한 기술이다. 3차원 비디오 시그널링 및 전송 기술로 기존 디지털 TV와 다양한 디지털 방송 플랫폼에서 동시에 사용할 수 있다. 이를 통해 HD급 입체 영상을 제공할 수 있게 되었다. 이 기술은 2012년에 MPEG 및 미국 TV 방송표준위원회(ATSC)의 표준특허로 채택되었다. 따라서 향후 국제표준 특허 풀 구성을 통한 로열티 수입도 예상된다. 국내에서는 이 기술을 적용한 3D 방송이 정규 방송으로 본격 송출된다.

2006년에는 ETRI의 김현탁 박사가 세종대왕상을 수상했다. 앞 장에서 자세히 살펴봤듯이 김현탁 박사팀이 수상한 특허명은 '금속-절연체 전이(MIT) 현상'을 일으키는 물질 및 응용 특허로 'MIT 반도체 물질을 이용한 반도체 소자 및 제조 방법'이란 제목이다. 당시 김 박사팀이 수상한 최고 기술상인 세종대왕상은 김 박사가 지난 2005년 9월 개발에 성공한 '홀 드리븐 MIT 이론'을 기반으로 MIT 트랜지스터 및 MIT 소자를 응용한 제조 방법이다. 기존 전기전자 소자의 기본 원리는 반도체 현상에 기반을 두고 있다. 이와 달리 이 기술은 MIT 원리에 기초하고 있다. 김 박사팀은 실제로 MIT 원리를 적용한 '임계온도 스위치'를 개발하는 데 성공했다. 이 기술은 최근 이슈화되고 있는 휴대폰이나 노트북 배터리의 부풀림과 폭발을 방지하는 데 중요 기술로 떠오르고 있다. 또한 최근 관련 기술의 기술이전과 상용화에 큰 진전을 보이고 있다.

　2004년에도 세종대왕상의 명예는 ETRI에게 돌아갔다. '파문 스캔 장치 및 그 방법과 그것을 이용한 영상 코딩·디코딩 장치 및 그 방법'이 선정되었다. 이 같은 장치는 임영권 연구원, 안치득 단장, 박광훈 경희대학교 교수에 의해 발명되었다. 이 기술은 수면에 돌을 떨어뜨렸을 때 파문이 동심원 형태로 퍼져나가는 데에서 착상된 아이디어를 산학연 공동으로 관련 원천기술과 상용화 기술로 발전시켰다. 이 기술은 기존 동영상이 방송 환경의 영향을 많이 받는 단점을 극복한 기술로 평가받고 있다. 열악한 방송 환경에서도 시청에 어려움이 없도록 구현했으며 MPEG-4보다도 50퍼센트 이상 뛰어난 동영상 압축률로 더욱 선명한 고화질 디지털 방송을 할 수 있게 해준다. 이 기술은 기술적 우수성을 인정받아 우리나라 DMB 방송 규격으로 채택되었다. 특히 차세대 동영상 압축 국제표준의 핵심 필수 특허로 등재되어 2005년부터 10년간 국제 로열티를 받았다. 또한 차세대 고화질 DVD의 국제 규격으로도 채택되었다.

　2013년 ETRI는 제48회 발명의 날을 맞아 '미국 특허 종합평가 2년 연속 세계 1위'의 업적을 인정받아 대통령상을 수상했다. 기관이 1위를 하기는 참으로 어려운데, 그동안 지식재산 창출 실적에서 뛰어난 성과와 혁신적인 첨단기술의 발명으로 국가 경쟁력 제고에 기여한 것은 물론 창출한 지식재산의 사업화를 통해 국가 경제 발전에 크게 기여한 공로를 인정받았다. 특히 2014년 4월에는 미국 등록 특허기준 '2013년도 특허종합평가(Innovation Anchor Scorecard)'에서 세계 유수의 연구소와 대학, 정부기관 등 237개 기관을 제치고 전 년도에 이어 3년 연속 세계 1위를 차지하기도 했다.

필자는 해당 기간 ETRI 홍보를 책임지는 자리에 있었다. 훌륭한 업적과 연구 성과를 잘 홍보하고 널리 알리는 것은 결코 쉽지 않은 일이다. 이러한 성과를 국민 모두에게 알리고 싶다는 마음도 앞선다. 당시는 사흘 뒤면 연구원 창립기념일로 대강당에서 행사를 해야 했기에 홍보 직원으로서 어깨가 무겁기도 했다. ETRI 특허 실적을 발표할 즈음에는 사건도 많이 터져서 홍보에 악재로 작용했다.

예를 들면 당시 북한의 무인기가 청와대 상공을 촬영하고 추락하는 대형 사건이 벌어져 〈KBS 9시뉴스〉에 대대적으로 보도되었다. 또한 칠레에서 진도 8.2의 강진이 발생해 관련 지진 뉴스가 연이어 보도되었다. 결국 모든 뉴스 꼭지 중에 예정되었던 ETRI의 세계 최고의 성과에 관한 뉴스는 전파를 타지 못했다. 그렇게 낙심하며 뉴스를 지켜보던 차에 수도권 뉴스가 방송되었다(수도권 뉴스는 지방에 방송되지 않는다). 기대하지 않고 있었는데 갑자기 ETRI 관련 뉴스가 나온 것이다. 이에 당시 홍보부장이던 박종팔 부장님과 기쁨을 나눴다. 그리고 밤 11시 이후에 방송되는 〈KBS 뉴스라인〉에 원장님 인터뷰까지 보도되는 것을 보고 마지막 KTX를 타고 대전으로 내려왔다. 박 부장님은 내려오는 기차 안에서 "아무리 어려운 일이라도 결국 사람이 하는 것이다. 발로 부지런히 품을 파니 하늘이 돕는다"라며 소회를 전했다.

그 결과 창립기념식에서 전 직원들에게 우수한 특허 성과를 잘 보여줄 수 있었다. 3년 연속 홍보실도 제 역할을 한 것이라고 생각했다. 매년 창립기념식을 홍보실이 만든 영상과 전 직원이 함께했으니 말이다.

실제로 ETRI가 지난 10년 동안 출원한 특허 건수는 국내 2만 941건, 해외 1만 4,301건에 달한다. 2011년 기준으로 보면 전체 대학 및 정부출연연구원 등 공공기관의 약 36.3퍼센트를 차지하는 수치다. ETRI는 MPEG, 와이파이(WiFi), LTE와 같은 방송과 통신 등 기술 분야에서 국제표준 특허를 772건이나 보유하고 있다. 로열티 수익을 창출하는 근원이 되고 있는 것이다. 그중 알짜배기 특허라 불리는 국제표준 특허는 개당 가치 산정이 어려울 정도로 높아 이 특허를 '황금알을 낳는 특허'에 비유하기도 한다. 국제표준 특허의 중요성과 잠재성, 가치로 보았을 때 통상 이 특허는 1,000만 달러의 가치가 있는 것으로 평가된다. 물론 어떤 특허의 가치는 1,000만 달러를 넘기도 하고 어떤 경우는 이에 미치지 못할 테지만, 통상 이를 환산했을 때 ETRI가 보유한 순수 무형의 자산가치만 8조 원이 넘는다는 얘기다.

국가기술표준원에 따르면 국제표준의 경제적 가치는 국내총생산(GDP)의 1퍼센트에 달한다고 한다. 표준 특허 1건이 1년간 평균 35억 원에 달하는 GDP 창출 효과를 낸다는 분석 결과도 있다.

전 세계적으로 볼 때 우리나라는 매년 21만 건씩 특허를 출원하는 국가다. 미국, 유럽연합(EU), 중국, 일본 그리고 우리나라가 세계 5대 특허 강국이다. 이들 국가의 전 세계 특허가 80퍼센트를 아우른다. 특허청은 2020년에는 세계 4대 특허 강국으로 발돋움하겠다는 계획이다. 2016년 특허청이 발표한 자료에 따르면, 세계 3대 표준화기구(ISO, IEC, ITU)에 선언된 우리나라의 누적 국제표준 특허 건수가 처음으로 독일을 넘어 세계 5위를 기록했다고 밝혔다. 전 세계 기업이나 기관 중에는 핀란드의 노키아(2,466건)가 표준 특허 건수가 가장 많았고, 국내 기업 중에는 삼성전자(360건)가 가장 많았다. 그리고 ETRI가 연구기관 중 유일하게 세계 10위(210건, 국내 2위)에 포함되었다.

이런 노력은 2008년 발명의 날에 발명대왕상을 비롯하여 세종대왕상, 지석영상 등 총 24회에 걸친 다수의 특허 관련 수상으로 이어졌다.

또한 이 같은 실적은 2016년도 제17회 '대한민국 반도체 설계대전'에서 대통령상을 수상함으로써 발명의 산실인 IPR(지식재산권) 팩토리로서의 역할을 톡톡히 했다. 당시 연구진은 '자동차 자율주행 지능정보 프로세서'를 개발해 상을 수상했다. ETRI의 권영수 프로세서연구실장을 비롯하여 신경선 책임연구원, 이재진 SoC설계연구실장 등이 이날 반도체 설계대전에서 대상을 받았다. 21세기 우리나라 장영실들이다. 이들 연구진은 '알데바란'으로 명명된 무인 자율주행차를 위한 핵심 프로세서 기술을 개발해낸 주역들이다. 100퍼센트 국내 기술로 구현된 이 칩은 자율주행차 등에 활용될 것이다.

ETRI의 권영수 프로세서연구실장은 "그동안 전량 수입에 의존해온 자율주행 반도체를 세계 수준의 국산 기술로 대체하고 높은 성능을 가지면서도 안전한 자율주행차의 두뇌 역할을 수행할 것으로 예상한다"고 말했다.

지난 2014년에도 ETRI에서 장영실이 나왔다. 이동RF연구실의 조영균, 정재호, 박봉혁 박사가 설계한 '차세대 친환경 기지국 시스템을 위한 Advanced Class-S 송신기'다. 스마트폰의 이용 등으로 늘어가는 모바일 트래픽에 대비하기 위해 차세대 소형 셀 기지국에서 쓸 수 있는 기술이다. 이 기술은 시장성과 파급 효과가 매우 클 것으로 보인다. 여러 가지 회로 기술들이 적용되며 에너지 효율 부분에서도 상당한 진척이 돋보이는 기술이다. 국내 자체 기술이어서 외국에 더 이상 기술료를 주지 않아도 될 전망이다.

2010년에는 ETRI의 천익재, 여준기, 노태문 박사의 휴대 단말기용 다용도 모바일 프로세서 칩이 대통령상에 선정되었다. 내비게이션, 스마트폰 등 다양한 모바일 기기의 부품으로 사용되는 칩이다. 기존 유사 제품에 비해 소비 전력을 줄였음에도 성능 향상 효과가 뛰어나다.

2008년에는 제9회 대한민국 반도체 설계대전에서 SoC연구부 엄낙웅, 구본태, 김성도 박사팀이 대통령상을 수상했다. 수상자인 엄낙웅 박사는 현재 ETRI의 ICT소재부품연구소 소장으로 재직 중이다. ETRI 반도체 연구의 총책임자인 셈이다. 지상파 DMB 수신에 필요한 고주파 튜너, 베이스밴드(Baseband) 프로세서, 멀티미디어 프로세서를 하나의 칩에 집적시킨 종합 설계 기술로 수상자 명단에 이름을 올렸다. '지상파 DMB 단말용 RF, 베이스밴드, 멀티미디어 통합 SoC'로 영예의 대상을 차지한 것이다. 당시 ETRI는 이 기술을 10개 업체에 기술이전을 통해 19억 원의 기술료 수입을 올렸다. 특히 휴대전화, PMP 등 모바일 TV의 소비 전력과 제작비용을 획기적으로 줄이고, 초소형화를 가능하게 하는 기술로 높이 평가받았다.

2006년에도 연구진은 특허청 주관 '반도체 설계 공모전'에서 대상(대통령상)과 금상(국무총리상)을 수상했다. IT-NT 그룹 감지신호 처리팀이 출품한 '3단 증폭기 공유 기법을 적용한 $0.26\text{-}mm^2$ 10-bit 20-MS/s CMOS 파이프라인 ADC'와 SoC연구개발그룹 무선단말 SoC 설계팀이 출품한 '고

효율 저전력 시스템을 위한 혼합 모드 전력증폭기'가 각각 대상과 금상을 차지했다. 대상을 수상한 ADC 회로는 아날로그 신호를 디지털 신호로 변환시켜주는 핵심 부품으로 휴대폰, 무선통신 기기, 디지털카메라, 캠코더 등 이미지 처리에 사용된다. 이러한 ETRI의 핵심 부품 기술 확보는 향후 통신, 이미지 처리 관련 제품의 소형화, 저전력화 등 성능 향상에 큰 역할을 할 것으로 기대되었다.

특히 반도체 설계대전에서의 성적은 크게 칭찬할 일이다. 우리나라가 반도체 메모리 분야에서 세계 1위를 하고 있는데, 바로 ETRI가 우리나라 반도체의 산실이기 때문이다. 그런 역사가 이어지고 이어져 오늘날에도 후배들이 빛나는 성적을 거두게 되고 그럼으로써 끊임없는 반도체 혁신과 우리나라의 산업을 일으켜 세우고 있는 것이다.

연구원의 지식재산권 전략도 눈에 띈다. 지식재산권 창출에서 가공, 활용, 인프라 4대 분야를 중점으로 전략을 실행 중이다. 특히 특허출원 전에 발명등급제와 발명 인터뷰제 등 내부 심사를 강화해 부실 특허 방지와 우수 특허 발굴에 힘쓰고 있다.

ETRI는 2017년 말 기준 IEEE 802.11, MPEG, LTE, RFID 등 총 11개의 특허 풀에 가입되어 있다. 이는 공공기관 중 세계 최다 가입에 해당된다. 관련 특허 기술료 수입은 225억 원에 이른다. ETRI가 '황금알을 낳는 거위'라고 해도 과언이 아니다.

11

100년 수명의 배터리, 베타전지를 만들다
베타전지 기술

2016년 말에 개봉한 〈판도라〉는 상영 기간 동안 관객 수 450만 명을 넘어서며 입소문을 타고 많은 사람들의 발걸음을 극장으로 향하게 했다. 원자력 안전에 대한 국민적 관심이 고조되었던 터에 관련 영화가 개봉한 것도 한몫했을 것이다. 역대 최대 규모의 강진으로 인한 원자력발전소의 폭발을 다룬 재난 영화다. 방사능 유출에 대한 공포를 다루며 발전소 직원들이 온몸으로 2차 폭발을 막는다는 내용이다.

만약 영화처럼 원자력발전소가 붕괴되어 폭발의 위험이 생긴다면 어떤 일들이 벌어질까? 원자로 내부의 상황을 알기 위해서는 누출 감지 센서가 작동해야 하는데 아마도 폭발하는 상황에 닥치게 되면 전기가 꺼질 것이다. 비상 전원도 몇 시간 버티지를 못한다. 그렇게 되면 원자로 내부 상황을 알 방법이 없게 된다. 따라서 이런 블랙아웃에 대비한 '독립 전원'은 꼭 필요하다.

다른 사례로 부정맥 질환을 앓고 있는 A씨(60세)는 페이스메이커(심장박동기)를 심장에 달고 산다. A씨는 심장의 박동 상태를 심장박동기가 자동으로 감지하여 적절한 심박 수를 조절해준다. 하지만 심장 내 삽입형이어서 A씨는 걱정이다. 유일한 치료법이지만 10년마다 수술을 통해 박동기를 교체해야만 하기 때문이다. 배터리 수명이 5~8년에 불과해 환자들이 주기적으로 수술을 받아야 한다. 무한히 쓸 수 있는 배터리가 이런 질환을 겪고 있는 환자들에게는 꿈이다.

그런데 ETRI 연구진이 100년 가는 배터리 개발에 성공했다. 일명 '베타(β)전지'다. 이름이 말해주듯 방사성 동위원소가 붕괴하면 알파(α), 베타(β), 감마(γ)선이 나오는데 그중 하나다. 베타선은 다른 방사선에 비해 인체에 덜 유해하다. 또 안전하게 막는 차폐도 가능하다. 연구진이 개발에 성공한 전지는 순수한 베타선을 방출하는 방사성 동위원소로부터 반도체에 베타선을 흡수시켜 전류, 전압을 생성해주는 원리의 전지다. 태양전지의 원리와 비슷하다. 베타선은 전자선과 똑같아서 쉽게 브라운관 TV를 생각하면 된다. 브라운관 TV에서 화면을 볼 수 있게 해주는 것이 전자선인데, 이것이 베타선과 똑같은 전자다. TV를 오래 보면 눈이 아프다. 이때 간단히 알루미늄 호일로 차폐는 쉽게 된다.

베타전지의 특징은 충전할 필요가 없다는 점이다. 이 점이 기존 스마트폰에 들어가는 전지인 리튬이온 전지와 가장 큰 차이다. 스마트폰 전지의 경우 매일 충전해야 쓸 수 있다. 하지만 베타전지는 수명이 길다. 모아두었다가 필요할 때만 쓰면 되기 때문이다. 실제 100년을 쓸 수 있다고 한다. 100년이면 365일 동안 24시간을 쓴다면 현재 기술로 시간당 효율이 1마이크로와트(μW)이므로 876,000마이크로와트 용량을 쓸 수 있다는 얘기다. 향후 연구진은 배터리 효율을 지금보다 5배인 시간당 5마이크로와

ETRI 연구진이 개발한 베타전지

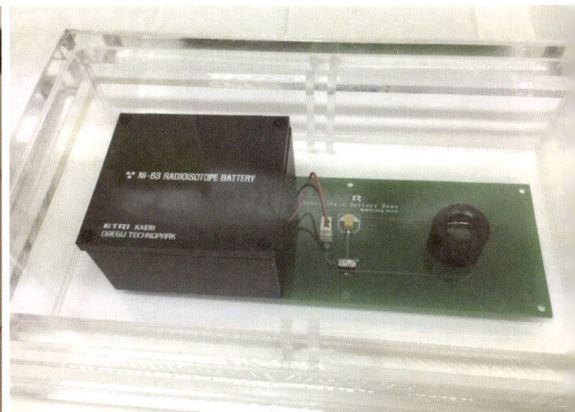

트로 늘릴 계획이다.

또 다른 베타전지의 특징은 일반적인 리튬이온 전지가 리튬(Li)이온을 주원료로 한다면 베타전지는 니켈(Ni-63)을 사용한다는 점이다. 하지만 이 방법에도 난제는 있다. 방사능 물질을 다루다 보니 차폐가 필요하다는 것이다.

따라서 일반적인 전지로 사용하는 것은 아직 어려운 실정이다. 그렇지만 가장 중요하다고 할 수 있는 원자력발전소와 같은 재난 방지용 전지나, 극지, 우주, 군사용 등 특수 목적의 전지로 활용하는 것은 충분하다.

ETRI 연구진은 방사선을 흡수해서 에너지로 변환하는 데 필요한 기술을 개발했다. 공동으로 참여한 원자력연구원은 베타전지에 필요한 방사성 동위원소를 만들었다.

이와 관련하여 연구진은 원천기술에 집중하고 있다. 현재 5cm×5cm 크기로 전지 모듈을 만들었다. 향후 지금의 전지 출력을 최대 5배까지 높이는 것이 목표다. 이를 통해 심장박동기에 장착되는 전지 등과 같이 의료용이나 재난 안전에 필요한 센서, 지진으로 인한 댐, 터널, 원전 등 대형 구조물의 균열 여부를 알아내는 센서 배터리로 활용할 계획이다. 특히 작은 규모의 전지를 구조물 내에 센서로 매립할 경우 사람이 배터리를 교체한다는 것은 어렵다. 이처럼 베타전지는 향후 사람이 직접 하기에는 위험한 영역에 도움을 주는 데 사용될 것으로 보인다. 지진이나 강력한 충격이 발생하게 되면 그때마다 전지가 탑재된 센서가 일정한 신호를 보내 알람을 주게 되는데, 이럴 때 특수 전지인 베타전지의 활약이 예상된다. 전력은 최소만 들게 하고 이를 통해 100년 정도를 전지가 버틸 수 있다는 것이 연구진의 설명이다.

이와 같이 베타전지와 관련하여 장점이 많다 보니 세계적인 연구도 활발한 편이다. 미국의 경우 방위고등연구계획국(DARPA)의 국방 예산을 통해 코넬대학교에서 전지를 개발한 바 있다. 러시아의 경우도 니켈(Ni-63)을 활용한 다이아몬드 반도체를 이용해 연구 중이다.

연구진은 실리콘 카바이드(SiC)를 사용한 전력 반도체를 사용한다. 높은 전압 특성과 고출력이라는 특징이 있다. 그래서 극한 환경에 많이 쓰인다. ETRI는 반도체 전용 팹(Fab)이 있어 웨이퍼 제작의 처음부터 끝까지 공정 설계가 가능한 우리나라에서 유일한 곳이다. 물론 공정은 두말할 필요 없이 매우 어렵고 힘이 든다. 공정 조건이 실리콘의 경우 800~900도(℃) 내외인데 반해 실리콘 카바이드는 2000도(℃) 이상 되는 가혹한 환경이기 때문이다.

베타전지는 전지 가운데 우물과 같은 역할을 한다. 이차전지와 함께 쓰는데 이차전지를 항상 채워주는 역할을 하기 때문이다. 따라서 이차전지와 같이 베타전지를 일체형으로 사용한다. 이차전지가 한 번 에너지를 사용하면 베타전지는 사용한 만큼을 또 채워주기 때문에 항상 일정한 출력을 보장한다. 필요한 전력이 베타전지 출력보다 낮다면 베타전지만 따로 떼어서도 사용할 수 있다.

베타전지는 센서가 동작할 때만 전원을 주는 셈이다. 진동 센서가 움직이면 그때 전기신호를 발생해 신호를 보내주는 역할을 한다. 통신을 보내는 중요한 에너지원을 베타전지가 맡고 있다.

PART

5

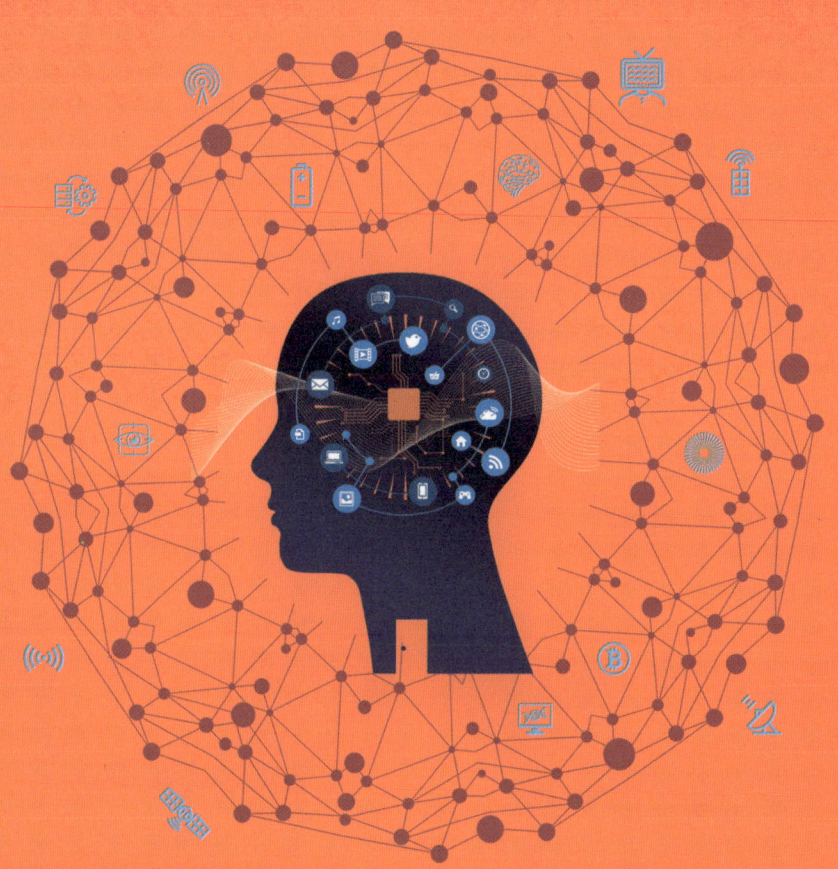

진정한 모바일
라이프를 창조하다

Intro

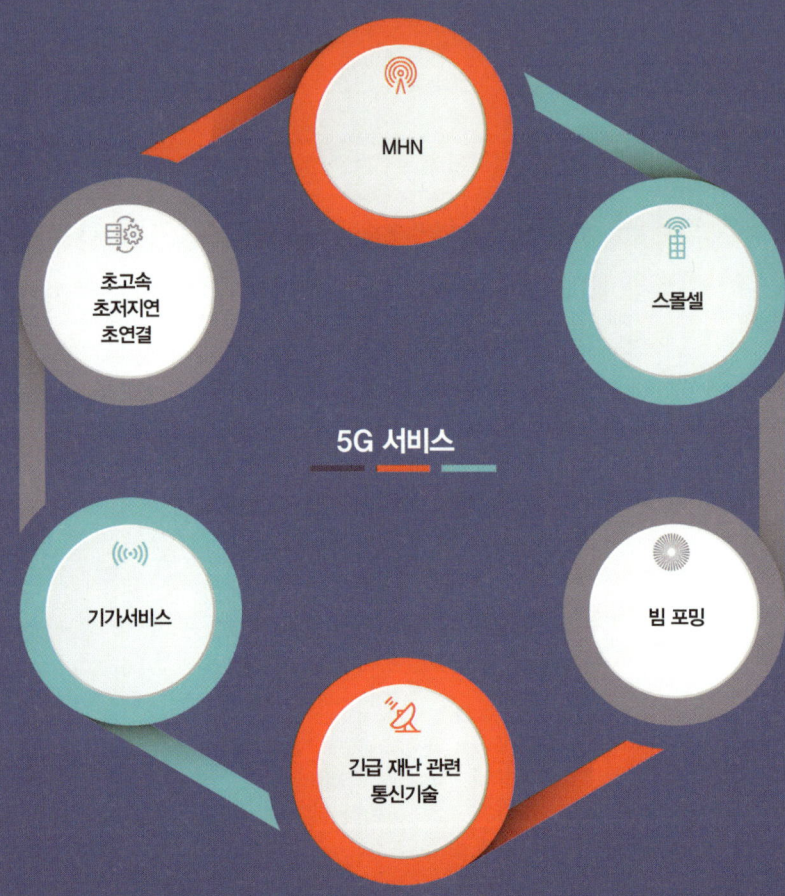

이동통신을 통해 거의 모든 활동이 가능한 '모바일 라이프' 시대가 실현되고 있다. 언제 어디서든 초고속 통신 서비스를 누릴 수 있는 생활을 앞당기기 위해 현재 많은 연구가 진행되고 있다.

특히 2018년 평창 동계올림픽을 'ICT 올림픽'으로 만들기 위해 그동안 ETRI 연구진이 노력한 '5G' 이동통신 기술이 스포트라이트를 받고 있다. 이번 동계 올림픽 또한 '기가 올림픽'으로 치러졌다.

CDMA를 비롯해 그동안 와이브로(WiBro), LTE-A를 세계 최초로 개발해온 연구진은 세계 최고의 5G 이동통신 기술을 통해 글로벌 산업 경쟁력을 달성하기 위해 노력 중이다. 이를 위해 2019년에 세계 최초로 5G 상용 서비스 제공을 목표로 연구에 박차를 가하고 있다. 나아가 5G 다음의 '비욘드 5G(B5G)' 기술 선점을 위해서도 분주하게 움직이고 있다.

ETRI의 정현규 5G기가서비스연구부문장은 "이동통신 기술의 차세대 기술로 불리는 '5G' 기가서비스가 현재의 연구 목표다. 퍼스트 무버로 도약하기 위한 기술은 핵심 원천기술이고, 이로써 파생되는 생태계 또한 원천기술 중심으로 만들어진다. 기초 기술을 개발하는 일이 현재 가장 필요하며, 5G를 넘어서는 'B5G'의 세상까지도 꿈꾸고 구체화하는 기획이 필요하다. B5G 세상은 현재의 사용자 이동성을 뛰어넘어 네트워크의 이동성이 부각되고 이에 따라 자연스럽게 연결되는 서비스는 생각 이상으로 다양할 것이다"라고 설명한다.

정 연구부문장은 특히 "전통적인 이동통신의 범위는 이미 수직적인 산업과의 5G 융합 서비스로 틀이 허물어지고 있다. 신규 서비스 수요에 대한 철저한 준비는 핵심 원천기술 확보가 답이다. 조급한 마음을 던져버리고 완벽한 계획에 기반 한 연구개발과 기술 기획에 좀 더 신경 쓰는 태도가 필요하다"고 말한다.

01

통신 지연 없는
데이터 전송 시대가 온다
초저지연 기술

지난 2006년 10월 서해대교에서 안개로 인해 차량 26대가 연쇄 추돌을 일으켜 11명이 사망한 사고가 있었다. 2015년 2월에는 역시 안개로 인해 영종대교에서 106중 연쇄 추돌 사고가 발생해 2명이 사망하고 130명이 부상당했다. 두 사건 모두 가시거리가 좋지 않은 상태에서 과속 때문에 일어난 사고로 추정된다.

이러한 차량 추돌 사고를 방지하려면 어떤 기술이 적용되어야 할까? 바로 '정보통신기술(ICT)'이 차량을 제어하는 시스템을 적용할 수 있을 것이다. 원격진료는 어떤가? 예컨대 서울에 있는 의사가 대전의 환자를 로봇으로 원격 수술할 경우도 마찬가지다. 통신의 도움이 절대적이다. 이런 경우 단 0.1초라도 통신이 지연된다면 환자가 위험에 빠지고 수술이 실패할 수 있다.

올해 2월 평창에서 동계올림픽이 개최되었다. 이번 올림픽은 우리나라에게는 절호의 기회였으며, 특히 ICT가 발달되었기 때문에 자랑할 거리도 많았다. 'ICT 올림픽'이라는 목표 아래 기가급의 다양한 통신 서비스를 선보여 전 세계인을 깜짝 놀라게 했다.

궁극적으로 통신이 발달하게 되면 인간의 오감 정보도 전달할 수 있을 것이다. 미국에서 한국에 있는 아들의 얼굴을 스마트폰을 통해 어루만져 볼 수도 있다. 바로 '촉각(Tactile) 인터넷'이다. 이러한 시나리오들이 현실화되기 위해 필수적인 것은 '저지연 이동통신 기술'이다. ETRI 연구진이 2017년 6월 시연에 성공한 바 있다.

아직 사람들이 낯설게 여기는 '5G' 이동통신은 우리 생활과 멀리 떨어진 얘기가 아니다. 이미 수십 Gbps급으로 유선통신이 되는가 하면, 무선으로도 Gbps급에 가까운 서비스가 이동통신 회사를 통해 서비스되고 있다. 현재 기가 와이파이 홈서비스 가입자만 100만 명이 넘었다. 그렇다면 기가급 통신이 개화될 5세대는 어떤 일들이 벌어질까?

5G에서는 '빠른 전송 속도(초고속), 초 다수의 장치 연결(초연결), 낮은 전송 지연(초저지연)'이 필수다. 수 킬로미터 전방의 차량 사고 위험을 뒤에 오는 차량들에게 지연 없이 알려줄 수 있다면 연쇄 추돌 사고를 미연에 방지할 수 있다. 원격 수술은 어떤가? 통신을 통한 원격 로봇수술은 단 한 치의 오차가 있어서는 안 된다. 환자 상태를 나타내주는 바이탈 정보가 0.1초라도 늦게 전송된다든가, 의료 데이터 및 영상 기록이 제때 제공되지 못한다면 원격 수술이 제대로 진행되지 못하고 오히려 환자를 위험에 빠뜨릴 수 있다. 이 같은 사례는 통신 지연이 거의 없어야 가능한 서비스들이다.

촉각 인터넷은 인간의 감각 중 가장 빠른 인지 시간을 가진 촉각 민감도 수준의 지연 시간이 요구되는 인터넷 서비스다. 한 사람이 상대방의 머리를 쓰다듬으면 원거리에 있는 사람이 머리를 만지는 느낌을 들게 하는 것이다. 감각을 느끼게 하는 별도 기기(gear) 등을 착용한다면 가능할 것이다. 이런 서비스를 실제 상황에서 구현하려면 통신 서비스 지연 시간을 단축하는 것이 관건이다.

이동통신망에서 '서비스 지연'이란 의미는 스마트폰에서 통신을 위해 보낸 데이터가 기지국과 서버를 거쳐 다시 스마트폰까지 되돌아오는 데 걸리는 시간을 말한다. 저지연 기술은 현재 우리가 사용 중인 4G LTE-A 이동통신에서 0.02초(20밀리초) 이상 걸리던 서비스의 속도 지연을 0.002초(2밀리초)인 10분의 1로 줄이는 기술이다. 숫자로는 0 하나 덜 쓴 것에 불과해 보이지만 엄청난 차이가 있다. 이 같은 저지연 통신기술은 5G 이동통신의 핵심 기술이다.

인간이 시청각을 통해 사물을 인지하는 속도는 대략 50밀리초다. 눈으로 무언가를 봤을 때 50밀리초 이후가 되어야 뇌에서 인지하는 것이다. 연구진이 개발한 속도는 지연 기술로 비교하자면 인간의 시청각 인지 속

ETRI 연구진의 5G 저지연 이동통신 기술 시연

도보다 최대 25배 빠른 것이다. 5G 시대가 되면 순간적으로 변하는 주변 상황에 따라 기기 및 서비스도 빠르게 반응해야 하므로 통신 지연이 거의 없어야 한다. 초저지연 시대로 가야 하는 또 다른 이유다.

ETRI의 김영진 이동응용연구부장은 "실시간 제어를 필요로 하는 역진자 장치와 모바일 로봇 시연을 통해 2밀리초 내외의 서비스 지연을 갖는 5G 저지연 이동통신 기술 검증에 성공했다. 5G에서는 보다 고신뢰·저지연 데이터 전송을 가능하게 한다. 이를 통해 인간의 감각 중 가장 빠르게 인지할 수 있는 촉각 민감도 수준(1밀리초)의 지연 시간이 요구되는 '촉각 인터넷' 서비스도 향후에는 가능할 전망이다"라고 설명한다. 이와 같은 미지의 서비스가 5G 시대를 더욱 기대하게 한다.

02

지하철에서 수백 명이 동시에 유튜브를 본다고?

MHN 기술

지하철이나 KTX와 같은 고속열차를 이용하다 보면 와이파이(WiFi)가 잘 터지지 않아 답답한 경우가 많다. 그럴 때면 하는 수 없이 유료 데이터를 이용하곤 했다. 이런 통신 서비스에 사용자들이 불만을 제기하는 목소리가 높다.

흔히 집에서 사용하는 와이파이는 유선 네트워크를 사용하는 '고정식' 무선통신 기술이다. 지하철 등의 공공 와이파이는 이동통신 기술과 고정식 무선통신 기술을 결합한 와이브로(WiBro) 신호를 와이파이로 변환하는 것이다. 집에서 사용하는 무선랜보다 속도가 낮아 10Mbps의 속도가 한계다. 그마저도 여러 사람들이 한꺼번에 이용하면 더욱 속도가 낮아질 수밖에 없다. 이동 중에 와이파이를 사용할 수 있는 최선의 방법으로 꼽히지만 승객들의 불만이 많은 이유다.

이런 가운데 ETRI 연구진이 2017년 7월 달리는 지하철에서 최대 550

여 명이 동시에 동영상을 볼 수 있는 상용화 기술을 개발했다. 세계 최초다. 연구진은 서울 지하철 8호선에서 '모바일 핫스팟 네트워크(MHN, Mobile Hotspot Network)' 기술을 활용해 최대 1.25Gbps 속도의 데이터 전송 시연에 성공했다. 2018년 6월경에는 서울 지하철 8호선에 시범 서비스할 예정이다. 올 연말까지는 2호선에도 무료 와이파이가 잘 터질 것으로 전망된다. 서울 지하철 1~9호선 서비스는 내년이 목표다.

수백 명이 같은 공간에서 동시에 동영상을 볼 수 있는 이 같은 기술은 통신의 개념을 새롭게 정의한 성공적인 기술로 평가받고 있다. 도로에 비유하자면 밀림에 새로운 고속도로를 놓는 일과 같다. 통신의 길을 새롭게 확장한 것이다. 이러한 MHN 기술은 '이동무선백홀' 이란 이름으로도 불린다. 일종의 움직이는 소형 기지국에 Gbps급의 데이터를 제공하는 기

ETRI 연구진의 서울 지하철 8호선에서의 'MHN' 기술 시연

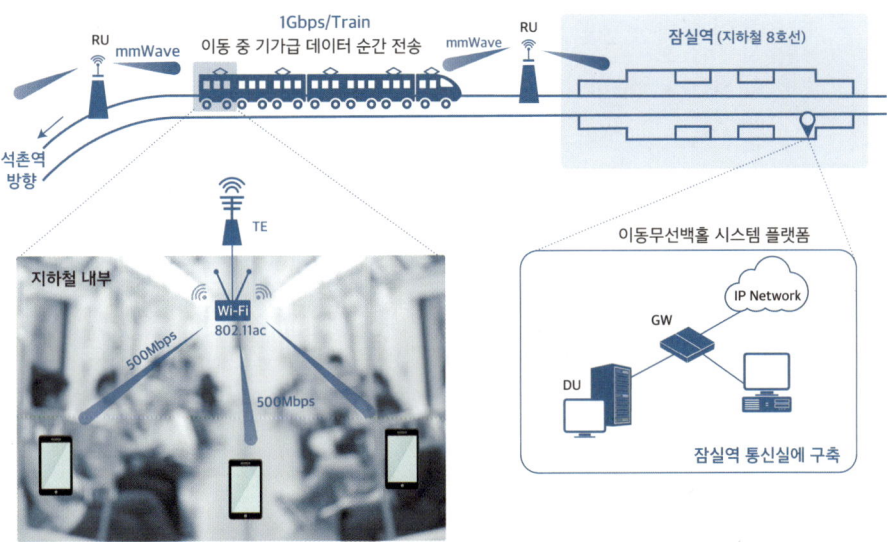

술이다. 이 기술은 정부의 5G 이동통신 개발 사업의 하나로 핵심 원천기술로 평가받고 있다. 5G 주권 확보를 위한 전략적 가치가 큰 기술이다.

ETRI 연구진은 MHN 기술 개발에 성공하기 위해 수많은 노력을 기울여왔다. 먼저 3년 전 두 대의 버스를 이용해 국도의 차량 시연에서 500Mbps 영상 전송에 성공했다. 아직 상용화되지 않은 미개척 주파수인 밀리미터파(mmWave)를 이용해 기지국과 와이파이를 연결하는 데 세계 최초로 성공한 바 있다.

연구진은 밀리미터파 주파수 대역이 30~300기가헤르츠의 고주파 통신 대역으로 대역폭이 크다는 장점을 십분 활용했다. 기가급까지 속도를 올릴 수 있는 데다 KTX나 지하철처럼 최고 300킬로미터 이상 고속으로 움직이면서 많은 사용자들이 동시에 몰리는 분야에 최적이다. 이것이 바로 MHN 기술이다. 수백 명의 승객이 동시에 사용해도 개인당 수 메가(M)급의 서비스로 HD급 동영상 스트리밍 서비스가 가능하다. 유튜브 동영상이 1메가급도 안 되니 화질도 고화질로 볼 수 있다. MHN 기술로 데이터 전송이 이뤄질 경우 1인당 2Mbps면 인터넷 동영상 스트리밍이 되니 지하철 탑승자 550명이 동시에 동영상을 봐도 1.1Gbps에 불과하다. 연구진은 1.25Gbps까지 성공했다. 기존 통신 방식으로는 20명 안팎의 사람들이 동영상을 시청할 수 있었다. 그것도 일찍 접속한 운 좋은 사람만이 혜택을 누렸다.

MHN 기반 초고속 와이파이는 기존 와이파이 방식으로 사용되어 왔던 와이브로(WiBro) 방식보다 약 100배 빠르고 LTE보다 30배 빠르다. 지하철에서 사용해왔던 와이파이는 낮은 접속 용량으로 접속이 잘되지 않았다. 접속이 되어도 동영상을 스트리밍 받기 어려웠다. 그런데 MHN 기반 초고속 와이파이 방식의 경우 이런 현상을 해소할 수 있다.

실제로 연구진이 스마트폰을 사용해 개인당 최대 통신이 이루어졌을 경우 수신 속도 비교를 실험해본 결과, 와이브로 기반과 LTE 기반의 경우 최대 12Mbps 이하의 속도가 나왔다. 연구진이 이번에 개발한 MHN의 경우 스마트폰의 기종에 따라 최대 260~360Mbps까지 속도가 실현되었다. 기존 통신 방식과 비교해 최대 30배 차이다.

ETRI 연구진은 지하철 역사 기관실에 설치된 MHN 송수신 단말기에 와이파이 공유기를 연결해 스마트폰을 통해 서비스의 품질을 측정했다. 시연에는 다수의 시험 참가자들이 보유한 스마트폰의 속도를 측정하는 애플리케이션을 이용해 측정했다. 앞에서 설명했듯이 연구진은 이 기술로 2017년 1월 지하철 8호선에서 달리는 열차 내 단일 단말 환경에서 500Mbps급까지 데이터 전송 시연에 성공했다. 이번 시연의 경우 실제 지하철에서 사람들이 탑승한 채로 세 가지 와이파이 방식의 서비스에 대

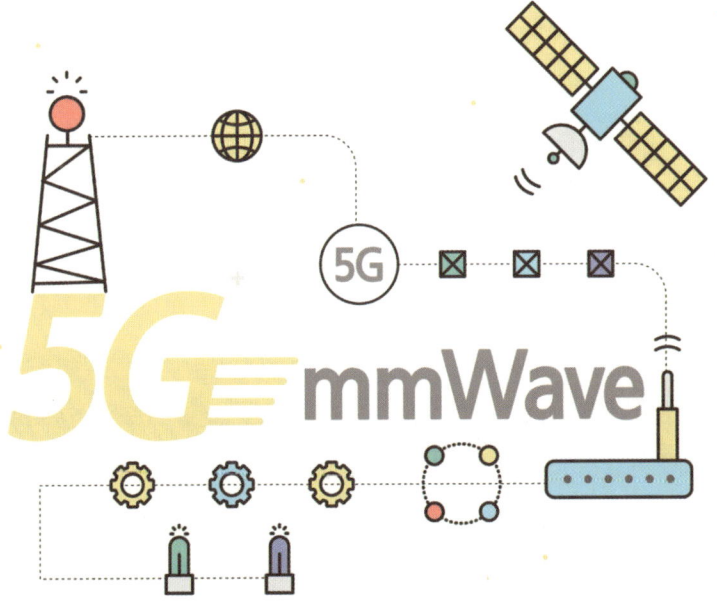

한 성능을 처음으로 각각 비교했다.

공공 와이파이의 서비스 확산에 따라 향후 와이파이를 통한 모바일 데이터 사용량은 급증할 것으로 예상된다. 하지만 기존 방식만으로는 서비스에 한계가 있다. 또한 단순 동영상 스트리밍 시청이 아닌 가상현실(VR), 증강현실(AR) 등 초고속 데이터 통신이 요구되는 기술이 점점 상용화됨에 따라 빠른 데이터 통신이 필요하다고 연구진은 설명했다.

지난해 연구진은 MHN의 기술 환경을 국제전기통신연합(ITU)의 5G 후보 기술 규격 평가문서에 반영하여 향후 5G 이동통신 국제표준 기술로 승인될 가능성도 높였다. 연구진은 그동안 3GPP에 HST(High Speed Train)를 위한 평가 환경을 제안하여 반영했으며, 국제전기전자공학회(IEEE) 국제표준화 그룹의 관련 분과 의장도 ETRI 연구원이 맡는 등 표준화를 위해 많은 노력을 기울였다.

ETRI의 정현규 5G기가서비스연구부문장은 "MHN 기술은 기본적으로 대역폭이 수백 메가헤르츠에서 수 기가헤르츠까지 사용할 수 있는 초고주파 대역을 사용한다. 이제 이 주파수 대역을 활용하면 달리는 지하철이나 KTX에서도 일반 사무실이나 가정에서처럼 초고속 와이파이 서비스가 가능하다"고 말했다.

한편 ETRI는 최대 10Gbps까지 제공할 수 있는 MHN-E(Enhancement) 기술을 개발해 평창 동계올림픽 기간에 달리는 버스 환경에서 다양한 5G 서비스 시연을 했다. 10Gbps 전송 속도는 지하철로 상정하면 최대 5,000여 명이 동시에 HD급 동영상을 시청할 수 있는 전송 속도다. 앞으로 연구진은 지하철, KTX를 넘어 버스에 주력하여 공공 와이파이를 실현할 준비도 계획하고 있다.

우리가 사용하는 데이터는 점점 고급화 길을 걷고 있다. 예컨대 과거 방송 화질이 세련되지 못했던 시절 채널을 돌려 유선방송을 보면 약간 화도 났다. 이제는 HD급으로 보편화되었지만 UHD가 나오고 콘텐츠는 점점 더 고급화되고 있다. 데이터가 커지고 무거워지니 통신 속도 역시 어쩔 수 없이 그에 발맞춰 발전하지 않을 수 없다. 고속도로에 옛날에는 2차선에 10대의 자동차가 쌩쌩 달렸지만 이제는 2차선에 100대, 1,000대가 몰린다. 따라서 교통을 원활하게 하려면 고속도로를 10차선, 100차선으로 확장해야 한다. 모 통신 회사 광고의 콘셉트이기도 하다.

MHN 기술은 향후 전개될 5G 이동통신의 표준 기술에도 활용할 수 있다 하니 한 번의 기적과 같은 기술 성공이 또 다른 신화를 만들어감을 느낀다. MHN 기술은 밀리미터파를 지하철 이동무선백홀로 사용한 세계 최초 기술이다. 그동안 ETRI 연구진은 국내외 저널 및 콘퍼런스 논문을 통해 홍보하고 3GPP 및 IEEE 표준화, MWC와 같은 전시회 출품 등을 통해 꾸준히 기술을 해외에 알렸다. 현재 중국, 베트남, 태국 등 외국의 많은 기업들이 MHN 기술에 관심을 표하고 있다.

아울러 서울 지하철 기가 와이파이 계획에 따라 서울 지하철에서도 올해 구현된 MHN 기술을 만날 수 있다. 서울 지하철이 외국인들에게 동경의 눈빛으로 보게 되는 또 다른 이유가 될 것이다(실제로 여러 해외 매체에서 서울 지하철은 시스템이 잘 갖춰져 있다는 평가를 받으며 세계 10대 지하철 가운데 1위로 꼽히고 있다). 서울 지하철이 기가급으로 바뀐다는 사실을 알게 된 국내 주재 해외특파원들은 기사를 열심히 타전해야 할 것이다. 필자가 2018년 연초부터 MHN 관련 서울 지하철 적용 소식을 내보냈다. 국내 언론사에는 모두 반영되었다. 과학기술정보통신부 출입기자단이 65개 사인데 71군데에 반영되었다.

ETRI의 김일규 이동무선백홀연구실장은 "서울시에서 MHN 기술이 세계 최초로 상용화되면 이를 참조 모델로 MHN 기술을 기술이전 받은 중소기업 및 공동 개발 업체가 해외에 진출하는 좋은 계기가 될 것으로 보인다"라고 말했다.

ETRI 연구진은 현재 와이파이나 LTE 개념을 뛰어넘어 새로운 미개척 주파수 대역에서 통신의 역사를 새로 쓰고 있다. CDMA 기술 개발 당시 주파수 특성 시험을 하던 장면이 20년이 지난 지금 오버랩 된다. 우리나라가 처음 개척한 직교주파수 분할 방식(OFDM) 기반으로 아무도 가보지 않은 미지의 밀리미터파에 도전한 연구원들이 자랑스럽다. 큰 박수를 보낸다.

03

ICT의 흥망성쇠,
감쪽같이 사라진 전설들
복차지계(覆車之戒) 경영

최근 몰락하고 있는 글로벌 ICT 기업들을 보노라면 우리나라도 방심하지 말고 바짝 경계해야겠다는 생각이다. ICT 업계에서는 의사결정을 잘 못하면 기업이 빠르게 쇠락할 수 있기 때문이다.

세계적인 기업들의 역사를 보더라도 과거에 비해 장수 기업이 매우 드문 것을 알 수 있다. 2012년에 브랜드 컨설팅 회사인 인터브랜드(Interbrand)가 발표한 '베스트 글로벌 브랜드 톱 10'을 보면, 세계 10대 글로벌 브랜드에 역사가 100년 이상 된 기업이 코카콜라(120년), GE(120년), IBM(101년) 등 세 곳밖에 되지 않는다. 이외에 맥도널드가 7위로 57년, 삼성이 9위로 74년, 도요타가 10위로 75년이고, 나머지 기업들은 50년 미만으로 애플, 구글, 마이크로소프트, 인텔 등이 이름을 올렸다.

특히 지난 반세기 동안 개최된 올림픽 기간은 ICT 업계에서 천당과 지옥을 오가는 시간들이었다. 최신 ICT 제품을 올림픽 특수에 맞춰 내놓다 보니 올림픽 기간 동안 흥행해 해당 전자제품이 잘 팔리게 되면 올림픽 이후 매출액 증가로 이어졌다. 반대로 올림픽 기간 중에 그동안 힘들여 고생 끝에 내놓은 제품이 흥행 실패로 이어질 경우 그 회사 제품은 올림픽이 끝나면 공장 라인을 걷어내야만 했다. 심지어 공장 문을 닫아야만 했던 기업도 있었다.

이런 측면에서 보면 올림픽은 ICT 업계에서 저승사자 혹은 파랑새였다. 실제로 올림픽이나 월드컵과 같은 대형 스포츠 이벤트를 전후해 많은 일들이 일어났다. 올림픽 특수와 관련한 대표적 기업은 많지만 그중 ICT 업계에서 롤러코스터를 탄 기업들의 사례를 알아보자.

먼저, TDMA 방식을 기본으로 전 세계 가장 널리 사용되는 개인 이동통신 시스템인 유럽식 디지털 이동통신(GSM, Global System for Mobile Communications)을 최초로 개발한 노키아를 살펴보자. 우리가 휴대전화를 통해 문자메시지를 보낼 수 있게 해준 핀란드의 고마운 기업이다. 또 처음으로 휴대전화를 만든 모토로라, 워크맨으로 세계를 뒤흔든 소니, 1990년대 닷컴기업의 대명사로 인터넷 시대를 연 야후, 120년 카메라 필름의 대명사인 코닥, 블랙베리 등을 들 수 있다.

망하지 않을 것만 같던 이 같은 철옹성 기업들의 쇠락은 또 다른 ICT 기업들의 시작과 끝을 점점 종잡을 수 없게 만들고 있다. 일각에서는 이 같은 ICT 기업들의 흥망성쇠를 1964년 일본 도쿄에서 열린 하계올림픽을 시발점으로 보기도 한다. 당시 일본의 TV 제조업체들은 도쿄 하계올림픽을 필생의 수단으로 삼아 최초의 컬러TV를 위성중계하기로 마음먹고 철저한 준비 끝에 전 세계로 전파를 쏘는 데 성공했다.

우리나라의 경우 컬러TV 방송 시작이 1980년대여서 당시 위성중계 컬러 영상에 전율을 느낄 수 없었지만, 전 세계인들은 이역만리 떨어진 일본에서 열리는 스포츠 경기 컬러 영상을 생생히 집에서 볼 수 있음에 크게 만족했고 경이로워했다. 이를 계기로 일본의 소니, 파나소닉, 미쓰비시, 후지쯔 등의 TV 제조업체들은 쾌재를 불렀다. 전 세계에 일본산 TV가 불티나게 팔려 나간 것이다.

  그렇게 되면서 1970년대, 1980년대, 1990년대, 2000년대에 이르기까지 'TV=일제(또는 소니)'라는 대명사로 불리며 전 세계인의 마음을 움직였다. 이런 결과는 미국의 할리우드 영화에서 'TV=소니'라는 말이 대사에 자주 인용되는 단골 소재가 되었다. 훗날 소니는 미국인의 자존심이라고 할 수 있는 유니버설스튜디오까지 손에 넣게 되었다. 하지만 소니는 LCD에 대한 뒤늦은 투자로 인해 시장에서 점차 밀려나게 되었다.

  전자 업계의 제왕으로 불리던 소니가 어깨를 움츠리고 퇴장하는 동안 ICT라는 거대한 성 앞에 도전장을 내민 곳이 있으니 바로 대한민국이다. 우리나라는 2002년 월드컵을 일본과 동시에 유치하면서 절치부심하며

일본을 이기기 위해 부단히 노력하고 준비했다. 물론 우리나라의 월드컵 4강 안착도 한몫했다. 일본은 아쉽게도 16강에서 주저앉았다. 당시 차세대 TV 시장은 프로젝션 방식이 신기술로 움트던 시절이었다. LCD는 비싼 만큼 얇고 화질도 뛰어났다. PDP(플라즈마 디스플레이 패널) 방식도 있었는데 LCD를 더 선호했다. 문제는 전자파였다.

우리나라 대다수 국민들은 길거리 응원을 통해 축구팀을 응원했고 호프집이나 음식점에서 대형 TV를 보며 응원하기를 원했다. 당시 호프집과 음식점 주인들은 손님의 대형 TV 선호에 따라 막 출시된 최신식 대형 LCD TV를 앞다퉈 구입했다. 그래야 손님들을 끌 수 있었기 때문이다.

국민들의 열화와 같은 응원과 거스 히딩크 감독의 용병술로 우리나라 국가대표 축구팀은 극적인 경기를 펼치며 4강에 안착했다. 이때 주변의 눈치를 보며 끝까지 대형 TV를 사지 않고 버티던 음식점 주인들은 결국 LCD TV를 사지 않을 수 없는 지경에 이르렀다. 삼성전자와 LG전자 등 가전 업체 또한 혼란스럽기는 마찬가지였다. 당초 생산 라인 한 개 정도를 예상했다가 주문 폭주에 따라 TV 제조 생산 라인을 하나둘 늘려야 했기 때문이다. 그 과정에서 국내 제조업체들은 TV 다운 TV를 만들기 위해 또 다른 실험을 해보며 생산에 열중했다.

월드컵이 끝나자 대한민국의 LCD TV는 불티나게 팔리기 시작했다. 일부 전문가들은 이 시기가 LCD TV 시장에서 대한민국이 일본 제조업체를 이긴 승리의 시작으로 보기도 한다. 이를 기화로 대한민국의 HD TV 제조업체는 10년 넘게 세계 시장 1위를 달리고 있다. 시장점유율 또한 40퍼센트를 넘어서 해외 가정 열 곳 중 네 곳은 한국산 TV를 시청하는 수준에 이르렀다.

글로벌 기업들의 퇴장은 비단 장기간 이어져온 운영 적자로부터 비롯된 것만은 아니었다. 핀란드 노키아의 경우 2000년대 중반까지 전 세계 휴대폰 가운데 절반의 시장점유율을 자랑하던 기업이었다. 그러나 새로이 불어닥친 스마트폰 시장에서 뒤늦은 대응으로 인해 경쟁력을 잃고 헤매다 스마트폰이 출시되자 결국 시장점유율이 하락하면서 추락하게 되었다. 2012년 4월 핀란드 경제의 대들보였던 노키아는 국제신용평가 회사인 피치(Fitch)가 신용등급을 '정크(Junk)' 수준(BB+)으로 강등함에 따라 투자부적격 기업으로 분류되었다. 이후 노키아는 대규모 구조조정을 거친 후 결국 8조 원에 마이크로소프트에 팔렸다. 하지만 마이크로소프트마저 노키아의 휴대전화 사업을 포기하고 매각하기에 이른다.[47]

모토로라 또한 더딘 디지털 전환으로 인해 스마트폰이 등장하자 전자업계에서 막을 내렸다. 모토로라는 2011년 8월 구글이 125억 달러라는 엄청난 돈을 투자해 스마트폰 부문을 인수했다. 하지만 이후 구글은 모토로라를 29.1억 달러라는 말도 안 되는 금액으로 2014년에 중국의 레노버(Lenovo)에 매각했다. 당초 인수 금액의 23.4퍼센트밖에 되지 않는 금액이었다. 모토로라를 매각한 지 3년 만에 구글은 2017년 10월 또다시 대만 휴대폰 업체인 HTC를 인수한다고 발표했다. 지식재산권과 개발 인력을 포함하여 11억 달러(약 1조 2,400억 원)에 달하는 금액이었다. 구글이 소프트웨어를 넘어 하드웨어 경쟁력 강화에 나서고 있다는 방증이다. 구글의 이 같은 행보는 우리나라의 삼성전자, LG전자 같은 IT 기업들이 긴장해야 할 이유다.

야후는 어떠한가? 이 기업 또한 구글에게 점차 밀리면서 시장에서 자연스레 퇴출되었다. 지난 2017년 6월 미국의 최대 통신 사업자인 버라이즌(Verizon)은 야후 인수를 공식적으로 선언했다. 인수 금액은 44억 8,000만 달러로 알려졌다. 버라이즌은 야후를 인수한 뒤 약 2,100명 직원을 감원한다고 발표했다. 전 직원의 약 15퍼센트에 해당된다. 야후에 남게 되는 조직은 알타바(Altaba)라는 사명으로 변경되었다. 알타바는 알리바바의 야후 지분(15퍼센트)을 관리하는 지주회사 기능을 하게 된다.

일본의 LCD 전문 제조업체였던 샤프(SHARP)도 2016년 1월에 대만 제조업계의 큰손 홍하이(鴻海)그룹의 폭스콘(Foxconn)에 인수되었다. 샤프는 104년이라는 역사를 지닌 일본 전자 업계의 전설이었다. 이 인수 건은 일본 대형 전자 회사의 첫 번째 외국 인수의 신호탄이 되기도 했다. 샤프는 액정 사업의 1인자였고 최근에는 태양전지 분야에까지 진출하며 잘나가고 있었다. 하지만 주력 분야인 액정 사업이 부진하면서 실적이 크게 악화되어 구조조정이 불가피하게 되었다는 보고다. '성공의 역설', '과잉생산의 악순환'이라며 성공이 오히려 기업의 발목을 잡았다고 언론은 보도했다. 폭스콘은 아이폰 제조업체로 유명하다. 샤프는 전자제품 외에 우리나라의 학생들이 하나쯤은 갖고 있는 샤프펜슬로도 이름이 높은 회사다. 샤프는 1912년에 허리띠 버클, 1915년에 샤프펜슬, 1966년에 바닥이 돌아가는 전자레인지, 1973년에 액정 표시 전자계산기, 전자사전 등을 개발했다. 관련 시장에서도 강자였다. 과거 샤프펜슬과 전자계산기는 이과생의 상징이었다. 샤프의 몰락은 강 건너 불처럼 구경만 할 일이 아니다. 우리에게도 언제든 닥칠 수 있는 일이다.

한편 중국의 하이얼(Haier)은 일본의 대표적 전자 회사인 산요(SANYO)의 백색가전 부문을 2012년 1월에 인수했다. 산요 역시 일본 전자 산업의 자존심으로 불렸던 기업이다. 캐나다 기업인 RIM(Research in Motion, 림)은 블랙베리 제조업체다. RIM은 2011년 7월에 2,000명에 달하는 대규모 구조조정을 단행했다. RIM은 세계 휴대폰 제조업체 가운데 '빅 5'에 들던 기업이다. 삼성전자, 애플, 화웨이, 노키아 다음으로 한때 시장점유율 5퍼센트를 오르내렸다. 2013년에는 제품명과 같은 블랙베리로 사명을 바꾸기도 했다. 하지만 삼성전자, 애플 등의 기업과 스마트폰 경쟁에서 백기를 들고 말았다. 블랙베리는 미국의 오바마 전 대통령도 애용하는 등 대중적 인기를 얻었지만 결국 '예쁜 쓰레기'라는 별명을 남기고 시장에서 퇴출되었다. 현재 블랙베리는 알카텔(Alcatel)의 모회사인 TCL이 블랙베리 하드웨어 제조를 독점하며 일부 스마트폰을 제조하고 있지만 여전히 신통치 않은 것으로 전해진다.

2002년에는 미국의 정보통신 회사인 월드컴(WorldCom)이 회사 간판을 내렸다. 한때 M&A의 신화로 주목받던 기업이었지만 회계 부정으로 무너지고 말았다. 월드컴은 원래 미시시피에서 지역 통신 사업자로 출발했다. LDDS(Long Distance Discount Service)라는 이름으로 지역의 사업자들에게 장거리전화 서비스를 제공했다. 월드컴의 회계 조작은 내부 감사실 직원의 고발로 알려지게 되었는데, 당시 내부 고발자들은 〈타임〉지 표지를 장식하기도 했다. 2006년에는 세계 최대 통신 회사이자 미국의 최대 유선전화 서비스 회사인 AT&T가 문을 닫았다. 2005년에 마벨(Ma Bell)의 자회사인 SBC가 AT&T를 인수합병 했다. 알려져 있다시피 AT&T는 전화기를 발명한 알렉산더 그레이엄 벨이 1885년에 설립한 회사다.

필름 업계의 최강자였던 코닥도 2010년 1월 파산보호 신청을 했다. 코닥은 디지털의 최대 피해자이자 빠른 변신을 못해 망한 기업의 대명사로 불리기도 한다. 최근에 발간되는 기술 경영 서적의 내용을 보면 '이리듐' 위성전화와 함께 '코닥'의 사례가 불명예스럽게도 첫 페이지에 실패 사례로 인용되곤 한다. SKT는 2013년에 위성전화인 이리듐 서비스를 중단했다. 당시 이리듐 위성전화, 위성페이저, 메트로 서비스 등 가입자는 1,156명이었다.

캐나다 대형 통신 장비 회사인 노텔네트웍스(Nortel Networks)도 2009년 1월 파산보호 신청을 했다. '통신 공룡'으로 불리며 잘나가던 노텔은 회사가 망하자, 무선통신 관련 우수 특허 6,000여 건이 특허 대상으로 쏟아져 나왔고 그것들은 특허 헌터들의 좋은 먹이가 되었다. 당시 언론은 이 사례를 '특허 잔치', '특허 노다지'로 표현하기도 했다.

또 다른 일본의 자존심으로 1875년에 설립된 142년 역사의 도시바(Toshiba)도 최근에 매각되었다. 도시바는 일본의 대표적인 전자 메이커이자 에디슨의 도움으로 일본에서 처음으로 백열등을 선보인 기업이다. 게다가 세계 최초로 노트북을 개발했고, 낸드플래시(NAND Flash)를 개발했다. 낸드플래시는 스마트폰이나 컴퓨터 등에서 데이터를 빠르게 읽고 쓸 수 있는 저장장치의 핵심 부품 가운데 하나다. 삼성전자에 이어 낸드플래시 반도체 분야에서 시장점유율 2위를 기록하던 기업이다. 거대한 도시바가 재정난과 회계 부정, 투자 실패를 이유로 반도체 사업 부문을 분사해 메모리 분야를 매각했다. 우리나라 SK하이닉스가 참여한 한·미·일 연합 컨소시엄의 승리로 끝났다. 전체 인수 가격은 2조 엔(18조 8,000억 원)이다. SK하이닉스는 3,950억 엔(3조 7,000억 원)을 부담한다. 도시바의 메모리 지분은 한·미·일 연합 컨소시엄이 49.9퍼센트, 도시바와 일본 파트너 기업이 50.1퍼센트다. 단 도시바의 경영권은 유지한다는 조건이다.[48]

일본의 소니도 흔들리고 있다. 시장평가 기관인 무디스는 2014년에 소니를 투자부적격으로 강등시켰다. 이외에 소니가 절체절명의 위기임을 알리는 사건들이 또 있다. 소니가 가장 성공하고 싶은 사업 부문을 밝혔는데, 전자 분야가 아닌 보험업에 진출하고 싶다는 이야기였다. 또 100만 원이 넘는 워크맨을 만들고 싶다고도 한다. 스마트폰에 중점을 둔 센서 사업을 로봇과 자율주행차 분야로도 확산한다고 한다. 이런 가운데 소니는 2017년에 출시한 스마트폰 야심작 '엑스페리아 XZ 프리미엄'이 시장에서 외면을 당했다. 우리나라의 삼성전자, LG전자의 벽을 넘지 못한 것이다. 초슬림 베젤(bezel), 스타일리시 디자인을 원하는 시장을 제대로 읽지 못했다는 평가다.

과거 우리에게 일본의 도시바 및 소니 TV는 부의 상징이었다. 일본제 TV는 세계 시장에서 위상이 대단했다. 그런 도시바의 메모리가 이제는 퇴물이 되어 국제 시장에서 새로운 주인을 기다리다 우리나라의 SK하이닉스에 일부 인수되었다. 강산이 몇 번 변하기는 했지만 실로 놀라운 사건이 아닐 수 없다.

신문도 예외는 아니다. 2017년 말 95년 역사의 미국 시사 주간지인 〈타임〉도 매각되었다. 미국의 출판·미디어 그룹인 메레디스(Meredith)가 약 3조 원에 인수했다. 〈타임〉의 매각은 종이 신문의 한계로 비추어지며 디지털의 파고를 넘지 못한 결과로 생각된다. 경쟁지인 〈뉴스위크〉도 주인이 여러 차례 바뀌며 신문으로서의 명맥만 유지하고 있다. 일간지인 〈뉴욕타임스〉도 할인 마케팅에 열을 올리고 있다. 〈워싱턴포스트〉는 아마존에 매각되었다. 1877년에 창간된 전통과 역사를 자랑하는 〈워싱턴포스트〉의 매각은 신문업계의 어려움을 보여주는 대표적인 사례로 꼽힌다.

이와 달리 신규 언론 시장에서 인기를 얻고 있는 매체도 있다. 미국의 온라인 경제 전문 매체인 〈쿼츠(Quartz)〉다. 〈쿼츠〉는 500단어 이내로 기사를 작성하는 것이 특징이다. 적절한 차트와 이미지를 삽입해 인기를 얻고 있다. 2016년 말 기준 월평균 방문객이 1,900만 명에 달한다. 동년 매출액은 3,000만 달러다.[49] 2013년에 창업한 미국의 IT 전문 온라인 매체인 〈디인포메이션(The Information)〉도 최근 주목받고 있는 매체 중 하나다. 이 매체는 광고가 없다. 100퍼센트 구독료로 운영되는데 1년 구독료가

399달러다. 독자가 1만 명이 넘는다. 소속 기자는 20여 명이고, 하루 평균 두 건의 기사가 게재된다.[50]

하지만 최근 쇠락의 길을 걷던 일본 기업들의 행보가 예사롭지 않다. 먼저 코닥과 함께 세계 시장을 주름잡던 후지필름이 되살아나고 있다는 소식이다. 2017~2018년 실적이 사상 최대를 거둘 것이라는 전망이다. 후지필름 측은 과거 필름 사업이 본업이었지만 소멸된 것이 아니라며, 후지의 실제 주력 기술인 필름을 바탕으로 한 화학공업을 강조했다. 즉 필름 제조 기술의 원천기술이 살아 있다는 것이다. 이를 바탕으로 화장품, 의약품, 의료 기기 등의 사업 부문에 도전한다고 밝혔다. 소니 또한 TV나 스마트폰에 탑재되는 카메라 이미지 센서를 앞세워 최대의 영업이익을 낼 수 있을 것이라고 전망한다. 언론은 일본의 소니를 비롯하여 후지필름, 캐논, 파나소닉, 닌텐도 등의 기업이 기존에 보유하고 있던 핵심 기술을 주 무기로 다시 한 번 세계 시장에 도전하고 있다는 보도다.[51] 과연 일본의 전통적인 기업들이 새로운 불씨를 살려 다시 한 번 세계 시장에서 큰 활약을 펼칠 수 있을지 자못 궁금하다.

이와 같은 기업들의 사례를 고려하여 우리나라도 경계를 놓지 말아야 할 것이다. '복차지계(覆車之戒)', 먼저 간 수레가 엎어진 것을 보고 경계하듯 앞선 사람들의 실수를 똑같이 반복해서는 안 된다. 이런 정신이 우리나라 기업들에게 필요한 시점이다. 우리라고 예외일 수는 없기 때문이다.

04

떠오르는 ICT 미래 직업

미래 직업과 SW 교육

2017년도부터 중학교 학생들을 대상으로 '자유학기제'가 본격 시행되었다. 학생들이 학기 중에 한 학기만이라도 시험의 부담에서 벗어나 토론·실습·프로젝트 중심의 참여형 수업을 하거나, 또는 다양한 진로 체험 프로그램을 운영하여 학생들의 적성과 진로를 탐색해볼 수 있는 계기를 마련하자는 제도다. 하지만 자유학기제의 시행으로 인한 일선 학교의 어려움과 선생님들의 고충도 적지 않다. 자유학기제의 취지는 공감하지만 무엇을 어떻게 운영해야 할지 갈피를 잡기 어렵기 때문일 것이다. 필자는 ETRI에서 과학문화의 확산을 위한 일에 몸담고 있다 보니 교육계의 우려 또한 알고 있다.

ETRI가 위치한 대전시의 경우 대덕연구개발특구에 정부출연연구기관이 많고 과학 교육을 할 수 있는 여건이 다른 지역에 비해서는 어느 정도 조성되어 있어 상황이 나은 편이다. 실제 과학 교육에 열의가 있는 선생님들이 종종 ETRI를 찾곤 한다. 하지만 학생들의 진로 체험이나 미래 직업 교육을 위해 연구기관들을 활용하는 일은 아직은 쉽지 않은 실정이다. 젊은 과학자들의 인식이 많이 달라지고 있고 과학 문화의 이해와 확산에 관심을 갖고 있으니 앞으로는 이 같은 상황이 점차 달라질 것이라고 본다. 선진국의 과학자들은 대개 의무적으로 과학 프로그램에 참여해야 하고, 자발적인 교육 프로그램을 운영하는 것이 활성화되어 있는데 반해 우리나라는 이런 움직임이 적은 것이 아쉽다. 그만큼 국내에서 연구개발에 종사하는 일이 녹록치 않기 때문일 것이다. 과학 문화의 확산을 위한 과학자들의 인식도 중요하지만 과학자들이 이를 위해 솔선수범할 수 있는 환경이 조성되어야 자유학기제와 국책연구기관이 상생할 수 있지 않을까 하는 생각이다.

필자는 연구 현장의 중심인 ETRI의 정보통신체험관을 방문하는 사람들로부터 여러 질문을 받곤 한다. 특히 지금은 4차 산업혁명이 화두이다 보니 미래에 대한 막연한 두려움으로 장래 직업에 대한 질문을 많이 한다. 4차 산업혁명에서 살아남을 수 있는 직업이 뭐가 있는지에 대한 질문이 많다. 분명한 것은 미래에는 단순하고 반복적이고 기술을 필요로 하지 않는 일들은 기계로 대체하기가 쉬울 것이라는 점이다. 평범한 진리다.

이러한 측면에서 한국고용정보원이 발표한 인공지능이나 로봇으로 대체가 가능할 것으로 보는 직업군은 일리가 있다. 예를 들면 청소원, 주방 보조원, 매표원 및 복권 판매원, 낙농업 관련 종사원, 주차 관리원, 건설·광업 분야 단순 종사원, 금속가공기계 조작원, 청원경찰, 경량 철골공, 주유원, 펄프·종이 생산직, 세탁원 및 다림질원, 화학물 가공·생산직, 곡식작물 재배원, 건축 도장공 등이다. 필자 역시 이 같은 분야의 직업은 머지않아 로봇으로 대체되지 않을까 생각한다.

앞에서 설명한 바 있듯이 신문사에는 로봇 기자도 등장했다. 현재 로봇 기자는 스포츠나 증권 분야에서 사실을 단순 명료하게 작성하여 전달하는 업무를 맡고 있다. 하지만 기자의 역할 중 해설 기사나 기획 기사, 분석 기사, 평론, 사설과 같은 종합 기사를 다루지는 못한다. 역시 인간의 몫이 남아 있다. 언젠가 로봇 기자의 경험과 지식에 비추어본 세상처럼 로봇이 르포 기사를 쓰게 될 날이 올지 궁금해진다.

인공지능의 경우도 마찬가지다. 사람의 힘이 필요한 부분이 있다. 기계학습 분야의 경우가 그러하다. 기계에게 바둑을 가르치고 매뉴얼을 숙지시켜야 한다. 기계마다 선생님이 필요한 것이다. 기계는 선생님이 여럿 필요할 수도 있다. 선생님에 따라 새로운 기계가 나올 수도 있다.

세계경제포럼(WEF)이 발표한 '직업의 미래 보고서'에 따르면 미래 직업은 육체적 능력이나 콘텐츠 기술, 기술적 능력, 자원관리 능력, 인지 능력보다는 복잡한 문제를 해결하는 능력, 사회적 기술, 프로세스 기술, 시스템 기술이 더 필요할 것으로 보고 있다. 2017년 말 서울산업진흥원이 발표한 '미래 신 직업 인사이트' 보고서에서는 기업의 CEO 등이 자녀에게 추천하는 새로운 직업으로 '빅데이터 분석 활용 전문가'를 꼽았다. 이외에도 빅데이터, 로봇, 인공지능, 3D 프린터, 가상현실(VR) 등이 향후 미래의 유망한 직업군으로 전망된다.

미국의 사회과학 전문 연구소인 브루킹스연구소(Brookings Institute)의 보고서도 비슷하다. 미래에는 좀 더 디지털화된 직업들이 유망하고 이런 직업일수록 로봇 등과 같은 자동화에 밀려날 대체 위험성이 더 적다고 전망한다.

중학교 자유학기제와 더불어 2018년도부터 본격 시행되는 제도가 또 있다. 바로 'SW 교육'이다. 중학생에게는 정보 과목으로 SW 교육이 의무화된다. 이 분야에서 기초 과정인 스크래치(Scratch), 아두이노(Arduino) 프로그램으로 코딩을 배우게 된다. 초등학교 5, 6학년의 경우는 2019년도부터 의무교육으로 시행된다.

의무교육 과정에서 코딩은 전문적인 C언어나 자바(JAVA) 언어를 배우는 것이 아니다. MIT 미디어랩에서 개발한 스크래치를 통해 명령하는 언어를 알려주어 아이들이 좋아할 만한 로봇을 만들거나 움직이는 물체를 만들어보는 일종의 공작 시간으로 보면 되겠다. 필자도 ETRI에서 운영하는 'IT어린이기자단'을 통해 시범적으로 이 프로그래밍 도구를 활용해 보았다. 다소 어려워하기는 했지만 잘 따라왔다. 4시간 기준으로 진행해 보니 40명 중 절반 정도의 학생들은 잘 따라와 시간 내에 작품을 만들었다. 시간을 더 주거나 옆에서 선생님이 도와준다면 많은 학생들이 따라올 정도의 수준이었다.

하지만 중학생들의 수요에 맞춘 눈높이 SW 교육이 부족한 실정이다. SW 전담 교사의 부족도 문제로 대두되고 있다. 선생님들은 대부분 사범대학을 나와 교편을 잡는데, 임시방편적으로 제도화한 SW 교육에 대한 준비를 제대로 하지 못해 고충이 많다. 더욱이 SW 교육을 시행하기 위한 기자재도 턱없이 부족한 형편이다. 예산 부족으로 갈 길이 멀다.

이런 상황에서 SW 교육이 정규 교과 과정으로 채택되니 일부 학부모들은 벌써부터 코딩 학원에 아이들을 보내며 또다시 사교육에 발을 들이고 있는 실정이다. 물론 정부는 그런 의도가 아니었다. 아이들에게 SW를 이해시키고 코딩을 통해 논리를 키워 차세대 인력으로 성장할 수 있도록 기초 체력을 다져주기 위함이었을 것이다.

영국의 경우는 2014년부터 SW 의무교육을 시행하고 있는데, 체계적인 프로그램하에 5세부터 16세까지 모든 교육에 SW 교육 프로그램을 진행하고 있다. 문제 해결 능력을 키우기 위해 SW를 만드는 방법을 반복적으로 시행하여 학생 스스로 문제를 발견하고 해결할 수 있도록 교육하는 것이 주목적이다.

특히 프랑스의 '에콜 42'는 코딩 학교로서 전 세계적으로 유명하다. 1,000대의 컴퓨터를 갖추고 있을 정도다. 에콜 42는 학생들과 함께 생각하고 문제를 해결하는 방식의 교육을 실시하고 있으며, 교육 단계는 총 42개로 구성되어 있다. 학비도 없고 선생님도 없다. 창의성 우선의 교육 철학이 학교의 장점이다. 니콜라 사디락(Nicolas Sadirac) 에콜 42 교장은 "코딩은 주체가 아니라 하나의 도구일 뿐이다. 기존의 주입식으로 교육을 해서는 기술자처럼 기술을 습득하고 활용하는 수준에 그칠 뿐 새로운 것을 만들어낼 수 없다"고 강조했다.[52]

정부가 SW 교육을 도입한 이유는 다가오는 미래 시대에 적합한 인재를 키우기 위해서일 것이다. 한편 필자가 생각하는 SW 교육은 '논리력 키우기'라고 생각된다. 이런 의미에서 학생들에게 바람직한 논리력을 함양시키는 것은 바로 수학 교육이고 SW 교육이다. 프로그래밍이나 언어 배우기가 아닌 생활 속 논리력을 키워주는 방향이 더욱 바람직할 것이다. 문제 해결과 변화 관리 방법론인 '씽킹 프로세스'와 같은 것이다. 이미 싱가포르의 초등학교에 도입된 교육 논리력 학습 시스템이다.

자유학기제나 SW 교육이 바람직한 진로 탐색과 미래 직업 교육에 자연스레 연착륙하기 위해서는 교과 과정이라는 수업 자체에 너무 매몰되지 않았으면 좋겠다. 반드시 직업 체험을 미리 해야 하고 이를 위해서 꼭 과학자를 만나야 하는 것도 아니다. 또한 프로그래밍 언어를 배우는 것이 SW 교육이 아니라는 점이다. 우리나라의 환경에 맞는 교육 프로그램을 도입하면 된다. 거창하게 융합 인재 교육이라며 'STEAM'까지 내세워 이러쿵저러쿵하는 것은 현실과 괴리가 있다. STEAM이란 과학(S)·기술(T)·공학(E)·예술(A)·수학(M)의 머리글자를 딴 것이다.

본래 STEAM 교육은 2007년 무렵 미국에서 시작되었다. 조지 W. 부시 대통령이 시작해 버락 오바마, 도널드 트럼프에 이르기까지 대통령이 STEAM 교육을 지지하다 보니 시간이 흐르면서 탄력을 받고 있다. 미국은 STEAM 교육을 통해 과학기술 인력을 양성하고, 민주 시민으로서 역량을 강화하며, 소외 계층에게 고른 교육의 기회를 주고자 함이라고 그 시행 취지를 밝히고 있다. 이렇듯 미국이나 선진국조차 시행한 지 10년 된 검증이 제대로 이뤄지지 않은 교육 제도를 환경이 전혀 다른 우리의 교육에 적용하기 위해서는 신중한 검토가 먼저 이루어져야 할 것이다.

STEAM 교육에 대한 연구를 우리나라는 2011년에 시작했다. 이 제도가 우리에게 실효성을 가져다줄 수 있는지 다양한 전공을 가진 교사들과 전문가들이 머리를 맞대고 논의해왔다. STEAM 교육은 학문 간 융합을 통해 다양한 관점과 사고 능력을 키워 창의적 인재를 양성하는 것이 목표다. 말 그대로 좋은 제도다. 그렇지만 선험적인 제도의 확인과 철저한 고증을 바탕으로 교육계에 도입하는 것이 중요하다. 자유학기제, SW 교육도 마찬가지다. 착실히 검토하여 우리의 교육 환경에 제대로 뿌리내릴 수 있는 교육 제도를 마련하여 시행해야 한다.

이와 같은 맥락에서 ETRI 연구원 50여 명이 필진으로 참여해 2016년에 청소년을 위한 미래 직업 안내서를 발간하기도 했다.《청소년이 꼭 알아야 할 IT 미래 직업》이 그것이다. 고용노동부는 2017년 말 직업 분류 체계를 11년 만에 새로이 바꿨는데, 앞으로 이 책을 한번 참고했으면 하는 바람이다. ETRI가 42년이 되었고 KIST(한국과학기술연구원)가 50년의 역사를 갖고 있는데 이제야 연구직과 공학기술직이 대분류로 신설되었다.

이렇듯 직업 분류 체계는 시기적으로나 사회적으로 보나 뒤늦은 반영이 아쉽기만 하다.

《청소년이 꼭 알아야 할 IT 미래 직업》은 세상을 바꾸는 과학기술에 대한 미래 유망 직업을 소개했다. 부모와 자녀가 책을 함께 읽으며 진로 탐색을 돕는 데 주안점을 두었다. 이 책에는 최신 정보통신기술 분야를 연구하고 있는 현직 연구원들의 생생한 조언이 담겨 있어 청소년들이 진로를 결정하는 데 실질적인 도움이 될 것이다. 이 책은 총 50개의 미래 직업을 소개했다. 예를 들면 인공지능 개발자, SNS 보안 전문가, 사이버 경찰, 웨어러블 공학자, 자율주행차 엔지니어, 의료 빅데이터 과학자 등과 같이 사회, 문화, 미디어, 의료, 환경 등 다양한 직업군의 ICT 관련 유망 직종을 살펴볼 수 있다.

ETRI가 출간한 《청소년이 꼭 알아야 할 IT 미래 직업》과 청소년용 IT 관련 도서들

2017년 말 세계경제포럼은 '노동력과 고용'이라는 주제하에 미래 직업에 대한 네 가지 예측을 하여 이목을 끈 바 있다. 노동력이 발전함에 따라 보다 생산적이고 공평한 미래 보장을 위해 과거 산업 시대의 습관에서 벗어나야 한다는 것이 요지였다. 그 첫째로 인공지능과 로봇은 우리가 책임감 있는 혁신을 이끌어내는 한 대량 실업이 아닌 더 많은 일자리를 창출할 것이라는 점이다. 둘째로 도시는 다른 도시들과 경쟁하면서 인재를 선발하게 된다는 것이다. 셋째로 향후 2027년에 이르면 미국 노동인구의 대다수가 프리랜서로 일하게 될 것이라고 전망했다. 마지막으로, 교육이 기존의 틀에 박힌 창고와 같은 곳(사일로)에서 벗어나야 한다고 밝혔다.

　　덧붙여 말하건대 2017년 기준 미국 노동자의 36퍼센트인 5,730만 명이 프리랜서인데 앞으로 10년 뒤인 2027년에는 프리랜서가 8,650만 명에 이를 것이라고 예측한다. 바야흐로 직장을 다니는 정규직원이 아닌 임시 전문직 프리랜서의 직업화가 개화할 듯하다. 미국의 얘기이지만 스마트 워크 시대가 됨에 따라 직장이 아닌 직업에 따라 움직인다는 말과 상통한다고 보면 될 것이다.[53]

　　또한 세계경제포럼은 한 보고서에서 '사람들이 가장 일하고 싶은 기술 기업'을 발표하기도 했다. 이 기업에는 일론 머스크의 스페이스X가 1위로 선정되었다. 일론 머스크는 2017년 국제우주대회(IAC) 폐막 연설에서 초대형 로켓을 이용해 전 세계 지구촌을 30분 생활권으로 만들겠다고 호언한 바 있다. 향후 2024년에는 화성에 인간을 수송하는 것이 목표라고 한다. 이외에 구글, 테슬라, 넷플릭스, 페이스북 등의 기술 기업이 세계 톱 10 리스트에 올랐다. 아마존은 국제적으로 인정받는 브랜드임에도 불구하고 글로벌 톱 10 기술 기업의 자리에는 오르지 못했다. 또한 '미국 시애틀에 본사를 둔 글로벌 기업 톱 10'에서도 온라인 부동산 회사인 레드핀

(Redfin)과 질로우(Zillow)에 이어 3위를 기록했다. 한편 보잉은 오로라 플라이트 사이언스(Aurora Flight Sciences)를 인수하여 언젠가는 항공 택시로 사용할 수 있는 자율비행 항공기를 개발함으로써 매력적인 미래 지향적 투자처로서 1위를 차지하기도 했다.[54]

"그 나라의 20년 미래가 궁금하다면 그 나라 대학의 인기 학과를 보라"는 말이 있다. 기존과 같이 의학 관련 학과가 순위를 독식하는 한 밝은 미래를 보장받기는 어렵다. 왜냐하면 세상은 시시각각 변하고 학문 간 영역이 없는 '다학제적(Multi-disciplinary)' 시대로 가고 있기 때문이다. 따라서 의학뿐만 아니라 어떤 학문이 이 같은 시대적 흐름에 같이하려면 이제는 전자공학, 기계공학, 전기공학, 재료공학, 화학, 생물학, 물리학, 전산학, 통계학, 수학 등의 학문과 끝임없이 융합해야 할 것이다. 그렇지 않으면 머지않아 의사는 물론 한 학문만 고수하는 사람들은 다른 길을 알아봐야 할 것이다.

05

기술 개발로 1조 원을 벌어들이는 국책 연구기관 'ETRI'
국책 연구기관의 성과

2018년 올해로 ETRI는 창립 42주년을 맞았다. 설립 후 10여 년 동안은 기술료 수입을 통계적으로 산정하지 못했지만, 1990년대 말 퀄컴을 상대로 한 CDMA 승소 기술료 수입을 비롯하여 지금까지 누적 기술료는 약 9,000억 원에 육박한다. 좀 더 정확하게는 2017년 말 기준으로 8,658억 원에 달한다. 연도별 기복은 있지만 작게는 300억 원에서 400억 원 내외의 기술료 수입을 거두고 있으니 3~4년 내 1조 원대 기술료 수입을 달성할 전망이다. 2017년 한 해 ETRI의 기술이전으로 인한 수입은 357억 원이었다.

최근 우리나라 수출액 기준으로 ICT 분야가 차지하는 비중은 막대하다. 2017년 3/4분기 기준 무역수지 흑자의 91퍼센트가 ICT에서 나왔다. 반도체, 디스플레이, 컴퓨터 등 ICT 주력 제품이 대한민국 수출을 견인하고 있다. ICT 수출액이 전체에서 차지하는 비율은 30퍼센트 내외지만 무역수지 흑자를 사실상 모두 책임졌다고 해도 과언이 아니다. 이제 ICT를 빼놓고는 대한민국 경제를 논할 수 없게 되었다. 특히 반도체, 디지털 TV, 스마트폰, PC, 디스플레이, 가전제품 등은 수출 효자 종목이다. ETRI가 기술을 이전한 분야가 앞에 열거한 제품들에 많이 포함되어 있기에 그만큼 연구진의 보람도 크다. 한마디로 산업 역군의 전사들이라 할 만하다.

이런 가운데 지난 2015년 5월은 대한민국 ICT 역사에 한 획을 그은 날이었다. 우리나라가 세계 시장을 주도적으로 이끌어온 이동통신 분야에서 낭보가 들려왔기 때문이다. 차세대 이동통신인 '5G' 분야에서 ETRI 연구진이 표준그룹의 의장단에 합류하게 된 것이다. ETRI 고남석 박사가 바로 주인공이다. 표준그룹의 의장단은 5세대 이동통신의 요구 사항, 기능 구조 등의 표준화 아이템 발굴을 목표로 활동할 계획이다. 이동통신 강국의 명성을 이어나가기 위한 첫걸음인 셈이다. 국제표준으로 기술이 선정된다는 것은 엄청난 가치를 불러온다. 시장과 직결되기 때문이다.

앞에서 설명했듯이 2017년에 3D 방송 기술과 관련해서도 ETRI 연구진은 국제표준을 만들었다. 따라서 미국, 캐나다 등 어느 지역이든 3D TV를 만들 때에는 우리나라의 연구진이 개발한 기술대로 만들어야 한다. 3D 방송 기술과 관련해 ETRI 연구진이 그동안 만든 국제표준 기술은 세 개나 된다. 2013년 1월 '서비스 호환 방식 실시간 3D TV 전송 기술' 국제표준을 시작으로, 2016년 10월 '고정 및 이동방송 융합형 3D TV 방송 기술'도 국제표준에 채택되었다. 뒤이어 2017년에는 '방송·통신 융합형 고화질 3D TV 방송 표준'이 포함되었다. 이 모두 3D 방송을 TV를 통해 전송하는 방식에 관한 기술들이다.

3D 방송은 안경을 통해 좌우 영상을 각각 분리해 왼쪽 눈과 오른쪽 눈에 전달함으로써 3차원으로 보이게 하는 원리다. 기존 3D 방송에 필요

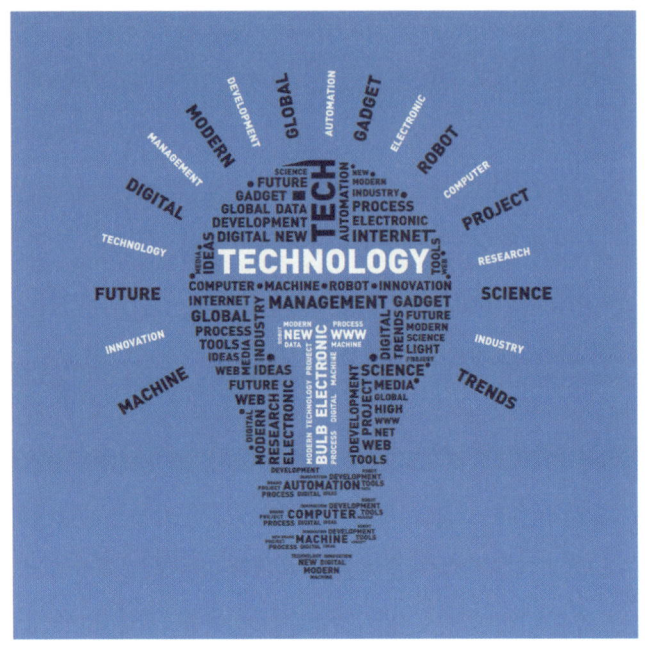

한 좌우 영상 중 좌영상은 지상파 DTV 방송망으로, 우영상은 IP 기반 통신망 또는 방송망 중 유휴 대역을 이용하여 3D 방송을 하는 시스템이다. 따라서 고화질 2D 디지털 방송은 물론 3D TV도 동시에 볼 수 있다. 해당 기술은 기존의 3D TV 방송 시스템과 달리 대역폭의 분할 및 추가적인 할당이 없이도 3D TV 시청을 할 수 있게 만들어줘 기존에 비해 화질이 더 좋아졌다. 이로써 새로운 3D TV 방식의 화질은 기존 3D TV 방식보다 2D 화질이 더 좋아진다.

2016년에는 미국의 자본시장의 심장부라고 할 수 있는 라스베이거스에서 또 한 번 국내 연구진의 쾌거가 있었다. 미국에서 개최되는 세계 최대 방송장비 전시회인 NAB에서 우리나라 ETRI 연구진이 최고 영예인 '기술혁신상'을 수상한 것이다. 하나의 채널로 초고화질(UHD) TV 방송과 HD 이동방송을 동시에 송수신 할 수 있는 기술로, 전 세계 방송 관계자들이 모인 자리에서 인정을 받은 것이다. 당시 ETRI의 허남호 방송시스템연구부장이 전 세계 방송 관련 엔지니어 앞에서 자랑스럽게 수상하는 장면이 잊히질 않는다. NAB 기술혁신상은 ETRI가 우리나라 최초로 2009년에도 수상한 바 있다. 최근의 상이 두 번째 수상이다. 세계에서도 이 상을 수상한 연구기관은 손에 꼽을 정도다. ETRI 연구진은 이 기술로 2017년에 IEEE 최우수 논문상도 수상했다.

또한 ETRI 연구진은 UHD TV 분야에서 풀 HD 방송보다 네 배 더 화질이 선명한 4K-UHD 영상을 초당 60P(프레임) 속도로 실시간으로 압축해주는 고효율 비디오 코딩(HEVC) 인코더 개발도 이미 완료했다.

이처럼 우리나라는 방송, 통신, 사물인터넷(IoT) 등 다양한 ICT 분야에서 최고의 기술 개발은 물론 국제표준을 제정함으로써 지식재산권(IPR)을 확보하는 눈부신 활약을 펼치고 있다. 차세대 ICT 주요 기술을 선점한 우리나라 연구진의 선전이 자랑스럽다.

국책 연구기관으로서 ETRI는 그동안 많은 성과를 이루어왔다. 요약하자면 최초의 국산 디지털 전전자교환기(TDX)를 1978년에 개발했고 이로써 선진국을 따라잡으며 반도체 강국을 열었다. 이후 메모리 반도체를 1986년에 개발했고, 1989년에는 독자적인 방식으로 세계 최초 CDMA를 상용화했다. 1999년에는 비동기식 IMT-2000(W-CDMA)의 핵심 표준 특허를 확보했다. 2002년에는 지상파 DMB와 휴대형 인터넷 와이브로를 개발했다. 2006년에는 세계 최초로 4G LTE-A를 개발했고, 마찬가지로 세계 최초로 투명 AMOLED 디스플레이를 개발했다.

2015년에는 음성인식 자동통역 '지니톡'을 개발했고, 4K UHD 방송시스템을 세계 최초로 실용화했다. 그리고 2016년에는 토종 인공지능

'엑소브레인'을 개발해냈다.

ETRI 역사 42년, 2,500여 명의 연구원, 772개의 국제표준 특허, SCI 논문이 3,896건(14년간 누적), 총 기술이전 건수 6,000여 건(12년간 누적)의 실적이 기술료 1조 원을 일구고 있다. 창립 40주년을 맞아 시행한 ETRI R&D 파급 효과는 374조 원이 산출되었다(이는 ETRI 10대 대표 성과 중심으로 IPR 파급 효과와 합친 숫자다).

이렇듯 ETRI가 이룬 성과는 많지만 무엇보다 자랑스러운 성과는 인력 양성이다. 42년 동안 ETRI가 배출해낸 ICT 전문가는 약 3,800명에 이른다. 그중 1,000여 명은 국내 대학교의 교수로서 활약 중이다. 국가 ICT 핵심 인력을 양성하는 데 ETRI가 한가운데 있는 것이다. 이제 ETRI는 국내를 넘어 전 세계적인 ETRI로 끊임없는 혁신과 성장을 통해 앞으로 나아가고 있다. 선배들의 열망과 노력으로 오늘날 ETRI가 성장했듯, 앞으로는 후배 연구원들이 우리나라의 경제 성장을 위해 크게 기여할 것이 분명하다.

06

5G 핵심 기술에는 어떤 것이 있나?

스몰셀, 빔 포밍, MHN 기술 등

차세대 이동통신이라 불리는 '5G(fifth Generation Mobile Communications)'에 대한 관심이 뜨겁다. CDMA 기술을 세계 최초로 상용화한 데 이어, 4G 이동통신 LTE-Advanced 기술을 세계 최초로 이끈 ETRI 연구진의 성과로 우리나라는 명실상부한 이동통신 강국이 되었다. 이동통신 기술은 수출에 있어서도 무역수지를 책임지는 역군이 되고 있다.

우리가 현재 사용 중인 4G는 2기가헤르츠(GHz) 이하의 주파수를 이용한다. 한편 5G는 28기가헤르츠의 초고주파 대역 주파수를 사용한다. 5G의 데이터 전송 속도는 4G보다 40~50배 빠르고 처리 용량도 100배나 늘어난다. 많은 양의 데이터를 LTE보다 훨씬 더 빠르게 처리할 수 있다. 따라서 5G에서는 인공지능은 물론 사물인터넷(IoT), 클라우드, 빅데이터, 가상현실(VR)·증강현실(AR), 자율주행차 등의 기술 구현이 가능해진다. 4차 산업혁명이 구체화되는 셈이다.

5G로 일컬어지는 5세대 이동통신의 표준이 2018년 6월에 결정된다. 국제이동통신표준화기구(3GPP)가 1단계 표준을 발표한다. 그리고 2019년 12월까지 2단계 규격이 완료될 계획이다. 이 국제표준 규격에 따라 전 세계 이동통신 회사와 제조업체는 단말기와 기지국, 핵심 부품 등을 만들게 된다. 5G의 세부 스펙이 결정되기 때문이다. 우리나라는 그보다 앞선 2018년 2월 평창 동계올림픽에서 전 세계인에게 5G를 보여줬다. 물론 시범 서비스이기는 하지만 세계 최초로 상용화한 셈이다. 실질적인 5G 상용화 목표는 2019년 3월이다.

이에 과학기술정보통신부는 세계 최초로 5G 이동통신 상용화 준비로 분주하다. 당초 2019년 6월로 계획했던 5G 주파수 경매 일정을 2018년 6월로 조정하기로 한 것이다. 5G 주파수는 28기가헤르츠와 3.5기가헤르츠 대역이 현재로서는 유력하다.

이렇듯 ICT는 4차 산업혁명의 흐름의 한가운데 서 있다. 통신 사업자

를 포함한 이동통신 생태계는 가시적인 '새로운 시장' 출현을 앞당기기 위해 분주하다. 특히 5G 조기 상용화를 통해 4차 산업혁명의 파고를 헤쳐 나가기 위해 바쁜 움직임을 보이고 있다.

5G 시대가 되면 '기가(Giga)' 세상이 열린다. 문자 그대로 기가 막힌 세상이 펼쳐진다. 5G 이동통신은 '언제 어디서나 환경의 제약 없이 사람과 사물을 포함한 모든 사용자에게 지연 없이 기가급 서비스를 효율적으로 제공하는 통신'이라고 정의된다.

기존 4G 이동통신에서는 올 아이피(ALL-IP) 망을 통해 100Mbps의 속도를 제공함에 따라 서비스 품질 면에서 유·무선통신의 격차를 해소했다. 5G 이동통신은 이 같은 유선통신 수준의 성능 목표를 넘어 신규 서비스를 새로운 목표로 하고 있다. 5G 핵심 서비스는 기술적 측면에서 '향상된 모바일 광대역 서비스', '고신뢰성 및 저지연 서비스', '대규모 사물인터넷 서비스'의 범주로 구분할 수 있다.

올 2월에 개최된 평창 동계올림픽에서 우리나라는 자신감을 얻어 보다 상용화된 서비스 현실화에 박차를 가하고 있다. 보다 가까워진 5G 세상에 다른 경쟁자들보다 기술이 익숙해진 만큼 기술 상용화에 탄력을 받을 것으로 예상된다. 큰 틀 속에서 상용화를 위한 준비에 몰두하고 있다. 어찌 보면 지금은 10년 후 세상에 꼭 필요한 핵심 기술을 준비해야 할 때이기도 하다. 이미 스마트폰에서 수많은 앱 서비스가 가능하고 앞으로 더욱 다양한 서비스가 가능해질 전망이다. 모바일을 즐기고 풍요로운 관련 산업 생태계가 발전하는 단초가 마련된 것이다.

이런 가운데 최근 ETRI 연구진이 5G와 관련된 스몰셀(Small Cell), 빔 포밍(Beam Forming), MHN(Mobile Hotspot Network), 빔 스위칭(Beam Switching), 징(Zing), 저지연 기술 등 요소 기술을 계속적으로 개발해 5G 기술 선점을

위한 전망을 밝게 해주고 있다.

먼저, '스몰셀' 기술은 반경 1킬로미터 내에서 마치 무선 AP(Wireless Access Point)처럼 붙여 사용하는 소형 기지국을 말한다. 그동안 외국산 제품을 들여와 국내에서 일부 상용화했었는데 국산화에 성공한 것이다. 도시의 빌딩이나 가정 등에서 활용이 가능한 LTE 기반 소형셀 기지국 기술 중 SW 기술이다. 이를 통해 향후 통신 사각지대가 없어질 것으로 보인다. 특히 최근에는 기지국이 전쟁 등으로 파괴되거나 자연재해로 소실되었을 때 소형셀을 이용해 통신이 가능하도록 배낭 형태로도 만들었다. 지난 2월 스페인에서 열린 MWC에서 호평을 받았다. 이로써 연구진이 개발한 소형셀이 외국산 제품을 대체함에 따라 기술 자립화에 큰 도움이 될 전망이다.

사람들이 많이 모이는 도심 지역에서는 스마트폰의 데이터 속도가 느려진다. 기지국당 정해져 있는 데이터 용량을 많은 사람들이 나누어 사용하기 때문이다. 이런 문제점을 해소하기 위한 원천기술 개발에 ETRI 연구진이 성공했다. 이 기술은 빌딩이 밀집한 지역에 유용할 것으로 보인다. 통신 가능 구역(셀)의 끝과 같은 가장자리는 수신 감도가 낮은데, 이런 곳에도 앞으로는 대형 기지국과 동일한 전송 용량을 제공할 수 있을 것으로 예상된다.

ETRI 연구진은 '빔 포밍' 할 수 있는 고집적 다중안테나를 개발했다. 소형 기지국들을 끊김 없이 연결해 통신 트래픽을 해소할 수 있는 길도 제시했다. '주파수 묶음' 기술이라 불리는 캐리어 어그리게이션(Carrier Aggregation)도 적용했다. 서로 다른 여러 개의 주파수 대역을 묶어 하나의 주파수처럼 속도를 끌어올려 주는 기술이다. 이에 따라 스몰셀 기지국 SW 기술로는 최초로 20메가헤르츠(MHz)를 5개 사용 시 최대 750Mbps

용량까지도 통신 지원이 가능하게 된다. 이 기술은 스몰셀 기지국의 전송 용량을 키우기 위해 기존 다중안테나 기술을 하나의 안테나와 송수신기로 동작시키는 것이다. 5G 시대에 꼭 필요한 기반 기술이다.

지하철 내에서도 100배 빠른 인터넷이 가능한 기술도 개발했다. 바로 'MHN' 기술이다. 5G 시대를 이루기 위한 핵심 기술 중 하나다. ETRI 연구진은 먼저 서울시에 이 기술을 공급하고 2018년 상반기 중 지하철 8호선을 비롯해 2019년까지 서울시 전 지하철에 기가 와이파이를 공급할 계획이다. 또한 KTX 등 고속으로 이동하는 물체에서도 인터넷이 가능하도록 하고, 조만간 버스에서도 와이파이가 잘 터지게 만들 계획이다.

연구진은 MHN 기술을 통해 미개척 주파수로 고주파 통신 대역인 '밀리미터파'를 세계 최초로 상용화하는 데 성공했다. 이 기술도 향후 5G 이동통신의 표준 기술에 활용 가능하다.

또한 MHN처럼 밀리미터파를 활용한 '빔 스위칭' 기술 개발에도 성공했다. 기지국과 이동 단말 간 실시간 최적의 빔을 선택해 통신할 수 있는 기술이다. 4G 핸드오버(Hand Over)보다 스위칭 속도가 최대 10배나 빠르다. 이를 통해 데이터 손실 및 지연을 최소화할 수 있게 된다. 빔 스위칭 기술도 이동 단말의 통신 데이터 손실 및 지연을 극소화해 5G 핵심 기술로 활용될 것으로 기대된다.

또 다른 핵심 기술로 '징(Zing)'이라 불리는 기술이 있다. 원래 사전적 의미로 징은 윙윙 소리가 나게 빠르게 이동함을 뜻하는 말이다. 5G 시대에 빠르게 데이터를 전송 받아야 하는 것에서 착안해 이처럼 이름 지었다고 한다. 이 기술은 10센티미터 이내의 가까운 거리에 있는 두 기기 간에 기가급(3.5Gbps) 속도로 데이터 순간 전송이 가능하다. 초고속 근접 통신 기술이다. 기존 NFC(Near Field Communication, 근거리 무선통신) 기술보다 8,000

ETRI 연구진의 '징(Zing)' 기술 개발

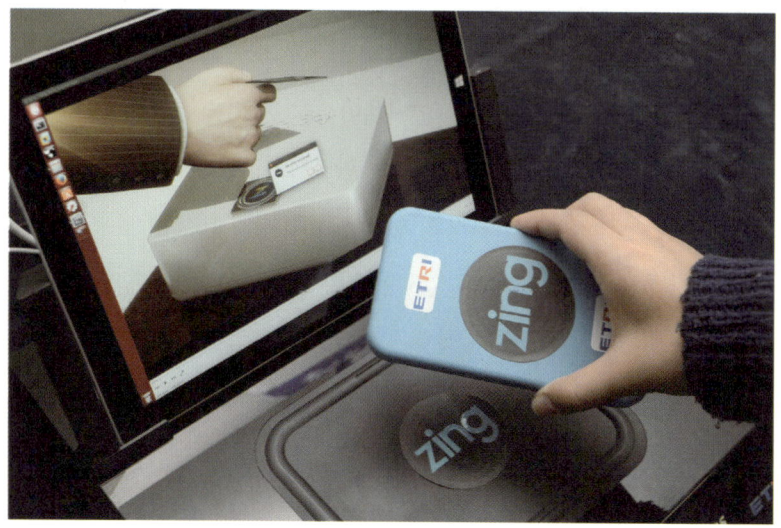

연구진이 개발한 징 기술로 데이터를 초고속으로 순간 전송해 받고 있는 모습

배 이상 빠른 전송 속도와 4,000배 이상의 높은 에너지 효율을 제공한다. 인터넷을 통하지 않는 차세대 초고속 NFC인 셈이다. 1기가바이트(GB) 영화 한 편을 3초면 전송 받을 수 있다. 무선 저장장치 등 대용량 데이터 장치에 적용되어 영화처럼 대용량 미디어를 빠르고 손쉽게 무선 전송할 수 있게 된다. 장치 간 무선 전원 공급이 가능해 특히 배터리가 필요 없는 제품을 구현하는 데 용이하다. 사용자가 스마트폰을 무인 서비스 단말기 (키오스크)에 갖다 대면 기기가 서로를 인지한다. 초고속으로 기가급 대용량 데이터를 안전하게 순간 전송할 수 있게 되는 것이다. 이로써 사물인 터넷(IoT) 통신 시대도 빠르게 열릴 전망이다.

징 기술은 100밀리와트(㎽)의 저전력·저복잡도 기술이 적용되어 상용화가 쉽다는 장점이 있다. 무료인 비면허 대역 60기가헤르츠 주파수를 사용하고 있어 광대역 통신도 가능하다. 스마트폰이나 태블릿 PC 이외에도 무선 전력 전송을 통해 전원이 없는 무선 저장장치를 USB처럼 꼽지 않아도 편리하게 사용해 순식간에 콘텐츠 전송을 할 수 있게 된다. 안전한 통신 영역에서 활용하기에 와이파이 등에 비해 해킹 가능성을 차단할 수 있다는 것도 장점이다.

3GPP에서 이와 같은 5G 관련 기술들에 대해 표준화가 진행된다. 현재는 5G 기술이 최대 전송 속도 20Gbps, 단말 수신 100Mbps 등 최소 요구 사항만 제시된 상태다. 3GPP는 1998년에 유럽 주도로 만들어진 이동통신 관련 국제표준화기구다. 2017년 말 3GPP는 LTE와 5G를 더해 'NSA(Non-Standalone)' 표준도 승인한 바 있다. 우리나라만 5G를 위해 빠르게 움직이고 있는 것은 아니다. 미국의 AT&T도 고정형 5G 네트워크를 사용한 와이파이 시범 서비스를 최근에 시작했다. 국제표준화 단체인 ITU-R은 이동통신 규격을 승인해주는 국제기구다. 3GPP라는 표준화기구가 제안한 규격을 ITU-R에서 5G 규격으로 승인한다.

4G 기술이 엊그제 개발된 것 같은데 우리 생활에 깊숙이 파고들어 그 편리성을 깨닫지 못하고 있는 것이 사실이다. 그런데 또 5G가 개발된다니 ICT의 하루는 타 분야의 한 달처럼 빠른 것 같다. 이처럼 통신기술은 통신의 역사를 한걸음에 바꾸어 놓고 있다.

퍼스트 무버로 도약하기 위한 핵심 기술은 원천기술을 기반으로 한 기초 기술이다. 관련 산업 생태계는 기반 기술 중심으로 파생된다. 따라서 5G를 논하고 있는 지금도 기반 기술을 꿈꾸는 일이 절실히 필요하다. 그동안의 연구 성과를 세계무대에서 실증하고 시범 서비스를 제공하는 것도 5G를 선점하기 위해 깃발을 꽂는다는 관점에서 보면 꼭 필요하다. 평창 동계올림픽이 좋은 기회였다. ETRI 연구진은 평창 동계올림픽에서 자율주행차, 울트라 와이드 비전(UWV), 자동통역 지니톡, 이동무선 백홀(MHN-Evolution) 기술, 협대역 사물인터넷(IoT), 초고속 근접 통신기술(Zing), 초 다시점 미디어 기술 등을 선보였다. 각 기술 설비와 장치를 평창 내 기술 실증 단지인 'IoT 스트리트'에서 세계에서 온 선수단에게 보여줬다.

ETRI 연구진은 평창 동계올림픽에서의 시연을 통해 그동안 개발한 기술들이 성공적인 상용화로 연결되길 바라고 있다. 또 2020년 도쿄 올림픽, 2022년 베이징 동계올림픽에 일·중 양국이 자국의 신기술을 쏟아내는 만큼 우리가 그에 앞서 기술 시장을 선점해야 하는 막중한 임무도 눈앞에 있다.

따라서 5G를 넘어서는 'B5G(Beyond 5G)' 세상을 꿈꾸고 실현시키는 계획이 무엇보다 필요한 시점이다. B5G 세상은 사용자의 이동성을 넘어 네트워크 이동성이 강조되고, 이에 따라 파생되는 무궁무진한 서비스와 생태계가 예상된다. 전통적인 이동통신의 범위는 이미 수직 산업계와의 5G 융합 서비스로 그 경계가 무너지고 있다. 새로운 서비스 수요에 대응하기 위해 핵심 기반 기술의 확보가 중요한 시점이라 하겠다.

07

긴급 상황을 알리는
자동 '웨이크 업' 기술

긴급 재난 관련 통신기술

지난 2017년 여름은 유난히 더웠다. 그 때문에 폭염에 주의하라는 정부의 폭염경보 문자메시지가 하루가 멀다 하고 스마트폰으로 전송되었다. 그런데 지난해 9월 우리나라 지진 관측 이래 경주에서 5.8이라는 최대 규모의 지진이 발생했을 때 정부가 문자메시지조차 보내지 않아 많은 질타가 쏟아졌다. 내용을 알고 보니 재난 문자방송 송출 의무에 지진은 제외라는 것이었다. 이를 두고 언론이나 SNS에서는 자칫 큰 사고로 이어질 수 있는 국가 위급 상황에서 정부가 손 놓고 있던 것은 아니냐는 논란이 일기도 했다. 경주 지진 사태를 겪으며 이제는 지진도 긴급재난 문자메시지에 반영되어 약진일 때도 필수적으로 문자메시지가 온다.

이렇듯 큰 규모의 지진처럼 긴급 재난이 발생했을 때는 현재와 같은 통신이나 전력 등의 상황이 여의치 않기 때문에 문제가 더욱 심각할 것이다. 이동통신도 잘되지 않을 것이다. 경주 지진 발생 때에도 갑자기 수

많은 사람들이 전화 연락이나 문자메시지를 일시에 쓰다 보니 통신이 일부 두절되기도 했다. 이런 경우 통신망이 물리적으로 파괴될 수 있다는 점도 미리 상정해야 한다.

그렇다면 재난 상황으로 통신이 끊어져 인터넷도 되지 않고, 문자메시지도 보낼 수 없고, 심지어 방송이나 라디오조차 되지 않는다면 어떻게 해야 할까? 이런 위급한 재난 상황을 가정하고 통신 문제를 해결하기 위해 국내 연구진은 많은 노력을 기울이고 있다. 그중 우선 우리가 예측 가능한 사고들에 대한 과학적 기술 적용에 대해 관심을 쏟고 있다. 교통사고의 발생을 예로 들어보자. 의외로 교통사고 사망자 가운데 사고 당시 즉시 발견되지 않아 사망으로 이어지는 경우가 많다고 한다. 특히 새벽 시간대 도시에서 멀리 떨어진 외곽 지역에서 갑자기 교통사고가 발생하여 정신을 잃게 될 경우 발견이 어렵다는 것이다.

이처럼 연구진은 심야 시간대 갑작스런 사고가 발생했을 때 구조 지연으로 인한 사망을 줄이고자 '긴급구난 e콜서비스' 연구를 범부처 사업으로 진행 중이다. 교통사고가 발생했을 때 골든타임을 확보해 사망자를 줄인다는 것이다. 사상자를 바로 찾아내는 게 급선무인 것이다.

연구진은 사람들이 매일 휴대하고 다니는 스마트폰과 차량 내 내비게이션, 블랙박스 등에 충격 감지 센서를 활용하여 교통사고가 일어났는지를 알아내 교통사고 시 즉각 관련 단말기가 관제센터로 연락할 수 있게 하는 기술을 적용할 계획이다.

교통사고가 발생하면 먼저 그 충격이 교통사고인지 여부를 파악하는 것이 아주 중요하다. 따라서 각종 충격 정보에서 사고 판단 알고리즘을 수행해 교통사고 여부를 파악하는 것이 해결해야 할 과제다. 관련 핵심 기술은 사고를 판단하는 알고리즘 SW와 표준화 기술이다. 향후 이 기술이 상용화되면 출시되는 자동차에 의무적으로 장착할 계획이다. 물론 어려운 점도 많다. 관련법의 정비가 우선 되어야 하기 때문이다. 기술이 개발되더라도 법제화가 시급하다. 또한 법제화가 된다면 자동차 제조업체도 고려해야 한다. 관련 기술을 자동차에 의무적으로 장착하기 위해서는 법의 공고 후 기업체가 수용할 수 있도록 기다려줘야 하기 때문이다.

현재 연구진은 이 기술을 우정사업본부 택배 차량에 탑재해 실증 사업을 계획하고 있다. 공동 개발 연구 업체와 함께 관련 기술이 구현된 블랙박스나 내비게이션을 택배 차량에 장착하고 운행하는 동안 얻게 되는 충격 정보를 통해 사고 판단 알고리즘의 정확성을 개선해보자는 것이다.

향후 이 기술은 운전자와 보행자 모두에게 긴급 재난으로부터 보호해 줄 수 있게 될 전망이다. 차량의 블랙박스나 내비게이션 또는 차량 출고시 의무적으로 탑재되어 출시되면 가능할 것이라고 본다. 하루 빨리 이 기술의 상용화가 이루어지길 희망한다.

ETRI는 이런 긴급 재난 등과 관련하여 통신기술에 관한 다양한 연구를 진행 중이다. 최근에는 지진이나 홍수 등 긴급한 재난·재해로 인해 지상의 통신망이 붕괴되었을 때 활용 가능한 이동형 기지국인 위성통신 시스템을 개발했다. 이 통신 시스템의 전송 속도는 기존보다 5배 이상 향상된 20Mbps급으로 끌어올렸다. 재난 지역에서도 와이파이와 같은 통신을 자유롭게 이용할 수 있게 되는 것이다. 또한 연구진은 선박이나 항공기가 사고로 긴급구난 전파를 보내면, 이를 20킬로미터 범위 내에서 쉽게 찾아낼 수 있는 전파 방향 탐지 기술을 개발해 중앙아시아 지역에 수출한 바 있다.

아울러 건물 내부에서 사고가 발생해 정전 등으로 정확한 위치 파악이 어려울 때도 실내 위치인식 내비게이션 기능을 이용해 건물 내부의 길을

ETRI 연구진의 위성통신 시스템 개발

쉽게 찾을 수 있도록 돕고 있다. 필자도 서울의 한 지하철역에서 지인을 만나기 위해 GPS로 안내를 받다가 지하로 들어가자 먹통이 된 내비게이션에 안타까운 적이 있었다. 이렇듯 공항이나, 코엑스, 롯데월드타워 등의 장소처럼 대형 건물이나 지하에서 길 찾기가 어려울 때 실내 위치인식 시스템을 기반으로 도움을 받을 수 있게 되었다.

지난해 경주에서 발생한 지진과 같이 국가적 규모의 위기 시에는 스마트폰 DMB 기능의 장점을 최대한 살려 재난 방송으로 안내를 해줄 수 있어야 한다. 이 기술은 잠자는 휴대전화를 깨운다고 하여 일명 '웨이크 업(Wake-up)'이라고 부른다. 재난·재해가 발생했을 때 자동으로 DMB가 켜져 재난 방송이 문자메시지나 영상, 음성 형태로 위급 상황을 알릴 수 있게 된다. 이 같은 자동 인지 재난 방송이 하루 빨리 도입되어 사고를 최소화해 인명 피해를 줄일 수 있도록 해야 할 것이다.

08

'기가'로 한판 붙는
신 삼국지, 한·중·일 ICT 올림픽

기가서비스 기술

2018년 2월, 9일부터 17일 동안 강원도 평창에서 동계올림픽이 개최되었다. 전 세계 95개국에서 약 5만 명의 선수단과 관계자가 참가했고 15개 종목, 102개의 금메달을 놓고 열띤 경쟁을 펼쳤다. 평창 동계올림픽을 보기 위해 수많은 국내외 관람객들도 방문했다. 30년 만에 올림픽을 성공적으로 두 번째로 치른 우리나라는 이제 동계·하계올림픽을 모두 개최한 세계 8번째 국가가 되었다.

전 세계에서 한국을 방문한 외국인들이 맨 먼저 땅을 딛게 되는 인천국제공항은 이들에게 마치 미래 세상으로 초대하는 장소가 되었다. 또한 동계올림픽 기간 내내 지금까지 보지 못했던 5G 세상, 즉 놀라운 '기가(Giga)' 서비스를 제공하여 ICT 강국의 이미지를 선보였다.

전 세계로부터 온 사람들은 Mbps급 인터넷을 사용하던 이른바 메가인(Mega人)들일 것이다. 이들은 대한민국에서 생애 첫 기가 체험을 하게 되었다. 즉 '기가인(Giga人)' 세상을 체험한 것이다. 이를 통해 ICT 강국 코리아를 마음속에 새기고 대한민국의 수준을 다시 한 번 생각해보는 계기가 되었을 것이다.

물론 만만치 않은 일본이라는 경쟁자도 있다. 평창 동계올림픽 2년 뒤인 2020년에 일본은 또 한 번의 하계올림픽을 도쿄에서 치른다. 과거 1964년에 최초로 컬러TV 위성중계를 통해 전자왕국을 세웠듯 다시 한 번 성장의 발판을 마련하겠다는 전략이다. 일본의 목표 역시 '기가 올림픽'이다. 따라서 우리의 어깨가 무겁다. 평창에서 성공적인 기가 올림픽을 치렀지만 아직 5G를 완전하게 구현하기에는 이르기 때문이다. 일본이 2년 뒤에 더 화려한 기가 세상을 펼쳐 보인다면 우리의 노력은 상대적으로 작아 보일 수밖에 없다. 그래서 평창 동계올림픽을 위해 기술적인 지원을 했던 연구진은 2017년 초부터 완성도를 높이는 데 여념이 없었다.

더욱이 4년 뒤 동계올림픽을 개최하는 중국 또한 부산한 움직임을 보이고 있다. 중국은 10년 전만 해도 이동통신 분야에서 두각을 나타내지 못했지만 최근 통신기술 개발에 집중하면서 그 약진이 두드러지고 있다. 중국은 평창 동계올림픽 배턴을 이어받아 2022년 북경에서 동계올림픽을 개최한다. 중국이 내세우는 캐치프레이즈도 '기가 올림픽'이다. ICT 업계에서 4년이면 강산이 네 번 변하는 시간이다.

이처럼 우리의 이웃 경쟁자들도 어깨를 나란히 하며 기가 시대의 선두가 되기 위해 열심히 뛰고 있다. 다행인 것은 우리나라는 지난 평창 동계올림픽에서 전 세계인에게 '하이테크 코리아'의 이미지를 잘 보여줬다는 점이다. 이러한 기억은 오랫동안 그들의 머릿속에 남을 것이다. 성공적인 5G 기가 세상을 먼저 보여줌에 따라 걱정은 좀 덜었다. 하지만 이제는 좀 더 선전이 필요하다. 일본은 평창에서 우리가 미완의 5G를 보여주기

ETRI 연구진의 평창 동계올림픽 기술적 지원 예: 아이스하키

를 바랐을 것이다. 하지만 세계 언론이 평창 동계올림픽을 크게 호평하며 칭찬 중이다. 이제는 도쿄 차례다. 도쿄는 무엇을 더 보여줄 것인가? 우리보다 한발 늦은 일본은 5G라는 동일한 주제로 무엇인가 새로운 것을 보여줘야 한다는 심리적 압박을 받을 것이다. 5G를 이용해 보여줄 수 있는 소재를 평창에서 다양하게 선보였기 때문이다.

2017년에 일본은 도쿄 올림픽 개최에 맞춰 'ICT 고도화' 전략을 내놓았다. 사물인터넷(IoT), 빅데이터, 클라우드 등 핵심 분야에서 표준을 정립해 부가적인 가치를 높이겠다는 것이다. 이는 우리나라가 추구하고 연구하고 있는 분야와 중첩된다. 그런데 우리나라가 평창에서 먼저 5G 기가 코리아의 모습을 멋지게 보여준 것이다.

평창올림픽 개막식·폐막식의 총감독은 뮤지컬 〈난타〉의 감독으로 유명한 배우 출신 송승환 씨였다. 그는 평창 동계올림픽이 열리기 4년 전에 ETRI를 방문했다. 우리나라의 찬란한 역사와 문화를 최고의 ICT와 어떻게 조합해 세계인을 깜짝 놀라게 할지 힌트를 얻기 위해서였다. 이후 동계올림픽이 개최되고 개막식·폐막식 행사를 본 필자는 우리나라의 전통과 ICT가 놀랍도록 아름답게 어우러진 모습에 감사하며 그의 노고에 찬사를 보내주었다. 분명한 것은 우리나라는 평창에서 5G의 기술력과 이를 통한 서비스를 다양한 방면에서 선보였고, 일본이 기뻐할 일은 일어나지 않았다는 것이다. 즉 삼성, LG, SKT, KT 등 많은 기업들이 핵심 전략 사업을 접을 일은 최소한 없어졌다는 것이다.

하지만 이제는 평창 동계올림픽은 잊어야 한다. 지금도 잘하고 있지만 좀 더 분발이 필요한 때다. 우리가 평창에서 보여준 기술들을 바탕으로 전 세계를 리드해가야 한다.

앞에서 설명했듯이 기가 세상을 위해 ETRI가 준비하는 핵심 전략 기술은 크게 세 가지다. 이를 고속도로에 비유해 설명해보겠다. 첫 번째는 밀리미터파를 이용해 달리는 열차 속에서도 와이파이의 수십 배의 통신 서비스를 제공해주는 'MHN' 기술이다. 이 기술은 이제까지 보지 못했던 정보통신의 고속도로를 내는 일과 비슷하다. 아무도 가보지 않은 밀림에 고속도로를 건설하는 것과 같은 기술이라고 할 수 있다. 본격적인 5G 서비스 이전에 스마트폰으로 서울 지하철에서 기가 세상을 미리 경험할 수 있게 할 계획이다. 내년이면 모든 서울시 지하철에서 초고속 인터넷을 만날 수 있게 되었다. 평창에서는 이보다 더 진보된 기술인 MHN-E 기술로 세계인들을 놀라게 했다. 기존 MHN 기술보다 최대 4배 더 빠른 기술로 버스를 통해 시연에 성공했다. 달리는 고속버스에서 500미터 내 구간에서 최대 2,500여 명이 초고속 와이파이가 가능한 기술이다.

두 번째는 마치 간선 정보고속도로를 닦는 것과 같은 '스몰셀' 기술이다. 대중교통 시설을 벗어난 곳에서 기가서비스를 제공하기 위해서는 수많은 기지국이 필요하다. ETRI는 앞으로 5G 스몰셀 분야에 중소기업이 진출할 수 있도록 수백 Mbps를 지원하는 LTE-A 스몰셀 소프트웨어(SW)를 국산화할 계획이다. 이를 통해 5G 시대로 한 걸음 더 나아갈 수 있게 될 전망이다. 최근에는 배낭처럼 등에 메고 다닐 수 있는 스몰셀 기지국도 개발했다. 전쟁이나 천재지변으로 기지국이 파괴되면 전화, 인터넷 등 모든 통신은 이루어지지 않는다. 이럴 때 유용할 것으로 보인다. 수 킬로미터 반경 최대 64명이 인터넷 접속이 가능하게 된다. 통신 사각지대를 없앨 수 있고 이로써 외국 기술에 의존하던 기술 종속 탈피로 기술 독립이 가능하게 될 것이다.

세 번째는 단말끼리 스치기만 해도 눈 깜짝할 사이에 고화질 영화 한 편이 순식간에 전송되게 해주는 초고속 근접 통신기술 '징(Zing)'이다.

ETRI는 이외에도 5G와 관련해 사람과 사물 및 공간을 역동적으로 연결하는 미래 사회관계망 서비스(SNS) 기술, 밀리미터파 빔 스위칭, 전이중 통신기술(IFD), 콤팩트 미모(MIMO) 기술로 앞선 5G 기술을 국민 편의를 위해 기술 개발할 수 있도록 노력 중이다.

이러한 체계적인 전략을 바탕으로 우리나라는 인천국제공항에서부터 전 세계인을 놀라게 할 채비를 했다. 우선 인천국제공항 전체를 기가 와이파이 존으로 만들었다. 이로써 8개 국어가 동시통역기를 통해 무선으로 제공되는 실시간 통역 서비스를 제공했다. 이에 외국인들은 '원더풀'을 외쳐댔다. 인류 최초의 '언어장벽이 없는 올림픽'이 치러진 셈이다.

그다음 평창행 KTX를 타러 지하로 내려가는 곳곳에 우리의 최첨단기술이 녹아든 디스플레이를 설치했다. 그중 ETRI가 만든 울트라 와이드 비전(UWV)은 마치 평창이 눈앞에 보이듯 착각에 빠져들 만한 화질의 영상을 선보였다. 세계 최강국 디스플레이 종주국으로서의 자부심을 십분 발휘했다. 또한 강릉아트센터에서 열린 〈난타〉 공연을 인천국제공항 ICT

라운지로 실시간 중계하는 데 성공했다. 인천공항에서 마치 강릉에 가서 공연을 보는 듯한 연출을 해준 것이다.

승객들이 평창에 내려서는 무인 자율주행차를 탈 수 있게 하여 ICT 강국으로서의 위상을 높였다. 인천에서 평창까지는 'AR-Ways'라는 증강현실을 이용한 길 찾기 안내를 해주어 큰 호응을 얻었다. 아이스하키 국가대표 선수들의 경쟁력 강화를 위해 첨단측위 기술을 적용해주기도 했다. 아이스하키 선수들의 헬멧에 카메라를 달아줘 경기력을 분석할 수 있게 해준 것이다.

이외에도 촉각 인터넷, 홀로그램, 가상현실(VR)·증강현실(AR) 기술 등을 올림픽 선수촌과 호텔, 경기장 근처의 ICT홍보관에 설치하여 세계인들이 체험할 수 있게끔 했다. 이 같은 기가서비스가 제공되는 기가 세상인 평창은 세계인들에게 마치 영화 〈백 투 더 퓨처〉에 나오는 미래 세상과 다를 바 없었을 것이다.

월드컵이나 올림픽이 끝나면 ICT 업계가 한바탕 홍역을 치른다. 심지어 일부 기업들은 사라지고, 어떤 기업들은 '퀀텀 점프(quantum jump)'를 하며 성장한다. 과거 일본이 1964년에 도쿄 하계올림픽에서 최초의 컬러 TV 위성중계로 전 세계인을 깜짝 놀라게 한 것처럼 말이다. 일본은 이런 기억을 머릿속 깊이 새기고 있다. 일본이 2020년을 손꼽아 기다리는 이유이기도 하다. 실제로 지난 2012년 런던 올림픽, 2014년 브라질 월드컵 당시 HD TV가 불티나게 팔려 관련 시장이 크게 성장했다. 덕분에 우리나라의 TV 제조 기업들이 기술력을 바탕으로 전 세계로 진출할 수 있었다. 당시 우리나라 제품과 달리 일본 제품은 세계 시장에서 전혀 주목을 받지 못했다.

브라질 리우데자네이루 올림픽에서는 빛을 제대로 보지 못했던 우리나라의 초고화질(UHD) TV가 평창 동계올림픽 이후 세계 시장에서 날개 돋치듯 팔려 나가길 바란다. 이번 올림픽을 지상파 TV를 통해 UHD 방송으로 본 나라는 우리나라가 유일했다. 물론 미국이나 일본 등 다른 나라도 UHD를 통해 올림픽을 볼 수 있었지만 IPTV, 케이블, 위성방송을 통해 가능한 것이다. HD 방송을 세계 최초로 올림픽 중계한 미국의 CBC는 ETRI의 기술 경쟁력을 신뢰하고 북미 표준으로 선정된 ATSC3.0의 기술을 보유한 ETRI에 SOS를 보냈다. 미국에서도 지상파를 통해 올림픽 UHD 생중계를 보여 달라는 요청이었다. 김흥묵 미디어전송연구그룹장을 비롯한 연구진은 미국으로 날아가 이런 요청을 받아주어 미국 방송 중계를 성공적으로 이루었다.

미국, 캐나다, 멕시코 등 북미 지역에서 1년에 팔리는 UHD TV는 수천만 대에 이른다. UHD에는 ETRI의 방송 전송 기술과 고효율 압축 기술(HEVC) 등이 핵심 기술로 국제표준 특허가 포함되어 있다. 수출이 많게 된다면 ETRI 방송미디어연구소 연구진은 빙그레 미소를 지을 것이다. UHD 핵심 기술이 ETRI의 기술이기 때문이다. 평창 동계올림픽에서의 ICT를 바탕으로 우리나라가 퀀텀 점프하여 세계를 리드해가길 희망한다.

09

약진하는 중국의 ICT 굴기, 어떻게 볼 것인가?

중국의 ICT 동향

필자는 ETRI 연구진을 대신해 언론 매체나 대중 앞에 설 기회가 많다. 물론 ETRI의 연구 성과나 개발하고 있는 기술을 널리 알리기 위해서다. 이런 경우처럼 ICT 강국 코리아를 견인해온 내용을 잘 소개하기 위해 여러 문헌들을 참고하곤 한다. 그중 자주 소재로 삼는 책이 오스트리아 출신의 작가이자 여행가인 에른스트 폰 헤세-바르텍의 《조선, 1894년 여름》이다.[55] 이 책은 헤세-바르텍이라는 여행가가 1894년에 우리나라를 찾아 기록한 '여름 조선 여행기'다. 그의 글을 통해 120년 전 조선의 모습을 간접적으로 들여다볼 수 있다.

당시 오스트리아인의 눈을 통해 본 우리네 모습은 비극 그 자체였다. 오스트리아는 음역어로 오지리(奧地利)로 표현되는데, 우리나라와 오지리는 역사상 큰 관련은 없다. 조선은 1894년 2월에 동학의 봉기가 있었고, 3월에는 김옥균 선생이 상해에서 암살당했다. 6월에는 청나라 군대가 상륙했고, 뒤이어 일본군이 상륙했다. 7월에는 일본군이 경복궁을 점령했고, 8월에는 갑오개혁과 청일전쟁이 일어났다. 그야말로 한시도 숨 쉴 틈 없이 통곡의 역사로 점철되었던 시기다.

한 이방인의 눈에 비친 1894년의 이 같은 조선의 모습은 희망이란 단어를 결코 상상할 수 없었을 것이다. 어찌 보면 우리나라 역사상 가장 비참하고 못살았던 시절을 들춰냈다고 해도 무방하다. 이 책에는 다 쓰러져가는 차마 눈 뜨고는 볼 수 없는 조선의 모습들이 표현되어 있다.

이처럼 파란만장한 역사의 소용돌이 속에 우리나라가 중국보다 잘산 지가 대략 30년이 되었다고 한다. 그 시점은 1988년 서울 올림픽 이후로 보는 견해도 많다. 1992년 8월부터 중국과 수교가 이뤄졌기 때문에 그 이전을 비교하기가 어려운 점도 있을 것이다.

그런데 최근 중국의 움직임이 심상치 않다. 우리나라를 바짝 추격해오는 형국이다. 물론 중국은 땅도 워낙 크고 인구도 많아 자체적으로 자급자족이 되는 나라다. 이 점은 참으로 부럽다. ICT 산업 하나만 놓고 보았을 때도 기업이 성장하기에 아주 좋은 조건을 갖추고 있다. 최근 중국이 무섭게 경제 성장을 일으키고 있는 가운데, 한편에서는 중국을 우려의 눈으로 지켜보는 시선도 많다. 폐쇄적인 국가 정책 때문이다. 알다시피 구글이나 페이스북 등 일부 SNS는 중국 내에서 원활히 접속되지 않는다. 정확히 말하자면 차단이라는 말이 맞다. 그럼에도 불구하고 이 글에서는 결코 무시할 수 없는 중국의 약진에 대해 우리가 배워야 할 점이 무엇인지 논의해보고자 한다.

해외 ICT 관련 유수의 전시회를 다녀 보노라면 실감 나는 것들이 몇 가지 있다. 우선 우리나라의 국가 위상이 상당히 높아졌고 ICT 강국 코리아를 부러워한다는 점이다. 그런 가운데 몇 년 전부터 중국의 강세가 피부로 실감할 만큼 눈에 띄게 높아졌음을 알 수 있다. ICT에 대한 중국의 추격이 만만치 않다. 여러 전시회에 참가한 중국의 부스 규모며 공간을 채우는 콘텐츠 또한 매머드급이다. HW는 물론 SW, 이동통신 등 전 분야에서 중국은 발군의 실력을 뽐내고 있다. 또한 중국이 펼치는 마케팅이나 홍보도 눈여겨보게 될 만큼 성장했다는 것을 알 수 있다.

더군다나 최근에는 중국이 아프리카, 중동, 중앙아시아, 남미 등 전 세계 지역을 시장으로 잡고 문화 투자는 물론 사회 인프라 투자에도 열을 올리고 있다는 점이다. 이를 통해 간접적으로 해당 국가에 녹아들며 시장 침투를 노리고 있는 것이다. 마치 물이 스펀지에 스며드는 것처럼 말이다. 이런 전략은 일찍이 일본이 중앙아시아를 비롯하여 아프리카, 남미 지역에 진출할 때 사용했던 방법이다. 하지만 이런 전략은 매우 까다롭다. 특히 사회주의 경험을 한 국가일수록 시장 진출로의 연결이 어렵다.

퍼주다가 끝나는 경우도 많다. 예컨대 카자흐스탄, 우즈베키스탄, 키르기스스탄을 둘러보면 과거 30년 전 일본의 진출 노력을 곳곳에서 볼 수 있다. 일본은 자국의 문화원을 짓고 학교를 지어주며 갖은 공을 들여 시장 진출을 모색했다. 하지만 이 같은 노력에도 불구하고 일본은 시장 진출에 성과를 이루지 못했다. 깨진 독에 물 붓기였기 때문이다. 훗날 이런 역할을 우리나라도 한 바 있다. 우리도 이 3개국에 진출하기 위해 인력 교류, 인력 연수, 문화 사업을 부단히 펼쳤다. 하지만 큰 진전이 없었다. 지금은 중국이 일본과 우리나라가 했던 일을 하고 있다. 고무적인 점이라면 중국이 양국보다 더 열심히 시장 진출을 위해 노력하고 있다는 것이다.

한편 최근 통계에 의하면 중국 내 인터넷 사용자 수가 7억 명에 달한다고 한다. 2009년에 인터넷 사용자 수가 3억 명이던 것이 불과 6년 만에 두 배가 넘었다. 모바일을 통해 인터넷을 사용하는 사람도 6억 명에 달한다. 스마트폰 사용자가 급격하게 증가하고 있음을 알 수 있다. 중국의 인민망(人民網)에 따르면 2017년 8월 기준으로 중국에서 4G 이동통신의 사용 인구가 총 9억 3,000명이라고 한다. 모바일상에서 쓰는 앱만 하더라도 이미 800만 개를 넘어섰다. 슈퍼컴퓨터 세계 1위도 중국의 '선웨이 타이후라이트(神威太湖之光)'다. 이 슈퍼컴은 93페타플롭스(Petaflops)를 자랑한다. 페타플롭스는 1초당 1,000조 번의 연산처리가 가능하다.

또한 텐센트(Tencent)가 제공하는 우리나라의 카카오톡과 같은 위챗(WeChat)은 사용자가 5억 5,000명이 넘는다. 메신저 위챗은 페이스북의 아성에 도전장을 내고 시장 공략에 나서고 있다. 텐센트는 2017년 11월 홍콩 증시에서 시가총액 5,000억 달러를 넘어섰다. 아시아 기업 최초의 일이다. 중국의 테크놀로지 성장을 단적으로 보여주는 사례다.

알리바바의 마윈 회장은 인터넷과 중국의 발전이 알리바바를 만들었다고 말한다. 중국의 샤오미(Xiaomi, 小米)는 이미 우리나라에서도 인기다. '대륙의 실수'라는 닉네임으로 불리며 가성비 좋은 뛰어난 제품으로 주목을 받았지만 이제는 더 이상 가볍게 볼 수 없는 존재가 되었다. 최근에는 심지어 우리나라 스마트폰에 이어 자동차 분야까지 바짝 뒤쫓고 있다.

2017년 말 중국판 블랙프라이데이인 광군제(光棍節)는 실로 놀라운 광경을 연출했다. 매년 11월 11일에 열리는 광군제는 이제 규모 면에서 세계 최대의 온라인 쇼핑 페스티벌이 되었다. 중국 최대 전자상거래 업체인 알리바바는 광군제 기간 단 하루 만에 30조 700억 원이나 되는 매출을 올렸다. 우리나라의 경우 2017년 11월 최고치를 경신한 온라인 쇼핑 월 매출액이 7조 5,000억 원 규모였다.

사실 중국의 괄목할 만한 성장은 우리 경제에는 좋지 않은 요소다. 잘 나가던 우리의 LED 업계도 전망이 밝지는 않다. 반도체와 디스플레이 분야도 위기다. 중국은 이미 2000년 초반부터 반도체 산업 육성을 목표로 신 시장을 개척했다. OLED 분야에도 선제적으로 투자하며 기술 개발에 뛰어들고 있다. 이런 추세라면 우리나라 가전 산업의 대표 격이라 할 수 있는 LCD 패널 시장까지 중국에 선두를 내주어야 할지도 모른다.

중국은 이제 더 이상 옛날의 사회주의 중공이 아니다. 중국의 제품을 짝퉁이라고 폄하할 수도 없다. 1988년 우리나라가 서울 올림픽을 치른 뒤, 중국은 20년 후인 2008년에 베이징 올림픽을 치렀다. 7년 뒤 중국은 한국을 바짝 추격하여, 이제 2018년 평창 동계올림픽 폐막식에서 차기 개최지로 우뚝 올라섰다. 2022년 중국은 베이징 동계올림픽을 개최한다.

세계 이동통신 시장을 리드하고 있는 ETRI도 중국과 손잡은 지 오래다. 벌써 차세대 통신으로 일컫는 5G 분야에서도 ETRI는 중국과 협력하고 있다. 중국의 이런 전략은 시진핑 국가주석이 제시한 '중국몽(中國夢, 중국의 꿈)'과도 깊은 관련이 있을 것이다. 중화민족의 대부흥을 잘 표현해주고 있는 이 캐치프레이즈는 중국의 꿈을 전 세계에 실현하고자 하는 의지를 잘 나타내준다. 2017년 10월 시진핑 주석은 중국 공산당 전국대표대회를 통해 '중화민족 위대한 부흥'을 강조했다. 시진핑 주석은 이 대회를 통해 그의 임기가 만료되는 2022년까지 청사진을 제시했다. 그는 모든 국민이 편안하고 풍족한 생활을 누리는 소강(小康, 샤오캉) 사회를 내세웠다. 그리고 시진핑 주석은 2050년에 중국을 세계 초일류 국가로 만들겠다는 포부를 밝혔다. 중국 굴기를 달성하겠다는 그의 야심이 잘 나타난 말이 아닐 수 없다.

중국의 역량은 예전과 비교도 되지 않을 정도로 비약적으로 성장했다. 특히 중국의 ICT 산업은 한껏 달아오르고 있다. 최근에는 중국의 최대 통신 업체인 화웨이(Huawei)가 핀란드의 노키아를 인수한다는 소식으로 지구촌을 깜짝 놀라게 했다. 중국의 휴대폰 제조업체이자 통신 장비 업체인 ZTE의 약진도 두드러진다. ZTE는 해당 업계에서 세계 1위인 삼성전자와 뒤이은 애플, LG전자, 화웨이에 뒤이어 세계 5위의 자리를 차지하고 있다. ZTE는 노키아를 활용해 유럽 니치마켓(틈새시장)을 적극 공략해 글로벌 스마트폰 기업의 입지를 다진다는 계획이다.

현재 중국의 ICT 시장 규모는 우리나라의 5배나 된다. 일부 전문가들 중에는 "앞으로 삼성전자의 가장 큰 경쟁자는 애플이 아니라 중국의 '화웨이'가 될 것"이라고 지적하는 사람도 있다. 막대한 인구를 배경으로 내수 경쟁력이 있다는 것이다. 아울러 중국이 아프리카 및 중동 시장 진출을 위해 사회간접자본 개발과 인프라 지원 등의 원조 외교를 한 지는 벌써 10년이 넘었다.

중요한 사실이 하나 더 있다. 중국의 인터넷 업체로 모바일 메신저 분야의 최대 강자이자 온라인 동영상 공유 업체인 텐센트, 전자상거래에서 발군의 실력을 발휘 중인 알리바바, 검색 포털로 유명한 바이두가 전 세계에서 차지하는 영향력이 지대하다는 점이다. 이들 기업은 굴지의 ICT 글로벌 기업으로 점점 성장하고 있으며, 모바일 빅뱅을 선도하고 있다. 이들 기업을 '인터넷 3대 천황'으로 부르는 사람도 있다. 중국은 시장만 해도 13억 명에 달한다. 특히 모바일 시장에서 13억 인구를 중심으로 SNS 서비스 시장을 섭렵 중이다. 그리고 동영상과 물품 구매 등 다양한 방식으로 중국 경제를 떠받치고 있다. 모바일이 기존 인터넷을 대체하는 대혁명이 일고 있는 것이다.

우리나라의 잘나가던 인터넷 기업들에게 예전에 중국이 수없이 구애했던 것처럼, 이제는 우리의 기업들이 중국의 화웨이, 텐센트, 알리바바, 바이두 앞에서 10년 전 그들이 했던 것과 같이 손을 내미는 상황이 연출될지도 모를 일이다. 역지사지 상황에 놓인 것이다. 이처럼 중국은 지금 모바일 혁명이 일어나고 있다. 중국은 거대한 소비 시장을 기반으로 게임은 물론 포털 업체, 전자상거래 등을 휘어잡고 글로벌 시장을 호령하고 있다.

정부 간 협력에 따라 한·중 간 ICT 협력도 가속화되고 있다. 지난 2016년에는 대통령의 중국 방문과 함께 5세대 이동통신 기술(5G) 협력회의 개최와 인터넷 침해 대응 협력을 위한 MOU 체결 등 정보통신 방송 분야에 대한 외교 활동이 활발하게 이루어지고 있다.

이렇듯 소리 없는 ICT 전쟁이 치열하게 벌어지는 가운데 시장 판도가 빠르게 바뀌고 있다. 세계 1위를 자부하는 삼성이 차세대 먹거리 시장을 찾는 데 분주한 이유다.

10

대덕밸리의
기술 창업 이야기
기술 창업의 중요성

'유니콘(Unicorn)'이란 말이 있다. 기업가치가 10억 달러 이상이고 설립한 지 10년 이하의 스타트업을 말한다. 우리 돈으로 환산하면 약 1조 1,000억 원에 달하는 기업가치가 있는 기업이다(해당 기업의 상장 전 기업가치가 1조 원 이상일 때도 유니콘이라 불린다). 마치 상상 속 동물인 뿔이 하나 달린 유니콘처럼 존재하기 어려운 매우 탁월한 기업이라는 의미를 내포하고 있다.

처음으로 유니콘이 나오던 시기인 2000년대 초반만 해도 이 같은 기업의 존재는 아주 드물었다. 유니콘의 탄생은 1년에 하나둘 나오는 정도였다. 2010년대에 들어서부터는 분기별로 유니콘이 탄생되곤 했다. 그런데 2017년 무렵부터는 월별로 등장하고 있다.

이처럼 유니콘이 많아지자 최근에는 기업가치가 10배나 더 많은 뿔이 10개 달린 '데카콘(Decacorn)'이 등장하고 있다. 즉 데카콘은 기업가치가 100억 달러(11조 원)에 달하는 기업을 일컫는다.

2017년 미국의 경제 전문 매체인 비즈니스 인사이더가 발표한 '데카콘 7개 업체'는 다음과 같다. 1위는 우버다. 이 기업의 가치만 해도 680억 달러다. 차량 공유 업체인 우버는 2019년에 주식도 상장할 계획이다. 2위는 에어비앤비다. 기업가치는 310억 달러다. 세계 최대의 숙박 공유 서비스 업체다. 3위는 스페이스X다. 기업가치는 211억 달러로 평가된다. 스페이스X는 테슬라의 CEO 일론 머스크가 이끄는 민간 우주항공 업체다. 4위는 위워크(WeWork)다. 기업가치는 210억 달러다. 이 기업은 사무실 공유 임대 업체다. 5위는 핀터레스트(Pinterest)다. 기업가치는 123억 달러로 평가된다. 이 기업은 이미지 공유 검색 업체다. 6위는 새뮴드(Samumed)다. 기업가치는 120억 달러로 평가된다. 새뮴드는 생명공학 업체로 노화 방지 관련 스타트업이다. 7위는 드롭박스다. 기업가치는 100억 달러에 달한다. 이 기업은 파일 공유 업체다. 이렇듯 뿔이 10개 달린 기업까지 탄생했으니 100개 달린 '헥토콘(hectocorn)'의 탄생도 머지않은 듯하다.

지난 2017년 한 해 가장 특이할 만한 점은 세계 시가총액 1~5위 기업이 모두 인터넷 관련 기업이라는 점이다. 즉 1위 애플, 2위 알파벳(구글의 지주회사), 3위 마이크로소프트, 4위 아마존, 5위 페이스북이었다. 이외에 6위는 중국의 텐센트, 8위는 알리바바였고, 12위에 삼성전자가 이름을 올렸다. 중국의 텐센트와 알리바바를 제외하면 1위부터 10위까지가 모두 미국의 기업이다. 시가총액 50위 내 중국 기업은 7곳이 포함되었다.

최근의 시가총액 순위에서 알 수 있듯이 전통 강자로 불리던 기업 이름들이 점점 사라지고 있다. 인터넷과 모바일 산업 중심으로의 이동이 확연하다. 특히 순위에 오른 5대 기업은 우리에게 시사하는 바가 크다. 4차 산업혁명 시대의 '데이터 기반 공유경제'라는 변화를 여실히 보여주는 통계라고 할 수 있기 때문이다.

필자는 기술경영(MOT)을 공부했고 박사 학위 논문을 '기술 창업'으로 썼기에 유니콘, 데카콘에 관심이 많다. 잘나가는 유니콘은 검증된 사업이나 콘텐츠, 아이디어로 벤처투자자(VC)들의 사랑을 한몸에 받는다. 벤처투자자들로부터 자금을 지원받아 초고속으로 성장한다. 이에 따라 시장에서 독점적 지위에 오르거나 주식 상장을 통해 1조 원 이상의 기업가치를 획득한다. 대표적인 유니콘으로는 앞에서 소개한 에어비앤비, 우버 그리고 스냅챗(Snapchat) 등이 있다. 창업이야말로 다르게 보면 제한된 자원 때문에 오히려 더 도약할 수 있는 역설이 가능하다. 한편 빠른 시장의 변화에 적절하게 대응할 수 있는 기술을 보유하는 것도 중요하다. 한 분야에서 전문가로 태어나는 노력도 중요시할 필요가 있다. '1만 시간의 법칙'도 필요하다는 것이다.[56]

사실 기술경영학에서 기술 창업에 대해 공부하기 전까지 필자는 약간 의심이 드는 부분이 있었다. 왜 정부에서 기술 창업을 장려하는지 이유가 궁금했다. 2018년에 정부가 투자하는 창업 지원 금액은 7,796억 원에 달한다. 왜 젊은 대학생들에게 창업이라는 키워드를 꺼내들까? 그리고 교수나 연구원들에게 창업 지원의 길을 안내할까? 왜 창업을 하라고 돈을 지원하며 권하는 것일까? 창업은 하고 싶은 사람이 하면 되는 것 아닌가? 우리나라는 제도적 측면에서 아쉬운 것이 하나 있다. 경제 압축 성장에 따라 축적된 지식이 부재하다는 것이다. 고도의 압축 성장으로 무역 규모에서 세계 10위에 올랐지만 더 이상 뛰어오를 동인이 없는 것이다. 자원이 풍부한 것도 아니고, 더 이상 달러가 쏟아질 분야도 희박하다. 성장이 한계치에 다다른 것처럼 느껴지고 수출 역군, 산업 동력, 발전과 같은 단어들에 피로감도 느껴진다. 정부가 나서서 무엇을 할 엄두가 나지 않는 시기다. 그래도 지금껏 2등 전략은 잘 맞춰왔다. 1위를 목표로 잘 따라갈 수 있었다는 의미다. 따라가서 배우고 모방하고 해체해서 분해해보고 다시 조립하고 이런 방식에 익숙해왔다. 하지만 세계 1등에 오르려면 창의성을 갖춰야 한다. 창의적인 아이디어를 통해 '퍼스트 무버'가 되어야 크게 도약할 수 있다. 바로 유니콘과 같은 역할인 셈이다. 그런데 우리나라는 창의적인 것에 익숙하지 못한 채 세계 10위에 올랐다. 퍼스트 무버가 되기 힘든 구조다.

독일의 막스플랑크연구소는 기초 원천 연구로 유명하다. 이 연구소는 히든챔피언을 만든 저력과 기계공업, 자동차 산업, 수많은 분야의 산업 부흥을 분석해 결론을 얻은 내용이 있는데, 우리나라가 겪고 있는 이런 현상을 '국민소득 3만 달러의 함정'이라고 말한다. 성장의 덫인 셈인데 우리나라가 딱 여기에 해당되는 것이다. 통계를 살펴봐도 우리나라는 장기 침체의 저성장 그늘 아래 국민소득 3만 달러 수준에서 턱걸이 중이다. 2010년 1인당 국민소득(GNI) 2만 2,000달러를 찍은 후 2016년까지 3만 달러를 넘지 못하고 있다. 2016년 기준 우리나라 1인당 국민소득은 2만 7,000달러다.

한국경제연구원은 우리나라가 국민소득 2만 달러에서 4만 달러로 가는 달성 소요 기간을 잠재 성장률 2.9퍼센트로 산정할 경우 2007년부터 약 17년이 걸린다고 발표한 바 있다. 이 계산대로라면 2023년에야 국민소득 4만 달러를 달성하는 것이다. 일본은 이런 소요 기간을 8년 만에 달성했고, 뉴질랜드는 10년이 걸렸다. 미국, 독일의 경우는 17년이 걸렸다.

하지만 2018년 올해 우리나라는 이 같은 전망을 깨고 마침내 국민소득 3만 달러를 이룰 것으로 보인다. '5030클럽', 즉 인구 5,000만 명 이상 국가 가운데 소득이 3만 달러 이상 되는 국가에 7번째로 이름을 올릴 수 있게 될 전망이다.

그렇지만 국민소득 3만 달러 수준에서 정부가 경제 성장을 위해 할 수 있는 역할이 크게 없다는 점이다. 생산요소 자원을 투입하고, 사업을 벌이고, 사회간접자본을 쏟아부어도 좀처럼 경기 회복이나 경제 도약이 일어나지 않는다는 점이다.

그러면 어떻게 국민소득 4만 달러로 견인할 수 있을까? 그에 대한 답은 개인들에게 있다. 국민 개인이 국가 역할을 하면 된다는 것이다. 그런데 어떻게 개인이 경제 성장을 일으킨다는 말인가? 바로 개인이 창업을 통해 그동안 국가가 했던 일들을 수행할 수 있어야 3만 달러 소득의 함정에서 헤쳐 나올 수 있다는 것이다.[57] 막스플랑크연구소는 '국민소득 3만 달러의 함정'과 관련된 한 보고서에서 "국민소득 2만 달러까지의 성장은 생산요소를 투입하는 것으로 가능하지만, 그 이상의 경제 성장을 위해서는 기업가정신의 확산이 관건이다"라고 밝혔다. 결국 창업을 위한 기업가정신이 중요하고 이를 통해 국가 차원의 신 성장 동력을 확보할 수 있다는 의미다. 이 보고서는 미국의 경우 국민소득 2만 달러 시절이던 1988년에 창업을 중시하기 시작했고, MIT나 스탠퍼드대학교 등에 본격적인 기업가정신 과목이 도입되었다고 말한다.

지금까지 실업률 구제는 정부나 기업이 주도하여 문제에 대처해왔다. 생산성 향상이나 수출 정책도 마찬가지였다. 그런데 이제는 정부가 힘에 부치는 수준에 이른 것이다. 이런 경제 구조에서 개인 창업자들이 기업가로서 역할을 수행할 때 비로소 국민소득 4만 달러, 5만 달러의 창출이 가능하다는 것이다. 그래서 정부가 개인 창업자들에게 막대한 예산을 투입해 창업 지원 정책을 펴는 것이다. 개인이 창업을 통해 새로운 고용을 창출하고 매출을 올리고 상품을 만들어내 성장 동력을 일으켜야 가능하다는 것이다.

　이러한 이론은 미국의 버락 오바마 전 대통령도 활용해 큰 성공을 거둔 바 있다. 오바마 전 대통령은 취임 당시 10퍼센트에 가깝던 자국의 실업률을 타개하는 데 기술 창업을 활용해 헤쳐 나갔다. 오바마 전 대통령은 창업을 독려해 '스타트업 아메리카(Startup America)'라는 슬로건까지 내세웠다. 창업하기에 가장 좋은 환경을 만들어 전 세계 젊은이들을 미국으로 불러들였다. 그리고 창업을 통해 실업률을 계속 낮춰 나갔다. 재임 기간 8년 동안 오바마 전 대통령은 실업률을 계속 낮춰 퇴임 무렵에는 실업률이 4퍼센트 후반까지 떨어졌다.

　2017년 10월 아랍에미리트에서 개최된 국제기능올림픽대회에서 우리나라는 중국에 뒤져 2위를 기록했다. 국제기능올림픽은 그동안 우리나라의 주 무대라고 여겨지던 곳이었는데 중국에게 밀린 것이다. 이처럼 중국은 전자, 기계 분야 등 전통적이고 기능적인 측면에서도 기초를 탄탄하게 다지고 있다. 물론 우리나라와 독일을 많이 연구했기 때문에 1위를 차지할 수 있었을 것이다. 기술만큼은 중국이 우리나라를 바짝 뒤쫓고 있다는 방증이다.

우리나라는 산업화를 일구면서 한강의 기적을 낳았다. 그 과정에서 공대를 중요하게 생각했고 지방에는 우수 공업고등학교가 하나둘 생겨났다. 우리나라는 1977년에 국제기능올림픽대회에서 첫 우승을 한 데 이어 21번 출전해 무려 19번이나 우승을 차지했다. 하지만 이제 세계 10위의 경제 대국이 되고 보니 힘들고 더럽고 위험하다는 3D 업종을 기피하는 상황에 이르렀다. 출산율 저조로 인해 공업고등학교가 명맥을 잇기가 어려워졌다. 필자는 한국산업인력공단에 근무한 경력이 있어 이 같은 현실을 지켜보기가 더욱 쉽지 않다. 그들이 선전하는 데도 한계가 있을 것이다. 기계공고, 전자공고가 문을 닫는 형편에 기능경기대회가 무슨 의미가 있겠는가?

생각이 변하고 세상이 빠르게 바뀌고 있다. 공사 현장에서는 이제 30~40대 한국인 기능공을 찾기가 어렵다. 조적공, 벽돌공, 미장공, 철근공, 배관공을 찾기가 어렵다. 그 인력 대체를 외국인 노동자들이 하고 있다. 공사장 팀장 격인 십장들은 이제 60대를 바라본다. 더 이상 노하우를 전수할 우리나라의 30대, 40대 기능공이 없다고 한다. 새로 짓는 아파트, 건설 현장에서 젊은 사람들은 대부분 중국, 베트남 등에서 온 외국인 노동자다. 이렇듯 산업의 기반이 되는 기초 인력이 무너지게 되면 국민소득 3만 달러 창출은 성립하기 어렵다. 산업의 한 축을 담당하는 곳이 급격히 무너지기 때문이다.

특히 필자가 있는 대전의 경우 연구원의 창업이나 교수 창업과 같은 기술 창업이 많다. 그중 연구소 기업과 같은 창업을 주목할 필요성도 있다. 연구소 기업이란 정부출연연구기관이 개발한 기술 등을 출자해 민간과 공동으로 설립한 기업을 말한다. 즉 정부출연연구원이 개발한 기술의 사업화가 주목적이다. 연구소 기업 설립 후 3년간 소득세, 법인세가 감면

되고 취득세, 등록세도 면제된다. 설립 후 7년간 재산세 100퍼센트 감면 등의 혜택도 있다. 연구소 기업은 성공적인 창업을 견인하는 보배다.

그런데 우리나라는 너무 조바심이 크다. 창업만 하면 바로 매출을 찾는다. 기술을 주 무기로 창업한 기술 창업의 경우 매출로 이어지는 시기가 상당히 더디다. 최소 5년 이상 10년 가까이 걸릴 때도 있다. 하지만 창업을 바라보는 사람들은 연구소 기업이 빠른 기술 사업화로 돈을 버는 것이 주된 관심사다.

이제 연구소 기업이 출범한 지 불과 10년 남짓 되었다. 2006년에 제1호 연구소 기업이 탄생되었다. 정부출연연구원의 기술 출자로 창업의 문을 두드린 것이다. 그 이래로 2017년 11월 말에 드디어 제500호 연구소 기업이 탄생했다. 지난 10년 사이에 사라진 연구소 기업들도 있다. 한편 그중에는 원자력연구원의 콜마B&H처럼 부러움을 한 몸에 받는 기업도 있다. 콜마B&H는 2006년 3월에 설립된 우리나라 제1호 연구소 기업으로 기술 사업화 성공 모델로 주목을 받고 있다. 콜마B&H는 화장품 및 건강 기능성 식품 전문 업체다. 미국, 중국, 베트남, 일본 시장에서 인기가 많아 매출액만도 약 2,500억 원이나 된다. 이처럼 콜마B&H는 건강 기능성 식품과 화장품 애터미(Atomy) 제품을 성공시키며 1조 원 규모(시가총액 기준)의 코스닥 상장 기업으로 성장하고 있다. 연구개발 특구 진흥재단이 발표한 자료에 따르면 2016년 기준 콜마B&H의 매출액은 총 3,884억 원이라고 한다. 전년 매출액 2,920억 원과 비교해보면 32퍼센트 이상 증가한 금액이다. 연구소 기업이 태어난 2006년에 총 매출액 12억 원에서 스타트해 2009년에 283억, 2011년에 724억, 2013년에 1,640억 등 매년 그 성장세가 두드러지고 있다.

물론 기업처럼 큰 성공을 거두어 시장에서 살아남아 코스닥 상장을 한 연구소 기업도 여럿 있다. 그렇지만 어려운 창업 생태계에서 끊임없이 노력하며 상품화를 위해 애쓰는 기업들이 더 많다.

필자는 박사 논문을 통해 창업자의 역량, 창업팀의 조직문화, 외부 협력, 창업 지원 활용제도 등 창업의 환경적 요소가 창업 기업이 보유하고 있는 기술 경쟁력과 기업 성과에 어떤 영향을 미치는지에 대해 조사한 바 있다. 결론은 환경적 요인을 무시할 수 없다는 것이다. 미국의 경우는 가정집 자체에 자동차를 보관하는 차고(Garage)를 기반으로 애플, 구글, 아마존, 휴렛팩커드 등과 같은 수많은 벤처기업이 탄생했다. 창업 문화가 뒤늦은 우리나라의 경우 고유한 창업 환경과 문화를 구축하는 것이 필요하다. 미국의 창업 열풍의 중심인 차고 문화와 같은 창업 문화가 필요하다는 것이다.

정부가 지원하는 창업지원금도 주의 깊게 살펴봐야 할 것이다. 2018년 중소벤처기업부에서 지원하는 기술 창업 지원 예산은 6,993억 원이다. 전년보다 13.8퍼센트가 늘었다. 혁신 성장을 뒷받침하기 위해 중소기업 정책 자금 전체 예산 중 약 절반인 1조 8,660억 원을 창업 기업 지원에 투입한다. 한편 창업 기업의 입장은 좀 다르다. 자금을 지원받기 위한 행정 절차를 줄여달라는 것이다. 창업자의 경우 행정 서식에 맞춰 여러 종류의 지원금 준비 서류를 갖추는 것이 결코 쉽지 않다고 한다. 이왕에 지원해준다면 큰 틀에서 사용하면 안 되는 비목만 알려주는 네거티브 시스템을 도입하자고 건의한다. 규정이 그만큼 까다롭기 때문이다. 또한 창업 기업만 지원금을 받는 구조가 아닌 공동 연구기관을 지정하거나 정부가 선정한 기업과 함께 일하다 보니 역효과도 발생한다고 한다. 특히 벤처의 당초 취지에 맞게 모험성이 있는 기업에 대한 투자도 없다. 스타트업이 수혜 대상이라고 해서 지원했는데 이미 경력이 있는 중소기업에 대한 지원을 한다는 것이다.

얼마 전 한 출입기자로부터 연락이 왔다. 필자의 논문을 본 모양이었다. 기자는 "왜 대전은 판교처럼 창업이 부흥하지 못할까요?"라고 질문했다. 필자는 대전만의 벤처나 스타트업 관련 생태계가 잘 마련되지 않아서 창업이 부흥하지 못한다고 답했다. 스타트업에 대한 이해도 부족하거니와 힘들게 공부해서 왜 창업을 하느냐는 주변의 시선 또한 부담스럽기 때문일 것이다. 판교는 서울 생활권이어서 벤처투자자들이 접근하기 쉽지만, 아직까지 대전은 벤처투자자 사무실이 있다는 소리를 들어본 적이 없다. 만들어진 지 8년밖에 되지 않은 판교 입주 기업 매출액이 지난 2016년 말 기준으로 벌써 77조 5,000억 원을 넘어섰다는 소식이다. 대전에는 판교와 달리 벤처나 스타트업이 자리 잡는 데 적극 도와줄 기관도 적다. 허브가 되어줄 기관과 멘토, 자본이 필요하다는 것이다. 이런 의미에서 대전에 벤처가 성장할 수 있도록 약간의 자양분만 갖춰진다면 판교보다 훨씬 더 성장 가능성이 높을 것이다.

─── 저자 후기 ───

미래를 만드는 ICT 전문가를 꿈꾸는 사람들에게 도움이 되기를 바라며

이 책은 필자가 〈중도일보〉에 2012년부터 기고한 "재밌는 IT 이야기"와 지난 10여 년간 써온 ETRI의 보도자료를 초안으로 집필되었습니다. 신문 기고는 2012년부터 약 130여 편을 썼고, 이를 기초로 2015년에 맨 처음 나온 책이 《꿈의 IT가 열어갈 가까운 미래》입니다. 미숙하지만 ETRI의 'Easy IT' 시리즈란 이름으로 45번째 배턴을 받아 출판된 바 있습니다. 이번 책《디지털이 꿈꾸는 미래》는 2015년 이후 최근 2~3년 내 신문에 기고한 글을 다듬고 ETRI에서 보도자료로 발표한 최신 기술을 추가적으로 취재하여 작성되었습니다. 즉《꿈의 IT가 열어갈 가까운 미래》의 후속편인 셈입니다.

책의 구성은 ETRI 내 소재한 250여 개 실험실과 수행 과제 450여 개를 바탕으로 연구 부문 전 분야를 다양하게 다루고자 노력했습니다. 물론 독자들이 보다 ICT를 쉽고 재미있게 접했으면 하는 바람으로 사람들에게 익숙한 소재 위주로 추렸습니다. 따라서 내용이 너무 난해하거나 설명하기 어려운 분야는 글의 소재에서 제외시켰습니다. 그 결과 ETRI 내 5개 주요 연구소에서 최근 발표한 성과 중심으로 각 부문마다 10여 개씩 총 50개의 꼭지로 만들어보았습니다.

지난 6개월 동안 글들을 책으로 엮으면서 몇 번이고 난관에 봉착했습니다. 저자의 작은 지식으로 책을 출간하는 것이 과연 맞는가? 하는 의문이 계속해서 들었기 때문입니다. 그래서 ETRI의 전문가들에게 묻고 또 취재하고 발로 뛰었습니다. 국민들에게 ICT라는 분야에 대해 알리고 좀 더 흥미롭고 재미있게 전달하고자 노력한 결과임을 밝힙니다. 하지만 여전히 아쉬움이 많이 남습니다.

너무도 빨리 변하는 ICT 세계에서 미래를 논하고 예측한다는 것은 참으로 어려운 일입니다. 자고 나면 바뀌고 전 세계에서 속보로 실시간 전해 오는 사건과 연구 결과들 속에서 글을 정리하고 생각을 담는 데에는 많은 시간이 걸렸습니다. 그렇기에 방금 쏜 화살과 같이 빠르게 진행되는 ICT 소재를 글로 남긴다는 것을 의미 있는 작업으로 만들기 위해 더욱 노력을 기울였습니다.

글을 집필하는 동안 실로 많은 일들이 있었습니다. 그런 일들이 생길 때마다 스마트폰으로 신문을 보았고, 페이스북을 보며, 또 유튜브를 보면서 언젠가는 글의 소재가 될 것이라며 수시로 캡처 해둔 화면만 수백 개가 되었습니다. 또 마감이 다가올수록 신문 스크랩은 점점 늘어갔습니다. 그만큼 기초 글에 완성도를 높이려 담고 싶은 소재가 많았기 때문입니다. 이처럼 글을 짓기 위한 소재의 풍요 속에서 종종 좌절의 쓴맛을 맛보기도 했습니다. 지금은 이 내용이 최신이고 핫한 소재이지만 책이 출간될 즈음에는 이미 뉴스가 아니고 누구나 다 아는 얘기가 되면 어쩔까 하는 두려움이 앞섰습니다. 그만큼 지난 6개월 동안은 너무나 많은 사건과 기술들이 쏟아졌던 시간들이었습니다.

이를테면 일본의 도시바가 SK에 의해 일부 인수되었고, 알파고 제로가 〈네이처〉에 소개되면서 더 이상 인공지능을 가르칠 필요가 없다는 점도 알려지기도 했습니다. 세계적인 반도체 회사 브로드컴(Broadcom)이 퀄컴을 인수한다는 기사도 충격이었습니다. ETRI와 퀄컴은 특별한 관계를 갖고 있기 때문입니다.

또한 세계 글로벌 10대 기업의 판도가 인터넷 기업 위주로 편재되고 있었고, 일본의 글로벌 기업들의 일부 도덕적 해이로 기업이 연달아 붕괴되는 과정이 뉴스로 보도되었습니다. 어느 사지마비 환자는 15년 만에 최첨단 과학의 도움으로 몸을 움직였습니다. 5G 통신을 눈앞에 두고 있고, UHD TV는 본격 개화할 채비를 하고 있습니다. 스마트폰의 출시 시기는 보다 빨라졌고, 이런 와중에 '기가 올림픽'을 목표로 성공적으로 평창 동계올림픽을 준비하는 과정에서 한반도를 둘러싼 국제 정세는 급랭과 유지를 반복하고 있었습니다. 이번 동계올림픽에 러시아 선수단은 참가가 국가 차원이 아닌 개인 자격으로 확정되었고, 북한의 끊임없는 도발에 미국도 참가를 유보한다는 뉴스가 나와 어리둥절하기도 했습니다. 그런 가운데 2017년이 저물고 있었습니다. 사건·사고가 많았던 만큼 그 어느 해보다 시간이 빨리 지나간 듯한 한 해였습니다. 평창에서 보여준 ETRI와 우리나라 기업의 ICT 선전은 기가 올림픽으로 충분했습니다. ETRI의 UHD 기술, UWV 기술, 지니톡 자동 통번역 기술, AR-Ways 증강현실 기술, 아이스하키 경기력 분석 기술, MHN 기술, AR, VR 기술 등은 전 세계인에게 다시 한 번 우리의 저력을 보여주는 기술들이었습니다. 이러한 최근의 ICT 뉴스들은 책의 소재가 되기 충분했습니다. 그래서 글의 소재로 삼고 생각을 담고자 무던히 노력했습니다.

이 책은 ICT 분야에 많은 관심을 갖고 꿈꾸고 있는 청소년들에게 조금이라도 보탬이 되고자 집필의 결심을 하게 되었습니다. 청소년들에게 ICT에 대한 새로운 방향과 길을 알려주고 싶었습니다.

특히 저자가 ETRI에서 근무하며 그동안 각 분야의 보도자료 800여 편을 정리하고 취재하며 언론 발표(Press Releases)한 경험은 그 무엇과도 바꿀 수 없는 소중한 가치라 여겨집니다. 그렇기에 저자는 늘 즐거운 마음으로 미증유의 신기술을 접해왔습니다. 행복한 일이기도 하고 지금도 그러합니다.

오늘은 소재 부품의 그래핀, 반도체, OLED 연구 성과를 취재하다가, 내일은 5G, 촉각 인터넷, 저지연 기술, 광통신 기술을 접합니다. 또 다음 날에는 인공지능, 클라우드, 빅데이터 기술을 읽어보고, 다음주에는 인공위성, UHD TV, 홀로그램, 새로운 사이니지(Signage)와 만나는 식입니다. 또 바이오 헬스 분야와 사물인터넷(IoT), 정보보호에 대한 세미나 등도 참가합니다. 국방과 ICT 관련 기고도 준비합니다. 이처럼 다양한 ICT 분야에서 소중한 지식을 접하고 세계 최고를 향해 달리는 2,500여 명 연구원들과 호흡하는 일은 저자에게 축복이 아닐 수 없습니다.

이런 의미에서 이 책은 ICT 전문가들보다는 향후 ICT 전문가를 꿈꾸는 전공 대학생들에게 먼저 권하고 싶습니다. 물론 ICT에 관심 있는 중·고등학생이나 타 전공 대학생들에게 일독을 권합니다. 내가 좋아하고 훗날 직업이 될 수도 있다는 막연한 기대감에서 ICT를 접하는 미래의 주인공들에게 ICT의 여러 분야를 간접적으로 알려주고 싶은 마음에 용기를 내어 만든 책입니다.

끝으로 이 책이 나올 수 있도록 도와주신 ETRI 이상훈 원장님께 깊이 감사드립니다. 또한 추천사를 흔쾌히 써주신 전 미래창조과학부 최문기 장관님께도 머리 숙여 감사의 인사를 드립니다. 국가과학기술연구회 원광연 이사장님의 추천의 글도 깊이 감사드립니다.

책을 쓰는 동안 야근하며 매일 보고 마주친 커뮤니케이션전략부 이순석 부장님께도 진정 어린 격려와 조언에 깊이 감사드립니다. 김봉태 미래

전략연구소장님과 오성대 경영부문장님의 관심과 배려에도 깊이 감사드립니다. 또한 책의 내용을 보기 쉽게 편집해주고 디자인해준 콘텐츠하다의 장한맘 대표님과 김명효 팀장님께 감사의 인사를 드립니다. 아울러 성과홍보실에서 동고동락하는 우리 직원들께 특별히 감사의 인사를 전합니다. 박상년 책임의 현장감 넘치는 사진이 있었기에 책이 빛을 발할 수 있었고, 하태문 책임의 전시회 소식과 다양한 경험의 노하우로 책이 더 값지게 되었습니다. 정병인, 조종표 후배의 발로 뛰는 취재 덕분에 책이 한층 더 전문성을 갖게 되었고, 김희연, 이서연 후배 덕택으로 정보통신체험관 기술을 잘 설명할 수 있었습니다. 전민규, 채성민 후배의 덕택으로 많은 어려움 속에서도 이 책이 나올 수 있었습니다. 아울러 육아 휴직 중인 'Easy IT' 담당자인 권은옥 님의 노고에 감사드립니다.

또한 홍보부서장으로 맡은 바 역할을 잘 할 수 있도록 늘 저를 이끌어주신 박종팔 부장님, 한강희 본부장님, 최병태 부장님께 이 자리를 빌려 다시 한 번 깊이 감사의 말씀을 드립니다. 아울러 김종서 부장님, 노풍두 박사님, 손민호 박사님, 김우현 부장님께도 감사드립니다. 항상 일찍 출근해 아침마다 격려를 잊지 않으시는 이용봉 박사님, 박창식 박사님, 박세명 부장님, 이전호 부장님께도 감사드립니다.

그리고 집필 막바지 힘이 빠져 있을 당시 많은 용기를 북돋워주시며 글을 완성도 높게 수정해준 임명환 박사님, 정성영 전 소장님께도 이 자리를 빌려 감사의 인사를 드립니다. 항상 밝은 모습으로 인사를 해주는 최원용 실장, 박정수 실장, 서태철 실장께 감사드리며 이강주 실장과 신현웅 실장께도 고맙다는 말씀을 드립니다. 심진보 박사님, 김서균 부장님, 심용호 선임께도 깊이 감사드립니다.

아울러 이 책을 집필하는 동안 물심양면으로 관심과 배려를 아끼지 않은《카프카의 서재》를 집필한 김운하 작가님과 지질자원연구원의 최병관 박사님께도 깊이 감사드립니다. 또한 국가과학기술연구회 홍성관 부장님께도 깊이 감사드립니다.

그리고 무엇보다 저의 동반자이자 파트너, 조력자인 출입기자님들께 깊이 감사드립니다. 대덕특구 출입기자단 기자님들과 과학기술정보통신부 출입기자님들께 머리 숙여 그동안의 격려와 배려에 깊이 고마웠다는 인사를 드리고 싶습니다.

지난 2017년은 제게 특별한 의미였던 한 해였습니다. 경영학 박사로서도 의미가 남다른 한 해였으며, 과학기술정보통신부 유영민 장관님으로부터 홍보유공 표창을 기관표창과 개인표창 두 개나 받았습니다. 국가과학기술연구회 원광연 이사장님으로부터 과학문화 확산과 관련하여 기관유공표창을 받았습니다. 특히 대덕연구개발특구 기자단으로부터 '홍보대상'을 받아 큰 위로와 격려를 한꺼번에 받은 아주 행복한 해였습니다.

사실 저의 바람은 늘 한결같습니다. 부디 내년, 후년, 미래에도 ETRI가 우리나라 혁신 성장 동력에 큰 기둥으로서 24개 정부출연연구원과 함께 성장하기를 바라는 것입니다. 또한 ETRI인의 꿈인 '국민들로부터 사랑받는 ETRI'가 되기를 소망합니다.

마지막으로, ICT로 우리나라가 글로벌 톱 10을 넘어 명실상부한 세계 최고가 되어 대한민국 모든 사람들이 자부심을 갖고 보다 행복하고 평안한 21세기가 되길 기원합니다.

불 꺼지지 않는 ETRI에서
정길호 드림

미주

서문
1. 심진보, 최병철, 노유나, 하영욱 지음, 《대한민국 제4차 산업혁명》, 콘텐츠하다, 2017년 6월
2. 추형석 소프트웨어정책연구소 선임연구원, "알파고의 계산 성능", 〈사이언스온〉, 2016년 3월 16일
3. NVIDIA GTX TITAN X Black 기준 5120 Tera FLOP/sec, 5,120조×280개=약 1,433조 FLOP(floating point operation, 부동 소수점 연산수). 추형석 소프트웨어정책연구소 선임연구원, "알파고의 계산 성능", 〈사이언스온〉, 2016년 3월 16일
4. "다보스포럼, 제4차 산업혁명을 논하다", 〈경향신문〉, 2016년 1월 20일

PART 1 눈에 보이지 않는 SW의 힘: SW · 콘텐츠
5. McKinsey & Company, "Jobs Lost, Jobs Gained: Workforce Transitions in a Time of Automation", 2017
6. "일본發 로봇혁명, 사람과 친해지다", 〈대덕넷〉, 2017년 11월 29일
7. "AI · IoT로 무장한 로봇 의사가 직접 수술하는 시대 곧 온다", 〈한국경제신문〉, 2017년 11월 26일
8. "인간형 로봇, 고난도 체조 동작 '백플립'까지 구사한다", 〈동아일보〉, 2017년 11월 24일
9. "중국 AI 로봇 의사자격증 땄다", 〈동아일보〉, 2017년 11월 22일
10. "AI 로봇, 인간 공격할 수도… 로봇에 '완전한 박애' 넣어야", 〈매일경제신문〉, 2017년 10월 18일
11. "마윈, 기계가 인간을 뛰어넘을 순 없어", 〈문화일보〉, 2017년 12월 4일
12. "The Robots Are Coming, and Sweden Is Fine", The New York Times, 2017.12.27.
13. "아마존 로봇이 전체 일자리 수 줄였다", 〈지디넷코리아〉, 2017년 12월 6일
14. 김석관 외 지음, "개방형 혁신의 산업별 특성과 시사점", 〈STEPI 정책연구 2008-10〉, 2008년
15. "전 세계 인구, 하루 10억 시간 유튜브 시청", 〈중앙일보〉, 2017년 3월 1일
16. "IT CEO 열전", 〈IT동아〉, 2018년 1월 2일
17. 마셜 밴 앨스타인, 상지트 폴 초더리, 제프리 파커 지음, 이현경 옮김, 《플랫폼 레볼루션》, 부키, 2017
18. "한국에서 사용자가 많은 100개 앱", 〈플래텀〉, 2017년 5월 23일
19. "10대 20대는 유튜브, 30대 40대는 카톡 · 네이버, 모바일 앱도 세대 차이", 〈디지털타임스〉, 2017년 12월 12일
20. "시리부터 빅스비까지 음성인식 어디까지 왔을까?", 〈다나와〉, 2017년 4월 26일
21. "'남편 어떻게 버리지?' 질문 받은 일본 AI 로봇의 답변 화제", 〈조선일보〉, 2017년 8월 19일
22. "구글, 연말 특수에 AI 스피커 600만 대 넘게 팔았다", 〈아시아경제〉, 2018년 1월 6일

PART 2 네트워크로 모든 것이 연결되다: 초연결 통신
23. "초연결 시대, 열린 플랫폼으로 가자", 〈서울신문〉, 2017년 6월 29일
24. 임창환, 《뇌를 바꾼 공학 공학을 바꾼 뇌: 뇌공학의 현재와 미래》, MID(엠아이디), 2015년 7월

25. T. Horikawa, M. Tamaki, Y. Miyawaki, Y. Kamitani, "Neural Decoding of Visual Imagery During Sleep", Science, 3 May 2013
26. "Scientists discover method to 'read dreams'", Korea Herald, 2012.10.29.
27. "뇌신경에 전극 심자 15년 식물인간 깼다", 〈중앙일보〉, 2017년 11월 14일
28. "뇌신경세포 자극하는 신경전극 개발", ETRI 보도자료, 2016년 11월 1일
29. "해커들이 공개한 올해 최악의 '비밀번호' Top 20", 〈인사이트〉, 2017년 12월 23일
30. "아마존르포, 공짜 바나나를 무한 공급하는 회사", 〈연합뉴스〉, 2017년 8월 13일
31. 임정민, 《창업가의 일》, 북스톤, 2017년 7월
32. "구글이 몰래 모은 '32자리'의 비밀", 〈머니투데이〉, 2017년 11월 22일
33. '화폐', 국립국어원 표준국어대사전 인용.
34. Kailey Leinz, "Ripple's 53% Surge Makes It the Second-Biggest Cryptocurrency", 〈Bloomberg〉, 2017.12.30.
35. "일본 유니클로 기획에서 판매까지 2주", 〈KBS 뉴스〉, 2017년 3월 17일
36. "독일 탈원전은 실패한 정책, 한국 따라 하다간 후회할 것", 〈동아일보〉, 2017년 11월 24일

PART 3 꿈의 방송, 초실감 미디어를 꿈꾸다: 초실감 미디어
37. "'테라미디어'로 새로운 방송 미디어 구현", 〈전자신문〉, 2016년 10월 31일
38. "우리나라 표준특허 세계 톱 5 진입", 〈연합뉴스〉, 2016년 3월 23일
39. "인텔의 25년 아성 누르고 반도체 시장 1위 오른 기업은", 〈중앙일보〉, 2018년 1월 5일

PART 4 기술 종속을 독립으로 바꾸는 사람들: ICT 소재 부품
40. "제4차 산업혁명의 핵심, 인프라 기술", 〈아시아경제〉, 2017년 7월 26일
41. "구글, 애플 정조준 첨단전쟁 돌입", 〈경향비즈〉, 2015년 5월 29일
42. "구글 자율차 웨이모, 운전석 비운 채 처음으로 공공도로에", 〈연합뉴스〉, 2017년 11월 8일
43. "도시바에 투자한 렌즈회사, 이유는?", 〈한국경제〉, 2017년 10월 29일
44. ETRI 박성수 기고, "사이언스 온고지신", 〈전자신문〉, 2017년 8월 27일
45. 김병도, 《경영학 두뇌: 비즈니스 세상으로 나아가는 이들이 꼭 알아야 할 경영개념》, 해냄, 2016년 11월

PART 5 진정한 모바일 라이프를 창조하다: 5G 서비스
46. "팔만대장경과 'B5G'", 〈디지털타임스〉, 2017년 5월 29일
47. "MS, 8조 원에 노키아 인수", 〈블로터닷넷〉, 2013년 9월 3일
48. "2017 반도체 결산, 험난한 도시바 메모리 인수전, SK하이닉스 웃었다", 〈IT조선〉, 2017년 12월 25일
49. "쿼츠, 기사 500단어 이내로, 매출 4년 만에 10배 뛰어", 〈조선비즈〉, 2016년 11월 28일
50. "연 46만 원 받고 하루 기사 2건 올려도… IT 거물들이 열광", 〈동아일보〉, 2017년 11월 27일
51. "일본 제조업체, 제2의 글로벌 진격", 〈조선일보〉, 2018년 1월 6일
52. "테크시티 파리, 스스로 공부하는 에콜 42", 〈머니투데이〉, 2018년 1월 1일
53. 세계경제포럼(WEF), "4 predictions for the future of work", 2017년 12월 5일

54. 세계경제포럼(WEF), "These are the tech companies people most want to work for", 2017년 11월 27일
55. 에른스트 폰 헤세-바르텍 지음, 정현규 역, 한철호 감수, 《조선, 1894년 여름》, 책과함께, 2012년 2월
56. 임정민, 《창업가의 일》, 북스톤, 2017년 7월
57. 이윤준 외 지음, "기업가정신 고취를 통한 기술창업 활성화 방안", 과학기술정책연구원 보고서(2012년) 재인용.

참고문헌

- 고종국 외 지음, "영상 빅데이터 분석기술 동향", 〈전자통신동향분석〉, 29권 4호(통권 148), 2014년 8월 1일
- 고종국, 유장희 지음, "원거리 홍채인식 기술 동향", 〈전자통신동향분석〉, 28권 3호(통권 141), 2013년 6월 15일
- 곽창수 외 지음, "통신방송위성 Flexible 탑재체용 안테나 및 RF 기술", 〈전자통신동향분석〉, 31권 3호(통권 159)
- 권동승, 황승구 지음, "초연결 지능 플랫폼 기술", 〈전자통신동향분석〉, 32권 1호(통권 163), 2017년 2월 1일
- 권원옥 외 지음, "마이크로서버 기술 동향", 〈전자통신동향분석〉, 29권 4호(통권 148), 2014년 8월 1일
- 권은옥 외 ETRI 연구원 지음, 《청소년이 꼭 알아야 할 IT 미래직업》, 콘텐츠하다, 2016년 9월
- 김규형, 배태욱, 이형수, 번용철, 이수인, 홍창혁 지음, "자동 모낭 공급 기능을 갖는 모발 이식용 식모기(Injector for hair implant with automatic follicles supply function)", 10-1722029-0000, 2017년 3월 27일 등록.
- 김동규, "지중탐지 레이더 기술 동향분석", 〈전자통신동향분석〉, 30권 5호(통권 155), 2015년 10월 1일
- 김성민 외 지음, "무선충전 기술 동향과 발전 방향", 〈전자통신동향분석〉, 31권 3호(통권 159), 2016년 6월 1일
- 김성은 외 지음, "WBAN 인체통신 기술동향 분석", 〈전자통신동향분석〉, 31권 6호(통권 162), 2016년 12월 1일
- 김성희 외 지음, "스마트 공간과 메타버스 전시 안내 기술개발 동향", 〈전자통신동향분석〉, 29권 3호(통권 147), 2014년 6월 1일
- 김성희 외 지음, "스마트 전시 안내 서비스 기술", 〈전자통신동향분석〉, 30권 3호(통권 153), 2015년 6월 1일
- 김승현 외 지음, "액티브 피싱 공격 및 대응 방안 고찰", 〈전자통신동향분석〉, 28권 3호(통권 141), 2013년 6월 15일
- 김승환, "브레인 디코딩 기술 동향", 〈전자통신동향분석〉, 32권 4호(통권 166), 2017년 8월 1일
- 김승희 외 지음, "자동통역 기술, 서비스 및 기업 동향", 〈전자통신동향분석〉 29권 4호(통권 148), 2014년 8월 1일
- 김아영 외 지음, "가상현실 동향분석", 〈전자통신동향분석〉, 31권 4호(통권 160), 2016년 8월 1일
- 김은경 외 지음, "초저지연 서비스를 위한 무선 접속 기술", 〈전자통신동향분석〉, 32권 5호(통권 167), 2017년 10월 1일
- 김일규 외 지음, "모바일 핫스팟을 위한 밀리미터파 이동무선백홀 기술", 〈전자통신동향분석〉, 31권 5호(통권 161), 2016년 10월 1일
- 김종호 외 지음, "고실감 영상 서비스를 위한 HDR/WCG 비디오기술 동향", 〈전자통신동향분석〉, 31권 3호(통권 159), 2016년 6월 1일
- 김항석 외 지음, "스몰셀 시장현황 및 전망", 〈전자통신동향분석〉, 29권 2호(통권 146), 2014년 4월 1일
- 김현 외 지음, "ICT 기반 스마트공장", 〈전자통신동향분석〉, 29권 5호(통권 149), 2014년 10월 1일
- 김화숙 외 지음, "HMD 기반 혼합현실 기술", 〈전자통신동향분석〉, 32권 3호(통권 165), 2017년 6월 15일
- 남제호 외 지음, "홀로그래픽 디스플레이 화질 평가 및 표준화 연구 동향", 〈전자통신동향분석〉, 32권 5호(통권 167), 2017년 10월 1일
- 노태균 외 지음, "5G 저지연 기술 및 표준화 동향", 〈전자통신동향분석〉, 31권 1호(통권 157), 2016년 2월 1일
- 류호준 외 지음, "전기 변색 기술의 동향 및 시장 전망", 〈전자통신동향분석〉, 30권 6호(통권 156), 2015년 12월

1일
- 마셜 밴 앨스타인, 상지트 폴 초더리, 제프리 파커 지음, 이현경 옮김, 《플랫폼 레볼루션》, 부키, 2017년 6월
- 문정모 외 지음, "UDN을 위한 소형셀 기술동향", 〈전자통신동향분석〉, 31권 1호(통권 157), 2016년 2월 1일
- 문정익 외 지음, "스마트 무선 충전 기술", 〈전자통신동향분석〉, 32권 3호(통권 165), 2017년 6월 15일
- 박성수 외 지음, "양자정보통신 기술동향", 〈전자통신동향분석〉, 30권 2호(통권 152), 2015년 4월 1일
- 박중기 외 지음, "디지털 홀로그래픽 테이블탑형 디스플레이 기술", 〈전자통신동향분석〉, 30권 3호(통권 153), 2015년 6월 1일
- 배태욱, 김규형, 김문규, 김정철, 서정욱, 이수인, 이형수, 정용철, 최은창, 김대식, 홍창혁 지음, "자동식 모낭 이식 식모기(Automatic hair implanter)", 10–2015–0103799, 2015년 7월 22일 출원. 10–2017–0012697, 2017년 2월 3일 공개.
- 배태욱, 김규형, 김문규, 김정철, 서정욱, 이수인, 이형수, 정용철, 최은창, 김대식, 홍창혁 지음, "자동식 모낭 이식 식모기(Automatic hair implanter)", 10–2015–0103800, 2015년 7월 22일 출원. 10–2017–0012698, 2017년 2월 3일 공개.
- 배태욱, 정용철, 김규형, 김문규, 김정철, 서정욱, 이형수, 최은창, 김대식, 홍창혁 지음, "생착률 향상을 위한 수동식 모낭 식모기(Follicle transplantation hand-operated hair implanter for success-rate improvement)", 10–2015–0103801, 2015년 7월 22일 출원. 10–2017–0012699, 2017년 2월 3일 공개.
- 서기완 외 지음, "금속–절연체 전이 소자와 응용", 〈전자통신동향분석〉, 27권 5호(통권 137), 2012년 10월 15일
- 서정욱, 배태욱, 김규형, 최은창, 김정철, 김문규 지음, "모발 이식 장치 지지용 스탠드 조립체(Stand assembly for supporting hair implanter)", 10–2015–0158813, 2015년 11월 12일 출원.
- 송영석 외 지음, "밀리미터파 5G 이동통신 기술", 〈전자통신동향분석〉, 31권 1호(통권 157), 2016년 2월 1일
- "'슈퍼컴 낙후국' 전락한 한국, 그래도 미래 위해 개발할까요", 〈서울신문〉, 2017년 9월 22일
- 안신영 외 지음, "딥러닝 분산처리 기술 동향", 〈전자통신동향분석〉, 31권 3호(통권 159), 2016년 6월 1일
- 양웅연, 김기홍 지음, "VR·AR 착용형 디스플레이 기술 동향", 〈전자통신동향분석〉, 31권 4호(통권 160), 2016년 8월 1일
- 영국 에든버러대학교 창업 회사, https://purelifi.com/company/
- 이동훈 외 지음, "임상의사결정지원시스템(CDSS) 기술 동향", 〈전자통신동향분석〉, 31권 4호(통권 160), 2016년 8월 1일
- 이성훈 외 지음, "핀테크 기술 및 보안 동향", 〈전자통신동향분석〉, 30권 4호(통권 154), 2015년 8월 1일
- 이일우, 김현 지음, "스마트 에너지 서비스 기술", 〈전자통신동향분석〉, 30권 5호(통권 155), 2015년 10월 1일
- 이종용, 조병선 외 지음, "인공지능 산업 활성화 생태계 조성을 위한 제언", 〈전자통신동향분석〉, 31권 2호(통권 158), 2016년 4월 1일
- 이현정 외 지음, "스마트공장 기술 및 표준화 동향", 〈전자통신동향분석〉, 32권 3호(통권 165), 2017년 6월 15일
- 이형직 외 지음, "빅데이터 지식처리 인공지능 기술동향", 〈전자통신동향분석〉 29권 4호(통권 148), 2014년 8월 1일
- 임상규 외 지음, "LED 조명과 결합된 가시광 무선통신 기술 동향", 〈전자통신동향분석〉, 25권 4호(통권 124), 2010년 8월 15일
- 임정민, 《창업가의 일》, 북스톤, 2017년 7월

- 전종암 외 지음, "사물인터넷(IoT) 기반 도시 지하 매설물 모니터링 및 관리시스템 기술", 〈전자통신동향분석〉, 30권 5호(통권 155호), 2015년 10월 1일
- 전황수 외 지음, "가상현실(VR)의 국내외 적용 동향", 〈전자통신동향분석〉, 32권 1호(통권 163), 2017년 2월 1일
- 전황수, "통신 사업자들의 5G 이동통신 추진 동향", 〈전자통신동향분석〉, 32권 3호(통권 165), 2017년 6월 15일
- 정치윤, "제로 UI 기술 동향", 〈전자통신동향분석〉 32권 2호(통권 164), 2017년 4월 1일
- 정희상 외 지음, "모바일 핫스팟을 위한 이동무선백홀 기술동향 분석", 〈전자통신동향분석〉, 30권 1호(통권 151), 2015년 2월 1일
- 최병수 외 지음, "양자컴퓨팅 시스템 개발 및 활용 동향", 〈전자통신동향분석〉, 31권 2호(통권 158), 2016년 4월 1일
- 하수욱 외 지음, "국내외 빅데이터 표준화 현황 및 전망", 〈전자통신동향분석〉, 30권 2호(통권 152), 2015년 4월 1일
- 하원규, 최남희 지음, 《제4차 산업혁명》, 콘텐츠하다, 2015년 12월
- 한진호 외 지음, "자동차 비전 프로세서 동향", 〈전자통신동향분석〉, 30권 4호(통권 154), 2015년 8월 1일
- 허세영, 조상래 외 지음, "비트코인 후 블록체인", 〈전자통신동향분석〉, 32권 1호(통권 163), 2017년 2월 1일
- 황치선 외 지음, "디지털 홀로그래피를 위한 대면적 공간광변조기 패널 기술", 〈전자통신동향분석〉, 31권 6호(통권 162), 2016년 12월 1일
- "2013년 MS의 노키아 휴대폰 부분 인수가: 40억 불, 장부가 손실 기록". 임정민, 《창업가의 일》, 북스톤, 2017년 7월 인용.
- "Double-heterojunction nanorod light-responsive LEDs for display applications", Science, 10 Feb 2017, Vol. 355, Issue 6325, pp. 616~619, DOI: 10.1126/science.aal2038, http://science.sciencemag.org/content/355/6325/616.full. 이 논문의 주 저자는 미국 펜실베이니아대학교 박사 과정 후 연구원으로 재직 중인 오누리 박사, 일리노이주립대학교의 김봉훈 박사, 조성용 박사, 심문섭 교수이고, ETRI에서는 실감디스플레이연구그룹의 남수지 박사가 본 연구에 참여했다.
- ETRI 이길행 외 지음, 《가상현실 증강현실의 미래》, 콘텐츠하다, 2018년 1월
- ETRI 한기철, 김대용, 김명준 지음, 《IT신화를 이끈 아버지가 보내는 편지》, 전자신문사, 2014년 11월
- ETRI 홍보실 지음, 《꿈의 IT가 열어갈 가까운 미래》, 콘텐츠하다, 2015년 8월
- ETRI 5G사업전략실 지음, 《미래를 사는 기술 5G 시대가 온다》, 콘텐츠하다, 2017년 11월
- http://www.bbc.com/news/science-environment-22031074
- https://www.theguardian.com/science/2017/apr/10/scientists-identify-parts-of-brain-involved-in-dreaming
- M. M. Qazilbash et al, "Mott Transition in VO2 Revealed by Infrared Spectroscopy and Nano-Imaging", Science, Vol. 318, Issue 5857, pp. 1750~1753, 2007
- Mark Prelas et al., Nuclear Batteries and Radioisotope, Springer, 2016
- Steve Dent, "Researchers claim they've built the first 3D color hologram", engadget, 2015.12.3. https://www.engadget.com/2015/12/03/korean-researchers-3d-color-hologram/
- T. Driscoll et al, "Memory Metamaterials", Science, Vol. 325, Issue 5947, pp. 1518~1521, 2009